U0909380

只有进行时

——改革开放研究文集

中央党史和文献研究院第三研究部　编

中央文献出版社

出版说明

习近平总书记指出："改革开放是决定当代中国命运的关键一招，也是决定实现'两个一百年'奋斗目标、实现中华民族伟大复兴的关键一招。"改革开放的伟大觉醒孕育了我们党从理论到实践的伟大创造。历史和人民选择了改革开放，改革开放造福了亿万人民。

近年来，中央党史和文献研究院第三研究部围绕改革开放和社会主义现代化建设新时期的历史开展了大量研究，取得了不少成果。从1978年至今，我国改革开放已经走过了45年的历程。值此重要历史节点，在中央文献出版社的支持下，我们决定把本部门研究人员的相关成果专门集结成册出版，以作纪念。

研究文集共精选文章31篇，有的文章在《中共党史研究》《党的文献》等权威期刊上公开发表过，有的是首次公开发表，有的则是专门为纪念文集而作。编辑过程中，我们在尽量保持文章内容原貌的同时，做了一些必要的修改完善，主要是统一文章的体例格式，核校引文出处、修订个别文章标题和内容的文字表述，以确保每篇文章的政治方向正确、表述准确和行文流畅。

改革开放只有进行时，没有完成时。改革开放40多年积累的宝贵经验是党和人民弥足珍贵的精神财富，对新时代坚持和发展中国特色社会主义有着极为重要的指导意义，我们必须倍加珍惜、长期坚持，在实践中不断丰富和发展。作为党中央的理论工作部门，我们将始终坚持正确党史观和大历史观，在新起点上继续深化改革开放史和相关理论研究，为新时代中国特色社会主义事业新飞跃作出新贡献。

中央党史和文献研究院第三研究部

2024年10月

目　录

真理标准问题大讨论的重要现实启示

姜淑萍

习近平总书记在庆祝中国共产党成立100周年大会上的讲话中指出:“我们要用历史映照现实、远观未来，从中国共产党的百年奋斗中看清楚过去我们为什么能够成功、弄明白未来我们怎样才能继续成功，从而在新的征程上更加坚定、更加自觉地牢记初心使命、开创美好未来。”发生在1978年的那场关于真理标准问题的大讨论，是我们党的百年辉煌历史中值得浓墨重彩大书特书的一个事件。这次大讨论是由反对“两个凡是”错误方针而发起的一场思想解放运动。当时，“文化大革命”虽然结束了，但“左”的错误指导思想，特别是“两个凡是”① 的错误方针严重禁锢着人们的思想，党和国家各方面工作举步维艰，出现了在徘徊中前进的局面。这种状况引起党内党外许多人的思考。1978年5月10日，中央党校内部刊物《理论动态》刊登了《实践是检验真理的唯一标准》一文，11日《光明日报》又以特约评论员名义公开发表该文。文章直指“两个凡是”，触及盛行多年的思想僵化和个人崇拜，迅速在广大干部群众中激起强烈反响，但也受到中央领导层一些人的指责。在邓小平的领导和许多老一辈革命家的支持下，一场关于真理标准问题的大讨论迅速在全党全社会展开，形成了思想解放的滚滚大潮。

大讨论为我们党冲破“两个凡是”的束缚、重新确立马克思主义

① “两个凡是”，即“凡是毛主席作出的决策，我们都坚决维护，凡是毛主席的指示，我们都始终不渝地遵循”。

的思想路线、政治路线和组织路线，为党的十一届三中全会实现历史转折、开创改革开放和社会主义现代化建设新时期，作了重要的思想先导和理论准备，产生了重大而深远的历史影响。站在开启新征程的起点上回望和思考这场大讨论留给我们的宝贵经验和深刻启示，对于我们不忘初心、牢记使命，以史为鉴、开创未来，具有重要意义。

一、必须坚持用马克思主义理论指导我们的思想和实践

中国共产党是一个高度重视思想建设和理论建设的马克思主义政党。真理标准问题大讨论是一场思想解放运动，也是一场思想教育运动，同 1942 年毛泽东同志领导我们党进行的延安整风那场思想解放运动一样，给我们的一条根本经验和重要启示就是：马克思主义是科学，是我们行动的指南，必须毫不动摇地坚持马克思主义，用马克思主义基本理论指导我们的思想和行动，用马克思主义的立场观点方法观察、研究和解决实际问题。

“两个凡是”一出笼，当时还没有恢复领导职务的邓小平就洞察到了它的危害性与错误实质，认为它不符合马克思主义，是打着维护毛泽东的威望、地位的旗号，坚持和延续“左”倾错误，禁锢人们思想的。一些理论工作者也敏锐地认识到，“两个凡是”是同马克思主义基本原理相矛盾相对立的，实践是检验真理的唯一标准问题的大讨论由此引发。《实践是检验真理的唯一标准》一文重申和阐述了马克思主义认识论的一个最基本的问题，强调：“一个理论，是否正确地反映了客观实际，是不是真理，只能靠社会实践来检验。这是马克思主义认识论的一个基本原理。”文章极具针对性和战斗性，深深触动了人们对马克思主义的根本问题的认识和态度，虽然没有提及“两个凡是”，但实际上从理论上鲜明而尖锐地批判了“两个凡是”的观点，又以如此高规格的形式发表和转发，所以立即在党内外引起了极大的关注。

我们党取得革命、建设、改革成功的一个重要原因和经验是坚持

马克思主义，而坚持马克思主义是建立在真懂真信马克思主义的基础上的。邓小平之所以能够一针见血地指出“两个凡是”不符合马克思主义，正是因为他敏锐地洞察到“两个凡是”方针错误的根子在于它与马克思主义辩证唯物主义和历史唯物主义背道而驰。理论工作者之所以能够写出体现马克思主义认识论的针对“两个凡是”错误的理论文章，也是因为他们对马克思主义基本原理有着深入的研究，对怎样才是真正坚持马克思主义有着清醒的鉴别力和判断力。

习近平总书记在庆祝中国共产党成立100周年大会上指出：“马克思主义是我们立党立国的根本指导思想，是我们党的灵魂和旗帜。”“中国共产党为什么能，中国特色社会主义为什么好，归根到底是因为马克思主义行！”无论革命、建设和改革，学习和掌握马克思主义基本原理，提高马克思主义理论素养都至关重要。进入新时代，我们所面临的改革发展稳定任务之重、矛盾风险挑战之多、治国理政考验之大，前所未有，比当年真理标准讨论面临的形势要复杂得多。这就更加需要我们的领导干部努力掌握马克思主义理论武器，树立和掌握辩证唯物主义、历史唯物主义的世界观和方法论，在实践中不断提高运用马克思主义理论研究和解决问题的能力。为此，学习马克思主义理论应当成为每一个共产党员特别是党员领导干部日常必修课，像习近平总书记指出的那样，我们要把读马克思主义经典、悟马克思主义原理当作一种生活习惯、当作一种精神追求，用经典涵养正气、淬炼思想、升华境界、指导实践。

二、必须以科学的态度对待马克思主义、发展马克思主义

对我们党来说，坚持马克思主义重要，但远远不够，必须不断发展马克思主义，开辟马克思主义新境界，也就是不断推进马克思主义中国化。

习近平总书记指出：“坚持马克思主义，坚持社会主义，一定要有

发展的观点。”[①] 恩格斯也曾指出：“马克思的整个世界观不是教义，而是方法。它提供的不是现成的教条，而是进一步研究的出发点和供这种研究使用的方法。”[②] 马克思主义来到中国，为我们带来了认识世界、把握规律、追求真理、改造世界的强大思想武器，是我们必须始终遵循的指导思想。但马克思主义不是一成不变的理论，更不是僵死的教条。我们党长期革命、建设和改革的探索的历史实践证明，马克思主义是发展的科学，必须把马克思主义基本原理同中国具体实际结合起来，制定路线、方针、政策，不断赋予马克思主义新的时代内涵。

邓小平就是既坚持马克思主义又不断发展马克思主义的典范。一方面，他是坚定的马克思主义者、共产主义者，不管遇到什么艰难险阻，坚守马克思主义信仰毫不迟疑；另一方面，他又不是教条地而是用发展的观点对待马克思主义，始终坚持实事求是，一切从实际出发，在实践中不断发展马克思主义。他认为：“真正的马克思列宁主义者必须根据现在的情况，认识、继承和发展马克思列宁主义。”“不以新的思想、观点去继承、发展马克思主义，不是真正的马克思主义者。”[③] 真理标准讨论的成功，一个重要原因就是以邓小平同志为主要代表的中国共产党人能够创造性地运用马克思主义的立场观点方法，进行理论探索和创新，有的放矢地解决实践中的问题。真理标准讨论期间，在东北视察的邓小平深刻指出：“两个凡是”不是高举毛泽东思想的旗帜，“马克思主义要发展嘛！毛泽东思想也要发展嘛！否则就会僵化嘛！”“所谓理论要通过实践来检验，也是这样一个问题。现在对这样的问题还要引起争论，可见思想僵化。”[④] 他引导人们破除教条、迷信、僵化的思想束缚，使思想来个大解放，回到正确轨道上来。

马克思主义具有永恒的思想价值，但马克思主义经典作家并没有

① 习近平：《关于坚持和发展中国特色社会主义的几个问题》，《求是》2019 年第 7 期。

② 《马克思恩格斯选集》第 4 卷，人民出版社 1995 年版，第 742—743 页。

③ 《邓小平文选》第三卷，人民出版社 1993 年版，第 291、292 页。

④ 《邓小平文选》第二卷，人民出版社 1994 年版，第 128 页。

穷尽真理。马克思主义随着时代、实践和科学的发展而不断发展。从毛泽东思想到邓小平理论、“三个代表”重要思想、科学发展观，我们党坚持守正创新，在革命、建设和改革的实践中坚持马克思主义，不断推进马克思主义中国化，开辟马克思主义新境界，为党和人民事业发展提供科学理论指导和强大思想武器。习近平新时代中国特色社会主义思想是马克思主义中国化的最新理论成果，是当代中国马克思主义、21 世纪马克思主义，贯穿着丰富的辩证唯物主义和历史唯物主义的思想方法和工作方法，既坚持了老祖宗，又讲了很多新话，为我们推进党和国家事业发展提供了锐利的思想武器，也提供了科学的世界观和方法论。理论创新每前进一步，理论武装就要跟进一步。我们必须深刻学习领会习近平新时代中国特色社会主义思想，做到学懂弄通悟透。既要在学习它的科学内涵上下功夫，也要在学习它的科学方法论上下功夫，坚持不懈用党的创新理论最新成果武装头脑、指导实践、推动工作。进一步增强贯彻中央决策部署的政治自觉、思想自觉和行动自觉，践行好中国共产党人的初心和使命。

三、解放思想是为了更好地统一思想、凝聚力量、形成合力

真理标准问题大讨论的过程是解放思想的过程，同时也是统一思想的过程。通过解放思想，达到统一认识的目的，从而把全党和全国各族人民的力量凝聚起来，团结一心，步调一致，为改革开放和社会主义现代化建设而共同奋斗。

“文化大革命”结束后，我国百废待兴、百业待举，工作千头万绪。邓小平以伟大的马克思主义革命家的远见卓识和丰富的政治经验，首先抓住关系全局的关键环节，解决思想认识问题，引导人们从“左”的思想束缚中解放出来。他提出要完整地准确地理解毛泽东思想，恢复党的实事求是的优良传统。这大大启发和鼓舞了人们的思想和行动。人们冲破“两个凡是”的思想束缚，开始思考：究竟应当用什么样的态度对待毛泽东的指示和决策？判定历史是非的标准到底

是什么？《实践是检验真理的唯一标准》一文正是在这种政治氛围中产生的。从此角度讲，关于真理标准问题大讨论的发生就不是偶然的了。真理标准讨论开始后，邓小平坚决支持，科学引导。通过真理标准问题大讨论，一度盛行的个人崇拜的精神枷锁被打破，思想的闸门被打开，党的实事求是的优良传统回归为人们共同的思想基础。正确的思想理论一经群众掌握，便迅速汇集成思想解放的洪流，变成不可阻挡的磅礴力量，党的实事求是的思想路线因此得以顺利恢复，原本遇到重重阻力的各条战线的拨乱反正因此得以顺利推进。

今天，中国特色社会主义已经进入新时代，但对马克思主义的误解误读在党员干部中依然不同程度存在着，一些不合时宜的思想观念、做法和体制藩篱还没有完全破除。随着国内国际形势的深刻变化，社会结构的深刻变动，利益格局的深刻调整，同真理标准讨论那个时候相比，新情况、新问题、新矛盾更加层出不穷，也更加多元化，解放思想、统一思想的任务远没有终结，甚至难度更大。就改革来说，全面深化改革需要多方配合、多措并举，否则难以顺利推进，也难以取得全面成功。如此，建立广泛的社会共识就显得尤为重要。这就需要加强党对宣传思想工作的全面领导，旗帜鲜明坚持党管宣传、党管意识形态，强化正面引导，壮大主流思想舆论，提高新闻舆论传播力、引导力、影响力、公信力，以强烈的问题意识、导向意识，及时回答、着力解决干部群众关心的重大问题、关键问题，在进一步解放思想的同时，下功夫做好统一思想、凝聚共识的工作，取得人民的拥护和支持，从而推动改革开放取得新进展，实现新突破。正如习近平总书记指出的："解放思想的过程就是统一思想的过程，解放思想的目的是为了更好统一思想。思想统一了，才能最大限度凝聚改革共识，形成改革合力。"①

① 《中共中央召开党外人士座谈会》，《人民日报》2013 年 11 月 14 日。

四、坚持真理、敢于斗争应当是共产党人永远的政治底色

在真理标准大讨论中，无论是领导、组织和支持这场讨论的中央领导人，还是积极参与讨论的理论工作者和普通干部群众，都表现出了对党、国家和民族强烈的情怀担当，彰显出坚持真理、敢作敢为的斗争精神。

邓小平等老一辈革命家身先士卒、率先垂范。真理标准讨论开始之前，邓小平在中央讨论是否恢复他的职务的微妙时刻，仍然第一个站出来对“两个凡是”错误方针说“不”。1977 年 4 月 10 日，邓小平给中共中央主席华国锋、副主席叶剑英和党中央写信，针对“两个凡是”的错误观点，率先提出“我们必须世世代代地用准确的完整的毛泽东思想来指导我们全党、全军和全国人民，把党和社会主义的事业，把国际共产主义运动的事业，胜利地推向前进”。[①]随后，他明确对中央办公厅的负责同志说：“‘两个凡是’不行”。在大讨论过程中，面对阻力，邓小平找有关同志谈话，要求不要设置障碍。对《红旗》杂志采取的“不卷入”的态度，邓小平给予严肃批评：“为什么《红旗》不卷入？应该卷入。可以发表不同观点的文章。看来不卷入本身可能就是卷入。”[②]叶剑英、陈云、徐向前、聂荣臻、谭震林等党内德高望重的老一辈革命家，也都以共产党人巨大的理论勇气和政治勇气，纷纷对大讨论亮明态度，公开响应，积极推动。中央党校副校长胡耀邦一马当先、冲在前面，亲自部署和组织发表了《实践是检验真理的唯一标准》等文章。面对某些中央领导施加的压力，中央军委秘书长罗瑞卿鲜明而果敢地推出《马克思主义的一个最基本原则》一文，比《实践是检验真理的唯一标准》更加鲜明和犀利地全面批驳“两个凡是”。这篇文章进一步阐明了实践是检验真理的唯一标准这个

---

① 《邓小平文选》第二卷，人民出版社 1994 年版，第 39 页。

② 《邓小平年谱》第四卷，中央文献出版社 2020 年版，第 444 页。

马克思主义的基本原理，更加系统地从理论上回应了种种责难，指出：马列主义、毛泽东思想本身要由实践来检验，其正确性要由实践来证明。思想不能证明自身。尊重实践，尊重科学，破除迷信，解放思想，我们就能推动理论研究，获得新的真理。据解放军报社同志回忆，这篇文章定稿准备发表的时候，罗瑞卿说："发表这篇文章可能有人反对，准备驳。不要紧，出了问题首先由我负责。要打板子打我的。"经过激烈的思想交锋，一些反对真理标准讨论或对讨论有疑虑的同志思想慢慢发生了转变。如果没有这样一批共产党人大无畏的革命斗争精神，真理标准讨论是不可能开展起来的，即便开展起来了也很难坚持下去。

敢于斗争、敢于胜利，是中国共产党不可战胜的强大精神力量。当前，我们正处在"两个一百年"奋斗目标的历史交汇期，我们比历史上任何时期都更接近中华民族伟大复兴的目标。但是，民族复兴不可能轻轻松松实现，正所谓船到中流浪更急，人到半山路更陡。进入攻坚期深水区的改革，从涵盖领域的广泛性，到触及利益格局调整的深刻性；从涉及问题的尖锐性，到突破体制机制障碍的艰巨性，所遇到的矛盾、阻力、风险和挑战都前所未有，所面临国际大趋势、外部环境也日趋复杂。这就特别需要学习真理标准讨论中坚持真理、敢于斗争的精神。习近平总书记强调："勇于担当负责，积极主动作为，用科学的理念、长远的眼光、务实的作风谋划事业；保持斗争精神，敢于直面风险挑战，知重负重、攻坚克难，以坚忍不拔的意志和无私无畏的勇气战胜前进道路上的一切艰难险阻。"① 这就要求我们全面把握中华民族伟大复兴和世界百年未有之大变局战略全局，不断增强斗争意识，丰富斗争经验，提升斗争本领，敢于斗争、善于斗争，逢山开道、遇水架桥，进行具有许多新的历史特点的伟大斗争，在大是大非面前敢于亮剑，在矛盾和问题面前敢于迎难而上，在危机和阻力面前敢于挺身而出，在失误和挫折面前敢于承担责任，在歪风邪气面前敢

① 《习近平谈治国理政》第三卷，外文出版社 2020 年版，第 524 页。

于坚决斗争，有力应对重大挑战、抵御重大风险、克服重大阻力、化解重大矛盾。

五、解放思想、实事求是是推动事业创新发展的强大精神动力

解放思想、实事求是是马克思主义活的灵魂，始终贯穿在党的百年发展历程中，指导着我们党不断从胜利走向新的胜利。能否坚持解放思想、实事求是，决定着我们党事业的成败，决定着国家和民族的兴衰。

当年，在真理标准讨论受阻，面临半途而废的关键时刻，邓小平尖锐地指出："毛泽东思想最根本的最重要的东西就是实事求是。现在发生了一个问题，连实践是检验真理的标准都成了问题，简直是莫名其妙！"[①]"实事求是，是毛泽东思想的出发点、根本点。""马克思主义的活的灵魂，就是具体地分析具体情况。马列主义、毛泽东思想如果不同实际情况相结合，就没有生命力了。"[②]在邓小平支持和领导下，真理标准大讨论在全党全国人民中间掀起思想解放运动，推动了党的实事求是思想路线的重新确立，也带来了人们思维方式的深刻变化。通过大讨论，党内外思想日益活跃，各行各业打破习惯势力和主观偏见的束缚，出现了解放思想、大胆探索的新气象。大讨论为党的十一届三中全会的胜利召开，为党的思想路线回归到马克思主义的正确轨道上来，为党和国家的工作中心转移到经济建设上来，为开辟中国特色社会主义道路提供了思想先导，奠定了重要的思想基础。1978 年 12 月 13 日，在为党的十一届三中全会做准备的中央工作会议上，邓小平作了后来被作为十一届三中全会主题报告的题为《解放思想，实事求是，团结一致向前看》的重要讲话，强调解放思想是当前的一个重大政治问题。讲话对真理标准问题的讨论作出高度评价："目前进行

---

① 《邓小平军事文集》第三卷，军事科学出版社、中央文献出版社 2004 年版，第 108 页。

② 《邓小平文选》第二卷，人民出版社 1994 年版，第 114、118 页。

的关于实践是检验真理的唯一标准问题的讨论，实际上也是要不要解放思想的争论。大家认为进行这个争论很有必要，意义很大。从争论的情况来看，越看越重要。一个党，一个国家，一个民族，如果一切从本本出发，思想僵化，迷信盛行，那它就不能前进，它的生机就停止了，就要亡党亡国。”“只有解放思想，坚持实事求是，一切从实际出发，理论联系实际，我们的社会主义现代化建设才能顺利进行，我们党的马列主义、毛泽东思想的理论也才能顺利发展。从这个意义上说，关于真理标准问题的争论，的确是个思想路线问题，是个政治问题，是个关系到党和国家的前途和命运的问题。”① 在中央工作会议充分讨论并取得共识的基础上，党的十一届三中全会重新确立马克思主义的思想路线、政治路线、组织路线，实现了新中国成立以来党的历史上具有深远意义的伟大转折，开启了我国改革开放和社会主义现代化建设的新时期。

在推进改革开放和社会主义现代化建设的过程中，我们党坚持解放思想、实事求是，不断深化对什么是社会主义，怎样建设社会主义的认识，实现了社会主义理论的一系列重大突破。比如，破除束缚社会生产力发展的旧有的僵化的计划经济体制模式，建立充满活力的社会主义市场经济体制；比如，破除长期以来超越现实、超越阶段、急于求成的倾向和思维，提出社会主义初级阶段理论和初级阶段的基本路线；再比如，破除姓“社”姓“资”的思维定式，提出判断的标准，应该主要看是否有利于发展社会主义社会的生产力，是否有利于增强社会主义国家的综合国力，是否有利于提高人民的生活水平。正是在一个个理论突破和创新中，在改革开放的不断推进和深化中，我们闯出了一条自己的道路，即中国特色社会主义这样一条新路。可以说，我们改革开放和中国特色社会主义事业每一步成功的取得，都与坚持解放思想、实事求是密不可分。邓小平曾总结说：“我们改革开放

① 《邓小平文选》第二卷，人民出版社 1994 年版，第 143 页。

的成功，不是靠本本，而是靠实践，靠实事求是”。①

党的十八大以来，以习近平同志为核心的党中央，秉承解放思想、实事求是的思想路线，进一步深化对社会主义建设规律和马克思主义政党执政规律的认识，赋予解放思想、实事求是以新的时代内涵和更高的要求，开拓了实事求是的新境界。习近平总书记指出：“实事求是，是马克思主义的根本观点，是中国共产党人认识世界、改造世界的根本要求，是我们党的基本思想方法、工作方法、领导方法。不论过去、现在和将来，我们都要坚持一切从实际出发，理论联系实际，在实践中检验真理和发展真理”。②

新时代中国共产党人肩负着新的历史使命，在全面建设社会主义现代化国家新征程上，我们要坚持从实际出发谋事，不好高骛远；脚踏实地做事，不尚空谈。在以习近平同志为核心的党中央领导下，保持开拓进取、奋发有为的精神状态，以更大的政治勇气和理论勇气，敢破敢立、敢闯敢试，不断推进理论创新、实践创新、制度创新、科技创新、文化创新，顽强拼搏、不懈奋斗，义无反顾地把改革开放和现代化事业不断推向前进，为全面建成社会主义现代化强国，实现“两个一百年”奋斗目标，实现中华民族伟大复兴而努力奋斗。

---

① 《邓小平文选》第三卷，人民出版社 1993 年版，第 382 页。

② 习近平：《论中国共产党历史》，中央文献出版社 2021 年版，第 59 页。

新中国学位制度创建的历史轨迹及反思

傅　颐

学位制度自清末传入中国，至今已逾百年。将百年史事前后贯穿，可以看出学位制度背后激荡着的中国近现代历史风云，感受到中国社会发生的深刻变革。特别是新中国成立后，学位制度几经反复、艰难创建的历史，更值得认真进行总结和反思。

按照《简明不列颠百科全书》的界定，学位是指“在教育中学院和大学为了表示学者学术成就的水平授予的头衔”。学位的等级制度在 13 世纪已经出现。尽管学位等级和名称因各国文化传统而有差异，或因教育改革而发生若干变化，但其强调的必须对学术水准加以区分以及区分的客观标准，在实质上是不变的。

1905 年，学位制度被变通地纳入清政府“新政”教育的框架。不久，帝制终结，民国肇造。在新旧体制的艰难转换中，学位制度的设计成为教育改革的重要内容。北洋政府在 1915 年颁定的《教育纲要》中规定：“除国立大学毕业，应按照所习学科给予学士、硕士、技士各字样外，另行组织博士会，作为审授博士学位之机关，由部定博士会及审授学位章程暂行试办。”[①]1935 年、1940 年，国民政府顺应新式高等教育的发展趋势，效仿英美经验，先后公布了《学位授予法》《硕士学位考试细则》和《博士学位评定会组织法》《博士学位考试细则》，初步形成一套比较完整的三级（学士、硕士、博士）学位制度。但受战争环境和科教水准的制约，《学位授予法》未能全部实施。

① 王学珍等主编：《北京大学纪事（1898—1997）》，北京大学出版社 2008 年版，第 59 页。

“1935年至1949年，国民政府只授予过学士和200多名硕士。博士学位之授予，未予实施”。①

一、建立新中国学位制度的两次努力

从新中国成立到改革开放前的29年间，党和政府为建立学位制度进行过两次努力。第一次是在1954年至1957年期间。这个时期，为适应有计划的经济建设和社会主义工业化大规模展开的迫切需要，在全面学习苏联经验的大背景下，中共中央适时地把建立和发展科学教育事业提上重要议事日程，并把苏联教育经验作为参考基准。

1953年3月至6月，中国科学院代表团首次对苏联进行访问。回国后，代表团在给中央的报告中说，苏联科学在短短的30多年内取得如此大的成就，“中心环节是培养干部”，主要形式是研究生院及博士生院。②据代表团秘书长武衡回忆：十月革命时，俄罗斯科学院全部研究人员只有154人，在1929年后开始培养大批青年干部，到1941年已增加到近1万人，1953年又增加一倍。培养研究人员的主要单位是研究生院及博士生院，前者于1929年成立，后者于1947年成立。各专业科学院和高等学校亦设有研究生部（院）或博士生部（院），还给予任何利用业余时间学习的科学工作者以考试和论文答辩的机会，取得学位。他写道：“苏联科学院历来把培养干部作为自己的最中心的任务，我们在苏联参观访问了一些研究所及大学，在这方面给我们留下深刻的印象”。③

根据苏联的经验，中国科学院党组于1953年11月送呈《关于目

① 《中国教育年鉴》编辑部编：《中国教育年鉴（1949—1981）》，中国大百科全书出版社1984年版，第639页。

② 中国科学院党组：《关于中国科学院访苏代表团工作给中央的报告》，1953年9月15日。代表团的任务是：重点了解和学习苏联如何组织和领导科学研究工作，特别是在十月革命后苏联科学院如何从旧有基础上发展和壮大的经验；了解苏联科学的现状及其发展方向；就中苏两国科学合作问题交换意见。

③ 武衡：《科技战线五十年》，科学技术出版社1992年版，第126、153页。

前科学研究工作的基本情况和今后工作任务给中央的报告》，其中建议“增设研究生处，负责指导全院研究生的培养工作；组织专门委员会讨论并制订研究生条例草案和学术奖励办法草案，经国务院批准后，争取在1954年第三季度招收第一期研究生”。1954年3月8日，中央批转该报告并指出:“为开展科学研究工作，学位制和对科学研究的奖励制度是必要的。中央责成科学院和高等教育部提出逐步建立这种制度的办法。”这是中央关于建立学位制度的最早的一份指示。

根据中央指示，国务院第二办公室主任林枫等13人组成关于学位、学衔、工程技术专家等级及荣誉称号等条例起草委员会。1955年8月5日，国务院全体会议第十七次会议通过了《中国科学院研究生暂行条例》。9月，科学院第一期研究生招生工作如期举行。在1956年1月的知识分子问题会议上，学位、学衔、知识界的荣誉称号、发明创造和优秀著作奖励等制度，被认为是“鼓励知识分子上进和刺激科学文化进步的一个重要方法”，受到中央的肯定。同年6月，学位、学衔等条例起草委员会拟出《中华人民共和国学位条例（草案）》《中华人民共和国国务院学位和学衔委员会组织条例（草案）》等11个条例草案。[①]从1956年起，同济大学等部分高校开始招收学习年限为4年的副博士研究生，同时鼓励教师在职进修，考取副博士和博士学位。

对学位的等级和名称，曾经有过一些争论，但不久便归于统一。在1956年1月的知识分子问题会议上，范长江在介绍学位制度的相关工作和争论时说:“我们考虑，我国的学位应当学苏联，分为两级。学位分为两级，各方面的意见都是一致的。但对第二级的名称，讨论中不同意见很多，有主张‘候补博士’的，‘副博士’的，‘硕士’的，‘学士’的，‘进士’的，我们暂时采用了‘学士’这个名称，以后尚须进一步研究。”[②]后经慎重考虑，我国的学位等级确定为博士、副博士两级。

---

① 中央教育科学研究所编:《中华人民共和国教育大事记（1949—1982）》，教育科学出版社1993年版，第142页。

② 范长江:《关于学位、学衔和待遇问题的发言》，1956年1月。

创建学位制度的初步探索，调动了广大知识分子钻研业务、向科学进军的积极性，受到知识分子的热烈欢迎。“如果一个老师每年能收一个徒弟，4年后徒弟学成，得副博士学位。我们再收一个新徒弟，学过两年后，老师就能通过他再多带一个徒孙。这样的话，我仔细算过，一个老师12年后就能培养出89个副博士，一个变89个，这不能算少了。所以要在12年中培养出足够数量的高级研究人员，是可以做到的。”[①]“在社会主义社会里，学位是学问达到一定水平的标志，它是不徇私情的。只要你有真才实学，你会无愧于衷地得到它”。[②]诸如此类的“心里话”，是当时知识界一片生机勃勃的真实写照。

但这种生动的探索很快戛然而止。1957年反右派斗争后，“左”的思想逐渐占据上风。大批知识分子被错误地戴上了反党反社会主义的“右派”帽子，知识分子在很大程度上被列入资产阶级的范围，刻苦钻研业务被当成走“白专道路”，攻读学位被看成是“追求个人名利主义”的举动。诸如此类的转变使党为建立学位制度的努力功亏一篑。1957年，中科院仅录取20名研究生，1958年、1959年完全停止了招生工作，“研究生毕业后由中国科学院授予科学副博士学衔”的规定被取消。[③]在高等学校，“副博士研究生”名称不再使用，一律改称为研究生,1957年不再举行副博士学位论文答辩。1958年“大跃进”期间，学位制度又被视为“资产阶级法权”在学术界的典型表现而遭到批判。

党为建立学位制度的第二次努力发生在20世纪60年代初的调整时期。经过“大跃进”的严重困难后，中共中央从1961年起开始对国民经济实行全面调整。在科学、教育、文化等领域，“高教六十条”“科学十四条”“文艺八条”等条例相继出台，党和知识分子的紧张关系一度得到缓解，发展社会主义科学、教育、文化事业的客观规

① 钱学森:《在中国人民政治协商会议第二届全国委员会第二次全体会议上的发言》,《人民日报》1956年2月3日。

② 李何:《学问得自苦学中》,《人民日报》1956年8月3日。

③《中国科学院》(上)，当代中国出版社1994年版，第137页。

律再次得到尊重。从1961年至1964年上半年，在国内政治气氛相对缓和的情形下，由国家科委主抓，建立学位制度的工作再次启动。

1961年1月，国家科委主任聂荣臻在同教育部负责人蒋南翔等谈话时说：大学的学衔、学位应保留，它们“在国际学术活动场合很重要”。中国也应该有这一套制度，不然，看不出队伍的质量。高等院校、研究机构、工业部门应共同拟定一个学衔、学位制度，报中央批准。对学位等级，聂荣臻主张“搞两级，博士下面再搞一级”。①

1961年9月庐山中央工作会议讨论“高教六十条”时，华北组联系条例第四章对研究生问题的规定，建议国家应当建立学衔、学位制度，认为“这样可以对高级知识分子起到鼓励作用，特别是考虑到，在他们参加一些国际活动的时候，没有学衔、学位很不方便”。②也就在这年11月，由聂荣臻提出的《关于建立学位、学衔、工程技术称号等制度的建议》获中央同意。

在1962年三四月间召开的二届全国人大三次会议和全国政协三届三次会议上，不少代表提出了实行学位制的建议。叶笃正、傅作义在提案中说：我国科学水平的措施之一就是干部的迅速培养。根据过去的经验，研究生的科学水平的增长较一般研究人员为快，因此应建立研究生制度。和研究生制度有连带关系的是学位制。学位是一种科学水平的规格，不应看成一种法权而不建立。学位可暂定为副博士（或其他名称）和博士两种，研究生毕业后授予相应的学位；由国务院指定科学院和教育部制订全国统一的研究生制和学位制。朱景梓、刘锡田、邵象伊、方奎兴、盛祖钧、闫宗临等人在提案中明确指出建立学位制的理由：（1）实行学位制度是许多国家多年来用以考核学术水平的手段和方式。它既可以为资本主义国家的生产和科学发展服务，也可以为社会主义建设服务。我们应当把它与法权思想区别开来。（2）实行学位制度可以活跃学术空气，促进科学发展和鼓舞人们

① 周均伦主编：《聂荣臻年谱》（下卷），人民出版社1999年版，第756、806页。

② 中央工作会议小组会议简报华北组第16号，1961年9月14日。

对于科学工作的积极性。（3）实行学位制度是衡量一个国家在国际上的学术水平和地位的标志。他们建议由国家主管机关拟订具体实施办法和试行条件；实施办法应当广泛包括脱产研究、在职研究和业余研究等各个方面。[①]

1962年3月，国家科委组织周培源等11人组成的学位、学衔和研究生条例起草小组，形成《中华人民共和国学位授予条例（草案）》。该条例草案基本采取苏联的做法，设博士、副博士两级学位，大学本科毕业不设学位。1963年底至1964年4月，条例草案先后上报中央、国务院审核，进行反复修改。

1963年以后，随着“以阶级斗争为纲”路线的确立，“四清”运动广泛开展，意识形态领域开展了过火的错误批判，加之中苏两党论战日趋激烈，国内“反修防修”的声浪渐高。在“左”倾错误再次严重升级的背景下，在知识分子问题上“左”的错误再次占据了主导地位。知识分子又被有形或无形地戴上了“资产阶级”的帽子，源于苏联经验的学位制度理所当然地被贴上“修正主义”的标签让人望而却步，建立学位制度的努力再度停顿。

二、建立新中国学位制度的第三次努力

粉碎“四人帮”特别是党的十一届三中全会后，党中央果断地停止使用“以阶级斗争为纲”的口号，作出了把工作重点转移到社会主义现代化建设上来、实行改革开放的战略决策，实现了新中国成立以来具有深远意义的伟大转折。“在科学教育文化战线上，主要由于邓小平的领导作用，出现了全新的面貌。”[②]党中央在有关知识分子的理论上进行强有力的拨乱反正，推翻了“文化大革命”期间对知识分子

① 《二届全国人大三次会议、政协三届三次会议上对宣传文教工作的一些意见》（之二），《宣教动态》总第835期，1962年4月23日。

② 胡绳主编：《中国共产党的七十年》，中共党史出版社1991年版，第415页。

的“两个估计”[①]，重申1956年党对知识分子的阶级属性的正确判断，明确指出：知识分子的绝大多数已经是工人阶级和劳动人民自己的知识分子，已经是工人阶级自己的一部分；他们与体力劳动者的区别，只是社会分工的不同。

出于恢复和发展我国教育事业的紧迫感，教育领域的拨乱反正得到了优先考虑。1977年10月，“文化大革命”中被废弃的高考制度、研究生制度得到恢复。1978年，中国科学院和教育部联合招收了1977年、1978年的研究生。选拔和培养人才的机制一旦确立，作为衡量学术水平和认定知识能力等级的学位制度的出现，也就水到渠成。

到1979年11月1日中国科学院举行建院30周年茶话会时，邓小平明确提出了建立学位制度的问题。他说：“我们的科学工作者，只要做出了贡献，符合研究员、教授的标准，哪怕只有三十岁，也要把他们提拔到研究员和教授的岗位上，给予应有的学位和技术职称。人才难得，要认真地注意培养和发现人才，对人才要使用得当。”“要把学位制度和技术职称评定制度赶快建立起来，这有助于发现人才”。[②]11月2日，邓小平又从培养和选拔接班人的高度谈到学位制：要抓紧培养、选拔专业人才，要建立学位制度，也要搞学术和技术职称。要特别注意选拔中年干部，这样才能搞好四个现代化。[③]

根据邓小平的指示，教育部用3年多的时间，完成了拟定学位条例、公布学位授予单位等一系列工作。1980年2月，五届全国人大常委会第十三次会议通过《中华人民共和国学位条例（草案）》，自1981年1月1日开始实施。改革开放之初确立的中国学位制度、学位等级采取世界上多数国家通行的做法，与高等教育的不同阶段相联系，设学士、硕士、博士三级。但中国学位制度也有自己的特色，主要是把硕士学位作为独立的一级学位，要求也比较严格一些。这与一些国家

① “两个估计”，即：“文化大革命”前17年教育战线是资产阶级专了无产阶级的政，是“黑线专政”；知识分子的大多数世界观基本上是资产阶级的，是资产阶级知识分子。

② 《邓小平年谱（1975—1997）》（上），中央文献出版社2004年版，第575页。

③ 《邓小平年谱（1975—1997）》（上），中央文献出版社2004年版，第576—577页。

把硕士作为获得博士的过渡学位的做法不同。硕士学位标准定得高一些，在此基础上培养博士，质量也比较有保证。①

在新时期起草学位条例草案的过程中，20 世纪五六十年代的工作提供了有益的积累和经验。国务院学位委员会讨论学位学科门类的划分时，大家一致的意见是赞成 1964 年制订学位条例时的学科分类方案，对各级学位授予的学科门类分别为哲学、经济学、法学、教育学、文学、历史学、理学、工学、农学、医学 10 类。

1981 年 5 月，国务院批准《中华人民共和国学位条例暂行实施办法》。10 月，国务院学位委员会讨论通过了首批博士、硕士学位授予单位名单。其中，博士授予单位 145 个，学科、专业点 805 个，可以指导博士研究生的导师 1143 人；硕士学位授予单位 350 个，学科、专业点 2957 个。② 为保证所授学位的质量，高等学校一律以校为学位授予单位；中国科学院以学部为学位授予单位；中国社会科学院以研究生院为学位授予单位；国务院各部所属科研机构，一般以研究院为学位授予单位。③

在全国高等学校中，北京大学是学部委员最多和能带博士生的导师最多的大学。在 1981 年首批博士学位授予单位及其学科、专业和指导教师名单中，北大的学科、专业有 45 个，指导教师有 71 人；首批硕士学位授予单位及其学科、专业名单中，北大的学科、专业有 93 个。④ 从 1978 年到 1982 年，我国高等学校共授予博士学位 18 人、硕士学位近 1.5 万人、学士学位 30 多万人。⑤1983 年 5 月 27 日，国务院学位委员会和北京市人民政府在人民大会堂联合召开博士和硕士学位授予大会，党和国家领导人出席，彰显了党对学位制度的高度

① 《中国教育年鉴》编辑部编:《中国教育年鉴（1949—1981）》，中国大百科全书出版社 1984 年版，第 643 页。
② 《蒋南翔文集》（下卷），清华大学出版社 1998 年版，第 1038 页。
③ 《光明日报》1981 年 11 月 27 日。
④ 王学珍等主编:《北京大学纪事（1898—1997）》，北京大学出版社 2008 年版，第 997 页。
⑤ 《人民日报》1983 年 6 月 24 日。

重视。

新中国成立以来，高等教育有了很大的发展，但由于没有建立学位制度，没能培养出自己的博士。经过拨乱反正的中国共产党人，对世界现代化潮流有了更深刻的认识，通过对正反两方面经验教训的总结，在学位制度上完成了与现代高等教育的一次重大接轨，适应当代教育发展的内在要求，实现了中国教育史上的重大突破。

三、从学位制度引发的几点启示

在新中国从成立到改革开放后的30多年间，经过3次努力，国家终于建立起适合国情和现代教育发展需要的学位制度。这是中国社会发展的一个重大进步。学位制度以立法的形式，明确了科学专门人才培养机制的庄严地位和不可动摇性，在中国改革开放事业中起到了重大的、不可替代的作用。回顾建立学位制度几起几伏的历史过程，不难发现它所揭示的一些深层历史规律。

（一）对社会主义时期知识分子阶级属性的科学定位是学位制度建立的前提。新中国成立后29年的时间里，党在知识分子阶级属性的问题上走过曲折的道路，虽然其中也提出过一些比较符合实际的认识和政策，但从总体上看，“左”的错误不断发展，并在“文化大革命”中占据了主导地位。

陆定一曾说过：“从中国共产党成立到现在，革命运动经历了从城市到乡村，又从乡村到城市的转变过程。这样的过程是中国所特有的，巴黎公社和十月革命都没有这样的过程。革命从城市转入了乡村，有一个是否看得起农民的问题；革命胜利了，转入城市搞社会主义经济建设，又有一个是否看得起知识分子的问题。”[①] 这两个问题，是“中国革命事业成败之所系”。这番话引人深思。

新中国成立后，建立起工人阶级领导的、以工农联盟为基础的人

---

① 《陆定一文集》，人民出版社1992年版，第819页。

民民主专政的国家政权。在当时的历史环境下，是否看得起知识分子，就体现在对知识分子怎样看、怎样估计的问题上。在1956年1月的知识分子会议上，周恩来代表中央提出知识分子的绝大部分“是工人阶级的一部分”。依据这个论断，经过思想改造、并将继续进行教育改造的知识分子被纳入工人阶级的范畴，工人、农民、知识分子的“兄弟联盟”成为社会主义建设的依靠力量。[①]这是知识分子政治地位的根本变化。但遗憾的是，党在这个问题上取得的重要认识成果在一度付诸实践并显示出积极成效后被动摇、否定。在“文化大革命”中，知识分子甚至被看作资产阶级的知识分子，甚至成为被革命、被批斗的对象，沦为“臭老九”，其政治地位遭到严重的贬损，聪明才智难以发挥。新中国学位制度的创建—夭折的背后，直接反映了在知识分子阶级属性问题上的几次重大反复。只要对知识分子的阶级属性认识正确了，学位制度的创建就会被提上日程并取得成效；反之则必然夭折。

（二）对社会主义时期阶级斗争的正确认识是创建学位制度的基本条件。中国共产党人在解决民族解放和国家独立的问题之后，面临着实现国家现代化的重大历史任务。把一个落后的农业国转变为先进的工业国，实现中华民族的伟大复兴，共产党人对此怀有强烈的责任感和使命感，也抱有不懈的热情和探索的勇气。但是，中国共产党在从革命转向经济建设时，特别是在1957年后约20年时间里经历了曲折。最主要的原因，是对社会主义条件下阶级斗争的认识和估计犯了扩大化错误，党内逐步形成一种错误倾向，认为抓阶级斗争是党的最重要的工作。在“以阶级斗争为纲”的背景下，以阶级斗争甚至越来越尖锐的阶级斗争作为社会主义政治、经济、科学教育发展的动力，必然造成这些领域的混乱和扭曲，使中外历史上的“反智主义”得到了滋生的土壤。在此情形下，学位制度的建立不是被当作可有可无的“形式”，便是被当作“封资修”的余孽而遭到批判。30多年来学位制

① 《建国以来重要文献选编》第8册，中央文献出版社1994年版，第13页。

度的几度沉浮，与党在社会主义时期对阶级斗争的认识密切相关。

在付出多年的沉痛代价后，中国共产党人终于在党的十一届三中全会上停止了“以阶级斗争为纲”的口号，将工作重心转移到了社会主义现代化建设的轨道上。与此同时，中共中央从科教入手，正确解决科技、教育与现代化之间的密切关系，从“科学技术是生产力”的立论出发，强调科教在国民经济和社会发展中的先导作用，强调尊重知识、尊重人才的重要性。中国共产党人在实现现代化伟业的道路上，终于找到了正确的突破口。学位制度也由此应运而生，并成为转折年代的鲜活注脚。

（三）必须摒弃知识传播、生产中的平均主义观念。在中国传统文化中，“不患寡而患不均”的平均主义思想一直占据重要地位，这不能不对中国共产党产生多方面的影响。加之革命战争年代军事共产主义的经验和传统，在相当长的一段时间里，中国共产党人对社会主义的理解混杂了一些平均主义的元素。1959 年底，毛泽东在读苏联《政治经济学（教科书）》时认为，我们的党是连续打了 20 多年仗的党，长期实行供给制。一直到解放后初期，大体是过着平均主义的生活，工作都很努力，打仗都很勇敢，完全不是靠什么物质刺激，而是靠革命精神的鼓舞。“这些历史经验，对于我们解决社会主义建设的问题，有着很大的意义”。“在知识分子中，世界观的问题常常表现在对知识的看法上，究竟知识是公有的，还是私有的？有些人在有了知识以后，就待价而沽，没有高价钱就不出卖”。当这些认识与知识分子问题挂上钩后，学位制度就被视为资产阶级法权的典型表现，成为知识私有制的代名词，毛泽东提出“院士、博士，不一定要搞”。[①] 否认学位制度，其实就是否认了对知识生产的激励机制，这是与现代知识经济、知识生产背道而驰的。新时期学位制度的创建，不仅在思想层面上解决了尊重知识、尊重人才的问题，而且也使中国共产党人走出了在知识问题上的“平均主义”认识误区，并在制度层面真正关

① 毛泽东在中央工作会议上的讲话，1964 年 6 月 6 日。

注、落实了知识分子的切身利益。这是中国共产党对社会主义建设经验教训的深刻总结。

（四）坚持解放思想，与时俱进，不断开拓马克思主义知识分子理论发展的新境界。在知识分子、学位制度问题上，我们党经过曲折的探索，终于把解决好知识分子问题提高到“治国安邦”的高度来认识，充分肯定知识分子在社会主义现代化建设中的地位和作用，使得教育为本、科学兴邦成为社会风气，轻视科学技术、轻视智力开发、轻视知识分子的那一套“左”的思想和行为早已失去了市场，陆定一提出的“是否看得起知识分子”的问题已经基本解决。但这并不是说，探索就此可以终止。进入21世纪后，随着第三次科技革命的兴起，知识经济的出现，信息化、民主化时代的到来，围绕知识分子层面又出现了许多复杂的新问题需要去探究、去面对、去决策。比如说：在普及教育、高等教育迅速发展的今天，知识分子的属性、特征有哪些新的变化？在知识爆炸的今天，知识分子的工作出现哪些新特征？在人才培养、引进、使用等机制方面，如何解决科技队伍中缺乏世界级科技大师和领军人才、尖子人才问题；如何排除权力、市场的干扰，保持学位制度的严肃性；在办好中国的世界一流大学的过程中，如何深化教育改革，做好高校的思想政治工作；等等。这就需要坚持解放思想，实事求是，与时俱进，不断开拓马克思主义知识分子理论发展的新境界。当年中国共产党人在创建学位制度中所表现出来的那种探索精神和执着态度，仍有着借鉴意义。

领导实现伟大转折的邓小平

王　桢

一、中国向何处去

新中国成立后，以毛泽东同志为主要代表的中国共产党人为找到一条适合中国国情的发展道路作出艰辛探索，取得了巨大成就。中国逐步建立起独立的比较完整的工业体系和国民经济体系。这既体现了社会主义强大的生命力和优越性，也为中国的现代化建设奠定了必要的物质基础。但由于缺乏经验，20 世纪 50 年代后期，党在指导思想上出现了偏差，在探索过程中走了弯路。1966 年开始的“文化大革命”，使中国的社会生产力受到严重破坏，国民经济到了崩溃的边缘。十年后，伴随着粉碎“四人帮”，“文化大革命”终于结束。

十年的时间仅仅是整个人类发展历程的一刹，但对中国而言，却造成了难以弥补的遗憾。在中国徘徊不前的时候，第三次科技革命在世界范围内兴起，世界经济迅速发展。新兴的科学技术将人类带入了信息时代，这也为世界各国的发展提供了十分难得的机会。日本把握住了这个机会，一跃跻身于现代化强国之列；中国周边的国家和地区，也纷纷把握机会，快速发展起来。唯独中国却与这个历史机遇失之交臂。世界在向现代化挺进，占世界人口五分之一的中国却处于贫穷之中。如何解决温饱问题，仍是摆在亿万中国人民面前的巨大难题。同时，中国还面临着一个新问题——思想混乱。由于长期奉行“无产阶级专政下继续革命”的错误理论，人们的思想遭到禁锢，形而上学猖獗一时，许多人对社会主义的远大理想产生了困惑。此时的中国物质贫困，人心涣散，社会风气仍然沉沦。

中国向何处去？人们不约而同地将期盼的目光集中到了邓小平身上。

邓小平在长期的革命实践中展现出来的才干，在“三落三起”中表现出来的风骨，赢得了党心、军心和民心。面对时艰，党和人民都迫切地希望他能够尽快重新走上领导岗位，带领大家找出路。粉碎“四人帮”后，时任中共中央副主席的叶剑英就郑重地提出，应当尽快让邓小平出来工作。

1977 年 3 月，在中央工作会议上，陈云、王震等老一辈无产阶级革命家再次提出应该尽快恢复邓小平的领导职务问题，得到了党内大多数同志的支持。1977 年 7 月 17 日，中共十届三中全会一致通过《关于恢复邓小平同志职务的决议》。7 月 21 日，已经 73 岁的邓小平在全会上动情地说：“作为一名老的共产党员，还能在不多的余年里为党为国家为人民做一点力所能及的事情，在我个人来说是高兴的。出来工作，可以有两种态度，一个是做官，一个是做点工作。我想，谁叫你当共产党人呢，既然当了，就不能够做官，不能够有私心杂念，不能够有别的选择，应该老老实实地履行党员的责任，听从党的安排。”①

肩负着党和人民的重托，邓小平又一次走上了党和国家的领导岗位。中国的事情千头万绪，怎样抓住决定性的环节，开创新的局面？邓小平已经深思熟虑，成竹在胸。

二、发动和领导真理标准问题大讨论

批判“两个凡是”错误，恢复实事求是的思想路线，逐步实行全面拨乱反正，是邓小平复出工作后集中精力解决的问题。

中国要想从困境中走出来，当务之急就是要从人的思想上彻底清理“文化大革命”的错误，恢复实事求是的传统。然而，当时有些人

---

①《邓小平年谱（1975—1997）》（上），中央文献出版社 2004 年版，第 162 页。

却认为，如果否定毛泽东生前所作出的一切决定和意见，就损害了毛泽东思想。1977年2月7日《人民日报》、《红旗》杂志、《解放军报》联合发表的社论《学好文件抓住纲》中的几句话，就很明显地反映了这种观点。社论称："凡是毛主席作出的决策，我们都坚决维护，凡是毛主席的指示，我们都始终不渝地遵循"。[①]

邓小平在尚未复出工作的时候，就明确提出了自己对"两个凡是"的看法和思考。1977年4月10日，邓小平给华国锋、叶剑英和中共中央写了一封信，提出："我们必须世世代代地用准确的完整的毛泽东思想来指导我们全党、全军和全国人民，把党和社会主义的事业，把国际共产主义运动的事业，胜利地推向前进。"[②] 邓小平的这些意见引起了党内许多同志的思考。

邓小平对"两个凡是"的态度是非常坚决的，他明确表示："'两个凡是'不行"。1977年5月24日，邓小平在同王震等人谈话时说："毛泽东同志自己多次说过，他有些话讲错了。他说，一个人只要做工作，没有不犯错误的。又说，马恩列斯都犯过错误，如果不犯错误，为什么他们的手稿常常改了又改呢？改了又改就是因为原来有些观点不完全正确，不那么完备、准确嘛。"[③] 邓小平深知，"两个凡是"的问题，是关系到能否坚持辩证唯物主义的理论问题。1977年7月，在中共十届三中全会上，他再次强调，群众路线和实事求是是毛泽东思想最根本的东西，不能割裂、歪曲和损害毛泽东思想。

要做到真正的拨乱反正，就要从理论上破题。中国的许多有识之士也在深入思考这个问题。南京大学哲学系的教师胡福明针砭时弊，构思了一篇理论文章。据他回忆说："我反复研究'两个凡是'的本质特征。""这就促使我思考这样一个问题：检验认识、理论、观点、政

---

① 《邓小平年谱》第四卷，中央文献出版社2020年版，第155页。
② 《邓小平年谱（1975—1997）》（上），中央文献出版社2004年版，第157页。
③ 《邓小平年谱（1975—1997）》（上），中央文献出版社2004年版，第159页。

策是否正确的标准是什么？”[①]带着思考，胡福明着手写了一篇题为《实践是检验一切真理的标准》的文章。1977 年 9 月，他将文章寄给了《光明日报》。这篇文章的观点引起了胡耀邦的重视，他专门组织了一批同志，对原文作进一步修改。1978 年 5 月 10 日，题为《实践是检验真理的唯一标准》的文章在中央党校的内部刊物《理论动态》第 60 期全文发表。5 月 11 日，《光明日报》以特约评论员名义公开发表了这篇文章。文章最先引来的却是党内的责难。一些主张“两个凡是”的领导同志严肃批评了这篇文章和发文部门，他们把真理标准问题的讨论指责为“非毛化”“砍旗”“丢刀子”，有的负责同志指示宣传部门对这场讨论要“不表态”“不介入”。

这是一个乍暖还寒的季节。伴随着来自各方的压力，真理标准问题的讨论蒙上了一层阴影。

邓小平很快注意到了关于《实践是检验真理的唯一标准》一文的争论。1978 年 5 月 30 日，邓小平指出：“现在发生了一个问题，连实践是检验真理的标准都成了问题，简直是莫名其妙！我们有很多年轻同志不懂得实事求是这个马克思列宁主义、毛泽东思想的根本道理了。”[②]1978 年 6 月 2 日，邓小平在全军政治工作会议上的讲话中再次强调，毛泽东思想的出发点是实事求是。他直接批评了个人崇拜和教条主义，并号召要“拨乱反正，打破精神枷锁，使我们的思想来个大解放”。[③]1978 年 7 月 21 日，邓小平在与当时的中央宣传部部长谈话时，提出了明确的要求：“不要再下禁令、设禁区了，不要再把刚刚开始的生动活泼的政治局面向后拉。”[④]1978 年 7 月 22 日，邓小平同胡耀邦谈话时，明确肯定和支持真理标准问题的讨论。他指出：“《实践是检验真理的唯一标准》这篇文章是马克思主义的。争论不可避免，

① 胡福明：《历史的回忆：记〈实践是检验真理的唯一标准〉的写作和修改过程》，《党的文献》1998 年第 4 期。

② 《邓小平军事文集》第三卷，军事科学出版社、中央文献出版社 2004 年版，第 108 页。

③ 《邓小平文选》第二卷，人民出版社 1994 年版，第 119 页。

④ 《邓小平年谱（1975—1997）》（上），中央文献出版社 2004 年版，第 345 页。

争得好。引起争论的根源就是‘两个凡是’。”①

邓小平的讲话发表后，关于真理标准问题的大讨论，以万夫难当之势在全国铺开了。真理越辩越明，越来越多的人认识到了当时世情、国情、党情的变化。对此，邓小平说：“关于真理标准问题的争论，的确是个思想路线问题，是个政治问题，是个关系到党和国家的前途和命运的问题。”②

三、“北方谈话”点燃历史转折的光明之火

如何把关于真理标准问题的大讨论引向深入，早日完成工作重点的转移，实现伟大的历史转折，都是邓小平反复考虑的重要问题。邓小平离开了北京，他要亲自到地方去看一看。他早些时候去了四川和广东两省，1978 年 9 月又来到了一望无垠的松辽平原。

邓小平的东北之行，行程安排得极其紧张。从 9 月 13 日到 18 日，邓小平视察了 3 个省份。每到一处，邓小平都细心地听取地方负责同志的汇报，并作出具体的指示。当时正处在揭批“四人帮”的高潮中，这项工作自然是每个单位向邓小平汇报的重点。但出人意料的是，这并未引起邓小平的关注。13 日，在辽宁省的本溪，邓小平说：“现在就是要好好向世界先进经验学习，不然老是跟在人家后面爬行”，“要到发达国家去看看，应当看看人家是怎样搞的。过去我们对国外的好多事情不知道”。③ 14 日，在黑龙江省的大庆油田，邓小平特别叮嘱大庆油田负责人“要把大庆建设成美丽的油田”。15 日，在哈尔滨，邓小平说：“我们国家的体制，包括机构体制等，基本上是从苏联来的，人浮于事，机构重叠，官僚主义发展”，“我们的体制不适应现代化，上层建筑不适应新的要求”。④ 16 日，在吉林长春，邓小

① 《邓小平年谱（1975—1997）》（上），中央文献出版社 2004 年版，第 345—346 页。
② 《邓小平年谱（1975—1997）》（上），中央文献出版社 2004 年版，第 450 页。
③ 《邓小平年谱（1975—1997）》（上），中央文献出版社 2004 年版，第 373 页。
④ 《邓小平年谱（1975—1997）》（上），中央文献出版社 2004 年版，第 376 页。

平阐明了社会主义与发展生产力的关系，指出贫穷不是社会主义，他说:“我们要想一想，我们给人民究竟做了多少事情呢？我们一定要根据现在的有利条件加速发展生产力，使人民的物质生活好一些，使人民的文化生活、精神面貌好一些。”[①]时任吉林省委书记的王恩茂回忆说：这次讲话后“促进了我们思想的大解放，过去有些不敢想的问题，现在敢想了；过去有些不敢讲的问题，开始敢讲了”。[②] 17 日，在辽宁沈阳，邓小平说:“我们要根据现在的国际国内条件，敢于思考问题，提出问题，解决问题。千万不要搞‘禁区’。‘禁区’的害处是使人们思想僵化，不敢根据自己的条件考虑问题。”[③]针对当时全国人民的思想状况还没有真正转变过来的现实情况，邓小平强调中国的解放思想只是刚刚开始。为此，大家“要开动脑筋，不开动脑筋，就没有实事求是，不开动脑筋，就不能分析自己的情况，就不能从实际出发提出问题，解决问题”。[④] 18 日，在鞍山钢铁公司炼铁厂，邓小平专门研究了鞍钢的改造问题，他说:“现在摆在你们面前的问题，是鞍钢如何改造。引进技术改造企业，第一要学会，第二要提高、创新。凡是引进的技术设备都应该是现代化的。世界在发展，我们不在技术上前进，不要说超过，赶都赶不上去，那才真正是爬行主义。我们要以世界先进的科学技术成果作为我们发展的起点，我们要有这个雄心壮志。”[⑤]

在返京途中，邓小平又去了唐山、天津。邓小平在两地视察时专门强调自己走了许多地方，强调的就是要解放思想，从实际出发。邓小平对自己的这几次出行有过诙谐的评价，他说:“我是到处点火”。事实上，邓小平在东北之行所提出的一系列思想和观点，为随后召开的中央工作会议和党的十一届三中全会奠定了思想基础。

---

① 《邓小平年谱（1975—1997）》（上），中央文献出版社 2004 年版，第 380 页。
② 王恩茂采访资料。
③ 《邓小平年谱（1975—1997）》（上），中央文献出版社 2004 年版，第 381 页。
④ 《邓小平年谱（1975—1997）》（上），中央文献出版社 2004 年版，第 381 页。
⑤ 《邓小平年谱（1975—1997）》（上），中央文献出版社 2004 年版，第 384 页。

四、开辟新道路的宣言书

翻开《邓小平文选》，细心的读者一定会发现，《解放思想，实事求是，团结一致向前看》一文的标题有专门的题注："这是邓小平同志在中共中央工作会议闭幕会上的讲话。这次中央工作会议为随即召开的中共十一届三中全会作了充分准备。邓小平同志的这个讲话实际上是三中全会的主题报告。"[①] 这种罕见的情况是有特殊原因和意义的。

中共中央工作会议是在 1978 年 11 月 10 日至 12 月 15 日召开的。按照会议的原定计划，主要讨论三项议题：（1）如何进一步贯彻执行以农业为基础的方针，尽快把农业生产搞上去；（2）1979 年、1980 年的国民经济计划安排；（3）讨论李先念在国务院务虚会上的讲话。由于此前邓小平建议在三中全会上讨论党的工作重点转移的问题，得到了中央的赞同。因此，这次会议要求，头两三天讨论全党工作重点的转移问题。这以后，再讨论前面所讲的三项议题。

1978 年 11 月 12 日，在东北组分组讨论中，已远离政治中心十几年，在党内仅保留中央委员职务的陈云率先开了"炮"，他提出搞经济工作，需要一个安定团结的政治局面。但当时，"干部和群众对党内是否能安定团结，是有所顾虑的"。随即，陈云提出了包括薄一波、彭德怀、陶铸等一大批冤案和"天安门事件"在内的 6 个影响很大的历史遗留问题。这 6 个问题，正中"左"倾错误的要害，道出了大家憋在心里很久的话，得到了与会者的热烈响应。由此，会议的气氛活跃了起来，并逐步脱离了事先设置的轨道，开始成为向"文化大革命"及其以前的"左"倾错误发起的一场总攻。原定 20 天就能结束的会议，最后开了 36 天。经过深入讨论，绝大多数与会者认为，中国要发展，必须摒弃"以阶级斗争为纲"的错误，坚持以经济建设为中心，实现党的工作重点的战略转移。

---

① 《邓小平文选》第二卷，人民出版社 1994 年版，第 140 页。

在中央工作会议召开前，邓小平曾委托胡乔木等人帮他起草一个讲话稿。此后，鉴于中央工作会议的议题方向发生了改变，12月初，邓小平让胡乔木等人重新起草讲话稿。邓小平很重视这次讲话，他亲自草拟了提纲。邓小平敏锐地意识到，会议开到这个程度，大家的意见已经比较一致，对党的工作重点转移认识的阻力已经不大。而在历史转折的重要关头，许多新的情况、新的问题突显出来，需要一一作出回答。12月2日，邓小平就讲话稿起草的问题约见胡耀邦、胡乔木、于光远。邓小平拿出了亲笔拟就的讲话提纲，这份400多字的提纲，清晰反映了邓小平对中国发展道路的深入思考。12月5日，邓小平又约见胡乔木、于光远、林涧青，就讲话稿的主题、内容、文字和结构进一步发表意见。他在谈话中说："要解放思想，开动机器，一切向前看，否则四个现代化没有希望。"[①] 11日上午，邓小平再次约见胡耀邦、于光远、林涧青，继续谈他在中央工作会议闭幕会上讲话稿的修改问题。

12月13日，邓小平在中央工作会议闭幕会上作了题为《解放思想，实事求是，团结一致向前看》的讲话。邓小平牢牢把握住了中国历史转折的脉搏，回答了"中国向何处去"的课题，他以朴素的语言和感人的阐述，启发了全党、全国人民的思路，指出了"文化大革命"以后中国向何处去的正确方向和指导思想。从此"解放思想，实事求是，团结一致向前看"，成为改革开放时期的一句鲜明口号。

这次中央工作会议，本身就是为了准备党的十一届三中全会而召开的。它的顺利召开，令之后的事情显得"水到渠成"。1978年12月18日至22日，中共中央在京西宾馆召开十一届三中全会。由于5天前结束的中央工作会议对许多问题已经作了充分的酝酿和准备，十一届三中全会顺利地完成了各项议程。邓小平关于《解放思想，实事求是，团结一致向前看》的讲话，实际上也成为十一届三中全会的主题报告。十一届三中全会也是在邓小平这个讲话的思想指导下进行的。

① 《邓小平年谱（1975—1997）》（上），中央文献出版社2004年版，第448页。

这次会议增选了中央领导机构的成员，形成了以邓小平为核心的新一代领导集体。邓小平后来说："党的十一届三中全会建立了一个新的领导集体，这就是第二代的领导集体。在这个集体中，实际上可以说我处在一个关键地位。"①

从党的十一届三中全会开始，党在思想、政治、组织等领域的拨乱反正工作全面展开，中国的改革开放揭开了序幕，邓小平理论也逐步形成和发展起来。正如习近平总书记所说："在邓小平同志指导下，1978年12月召开的党的十一届三中全会，重新确立了解放思想、实事求是的思想路线，停止使用'以阶级斗争为纲'的错误提法，确定把全党工作的着重点转移到社会主义现代化建设上来，作出实行改革开放的重大决策，实现了党的历史上具有深远意义的伟大转折。"②

---

① 《邓小平文选》第三卷，人民出版社1993年版，第309页。

② 习近平:《在纪念邓小平同志诞辰110周年座谈会上的讲话》,《人民日报》2014年8月21日。

国家治理现代化视域中的第二个历史决议

熊道宏

在中国共产党团结带领人民探索、推进和拓展中国式现代化的过程中，始终贯穿着对国家治理体系问题、如何推进国家治理现代化的思考和实践。习近平总书记指出："我国今天的国家治理体系，是在我国历史传承、文化传统、经济社会发展基础上长期发展、渐进改进、内生性演化的结果。"①从百年奋斗历程来看，党历经革命、建设、改革，成为领导人民掌握全国政权并长期执政的党，建立了社会主义基本制度并在此基础上进行改革；党的十八大以来，伴随全面深化改革目标的提出，开启了坚持和完善中国特色社会主义制度、推进国家治理体系和治理能力现代化的历史任务，这分别构成了党关于形成更加成熟更加定型的制度战略的前半程与后半程。在前半程中，改革开放是其中的重要节点。以改革开放为界，党领导下的国家治理现代化，经历了一个由制度创立与奠基到制度改革与生长的过程。在党的十一届三中全会开启的伟大转折背景下，伴随对社会主义革命和建设实践的深刻总结，党同时也对治理实践和制度问题进行了深刻的思考和总结，这对改革开放和社会主义现代化建设新时期的国家治理现代化产生了深远影响。这种思考总结，一定程度上体现在1981年党的十一届六中全会通过的《关于建国以来党的若干历史问题的决议》（即党的第二个历史决议，以下简称《决议》）中。尽管当时没有"国家治理"的表述，但《决议》中的相关内容思想，尤其是其中对制度问题

① 《习近平关于全面深化改革论述摘编》，中央文献出版社2014年版，第21页。

的阐述，以及背后邓小平的思考，实际上展现了中国共产党对国家治理体系问题的全新理解和认识。因此，从国家治理现代化的视域来分析讨论《决议》，不仅有助于进一步认识党的历史上这一“基本论述和结论至今仍然适用”[①]的重要决议，也对当下推进国家治理现代化有所启示。

一、国家治理现代化历程中的《决议》

《决议》是应当时党的指导思想上的拨乱反正之需要而制定的。[②]1978年12月，党的十一届三中全会揭开了改革开放的序幕。为集中精力实现党的工作重点转移，全会曾提出对“文化大革命”过程中发生的缺点、错误，“适当的时候作为经验教训加以总结，统一全党和全国人民的认识，是必要的，但是不应匆忙地进行”。[③]但是在拨乱反正全面展开、党和国家各方面工作开始逐步走上轨道后，思想上的阻碍日益显现。要从根本上拨“文化大革命”之乱，冲破排除“左”的束缚或右的干扰，必须要从政治上、思想上澄清混乱，而这必然要涉及对毛泽东的评价、对“文化大革命”等新中国成立后的重大历史问题作出结论。1979年初召开的理论工作务虚会公开提出起草《决议》的建议，实际上开启了全面讨论和总结历史问题的序幕。[④]这一年9月，党的十一届四中全会讨论通过叶剑英在庆祝中华人民共和国成立30周年大会上的讲话，这个讲话对新中国成立以来的历史经验进行了初步总结。在此背景下，党中央决定在这篇讲话基础上开始着手起

① 《中共中央关于党的百年奋斗重大成就和历史经验的决议》，人民出版社2021年版，第3页。

② 谢春涛:《关于建国以来历史决议的起草——龚育之访谈录》,《百年潮》2001年第6期。

③ 《三中全会以来重要文献选编》(上)，中央文献出版社2011年版，第11页。

④ 黄一兵:《理论工作务虚会与〈关于建国以来党的若干历史问题的决议〉的起草》,《中共党史研究》2013年第4期。

草《决议》。[①]《决议》沿着邓小平指出的三条指导思想进行制定起草：包括评价毛泽东同志和毛泽东思想，以确立毛泽东同志的历史地位、坚持和发展毛泽东思想，这是“最重要、最根本、最关键”的；实事求是地分析和评价建国三十年来历史大事及一些负责同志的功过是非；对过去的事情做“宜粗不宜细”的基本总结并引导大家团结一致向前看等。[②]最终《决议》很好地完成了这些目标，从根本上否定了“文化大革命”和“无产阶级专政下继续革命”的错误理论，科学总结了新中国成立以来社会主义革命和建设的历史经验，实事求是地评价了毛泽东的历史地位，充分肯定毛泽东思想作为党的指导思想的伟大意义，概括了党的十一届三中全会以来逐步确立的适合我国情况的社会主义现代化建设正确道路的主要点，标志着党在指导思想上的拨乱反正胜利完成。[③]《决议》的中心主题及其历史意义，与国家治理问题有深刻关联，需要放在党领导人民探索推进国家治理现代化的历程中去理解。

国家治理体系和治理能力是一个国家制度和制度执行能力的集中体现。国家治理体系是在党领导下管理国家的制度体系，是一整套紧密相连、相互协调的国家制度。[④]从制度体系的建设与执行来看，一定程度上可以将党领导下的国家治理现代化简要分为制度创立与奠基、改革与生长、深化改革与成熟定型三期。新民主主义革命时期、社会主义革命和建设时期，可以被认为是新中国国家制度的创立与奠基期；改革开放和社会主义现代化建设新时期是制度改革与生长期；党的十八大以来，则是深化改革与成熟定型期。[⑤]就创立与奠基而言，毛泽东曾在 1949 年 1 月的中央政治局会议上有过形象表述：“如果完

① 中共中央党史和文献研究院：《中国共产党的一百年》，中共党史出版社 2022 年版，第 649—652 页。

② 《邓小平文选》第二卷，人民出版社 1994 年版，第 291—293 页。

③ 中共中央党史和文献研究院：《中国共产党的一百年》，中共党史出版社 2022 年版，第 653—655 页。

④ 习近平：《习近平著作选读》第一卷，人民出版社 2023 年版，第 179 页。

⑤ 《〈中共中央关于坚持和完善中国特色社会主义制度、推进国家治理体系和治理能力现代化若干重大问题的决定〉辅导读本》，人民出版社 2019 年版，第 151—155 页。

成了全国革命的任务，这是铲地基，花了三十年。但是起房子，这个任务要几十年功夫。”[①] 如果说“铲地基”是废除旧制度，“起房子”则是建立新制度，对这一时期来说，是奠定“新房子”的“地基”与创立四梁八柱，即建立基础性的国家制度。这一过程，首先是结束了旧中国一盘散沙、四分五裂无组织的状态，而建立的基础性制度，集中表现为在夺取全国政权后，党团结带领人民制定《共同纲领》、1954年宪法，确定了国体、政体、国家结构形式，建立了国家政权组织体系，现代意义的国家制度得以初步建立。随着1956年基本完成对生产资料私有制的社会主义改造，我国确立了社会主义基本制度，实现了中华民族有史以来最为广泛而深刻的社会变革，为我国一切进步和发展奠定了根本政治前提和制度基础，也奠定了我国国家治理体系的基本性质与基础优势。在此基础上，这一时期在各个领域都形成了一系列重大原则和制度安排，实现了“奠地基、起房子”的现代国家制度架构的目标。

党的十一届三中全会后，国家治理现代化进入制度改革和生长期。正是在对前一阶段的总结和对探索曲折的反思中，以邓小平为主要代表的中国共产党人开始以全新的角度思考国家治理体系问题，对制度的意义有了更深入的认识，正是在这种新认识基础上，开启了全方位的制度改革和建设实践，逐步形成了中国特色社会主义制度体系。而作为展现一种关于“中国革命究竟走了一条什么道路，要怎么继续走下去”[②] 的理论意义的《决议》，正好可以体现这种新认识。无论是对新中国成立32年来的历史作出的基本总结，还是对“文化大革命”等历史大事实事求是的分析，都贯穿着对制度问题的思考。尤其是，在《决议》对毛泽东和毛泽东思想的评价这一核心主题中，直接或间接地突出了制度的重要意义。这体现在：一方面，在确立毛泽东的历史地位、提炼总结并坚持发展毛泽东思想过程中，《决议》事

① 中共中央文献研究室编：《毛泽东传（1893—1949）》，中央文献出版社2004年版，第945页。

② 《胡乔木传》编辑组：《胡乔木谈中共党史（修订本）》，人民出版社2015年版，第63页。

实上再次强调、确认了以毛泽东为主要代表的共产党人所创立与奠定的社会主义制度体系不可动摇的基础地位，阐明了社会主义建设时期经历曲折并非基础性国家制度、社会主义制度本身的问题，因而突出了社会主义制度的根基性、优越性。另一方面，《决议》将毛泽东晚年错误同毛泽东思想加以区别，对毛泽东晚年错误的论述，恰恰指明了党对于制度的认识还不够，现存的制度体系仍有问题。这两个方面，同时也是邓小平关于制度建设思考论述的要义所在。在《决议》起草过程中，邓小平曾多次直接谈论制度问题，如“最重要的是一个制度问题”[①]，“制度是决定因素”[②]，由此指出是制度而非个人才是问题的根源所在。

《决议》文本中关于“制度”意涵的表达体现了上述两个方面内容，可以概括为两个层面：一是基础性制度意涵，即关于整体意义上的社会主义制度的阐述，针对的是如何认识我国社会主义革命和建设所取得的巨大成就，以及在探索社会主义建设道路过程中的曲折，并初步提出什么是社会主义、怎样建设社会主义的重大课题，从而突出社会主义制度的优越性和生命力，引导大家团结一致向前看。二是具体性制度意涵，集中体现为对社会主义民主与法制，以及恢复与健全民主集中制的论述。以下将重点围绕这两层意涵进行梳理，并讨论与之相关的邓小平对制度建设的思考。

二、关于社会主义制度的优越性和生命力的阐述

（一）坚持作为我国今后一切进步和发展基础的社会主义制度

无论是在对新中国成立之前 28 年斗争的胜利总结、对新中国成立 32 年以来历史的基本估计，还是对毛泽东思想的理论提炼方面，《决议》都总结强调了我们党在基础性制度层面取得的成就和意义，

① 《邓小平文选》第二卷，人民出版社 1994 年版，第 297 页。

② 《邓小平文选》第二卷，人民出版社 1994 年版，第 308 页。

集中体现为直接或间接对社会主义制度建立及其优越性和生命力的论述。[①] 在对新中国成立以后的历史作基本概括时，《决议》指出："社会主义制度的建立，是我国历史上最深刻最伟大的社会变革，是我国今后一切进步和发展的基础。"[②] 其中对这段历史主要成就的总结，就包括新中国国体、实现国家统一及建立和发展了社会主义经济等各方面基础性制度。同时，《决议》也客观总结了所犯的错误，指出不能忽视、掩盖错误时，强调更不能忽视或否认成就以及取得这些成就的成功经验，并指明了社会主义制度的优越性："我们的成就和成功经验是党和人民创造性地运用马克思列宁主义的结果，是社会主义制度优越性的表现，是全党和全国各族人民继续前进的基础。"[③] 因此，共产党人应当采取"坚持真理，修正错误"的辩证唯物主义的根本立场。

关于 32 年历史的总体估计，对《决议》之后的论述展开，尤其是对第三至第五部分的历史叙述起到了提纲挈领的作用。在对"文化大革命"的叙述分析中，《决议》强调在此过程中，我国社会主义制度的根基仍然保存着，尽管遭到林彪、江青两个反革命集团的破坏，但终于战胜了他们。党、人民政权、人民军队和整个社会的性质都没有改变。历史再一次表明，"我们的人民是伟大的人民，我们的党和社会主义制度具有伟大而顽强的生命力"。[④] 对社会主义制度优越性和生命力的突出和强调尤其体现在《决议》总结经验、面向未来的最后一部分中，这里重申了邓小平在之前的理论工作务虚会上提出的"坚持四项基本原则"，指出总结新中国成立以来历史经验的根本目的，

① 《决议》中的"制度"一词，近一半都是以"社会主义制度"（包括社会主义基本制度）的搭配形式出现的。"制度"一共出现了 34 处，搭配表达为"社会主义制度"的有 17 处（"社会主义基本制度" 1 处），其余为剥削制度、土地制度、集体领导制度、劳动制度、教育制度、职工代表大会制度、县级和县级以下人民代表由选民直接选举的制度、规章制度、具体制度、领导制度、具体管理制度、分配制度、政治制度等，也有多处"制"的表达，如"民主集中制"等。

② 《三中全会以来重要文献选编》（下），中央文献出版社 2011 年版，第 129 页。

③ 《三中全会以来重要文献选编》（下），中央文献出版社 2011 年版，第 132 页。

④ 《三中全会以来重要文献选编》（下），中央文献出版社 2011 年版，第 148—149 页。

就是在坚持四项基本原则的基础上，把全党、全军和全国各族人民的意志和力量进一步集中到建设社会主义现代化强国这个伟大目标上来。文中将“只有社会主义才能救中国”定义为中国各族人民一百多年来从切身体验中得出的“不可动摇的结论”，同时也是新中国成立以来“最基本的历史经验”。①

坚持社会主义制度，是邓小平谈论制度问题的根本性前提。在改革开放初期，邓小平谈到实行开放政策是否与过去传统相违背时强调:“过去行之有效的东西，我们必须坚持，特别是根本制度，社会主义制度，社会主义公有制，那是不能动摇的。”②在《坚持四项基本原则》的讲话中，邓小平系统阐述了必须坚持社会主义道路，这包括从五四运动以来的历史来看，只有社会主义才能救中国；社会主义中国尽管在目前还不如发达的资本主义国家，但这并非社会主义制度所造成的，是解放以前的历史、帝国主义和封建主义造成的；在与资本主义制度的比较中，社会主义自身独有的特点决定了其优越性，对于社会主义国家发生的曲折，一方面有长期封建历史的资本主义国家也都有过重大的曲折和反复，另一方面也是依靠社会主义制度，使国家很快又走上了安定团结、健康发展的道路。③邓小平对社会主义制度优越性以及生命力的相关论断，无疑在《决议》中很好地体现出来了。

（二）充分认识社会主义制度发展的阶段论

也正是在《决议》最后一部分，党中央初步提出了社会主义初级阶段理论④，以此进一步解释了曲折所发生的原因，以及制度本身的优越性和生命力所在，其论述逻辑为：尽管中国的社会主义制度还处于初级阶段，但不能否认社会主义制度已经建立；在社会主义条件下取得了旧中国根本不可能达到的成就，初步地但又有力地显示了社会主

① 《三中全会以来重要文献选编》(下)，中央文献出版社 2011 年版，第 166 页。

② 《邓小平文选》第二卷，人民出版社 1994 年版，第 133 页。

③ 《邓小平文选》第二卷，人民出版社 1994 年版，第 167—168 页。

④ 陈理:《试论第二个历史决议在探索建设有中国特色社会主义道路中的地位》,《党的文献》2001 年第 6 期。

义制度的优越性；能依靠自己的力量战胜各种困难，同样也是社会主义制度具有强大生命力的表现。社会主义制度由比较不完善到比较完善要经历一个长久的过程，因而提出要改革那些不适应生产力发展需要和人民利益的具体制度，随着事业的发展，社会主义的巨大优越性必将越来越充分地显示出来。[①] 与之相关的，是关于新时期我国社会主要矛盾的判断，《决议》继承了党的八大符合中国实际的判断。

《决议》中这一思想也是邓小平一直反复表达的观点。如前所述，邓小平承认社会主义中国在经济、技术、文化等方面当时还不如发达的资本主义国家，但认为这并非社会主义制度所造成的，并且恰恰是“社会主义革命已经使我国大大缩短了同发达资本主义国家在经济发展方面的差距”，“我们还是在三十年间取得了旧中国几百年、几千年所没有取得过的进步”[②]，并且在总结经验、纠正错误的基础上，我们“毫无疑问将来会比任何资本主义国家发展得都快，并且比较稳定而持久”。[③] 这种动态性、阶段性的视角无疑是理解社会主义制度优越性以及未来发展前途的重要视角，社会主义制度发展的阶段论是制度优越性和生命力的组成部分。在《决议》起草过程中，党中央对这一问题有过整体性的思考。在理论意义上，《决议》对制度优越性的阐释不仅来自总结 32 年所获得的成就中，更需要作出理论上的分析与解释：即为何在优越的社会主义条件下，会发生以“文化大革命”为代表的历史曲折？正是基于对曲折的全面分析与解释，才能更好地坚持社会主义制度，更能理解其优越性和生命力。叶剑英在 1979 年 9 月庆祝中华人民共和国成立 30 周年大会上的讲话中指出，处在幼年时期的社会主义“已经战胜了并且正在由此学会怎样防止这种袭击，因而将变得愈来愈健壮。我们应当加倍地爱护它，加倍地努力工作，使它能在继续完善和发展的过程中充分发挥出自己固有的优越性和无限的潜力”，并进一步指出，社会主义制度是中国历史发展的必然结果，

① 《三中全会以来重要文献选编》(下)，中央文献出版社 2011 年版，第 166—167 页。
② 《邓小平文选》第二卷，人民出版社 1994 年版，第 167 页。
③ 《邓小平文选》第二卷，人民出版社 1994 年版，第 167 页。

是中国亿万人民在长期奋斗中所作出的决定性选择。它已经不止是一种理论，而是亿万人民正在日夜辛勤建设的现实生活，从而进一步展现了对社会主义有伟大的前途的坚定信心。[①]到了《决议》中，这一观点进一步得到展开和说明，发展为关于社会主义制度处于初级阶段的论述。此后，伴随改革开放的不断深化和中国特色社会主义事业的推进，社会主义初级阶段理论逐步形成，直到党的十三大对社会主义初级阶段和党的基本路线作出了系统阐述。

三、关于具体性制度的阐述

《决议》中制度意涵的第二个层面，是在社会主义制度整体框架之下，对经济、政治等领域作出的具体性制度安排。文中既有强调要改革不适应生产力发展需要和人民利益的总体意义上的“具体制度”的论述，也有对必须实行适合各种经济成分的具体管理制度和分配制度的论述，但总体上，《决议》的论述重点仍然在党和国家政治生活中的制度体系上，集中表现为基于对过去历史的反思，对社会主义民主与法制，以及集体领导制度和民主集中制的阐述。因此，这事实上体现了“文化大革命”结束后党关于推动政治体制改革的认识和实践。在十一届三中全会后，党围绕以健全民主集中制问题，改革党的领导体制和使民主制度化法律化为主要内容的政治体制改革开始起步[②]，改革的实践成果及思想理念在《决议》中都有重要体现。

（一）加强社会主义民主与法制

如前所述，邓小平在《决议》起草制定过程中，多次谈论到制度问题。他在1980年与意大利记者奥琳埃娜·法拉奇的谈话中，指出：“我们这个国家有几千年封建社会的历史，缺乏社会主义的民主和社会主义的法制。现在我们要认真建立社会主义的民主制度和社会主义

① 《三中全会以来重要文献选编》（上），中央文献出版社2011年版，第192—193页。

② 程中原、王玉祥、李正华：《转折年代——1976—1981年的中国》，中央文献出版社2008年版，第387页。

法制。只有这样，才能解决问题。”[①]民主与法制的有机统一，始终是邓小平所强调的。他指出：“为了保障人民民主，必须加强法制。必须使民主制度化、法律化，使这种制度和法律不因领导人的改变而改变，不因领导人的看法和注意力的改变而改变。”[②]他强调民主与法制不可偏废，认为：“民主和法制，这两个方面都应该加强，过去我们都不足。要加强民主就要加强法制。没有广泛的民主是不行的，没有健全的法制也是不行的。”[③]“社会主义民主和社会主义法制是不可分的。不要社会主义法制的民主，不要党的领导的民主，不要纪律和秩序的民主，决不是社会主义民主。”[④]

对民主与法制的强调，也贯穿于《决议》对制度问题的论述中。在《决议》中，关于民主，即总体意义上的社会主义民主制度，包括党内和国家政治生活中的民主化；而法制方面，包括宪法和法律体系的完备，以及对法律权威的强调。在对十年内乱背后的社会历史原因进行分析时，《决议》同样指出，中国长期封建专制主义在思想政治方面的遗毒不容易肃清，种种历史原因又使我们没有能把党内民主和国家政治社会生活的民主加以制度化、法律化，或者虽然制定了法律，却没有应有的权威。[⑤]在最后总结的十条基本经验中，《决议》将“逐步建设高度民主的社会主义政治制度”作为“社会主义革命的根本任务之一”，强调必须根据民主集中制的原则加强各级人民代表大会及其常设机构的权威，在基层逐步实现人民的直接民主，发展企业中的民主管理，完善宪法和法律使之不可侵犯，并让社会主义法制成为制裁犯罪、打击阶级敌人的强大武器等。[⑥]此外，《决议》在一定程度上进一步强调并且澄清了民主与法制的含义，极大丰富了社会主义

① 《邓小平文选》第二卷，人民出版社 1994 年版，第 348 页。
② 《邓小平文选》第二卷，人民出版社 1994 年版，第 146 页。
③ 《邓小平文选》第二卷，人民出版社 1994 年版，第 189 页。
④ 《邓小平文选》第二卷，人民出版社 1994 年版，第 359 页。
⑤ 《三中全会以来重要文献选编》（下），中央文献出版社 2011 年版，第 150—151 页。
⑥ 《三中全会以来重要文献选编》（下），中央文献出版社 2011 年版，第 169—170 页。

在政治制度层面的内涵。正如胡乔木在同起草小组成员谈关于社会主义的若干问题时讲的，“社会主义并不仅仅是一个经济制度，而且是一个政治制度”，并且“对这个问题，党内没有提出过”，因为过去总是认为政治是为经济服务的手段。[①]这无疑反映了一种对政治重要性及对政治制度的重新理解，而在这些论述及背后，邓小平关于民主和制度的思想对社会主义民主内涵的不断发展有着重要指导意义。

（二）恢复和健全民主集中制

在《决议》中，集体领导制度和民主集中制的破坏一定程度上是党和国家政治生活中民主及制度性问题所导致的结果，或者说是发生的错误在制度上的表现。二者有着不限于党内的广义内涵，尤其作为党的根本组织原则和根本领导制度，民主集中制同时也是国家机关建设的原则所在。但《决议》重点将二者放在党内制度层面进行论述。在最后总结的经验中，《决议》强调必须把我们党建设成为具有健全的民主集中制的党，强调执政党的党风问题是关系到党的生死存亡的问题等。[②]

因此，党的建设的关键在于恢复及健全民主集中制[③]，包括改革完善党的领导制度、干部制度等，这些都指向了党中央对改革和完善党和国家领导制度的整体关切。在1980年8月所作的《党和国家领导制度的改革》的讲话中，邓小平全面论述了改革党和国家领导制度及其他制度的意义所在，尤其是在组织上逐步实现领导干部年轻化、专业化的重要性，批评分析了包括官僚主义、权力过分集中的现象、家长制现象、干部领导职务终身制现象和各种特权现象等在内的领导制度、干部制度中的弊端，阐述了正在进行的重大改革措施。对于造成

① 《胡乔木传》编辑组：《胡乔木谈中共党史（修订本）》，人民出版社2015年版，第111页。

② 《三中全会以来重要文献选编》（下），中央文献出版社2011年版，第171—172页。

③ “毛主席在很长时期是按照民主集中制的精神工作的，但是没有将其制度化。”参见《胡乔木传》编辑组：《胡乔木谈中共党史（修订本）》，人民出版社2015年版，第136页。

这些弊端的原因，邓小平强调制度本身的缺陷是其中的关键因素，例如官僚主义，他指出高度集权的管理体制、缺少严格的行政法规和个人负责制等都是其病根所在，虽然也有思想作风问题，但“制度问题不解决，思想作风问题也解决不了”；又如家长制作风，其中关键也在于曾经一度实行的集体领导、民主集中制的好传统没有延续坚持下来、形成完善的制度，“党内讨论重大问题，不少时候发扬民主、充分酝酿不够，由个人或少数人匆忙做出决定，很少按照少数服从多数的原则实行投票表决，这表明民主集中制还没有成为严格的制度”[①]；对于克服特权现象，“要解决思想问题，也要解决制度问题”[②]，包括法律制度、党章党纪、群众监督等制度性内容才是解决问题的关键所在。因此，邓小平在谈到过去发生的各种错误的原因时，强调组织制度、工作制度的重要性，他认为，“这些方面的制度好可以使坏人无法任意横行，制度不好可以使好人无法充分做好事，甚至会走向反面”，因此“领导制度、组织制度问题更带有根本性、全局性、稳定性和长期性。这种制度问题，关系到党和国家是否改变颜色，必须引起全党的高度重视”。[③]邓小平认为，这些制度弊端大多都带有封建主义的影响，这与《决议》中的论述是一致的，并且他进一步强调：“肃清封建主义残余影响，重点是切实改革并完善党和国家的制度，从制度上保证党和国家政治生活的民主化、经济管理的民主化、整个社会生活的民主化，促进现代化建设事业的顺利发展。”[④]《党和国家领导制度的改革》一文将邓小平对具体性制度的反思与认识，进一步落实到党和国家领导制度的改革与民主制度的建设实践上来，成为了我国“政治体制改革的指导性文件”。[⑤]

① 《邓小平文选》第二卷，人民出版社 1994 年版，第 330 页。

② 《邓小平文选》第二卷，人民出版社 1994 年版，第 332 页。

③ 《邓小平文选》第二卷，人民出版社 1994 年版，第 333 页。

④ 《邓小平文选》第二卷，人民出版社 1994 年版，第 336 页。

⑤ 《十三大以来重要文献选编》(上)，中央文献出版社 2011 年版，第 30 页。

四、第二个历史决议及邓小平的制度建设思想对推进国家治理现代化的启示

1992年邓小平在南方谈话中提出“恐怕再有三十年的时间，我们才会在各方面形成一整套更加成熟、更加定型的制度。在这个制度下的方针、政策，也将更加定型化”。[①]邓小平的制度战略思想无疑也体现在由他领导起草的第二个历史决议及对制度问题的相关论述中，这对当前推进国家治理现代化具有重要启示。

（一）把握好国家治理现代化的根本性质

在谈论制度问题时，邓小平始终强调要正确认识社会主义制度的优越性和生命力，从而坚定社会主义道路，这是制度建设的根本前提。坚定社会主义道路的核心在于坚持党的领导。党的领导决定了中国式现代化的根本性质和方向，也决定了国家治理现代化的根本性质和方向。中国特色社会主义制度的最大优势是中国共产党领导，党是最高政治领导力量。在推进国家治理现代化过程中，必须要始终坚持党的全面集中统一领导，坚决拥护党中央权威，健全党的领导制度体系，提高党科学执政、民主执政、依法执政水平，不断释放和巩固制度优势，确保国家治理现代化的社会主义性质不动摇、方向不偏离。

（二）把握好国家治理现代化的实际国情

第二个历史决议继承了党的八大的判断，对新时期我国社会主要矛盾作出了符合中国实际的判断，并初步提出了社会主义初级阶段理论，进一步明确了将党和国家工作重点转移到正确方向上来。推进国家治理现代化，也必须把握好当下我国社会的主要矛盾和所处的发展阶段。党的十九大指出，中国特色社会主义进入新时代，我国社会主要矛盾已经转化为人民日益增长的美好生活需要和不平衡不充分的发展之间的矛盾。同时，我国仍处于并将长期处于社会主义初级阶段的

---

① 《邓小平文选》第三卷，人民出版社1993年版，第372页。

基本国情没有变，我国是世界最大发展中国家的国际地位没有变。党的二十大报告进一步强调，我国是一个发展中大国，仍处于社会主义初级阶段，正在经历广泛而深刻的社会变革，推进改革发展、调整利益关系往往牵一发而动全身。在推进改革过程中，必须立足于国情实际，坚持系统观念，遵循推进国家治理现代化的科学规律。

（三）把握好国家治理现代化的科学方法

正是在反思基础上，《决议》及邓小平对加强社会主义民主与法制、恢复和健全党的民主集中制重要意义的深刻论述，推动了以党和国家的领导制度改革为关键性内容的全方位制度建设和改革，推动总体性改革开放全面展开，逐步实现了从高度集中的计划体制到充满活力的社会主义市场经济体制、从封闭半封闭到全方位开放的历史性转变，同时在政治、文化、社会各领域也不断将制度优势转化为治理效能，创造了经济快速发展、社会长期稳定的丰硕成果。这其中的方法论与路线图有重要启示意义。完善和发展中国特色社会主义制度，推进国家治理现代化是一项系统工程，“必须是全面的系统的改革和改进，是各领域改革和改进的联动和集成，在国家治理体系和治理能力现代化上形成总体效应、取得总体效果”。[①] 在推进过程中要明确科学思想方法和工作方法，全方位固根基、扬优势、补短板、强弱项，并且伴随全面深化改革向纵深发展，要根据新挑战新问题不断重新理解好、把握好、运用好一系列重大关系，不断巩固制度优势和释放治理效能。[②]

正是接续邓小平关于制度建设的宏伟战略思想，党的十八届三中全会提出了全面深化改革总目标。[③] 党的十九届四中全会进一步对坚持和完善中国特色社会主义制度、推进国家治理体系和治理能力现代化作出总体擘画，明确提出到新中国成立一百年时，全面实现国家治

① 习近平：《论坚持全面深化改革》，中央文献出版社 2018 年版，第 94 页。

② 杨雪冬、熊道宏：《中国式现代化视域中的国家治理现代化》，《中国纪检监察报》2023 年 4 月 13 日。

③ 习近平：《论坚持全面深化改革》，中央文献出版社 2018 年版，第 45 页。

理体系和治理能力现代化，使中国特色社会主义制度更加巩固、优越性充分展现，使其成为社会主义现代化强国的战略安排的基本构成。新时代十年以来，以习近平同志为核心的党中央以巨大的政治勇气全面深化改革，已经使中国特色社会主义制度更加成熟更加定型，国家治理体系和治理能力现代化水平明显提高。在新征程上，我们仍然要继承以邓小平为代表的中国共产党人的思想遗产，不断将我国制度优势更好转化为国家治理效能，为中国式现代化提供制度化的坚强支撑与不竭动力。

邓小平小康社会理论：产生过程、主要内容及深远影响

蒋永清

邓小平小康社会理论是邓小平理论的重要组成部分。它是在总结以毛泽东为主要代表的中国共产党人艰辛探索社会主义现代化建设正反两方面经验教训的基础上提出来的，发端于20世纪70年代末80年代初国民经济调整时期，在改革开放的伟大实践中不断发展、完善，在开启全面建设社会主义现代化国家新征程的实践中将继续发挥指导作用。

一、另觅新径：邓小平小康社会理论产生的时代背景

20世纪70年代末80年代初的国民经济调整，促使邓小平在总结历史经验教训的基础上，为中国社会主义现代化建设长远目标的设计思路另觅新径。

社会主义基本制度在中国确立后，如何进行现代化建设是崭新的历史课题。以毛泽东为主要代表的中国共产党人对此进行的探索既取得了巨大成就，也经历了严重曲折。1956年9月，党的八大把现代化的工业、农业、交通运输业和国防“四个现代化”目标写进了党章。其时，我国在经济建设上出现了急躁冒进的倾向，为此，党中央、国务院在下半年及时作了“反冒进”的努力，“确定了既反保守又反冒进的经济建设方针，初步遏制了冒进倾向”。[①] 1957年下半年至1958

① 中共中央党史研究室：《中国共产党的九十年》，中共党史出版社、党建读物出版社2016年版，第473页。

年上半年，在开展反“反冒进”中掀起“大跃进”运动，提出“用15年在钢铁和其他重要工业产品的产量方面赶上或者超过英国”[①]的口号。“大跃进”运动造成国民经济比例关系严重失调，加上其他方面的叠加原因，“我国国民经济在一九五九年到一九六一年发生严重困难，国家和人民遭到重大损失”。[②]在国民经济调整的基础上，1964年12月，三届全国人大一次会议提出“在不太长的历史时期内”分“两步走”建设现代农业、现代工业、现代国防和现代科学技术的社会主义强国的发展战略，即从第三个五年计划开始按两步来考虑：第一步，建立一个独立的比较完整的工业体系和国民经济体系；第二步，全面实现农业、工业、国防和科学技术的现代化，使我国经济走在世界的前列。这个“不太长的历史时期”已经调整到35年后的20世纪末了，目标还是“赶上和超过世界先进水平”[③]，时间段虽然拉长了，但目标没有变。

“文化大革命”后期，1975年1月，四届全国人大一次会议重申三届全国人大一次会议提出的四个现代化建设“两步走”发展战略，并明确提出在20世纪末使我国国民经济走在世界前列的时间表和具体任务。具体为：第一步，用15年时间即在1980年以前，建成一个独立的、比较完整的工业体系和国民经济体系；第二步，在20世纪内，全面实现农业、工业、国防和科学技术现代化，使我国国民经济走在世界的前列。粉碎“四人帮”、结束“文化大革命”后，我国经济工作中又出现急于求成的现象，一些“左”倾政策继续发展。1978年2月，五届全国人大一次会议提出在20世纪内把我国建设成为“社会主义的现代化强国”[④]的总目标，显然是受“左”的指导思想

---

① 中共中央党史研究室：《中国共产党的九十年》，中共党史出版社、党建读物出版社2016年版，第497页。

② 《改革开放三十年重要文献选编》（上），中央文献出版社2008年版，第193页。

③ 《建国以来重要文献选编》第19册，中央文献出版社1998年版，第491页。

④ 当代中国研究所：《中华人民共和国史稿》第四卷（1976—1984），人民出版社、当代中国出版社2012年版，第19页。

的影响，对当时国民经济比例失调的严重情况估计不足，提出了过高的目标[①]，延续了“大跃进”前后不切实际的冒进做法。因此，1979年4月召开的中央工作会议决定对整个国民经济实行“调整、改革、整顿、提高”的“新八字”方针，“坚决纠正前两年经济工作中的失误，认真清理过去在这方面长期存在的‘左’倾错误影响”。[②]同年6月，五届全国人大二次会议提出，要集中三年时间搞好国民经济调整，并对原订的十年规划纲要进行必要的补充和修订。

早在1975年主持中央工作时，邓小平就开始思考和西方国家相比较，中国的“现代化”含义到底是什么。1975年4月和6月，他在两次会见美国客人时，一方面说“我们这个国家还很落后”，另一方面说我们的“雄心壮志”是20世纪末“接近或比较接近现在发达国家的水平”。[③]这个水平不是从“人均国民收入”的角度讲，而是从钢产量等工业指标方面讲的。[④]改革开放起步后，邓小平对“现代化”的思考更深入。1978年9月12日，他对金日成说：“最近我们的同志出去看了一下，越看越感到我们落后。什么叫现代化？五十年代一个样，六十年代不一样了，七十年代就更不一样了。”[⑤]同年10月份，他出访日本，进一步近距离感知“现代化”。这些思考的初步结论就是，从生产力的角度讲，中国与世界现代化先进水平差距太大，我们从50年代起以赶超西方发达国家工业生产指标为中心的现代化蓝图设计有根本缺陷，只有跳出这个思路重新设计才能走出一条新路。

1979年3月，陈云和李先念联名致信中共中央，提出针对国民经济比例严重失调的状况要有两三年的调整期，国家计划委员会党组向中央提交了《关于修改1979年计划的汇报提纲》。3月21日至23日，

① 当代中国研究所：《中华人民共和国史稿》第四卷（1976—1984），人民出版社、当代中国出版社2012年版，第19页。

② 《改革开放三十年重要文献选编》（上），中央文献出版社2008年版，第202页。

③ 《邓小平年谱（1975—1997）》（上），中央文献出版社2004年版，第30、53页。

④ 《邓小平年谱（1975—1997）》（上），中央文献出版社2004年版，第30页。

⑤ 《邓小平年谱（1975—1997）》（上），中央文献出版社2004年版，第372—373页。

中共中央政治局会议听取和讨论国家计划委员会的报告，对国民经济进行自50年代末60年代初以来的第二次大规模调整，意味着20年来现代化建设蓝图的设计思路走进了死胡同，必须另辟蹊径才能跳出高指标——比例失调——经济调整的恶性循环。中央政治局开会讨论国民经济调整问题，促使邓小平清晰明确地为中国社会主义现代化建设长远目标的设计思路另觅新径。

二、偶然与必然：邓小平小康社会理论产生的历史过程

1979年12月，邓小平在会见外宾时，用“小康之家”形象化地概括“中国式的现代化”，看似偶然，实则有其必然性。

（一）用了一个新名词：“中国式的现代化”

就在中央政治局会议讨论经济调整问题的同一天，1979年3月21日上午，邓小平会见英国客人时就给“现代化”的含义作出了全新的解释，“我们的概念与西方不同，我姑且用个新说法，叫做中国式的四个现代化”，这个“现代化”相当于西方发达国家“七十年代的水平”。[①] 3月23日，邓小平在中共中央政治局会议讲话说：“过去提以粮为纲、以钢为纲，现在到该总结的时候了。一个国家的工业水平，不光决定于钢。”[②] 他重申了3月21日同外宾谈话提出的新概念：“我同外国人谈话，用了一个新名词：中国式的现代化。到本世纪末，我们大概只能达到发达国家七十年代的水平，人均收入不可能很高。”[③]

这个表述改变了过去长期以来的“赶超”目标，代之以实事求是的、承认落后和差距的、现实的目标。在邓小平看来，我们当时的技术水平是西方国家50年代的水平，考虑到同步发展的因素（即我们发展了别人也在同步发展），20世纪末我们能达到西方国家70年代的水平，也就是说仍然有20年的差距。他指出：“就是达到这个水平，

① 《邓小平年谱（1975—1997）》（上），中央文献出版社2004年版，第496页。
② 《邓小平年谱（1975—1997）》（上），中央文献出版社2004年版，第497页。
③ 《邓小平年谱（1975—1997）》（上），中央文献出版社2004年版，第497页。

也还要做许多努力。由于缺乏经验，实现四个现代化可能比想象的还要困难些。”[①] 这样就放弃了过去一段时间脱离实际的单凭热情和豪言壮语而规划社会经济发展目标的做法，代之以渐进的、按照社会经济客观规律发展所能达到目标的规划之法。

（二）形象化的概括：“小康之家”

如何用大众化的口号语言来概括“中国式的现代化”呢？

首先，确定原则。邓小平指出：“中国式的现代化，必须从中国的特点出发。比方说，现代化的生产只需要较少的人就够了，而我们人口这样多，怎样两方面兼顾？不统筹兼顾，我们就会长期面对着一个就业不充分的社会问题。”[②] 说到底，中国式的现代化，就是不得不降低原来的高目标，代之以低目标。目标虽然降低了，但是很实在，工作可以抓得很细、很具体，从而也就很有效。

其次，数据化。目标的实现需要具体数据支持，此前的设计都是以钢铁、粮食等工农业生产指标数据来支持。“中国式的现代化”用什么指标作为参考数据呢？邓小平看到一份澳大利亚的统计材料，这份材料说：“一九七七年，美国的国民生产总值按人口平均为八千七百多美元，占世界第五位。第一位是科威特，一万一千多美元。第二位是瑞士，一万美元。第三位是瑞典，九千四百多美元。第四位是挪威，八千八百多美元。”[③] 1978 年，中国人均国民生产总值是 250 美元，20 世纪末提高到多少呢？邓小平从人均国民生产总值出发，设计“中国式的现代化”的目标数据。1979 年 7 月 28 日，他在接见山东省委和青岛市委负责人时提出翻两番达到 1000 美元的具体数据：“如果我们人均收入达到一千美元，就很不错，可以吃得好，穿得好，用得好”。[④] 这样，邓小平用人均国民生产总值 1000 美元的标准来设计“中国式的现代化”的目标数据。为了使这一数据给人带来更具体、更直

① 《邓小平年谱（1975—1997）》（上），中央文献出版社 2004 年版，第 496 页。
② 《邓小平文选》第二卷，人民出版社 1994 年版，第 164 页。
③ 《邓小平文选》第二卷，人民出版社 1994 年版，第 194 页。
④ 《邓小平思想年谱（1975—1997）》，中央文献出版社 1998 年版，第 126 页。

观的感受，邓小平用“吃得好，穿得好，用得好”来作解释。其实，这个提法早在20世纪60年代国民经济调整后制定“三五计划”时就已经有了。1964年编制的“三五计划”就是“吃穿用计划”，是按照“首先解决吃穿用的原则”来安排国民经济。当时邓小平就曾指出：“在第三个五年计划时期，要落实以农业为基础、工业为主导的方针，同时着眼于搞吃穿用。吃穿用搞好了，我们国家的脚跟就站稳了，基础就稳固了，发展速度也会更快一些。总之，第一是搞吃穿用，第二是搞基础工业，第三是搞国防，要以这三点为纲，来制订我们的计划。”[①]可见，邓小平在设计“中国式的现代化”的目标数据时，参照的仍是此前艰辛探索现代化建设历程的宝贵经验。

再次，形象化。一个目标用大众化、形象化的语言概括出来，能起到团结、鼓舞、凝聚社会各方面力量的巨大作用。“中国式的现代化”用“小康之家”这一形象化的概念表达出来，看似偶然，实则有其必然性。

改革开放起步后，中国决定积极利用外国资金、技术与设备来加快现代化建设。1979年9月，中国正式向日本政府提出贷款事项。同年12月5日，日本首相大平正芳访问中国，向中方通报了1979年度向中国提供550亿日元贷款事项。在这种情况下，日本经济界和舆论非常关心中国的四个现代化建设。如前所述，1978年2月召开的五届全国人大一次会议提出在20世纪内把我国建设成为社会主义现代化强国，而1979年6月召开的五届全国人大二次会议则提出要集中三年时间搞好国民经济调整，这种长远目标上的明显变化引起国际舆论的广泛关注。日本经济界和舆论对此加以评价并表示欢迎，普遍认为这种调整是适时的，但对计划的制定和实施仍抱有疑虑。因此，大平正芳见邓小平时，除通报政府间日元贷款事项外，还坦陈了日本各界对中国现代化建设蓝图的疑虑，期待从邓小平这里得到权威解释。他询问邓小平，“中国将来会是什么样的情况，整个现代化的蓝图是如

① 《邓小平年谱（1904—1974）》（下），中央文献出版社2009年版，第1789页。

何构思的”。①

这个问题显然出乎邓小平的意料，他略微思考了一下。不过，正如马克思指出，“偶然的东西是必然的”。②正是这一“偶然”提问，产生了一个影响深远的“必然”理论。“小康”概念在邓小平回答大平正芳的提问中产生。邓小平这样回答道：“我们要实现的四个现代化，是中国式的四个现代化。我们的四个现代化的概念，不是像你们那样的现代化的概念，而是‘小康之家’。到本世纪末，中国的四个现代化即使达到了某种目标，我们的国民生产总值人均水平也还是很低的。要达到第三世界中比较富裕一点的国家的水平，比如国民生产总值人均一千美元，也还得付出很大的努力。就算达到那样的水平，同西方来比，也还是落后的。所以，我只能说，中国到那时也还是一个小康的状态。”③

这次谈话内容没有在国内媒体上公开，“小康”一词在1979年的《人民日报》上没有出现，此后第一次出现在《人民日报》国内要闻上是1980年6月3日该报第七版登载的新华社记者穆广仁写的一篇通讯报道。该文写道：“中国人民正在争取在本世纪末实现中国式的现代化，到那时，生活可以达到一个‘小康’的水平。”“中国式的现代化”“‘小康’的水平”，邓小平小康社会理论的两个重要论断都在这里出现了。

邓小平为什么会用“小康”一词来描绘“中国式的现代化”？

首先，这个概念是中国人民在长期的历史长河中逐渐形成的对衣食无忧生活状态的描绘。“小康”最早见于《诗经》，儒家经典《礼记》把它作为一种理想的社会模式，近代康有为则把它看成是通往“大同”的中间环节。这个概念在民间深入人心、耳熟能详，有广泛的群众基础。

其次，我们党在很长一段时间内也曾使用过这一概念。邓小平长

① 《邓小平年谱（1975—1997）》（上），中央文献出版社2004年版，第582页。

② 《马克思恩格斯全集》第20卷，人民出版社1971年版，第562页。

③ 《邓小平文选》第二卷，人民出版社1994年版，第237页。

期主管党的理论宣传工作，对这个概念是熟悉的。20世纪五六十年代，“小康”通常作为贬义词用来描写农业合作化之前那种“三十亩地一头牛，老婆娃娃热炕头”的小农经济残余，意指右倾保守的“中游思想”与“中庸之道”。《人民日报》曾刊文指出：“那种‘小康之家’的幻境，不过是些很可怜的个人庸碌的打算，根本不能和无产阶级大公无私、气势磅礴的共产主义的雄心壮志相比拟！”[①]不过，“文化大革命”期间很少使用这个概念，因此，1976年粉碎“四人帮”、结束“文化大革命”后，人们对这个概念还是略显陌生。在全面拨乱反正的背景下，“中国式的现代化”就是经济领域的拨乱反正，正面使用“小康”一词不但不会成为一种禁忌和顾虑，相反，这个词恰恰能紧扣时代脉搏，反映人民热切盼望。因此，这一概念提出后，让人耳目一新，以其新颖性和概括性而迅速传播开来。

再次，“小康”一词反映出来的人民群众对富裕生活的向往和邓小平此时思考的“什么是社会主义、怎样建设社会主义”的主旨高度契合。粉碎“四人帮”、结束“文化大革命”后，我国面临的状况是“经济濒临崩溃的边缘，人民温饱都成问题，国家建设百业待兴”。[②]1978年9月13日至20日，邓小平在国内多地视察期间发表了著名的“北方谈话”，推动党和国家重新奋起。在谈话中，他反复强调“人民生活困难，不能体现出社会主义的优越性”的中心思想，他说：“国家这么大，这么穷，不努力发展生产，日子怎么过？我们人民的生活如此困难，怎么体现出社会主义的优越性？”[③]“我们是社会主义国家，社会主义制度优越性的根本表现，就是能够允许社会生产力以旧社会所没有的速度迅速发展，使人民不断增长的物质文化生活需要能够逐步得到满足。”[④]“生产力发展的速度比资本主义慢，那就没有优越性，

① 《立无产阶级的雄心壮志》，《人民日报》1960年2月23日。

② 习近平：《在庆祝改革开放40周年大会上的讲话》，人民出版社2018年版，第2页。

③ 《邓小平文选》第三卷，人民出版社1993年版，第10页。

④ 《邓小平年谱（1975—1997）》（上），中央文献出版社2004年版，第379—380页。

这是最大的政治”①。“外国人议论中国人究竟能够忍耐多久，我们要注意这个话。我们要想一想，我们给人民究竟做了多少事情呢？”②“社会主义要表现出它的优越性，哪能像现在这样，搞了二十多年还这么穷，那要社会主义干什么？”③“我们太穷了，太落后了，老实说对不起人民。我们现在必须发展生产力，改善人民生活条件。”④这些言辞体现了邓小平希望人民群众能早日过上富裕的“小康”生活的迫切心情，因此，在回答大平正芳的问题时，“小康”一词就非常自然地“既偶然又必然”地脱口而出。邓小平一生对人民怀有深厚感情，忠诚践行党的全心全意为人民服务的宗旨，时时刻刻把让中国老百姓过上“吃得好、穿得暖、用得好”的幸福生活作为孜孜以求的奋斗目标。他脱口提出的“小康”一词是和他对人民的大爱之情息息相通的。这一词语富有亲和力和感染力，一经提出就很快成为体现党的根本宗旨的鲜活语言，展现出持久的活力和强大的生命力。

三、丰富而完整：邓小平小康社会理论的主要内容

邓小平在提出“小康之家”的概念后，对此进行了多次论证和阐述。1983 年 2 月在苏、浙、沪考察后，他总结出小康社会的六条标准⑤，之后，在多个场合阐释了小康社会理论。与此同时，全国人大和党的全国代表大会的有关报告也从大政方针的角度对“小康水平”进

① 《邓小平年谱（1975—1997）》（上），中央文献出版社 2004 年版，第 380 页。
② 《邓小平年谱（1975—1997）》（上），中央文献出版社 2004 年版，第 380 页。
③ 《邓小平年谱（1975—1997）》（上），中央文献出版社 2004 年版，第 384 页。
④ 《邓小平年谱（1975—1997）》（上），中央文献出版社 2004 年版，第 381 页。
⑤ 六条标准是：第一，人民的吃穿用问题解决了，基本生活有了保障；第二，住房问题解决了，人均达到 20 平方米；第三，就业问题解决了，城镇基本上没有待业劳动者；第四，人不再外流了，农村的人总想往大城市跑的情况已经改变；第五，中小学教育普及了，教育、文化、体育和其他公共福利事业有能力自己安排；第六，人们的精神面貌变化了，犯罪行为大大减少。参见《邓小平文选》第三卷，人民出版社 1993 年版，第 24—25 页。

行了归纳和概括。1981 年 11 月，五届全国人大四次会议通过的《政府工作报告》首次使用了“力争用二十年的时间使工农业总产值翻两番，使人民的消费达到小康水平”[①] 的提法。之后，党的十二大、十三大和十四大报告都对“小康水平”进行了规划，从而为党的十五大报告正式使用“小康社会”的概念奠定了基础。下面从邓小平本人的论述阐释以及党和国家重大报告中的归纳概括两个角度，梳理邓小平小康社会理论的主要内容。

（一）邓小平关于小康社会的论述和阐释

邓小平关于小康社会的论述和阐释包含如下内容：

——1980—2000 年，人均国民生产总值从 250 美元，翻两番达到 1000 美元。

——1980—2000 年的 20 年分前后两个 10 年，人均国民生产总值分别翻一番，人民生活由贫困进入温饱，由温饱达到小康，21 世纪初进入小康社会。“那时候我们叫小康社会，是人民生活普遍提高的小康社会。”[②]

——中国的国情有两个重要特点，一个是底子薄，一个是人口多、耕地少。因此，小康是“中国式的现代化”，相当于西方国家 20 世纪“70 年代的水平”，是“第三世界中比较富裕一点的国家的水平”[③]，“可以吃得好，穿得好，用得好”。[④]“雄心壮志太大了不行，要实事求是。所谓小康社会，就是虽不富裕，但日子好过。”[⑤]

——小康社会是人民生活普遍提高、共同富裕的社会。因为社会主义制度以公有制为基础，没有剥削阶级和剥削制度。“我们是社会主义国家，国民收入分配要使所有的人都得益，没有太富的人，也

① 《三中全会以来重要文献选编》（下），人民出版社 1982 年版，第 1039 页。
② 《邓小平文选》第三卷，人民出版社 1993 年版，第 216 页。
③ 《邓小平文选》第二卷，人民出版社 1994 年版，第 237 页。
④ 《邓小平年谱（1975—1997）》（上），中央文献出版社 2004 年版，第 540 页。
⑤ 《邓小平文选》第三卷，人民出版社 1993 年版，第 161 页。

没有太穷的人，所以日子普遍好过。”[①] 至于地区差距问题，“可以设想，在本世纪末达到小康水平的时候，就要突出地提出和解决这个问题”。[②]

——小康社会是经济社会协调发展、全面进步的社会。物质文明建设和精神文明建设一起发展。“真正到了小康的时候，人的精神面貌就不同了。物质是基础，人民的物质生活好起来，文化水平提高了，精神面貌会有大变化”[③]，“社会存在的问题能比较顺利地解决”[④]。

——小康社会为到21世纪中叶实现振兴中华的雄心壮志奠定了坚实的基础。“如果实现了翻两番，那时会是个什么样的政治局面？我看真正的安定团结是肯定的。国家的力量真正是强大起来了，中国在国际上的影响也会大大不同了。”[⑤] 在此基础上，全国人民继续艰苦奋斗，到21世纪中叶，人均国民生产总值达到中等发达国家水平，基本实现现代化。

（二）党和国家重大报告对“小康水平”的归纳和概括

1982年9月，党的十二大报告描述的小康水平是：“我国国民收入总额和主要工农业产品的产量将居于世界前列，整个国民经济的现代化过程将取得重大进展，城乡人民的收入将成倍增长，人民的物质文化生活可以达到小康水平”。[⑥] 该报告指出：“到那个时候，我国按人口平均的国民收入还比较低，但同现在相比，经济实力和国防实力将大为增强。”[⑦]

党的十二大以后，国民经济持续稳定增长。到1987年10月党的十三大时，国民生产总值、国家财政收入和城乡居民平均收入都大体上翻了一番。因此党的十三大报告有把握地说：“现在看来，到本世纪

① 《邓小平文选》第三卷，人民出版社1993年版，第161—162页。
② 《邓小平文选》第三卷，人民出版社1993年版，第374页。
③ 《邓小平文选》第三卷，人民出版社1993年版，第89页。
④ 《邓小平年谱（1975—1997）》（上），中央文献出版社2004年版，第586页。
⑤ 《邓小平文选》第三卷，人民出版社1993年版，第89页。
⑥ 《改革开放三十年重要文献选编》（上），中央文献出版社2008年版，第266—267页。
⑦ 《改革开放三十年重要文献选编》（上），中央文献出版社2008年版，第267页。

末实现十二大提出的经济发展目标是完全有把握的。”[①]党的十三大报告把“三步走”发展战略中实现小康水平的第二步描绘成“人民普遍丰衣足食，安居乐业”的“比较殷实的小康生活”的状态：“实现了第二步任务，我国现代化建设将取得新的巨大进展；社会经济效益、劳动生产率和产品质量明显提高，国民生产总值和主要工农业产品产量大幅度增长，人均国民生产总值在世界上所占位次明显上升。工业主要领域在技术方面大体接近经济发达国家七十年代或八十年代初的水平，农业和其他产业部门的技术水平也将有较大提高。城镇和绝大部分农村普及初中教育，大城市基本普及高中和相当于高中的职业技术教育。人民群众将能过上比较殷实的小康生活。”[②]

我国1990年国民生产总值比1980年增长1.36倍，国民收入增长1.31倍，城镇居民人均生活费收入增长68.1%，农民人均纯收入增长123.9%。绝大多数地区解决了温饱问题，开始向小康过渡。[③]因此，同年12月召开的党的十三届七中全会通过的《中共中央关于制定国民经济和社会发展十年规划和“八五”计划的建议》对下一阶段的“小康水平”进行了明确定义：“所谓小康水平，是指在温饱的基础上，生活质量进一步提高，达到丰衣足食。这个要求既包括物质生活的改善，也包括精神生活的充实；既包括居民个人消费水平的提高，也包括社会福利和劳动环境的改善。”[④]小康水平的总体描绘是：“人民生活从温饱达到小康，生活资料更加丰裕，消费结构趋于合理，居住条件明显改善，文化生活进一步丰富，健康水平继续提高，社会服务设施不断完善。”[⑤]实现的途径是不同地区不同要求：“到二〇〇〇年，目前已经实现小康的少数地区，将进一步提高生活水平；温饱问题基本解

① 《改革开放三十年重要文献选编》（上），中央文献出版社2008年版，第471页。
② 《改革开放三十年重要文献选编》（上），中央文献出版社2008年版，第478页。
③ 李鹏：《关于国民经济和社会发展十年规划和第八个五年计划纲要的报告——1991年3月25日在第七届全国人民代表大会第四次会议上》，《人民日报》1991年4月11日。
④ 《十三大以来重要文献选编》（中），人民出版社1991年版，第1401页。
⑤ 《十三大以来重要文献选编》（中），人民出版社1991年版，第1374页。

决的多数地区，将普遍实现小康；现在尚未摆脱贫困的少数地区，将在温饱的基础上向小康前进。”①

1992 年初邓小平南方谈话后，我国改革开放和现代化建设事业进入新的阶段，1992 年 10 月，党的十四大郑重宣示，“十一亿人民的温饱问题基本解决，正在向小康迈进”②，重申了“三步走”战略。在小康水平的描述上，党的十四大报告比“八五”计划又进了一步，指出“到本世纪末我国国民经济整体素质和综合国力将迈上一个新的台阶。国民生产总值将超过原定比一九八〇年翻两番的要求。主要工农业产品产量显著增加。产业结构和地区经济布局比较合理。科学技术和管理水平有较大提高，一批骨干企业接近或达到国际先进水平。人民生活由温饱进入小康”。③ 实际结果是，1995 年中国国内生产总值达到 61340 亿元，提前 5 年实现原定 2000 年比 1980 年翻两番的目标。④ 1997 年又提前实现人均国内生产总值翻两番的目标。

通过以上两方面的梳理可以看出，虽然在 1997 年之前党中央文件并没有正式使用“小康社会”的概念，但邓小平的论述和阐释、党和国家重大报告中的归纳和概括，已经形成了邓小平小康社会理论的基本概念、主要原则和逻辑框架，它的内容是丰富而完整的。邓小平小康社会理论构成了邓小平理论的重要组成部分，为中国特色社会主义小康社会理论体系的进一步发展和完善奠定了坚实的基础。

四、继往开来：邓小平小康社会理论的深远影响

小康社会建设是亿万群众广泛参与的现代化建设事业，因此，邓小平小康社会理论具有极强的实践性，是动态开放、充满活力的思想

① 《十三大以来重要文献选编》（中），人民出版社 1991 年版，第 1401 页。

② 《改革开放三十年重要文献选编》（上），中央文献出版社 2008 年版，第 649 页。

③ 《十四大以来重要文献选编》（上），人民出版社 1996 年版，第 16—17 页。

④ 《中华人民共和国大事记（1949 年 10 月—2019 年 9 月）》，人民出版社 2019 年版，第 86 页。

体系。它产生于全面改革开放的伟大实践中，在一代代共产党人接续奋斗的中国特色社会主义发展进程中不断丰富和完善。

1997 年 2 月 19 日，邓小平逝世。在即将进入 21 世纪的时刻，1997 年 9 月召开的党的十五大有把握地指出："我们党在改革开放初期提出的本世纪末达到小康的目标，能够如期实现。"[①] 展望 21 世纪，党的十五大提出了"两个一百年"奋斗目标的"新三步走"战略，即把邓小平"三步走"战略中 21 世纪前 50 年的第三步再分成三个阶段，分别是前两个 10 年和后一个 30 年，这样就形成了"新三步"。后一个 10 年和 30 年又分别是建党 100 年和新中国成立 100 年"两个一百年"奋斗目标。党的十五大报告首次使用"小康社会"概念，指出"在中国这样一个十多亿人口的国度里，进入和建设小康社会，是一件有伟大意义的事情。这将为国家长治久安打下新的基础，为更加有力地推进社会主义现代化创造新的起点"。[②]

之前，党中央文件正式使用的概念都是"小康""小康生活""小康水平""小康之家"等表示社会生活状态的词语，而"小康社会"概念的正式确认，则在马克思主义人类社会形态理论上具有重大意义和实践意义。在党的十五大报告中，"小康社会"指向"新三步走"中的第一步，即 21 世纪前 10 年，这时的目标是"第一个十年实现国民生产总值比二〇〇〇年翻一番，使人民的小康生活更加宽裕，形成比较完善的社会主义市场经济体制"[③]，全国人民过上的小康生活是"努力增加城乡居民实际收入，拓宽消费领域，引导合理消费。在改善物质生活的同时，充实精神生活，美化生活环境，提高生活质量。特别要改善居住、卫生、交通和通信条件，扩大服务性消费。逐步增加公共设施和社会福利设施。提高教育和医疗保健水平。实行保障城镇困难居民基本生活的政策"。[④]

---

① 《改革开放三十年重要文献选编》(下)，中央文献出版社 2008 年版，第 918 页。
② 《改革开放三十年重要文献选编》(下)，中央文献出版社 2008 年版，第 918 页。
③ 《改革开放三十年重要文献选编》(下)，中央文献出版社 2008 年版，第 891 页。
④ 《改革开放三十年重要文献选编》(下)，中央文献出版社 2008 年版，第 906 页。

进入21世纪，人民生活总体上达到小康水平，但这个小康还是低水平的、不全面的、发展很不平衡的。因此，2002年11月党的十六大首次作出21世纪头20年“全面建设小康社会”的战略决策，把这20年作为实现现代化建设“第三步”战略目标必经的承上启下的发展阶段，并从经济、政治、文化三个方面规划了具体任务。简言之，全面建设的小康社会就是使“经济更加发展、民主更加健全、科教更加进步、文化更加繁荣、社会更加和谐、人民生活更加殷实”。①

党的十六大以后的前5年，全面建设小康社会在经济、政治、文化、社会等方面取得重大进展。2007年10月党的十七大报告《高举中国特色社会主义伟大旗帜 为夺取全面建设小康社会新胜利而奋斗》重申“全面建设小康社会是党和国家到二〇二〇年的奋斗目标”②，在党的十六大确立的全面建设小康社会目标的基础上提出新的更高要求，首次在“经济建设、政治建设、文化建设”三大建设之外提出“社会建设”的基本目标和基本政策，从经济、政治、文化、社会四个方面规划了全面建设小康社会的具体任务。党的十七大描绘的到2020年全面建成小康社会的蓝图是：“到二〇二〇年全面建设小康社会目标实现之时，我们这个历史悠久的文明古国和发展中社会主义大国，将成为工业化基本实现、综合国力显著增强、国内市场总体规模位居世界前列的国家，成为人民富裕程度普遍提高、生活质量明显改善、生态环境良好的国家，成为人民享有更加充分民主权利、具有更高文明素质和精神追求的国家，成为各方面制度更加完善、社会更加充满活力而又安定团结的国家，成为对外更加开放、更加具有亲和力、为人类文明作出更大贡献的国家。”③

在进入全面建成小康社会的决定性阶段，2012年11月党的十八大报告《坚定不移沿着中国特色社会主义道路前进 为全面建成小康社会而奋斗》在前两次党代会“全面建设小康社会”目标的基础上，

① 《十六大以来重要文献选编》(上)，中央文献出版社2005年版，第317页。
② 《十七大以来重要文献选编》(上)，中央文献出版社2009年版，第1页。
③ 《十七大以来重要文献选编》(上)，中央文献出版社2009年版，第16页。

提出到 2020 年要如期“全面建成小康社会”，在“经济建设、政治建设、文化建设、社会建设”四大建设之外首次提出“生态文明建设”，形成“五位一体”总体布局。从“全面建设小康社会”到“全面建成小康社会”虽只有一字之差，但意义重大。“全面建成小康社会”的新要求是：经济持续健康发展，人民民主不断扩大，文化软实力显著增强，人民生活水平全面提高，资源节约型、环境友好型社会建设取得重大进展。党的十八大报告从经济、政治、文化、社会、生态文明五个方面规划了全面建成小康社会的具体任务。

党的十八大以来，以习近平同志为核心的党中央，统筹推进“五位一体”总体布局、协调推进“四个全面”战略布局，推动党和国家事业发生历史性变革，中国特色社会主义进入了新时代。从党的十九大到二十大，是“两个一百年”奋斗目标的历史交汇期，既要全面建成小康社会、实现第一个百年奋斗目标，又要向第二个百年奋斗目标进军。在全面建成小康社会决胜阶段，2017 年 10 月，党的十九大报告《决胜全面建成小康社会 夺取新时代中国特色社会主义伟大胜利》强调从当时起到 2020 年，是全面建成小康社会的“决胜期”。报告提出要按照党的十六大、十七大、十八大提出的全面建成小康社会各项要求，统筹推进经济建设、政治建设、文化建设、社会建设、生态文明建设，全面建成小康社会要“得到人民认可、经得起历史检验”。①

党的十九大报告就新时代中国特色社会主义发展战略画出新的宏伟蓝图，在全面建成小康社会的基础上，将 2020 年至 21 世纪中叶的发展分为前后两个 15 年的阶段来安排：第一阶段，从 2020 年到 2035 年，基本实现社会主义现代化；第二个阶段，从 2035 年到 21 世纪中叶，把我国建成富强民主文明和谐美丽的社会主义现代化强国。②这样，党的十九大把邓小平小康社会理论中基本实现现代化的第三步

① 《习近平谈治国理政》第二卷，外文出版社 2017 年版，第 63 页。

② 习近平:《决胜全面建成小康社会 夺取新时代中国特色社会主义伟大胜利——在中国共产党第十九次全国代表大会上的报告》，人民出版社 2017 年版，第 29 页。

战略目标的时间提前15年，规划了中华民族伟大复兴中国梦的新蓝图。

在全面建成小康社会的基础上，分两步走在21世纪中叶建成富强民主文明和谐美丽的社会主义现代化强国，中国人民由此开启全面建设社会主义现代化国家新征程。作为中国特色社会主义理论体系的重要内容，邓小平小康社会理论仍将以其独特的光辉，照亮中国社会主义现代化新征程的壮美历程。

中国的对外政策与深圳经济特区

孙艳玲

20世纪70年代末以来，党和国家抓住有利的国际形势，加紧实行改革开放政策。为了给经济建设和体制改革探索道路、积累经验，中央决定设立深圳等4个经济特区，作为对外开放的突破口和体制改革的“试验田”。与此同时，中国对外政策也进行了调整，明确外交工作的主要任务是配合党和国家的中心工作，为社会主义现代化建设提供一个有利的国际和平环境。在外交政策调整的过程中，对外关系的变化与特区的建立和发展形成了相辅相成的关系：一方面，外交政策的调整为特区的建立和发展创造了良好的外部环境，促进了特区的繁荣；另一方面，特区也成为中国对外开放的“窗口”，为展示新的对外政策、扩大对外影响以及观察国际经济技术进展等情况发挥了重要作用。

一、对外政策的调整与经济特区的创建

外交政策的调整具有全局性影响，其对建立经济特区的作用主要表现在以下几个方面：

第一，对外交工作和国际形势的新认识是中央决心试办经济特区、发展经济特区的重要前提条件。

“文化大革命”结束后，用更高的速度、更大的规模来实现四个现代化的战略目标成为中共党内的共识。在此背景下，中国的外交政策开始进行调整。这一调整首先表现为指导思想的变化，就是明确了外交工作的主要任务是为配合党和国家的中心工作，为国内的社会主

义现代化建设创造一个有利的国际和平环境。事实上，这一思想在20世纪50年代中期就已提出，但未能得到坚持和贯彻。70年代末80年代初，在吸收总结了60年代至70年代正反两方面的经验教训之后，这一思想成为党内的共识并有了坚实的基础。外交工作指导思想的变化为外交政策的调整提供了重要保证。

从70年代后期开始的出访活动，对中国领导人重新认识国际形势，决心实行开放政策，改变过去关起门来搞建设的做法具有重要的推动作用。“文化大革命”结束后，中国领导人开始走出国门同世界接触，还到港澳地区进行了考察。从1977年至1980年，中国每年都有约500次出访活动。[①] 在这一系列出访和考察活动中，对中央关于对外开放的决策影响较大的是1978年国务院组织的两批考察团。一批是4月份派出的由国家计委和外贸部有关人员组成的港澳经济贸易考察组；另一批是5月初派赴欧洲考察的由国务院副总理谷牧为团长，以轻工业部、水电部、农业部、国家计委、北京市等单位有关人员组成的中国政府代表团。

参加考察的人通过实地观察，开阔了眼界，打开了思路，捕获了大量对外开放包括创办经济特区可资借鉴的新鲜经验。其中，港澳经济考察组回到北京后立即向中央写了一份《港澳经济考察报告》。报告提出把靠近港澳的广东宝安（即深圳）、珠海划成出口基地，力争经三五年的努力，建设成具有相当水平的对外生产基地、加工基地和吸引港澳人士的游览区。6月3日，中共中央、国务院的主要领导人听取了考察组的汇报并作出指示：“总的同意”，要求“说干就干，把它办起来”。[②]

中国政府代表团在访问欧洲期间，受到各国领导人的高度重视。通过访问，中国领导人获得的共同印象是，虽然资本主义各国正处于经济不景气之中，但中国的经济发展同资本主义国家相比还是大大落

---

① 根据《人民日报》（1977年—1980年）统计。

② 中共中央党史研究室第三研究部：《中国改革开放30年》，辽宁人民出版社2008年版，第87页。

后了。同时，他们也察觉到，欧洲国家对同中国发展经济关系很感兴趣：一方面，中国粉碎“四人帮”后安定团结的政治局面，使它们增强了与中国发展经贸关系的信心，潜力巨大的中国市场对它们很有吸引力；另一方面，当时西欧一些资本主义国家，经济上处于萧条时期，产品、技术、资本都过剩，急于找出路。其中一些国家在访问过程中就立即表示愿意为中国提供资金，如联邦德国黑森州副州长表示可提供200亿美元存入我银行供我使用，法国巴黎国民银行在我代表团回国前，派人来京商谈提供25亿美元存款的事宜等。[①]欧洲国家资金过剩的情况对于我国大规模引进国外技术设备、发展经济提供了良机。

除了以上情况，访问团还在《关于访问欧洲五国的情况报告》中提出了改进经济管理体制的问题。报告指出，这个问题的核心，就是如何在中央的统一计划下，让地方办更多的事。报告提出，在外贸体制上应给地方、各部以一定的权力，允许有出口任务的企业直接同外商见面，出国人员的手续也要大大简化。报告还指出，如果这个问题不解决，不在中央统一计划下，充分发挥地方的积极性和主动性，经济工作就搞不活，也就谈不上高速发展国民经济。考虑到这个问题比较复杂，各方面的提法也不一致，报告建议中央成立一个改革经济管理体制小组，吸收地方的领导同志参加，尽快研究提出改进办法。[②]此后，中央多次召开会议讨论考察西欧的情况。经过反复研究，中央决定：根据新的历史条件和实践经验，采取一系列新的重大的经济措施，对经济管理体制和经营管理方法着手认真的改革，在自力更生的基础上积极发展同世界各国平等互利的经济合作，努力采用世界先进技术和先进设备，同时，应该把权力有领导地大胆下放，让地方和工农业企业在国家统一计划的指导下有更多的经营管理自主权。[③]可以

---

① 谷牧:《谷牧回忆录》，中央文献出版社2009年版，第320页。

② 谷牧:《谷牧回忆录》，中央文献出版社2009年版，第321—328页。

③ 《中国共产党第十一届中央委员会第三次全体会议公报（一九七八年十二月二十二日通过）》，《人民日报》1978年12月24日。

说，访问团的这一建议为特区的建立打下了政策基础。

更为重要的是，这个时期，中央对国际形势特别是战争问题作出了新的判断，逐渐改变了战争不可避免而且迫在眉睫的估计。1977年8月党的十一大报告明确提出，“有可能推迟战争爆发的时间”。[①] 1978年年中，中央公开表示：大战不是“迫在眉睫，马上就打起来”。[②] 1979年3月，邓小平在军队内部的一次讲话中则明确提出，“看来世界大战十年内打不起来，不必那么急”。[③] 此后，他强调要利用这个时间，抢这个时间，来建设自己的国家。[④]

根据以上判断，为了配合促进经济发展这项迫切的任务，邓小平通过不同渠道积极向外界阐述中国争取和平的愿望。1977年，邓小平复出后在会见外宾时指出，我们需要一个和平环境，起码到20世纪末不打仗，那时，我们要达到一个先进水平，不说超过，至少赶上、接近世界当时的水平。[⑤] 1978年，他又指出，中国的对外政策，除发展同世界各国的政治、经济、文化关系外，就是延缓这个战争的爆发。这是我们处理国际事务的根本依据。[⑥]

1979年，中央决定抓住当前有利的国际形势，试办特区。1979年7月15日，在《中共中央、国务院批转广东省委、福建省委关于对外经济活动实行特殊政策和灵活措施的两个报告》中，明确指出：“中央确定，对两省对外经济活动实行特殊政策和灵活措施”，要“抓紧当前有利的国际形势，先走一步”，“关于出口特区，可先在深圳、珠海两市试办，待取得经验后，再考虑在汕头、厦门设置的问题”。[⑦]

第二，对外政策的调整不仅为特区引进外资和技术提供了可能，也

---

① 华国锋：《在中国共产党第十一次全国代表大会上的政治报告》，《人民日报》1977年8月23日。

② 徐向前：《提高警惕 准备打仗》，《人民日报》1978年7月31日。

③ 《邓小平年谱（1975—1997）》（上），中央文献出版社2004年版，第494页。

④ 《邓小平年谱（1975—1997）》（上），中央文献出版社2004年版，第533页。

⑤ 《邓小平年谱（1975—1997）》（上），中央文献出版社2004年版，第200—201页。

⑥ 《邓小平年谱（1975—1997）》（上），中央文献出版社2004年版，第425页。

⑦ 《改革开放三十年重要文献选编》，中央文献出版社2008年版，第53—54页。

为特区发展创造了良好的外部条件，使深圳从边防前线变成开放前沿。

十一届三中全会前后，邓小平在外交上首先作出了两个决断：一是1978年8月12日签订中日和平友好条约；二是1979年1月1日实现中美正式建交。1979年7月，中央初步提出了新形势下中国的对外政策，即反对霸权主义，维护世界和平。①

这一系列步骤对于创建特区具有重要意义：首先，它为特区引进国外资金、先进技术和管理经验创造了条件。十一届三中全会前后，中共党内已经认识到，实现现代化必须搞改革开放，必须大胆地向西方学习，引进先进技术和管理经验。中国实行对外开放的重点是以美国为首的发达国家，能否顺利地实现中美关系正常化，是保证对外开放顺利实现的关键。②中美建交后，邓小平指出："我们相信，中美关系正常化能为美国用先进的东西帮助我们实现四个现代化创造更有利的条件。"③中日条约的签订也有重要意义，它为日本对中国提供政府开发援助，为中国更加有效地利用国际资源和国际市场，加速经济现代化建设，创造了良好的政治条件。其次，它保证了特区建设能在一种有利的国际环境中进行。改革开放以前，受国内国际政治气候的影响，深圳一直是军队、警察严密封锁把守的"边防地区"。它与香港虽只有一河之隔，但却没有任何往来。直到20世纪70年代末，深圳的隔绝状况才出现转机。1979年2月，国务院发布38号文件，提出在若干年内把深圳建设成为有相当水平的工农业结合的出口商品生产基地，建设成为吸引港澳游客的旅游区，建设成为新型的边境城市。这样，对外政策的调整保证了特区建设能在一种有利的周边环境中进行，也使深圳从边防前线变成了开放前沿。

第三，对外关系的发展和实行改革开放政策，为迅速扩大对外贸易提供了条件，凸显了建立经济特区的必要性。

"文化大革命"结束后，中国采取积极措施加强同各国人民的友

① 《邓小平年谱（1975—1997）》（上），中央文献出版社2004年版，第532页。

② 李捷：《"柳暗花明又一村"——邓小平与中美建交》，《百年潮》2005年第3期。

③ 《邓小平年谱（1975—1997）》（上），中央文献出版社2004年版，第474页。

好关系。首先，中国稳定了与大国的关系，实现中美正式建交，还与苏联进行了国家关系谈判；其次，中国努力发展同欧共体国家的关系，与日本签订了和平友好条约，同一些社会主义国家的关系也有所发展和恢复；再次，中国还积极发展了同第三世界国家的关系，坚决支持“不结盟运动”。通过一系列卓有成效的外交措施，中国的对外关系不断取得新的进展。到1979年6月，全世界已有120个国家同中国建立了外交关系，中国的国际地位不断提高。①

随着对外关系的发展和改革开放政策的实行，中国领导人看到了中国存在的一个突出问题。那就是中国对外贸易的发展同中国的国际地位很不相称，同社会主义现代化建设和对外关系发展的需要很不适应。当时，中国对外贸易额还占不到世界对外贸易总额的百分之一，出口额不仅低于工业发达的国家，而且低于第三世界一些国家和地区。在1979年4月召开的中央工作会议上，中央要求，为了加快四个现代化的步伐，这种状况必须改变，对外贸易必须有个大的发展，外汇收入必须有大幅度的增长。会议还提出，要“在不太长的时间内，把对外贸易搞上去，把旅游事业搞上去，把一切能增加外汇收入的工作搞上去”，同时，会议还制定了一系列政策和措施。也就是在这次会议上，中央正式提出“试办出口特区”和对广东、福建两省实行“特殊政策和灵活的措施”的问题。会议文件指出，在沿海少数有条件的省市，划出一定地区，如广东省深圳、珠海、汕头、福建省厦门等单独进行管理，作为华侨和港澳商人的投资场所。深圳、珠海两地可以先行试办。②

第四，国际上出口加工区的经验和国际分工格局的变化是特区建立的外部推动力。

---

① 谢益显主编:《中国外交史：中华人民共和国时期（1949—1979年）》，河南人民出版社1988年版，第624页。

② 《关于大力发展对外贸易增加外汇收入若干问题的规定（一九七九年四月）》，载《中央对广东工作指示汇编（一九七九年——一九八二年）》，中共广东省委办公厅编印，1986年5月，第1—8页。

在改革开放起步之时，中国了解到，当时世界上有80多个国家和地区，设立了500多个出口加工区、自由贸易区、自由港，有效地开展对外经济贸易和技术交流。在这些出口加工区的启发下，广东省的党政领导同志产生了在省内划出一些地方也开办几个出口加工区的想法。而当时新加坡、韩国和中国的台湾、香港是国际分工链条上从事加工制造业的主要国家及地区，随着他们人力资本和土地成本的增加，劳动密集型产业迫切需要寻找生产成本更加廉价的区域将部分产业或生产工序迁出。因此，1979年年初，中共广东省委一位领导同志负责去汕头传达十一届三中全会精神，在从汕头回来向省委汇报时建议，广东应当拿出一块地方用各种优惠的政策来吸引外资，把国外先进的东西吸引到这块地方来。广东省委省政府经过研究后初步决定，先在深圳、珠海两地试办出口特区，并希望中央给广东放权，抓紧当前有利的国际形势，让广东充分发挥自己的优势，在“四化”建设中先行一步。1979年4月，中共中央工作会议召开，广东省委负责人习仲勋建议中央下放若干权力，允许在毗邻港澳的深圳、珠海和重要侨乡汕头开办出口加工区。中央领导同志很重视这个建议。汇报完的当天，邓小平即安排与广东省委负责同志谈话。在谈话中，邓小平提出还是办特区好。这是邓小平第一次正式提出办特区的主张。①

第五，深圳的地理位置有利于利用优势条件，而且避开了当时国际热点地区的影响。

中央决定在深圳设立经济特区，考虑到了其在地理位置上的特点和优势。主要是希望能够充分利用深圳地处沿海、毗邻香港、华侨众多、开放口岸早等发展经济的优势条件。在新的形势下，给深圳较多的主动权，可以让其充分发挥本地优势，更好地利用国际市场，吸收侨资、外资，发展生产建设；通过同海外华侨和外商的广泛联系，掌握国际经济信息，引进先进技术和科学管理知识，向内地转移，成为

① 中共中央党史研究室第三研究部：《中国改革开放30年》，辽宁人民出版社2008年版，第87—88页。

我国开展国际经济技术交流的一条纽带。[①]而且，广东省是我国的南大门，它的经济搞上去了，会对港、澳、台和海外广大侨胞发生重大影响，在政治上，有利于稳定港澳人心，争取台湾回归祖国。[②]万一办不成，失败了，由于深圳地处东南边陲，偏于一隅，也不会影响太大。

此外，深圳所处的位置也有利于避开国际热点地区的影响。20世纪70年代末，虽然通过积极努力，中国的对外关系取得很大进展，但当时的国际形势和中国的周边环境仍然很复杂。1979年7月7日，邓小平在第五次驻外使节会议上指出：国际形势比前一段更加动荡，战争的因素更加增长，而且随着形势的发展，以后还要更加动荡，战争的因素还会不断增长。现在公开议论战争的人多起来了，这不是无风起浪，战争的危险确确实实在增长。[③]与此同时，中国的周边环境也不太平。在中国西南边陲，1979年2月，由于越南出兵柬埔寨并在中越边境制造冲突，中国在中越边界地区发动了有限度的自卫反击战。在中国东北地区，苏联于1979年春向中苏边境地区调集军队、增派坦克，并向蒙古国增派了一个坦克师和装甲力量。1979年年底，苏联出兵阿富汗，使原定于1980年初举行的第二轮中苏国家关系谈判未能进行。相对于中国的西南和东北地区，深圳所处的东南地区当时相对稳定，因此，在这里试办特区不仅可以避免受到紧张国际形势的影响，而且还能够利用有利条件，迅速积累经验。

1980年8月26日，全国人大常委会第十五次会议批准了《中华人民共和国广东省经济特区条例》，正式宣告在深圳、珠海、汕头三地分别划出区域设置经济特区，标志着中国的经济特区正式诞生。

---

① 《中央书记处会议纪要（一九八〇年九月二十八日）》《广东、福建实行特殊政策、灵活措施和试办经济特区的情况——中央书记处会议汇报提纲（一九八二年十一月十五日）》，载《中央对广东工作指示汇编（一九七九年——一九八二年）》，中共广东省委办公厅编印，1986年5月，第109、404页。

② 《中共中央、国务院批转〈广东、福建两省和经济特区工作会议纪要〉的通知（一九八一年七月十九日）》，载《中央对广东工作指示汇编（一九七九年——一九八二年）》，中共广东省委办公厅编印，1986年5月，第161页。

③ 《邓小平年谱（1975—1997）》（上），中央文献出版社2004年版，第532页。

二、特区创建以后与对外政策之间的相互作用

随着特区的建立，改革开放开始全面展开，与此同时，中国对外交政策也继续进行了调整。20 世纪 80 年代中期，中国将基本外交政策明确概括为独立自主的和平外交政策，对外关系格局也实现了从“一条线”向全方位的转变。外交政策的调整与特区的建设发展之间形成了相辅相成的关系：一方面，外交政策的调整为特区的发展创造了良好的外部环境，对外经济政策的制定进一步促进了特区的繁荣；另一方面，特区作为对外政策的“窗口”，为中国在展示对内对外政策、扩大对外影响以及观察国际经济技术进展和了解国际经济规则等方面发挥了重要作用。

（一）对外政策对特区发展的作用

对外政策对经济特区发展的作用主要表现在以下两个方面：

第一，外交政策的调整为特区的发展创造了良好的外部环境。为配合经济建设这一中心工作，20 世纪 80 年代上半期，中国外交进行了更全面的调整：一是改变了对战争与和平问题的认识，认为在较长时间内不发生大规模的世界战争是有可能的。80 年代中期，根据国际形势的发展变化，邓小平明确提出了“和平和发展是当代世界的两大问题”的判断。[①] 二是从争取和平和寻求建立更均衡的对外关系的需要出发，中国改变了“一条线”的对外政策，实行真正的不结盟，在力争中美关系稳定发展的同时，实现了中苏关系正常化。从此，中国明确了新时期基本的外交政策就是反对霸权主义，维护世界和平，加强同第三世界的团结和合作。[②] 1986 年 3 月，六届全国人大四次会议从十个方面全面阐述了中国独立自主和平外交政策的主要内容和基本原则，把反对霸权主义、维护世界和平、发展各国友好合作和促进共

---

① 《邓小平文选》第三卷，人民出版社 1993 年版，第 105 页。

② 《邓小平文选》第二卷，人民出版社 1994 年版，第 415 页。

同经济繁荣，作为对外工作的根本目标。①

随着中国外交政策的调整和对一系列问题认识的深化，中国在发展同世界各国的友好关系方面取得了重大进展：既保持了同大国和发达国家关系的稳定与发展，也加强了同周边国家和广大发展中国家的关系；既重视发展与各国的双边关系，也积极开展多边外交活动，加强与联合国的合作；既重视与各国政府之间的关系，也注重发展中国共产党同世界各国政党的关系；同时还开展了各种形式的民间外交。中国逐步建立起全方位的外交格局，国际环境和周边环境好转不仅有利于中国现代化建设和改革开放，也为特区的发展创造了良好的外部环境。

第二，一系列新颁布的对外经济政策促进了特区的繁荣。为了加快特区的发展，中央对广东省对外经济活动实行了特殊的政策和灵活措施，这些政策促进了特区的繁荣。在对外经济政策方面主要有：(1）搞活金融体制，扩大利用外资和引进先进技术的审批权限。本省可设立投资公司，吸收侨商和外商投资，自借、自用、自还。(2）扩大地方对外贸易的权限。在国家统一的对外贸易方针指导下，由本省自行安排和经营本省的对外贸易。成立省外贸公司，承办口岸的进出口业务。本省出口和进口产品不受现行商品口岸经营分工限制。允许直接对外成交，直接从本省口岸办理进出口业务等。(3）改进海关管理，简化出入境审批手续。对特区进出口货物、商品实行特殊的关税优惠。增设口岸和海关。(4）允许外商前来投资办厂，在企业所得税等方面，给予优惠待遇等。②此后，中央又多次对深圳特区的发展给予指导，并提供政策上的保障。

这一系列对外经济政策的实施，使深圳特区迅速地发展起来。深

① 《十二大以来重要文献选编》(中)，人民出版社 1986 年版，第 960—964 页。

② 《中共中央、国务院批转广东省委、福建省委关于对外经济活动实行特殊政策和灵活措施的两个报告（一九七九年七月十九日）》《中共中央关于〈广东、福建两省会议纪要〉的批示（一九八〇年五月十六日）》《中华人民共和国广东省经济特区条例》，载《中央对广东工作指示汇编（一九七九年——一九八二年）》，中共广东省委办公厅编印，1986 年 5 月，第 24—25、66—67、89 页。

圳的经济迅速增长。地区生产总值从 1980 年的 2.7 亿元增至 2019 年的 2.7 万亿元，年均增长 20.7%，经济总量位居亚洲城市第五位，财政收入从不足 1 亿元增加到 9424 亿元，实现了由一座落后的边陲小镇到具有全球影响力的国际化大都市的历史性跨越。[①] 深圳坚持实行“引进来”和“走出去”，积极利用国际国内两个市场、两种资源，积极吸引全球投资，外贸进出口总额由 1980 年的 0.18 亿美元跃升至 2019 年的 4315 亿美元，年均增长 26.1%，实现了由进出口贸易为主到全方位高水平对外开放的历史性跨越。[②]

深圳的社会发展也取得巨大成就。随着深圳经济的飞速发展，特区人民的生活水平大幅提高，教育、医疗、住房等实现翻天覆地的变化，2019 年居民人均可支配收入 6.25 万元，比 1985 年增长 31.6 倍；率先完成全面建成小康社会的目标，实现了由解决温饱到高质量全面小康的历史性跨越。[③] 到 2020 年 11 月，深圳特区已经从创建之初城市人口规模不到 3 万，发展成为拥有 1767.38 万常住人口，经济繁荣、社会进步、功能完备、环境优美的现代化城市，过去大批人员偷渡外流的现象早已不复存在。

（二）特区发挥了对外政策的“窗口”和示范作用

关于特区的作用，邓小平曾形象而生动地指出：“特区是个窗口，是技术的窗口，管理的窗口，知识的窗口，也是对外政策的窗口。从特区可以引进技术，获得知识，学到管理，管理也是知识。特区成为开放的基地，不仅在经济方面、培养人才方面使我们得到好处，而且会扩大我国的对外影响。”[④] 邓小平对特区作用的这一判断，具有高度的科学性、深刻性和战略性，“窗口”这一形象的描述表明，其作用

① 习近平：《在深圳经济特区建立 40 周年庆祝大会上的讲话》，《人民日报》2020 年 10 月 15 日。

② 习近平：《在深圳经济特区建立 40 周年庆祝大会上的讲话》，《人民日报》2020 年 10 月 15 日。

③ 习近平：《在深圳经济特区建立 40 周年庆祝大会上的讲话》，《人民日报》2020 年 10 月 15 日。

④ 《邓小平文选》第三卷，人民出版社 1993 年版，第 51—52 页。

是相互的，它既可以展示中国的对外政策，又可以通过这个窗口观察国际经济技术进展等情况，同时它还发挥了中国外交战略格局前沿阵地的作用，为中国整体发展发挥样板作用，进而带动全国的发展。

第一，深圳特区在展示独立自主和平外交政策方面的作用。

深圳处于东南沿海地区，实行开放以后，首先接触到外来生活方式和思维方式。这使得国内许多人担心，特区将成为西方实行和平演变政策的桥头堡。但深圳的发展表明，这里是坚持和发展中国特色社会主义的重要阵地，在展示中国外交政策方面具有重要作用：

首先，特区可以集中展示中国现行对外政策，深圳的示范作用增进了国外对中国对外政策的了解。中国通过特区观察并联系外部世界，世界也通过经济特区这个窗口观察社会主义中国。特区的开放面向全世界，既对发达国家开放，也对广大发展中国家开放。通过与各国在经济、文化、教育、科技、新闻、卫生、体育等各个方面的交流与合作，深圳不仅加深了同各国人民之间的了解和友谊，同时也让各国增进了对中国对外政策的了解。近年来，深圳已成为海外各界人士来华参观考察的热点，成为国际社会观察研究当代中国的活标本。特区的成功创办和迅速发展，一方面扩大了中国的国际影响，另一方面对于香港、澳门的顺利回归和保持香港、澳门的稳定繁荣，促进海峡两岸的交往，逐步实现“一国两制”下的祖国统一大业，都产生了积极影响。

其次，深圳的发展证明了中国政策的稳定性和连续性。改革开放以来，西方国家和国内一些人总担心，怕中国的政策改变。1984 年 2 月，邓小平在视察广东几个特区后指出：“现在看，开放政策不是收的问题，而是开放得还不够”，“我们建立经济特区，实行开放政策，有个指导思想要明确，就是不是收，而是放”。[①] 这期间，邓小平多次会见外国客人谈到这个问题，他指出：对外经济开放，这不是短期的政策，是个长期的政策，对外开放政策不但本世纪不变，下个世纪的头

① 《邓小平年谱（1975—1997）》（下），中央文献出版社 2004 年版，第 960、963 页。

五十年也不会变。改不改变取决于事情办得对不对。如果这样的政策导致生产力发展了，人民生活改善了，谁要改变也不行。如果说将来有变化，只能是变得更开放。[①]在中央的支持下，深圳充分利用已有的政策，加速进行经济建设。此后，中央又不断给予深圳更多的优惠政策，特区的发展取得了巨大的成就。特区成立40多年来迅速发展的事实证明，中国的内外政策包括对外经济政策是具有稳定性和连续性的，这坚定了外国投资者在中国长期投资的信心。国外和港澳台投资者信心的增长不仅使来深圳投资的人愈来愈多，而且也使来中国其他城市投资的人数迅速增长。可以说，深圳在这方面发挥了重要的示范作用。

再次，深圳特区在建立之始就已经明确规定：它是中国自主举办的、中国政府行使完全的主权、在中国人民民主政权管辖下的行政区域，在政治、思想、文化领域坚持社会主义方向，在经济上坚持以社会主义经济为主导，只是在对外经济活动中采取更加开放的方针，实行特殊的经济管理体制和特殊的经济政策。而深圳发展的事实更加表明，特区在对外交往频繁的情况下，能够坚持正确的政治方向，不仅没有改变颜色和被西化，反而在经济、科技各个方面得到迅速健康的发展，成为全球最有吸引力的投资场所，成为社会主义优越性的突出代表。同时，深圳的健康发展，也对全国其他地方的改革开放产生积极、巨大的影响。当前，深圳正在奋力建设中国特色社会主义先行示范区，创建社会主义现代化强国的城市范例，更好地担负国家的重大战略使命。

第二，深圳特区发挥了中国对外经济政策的窗口和示范作用。

首先，特区是我们观察研究当代世界经济的前沿。由于各种历史原因，中国实行对外开放之初，对于第二次世界大战后资本主义世界的经济发展知之甚少。因此，急需研究国际经济贸易、金融发展变化的规律，学习与资本主义国家打交道的本领。特区所处的毗邻国际市场的区

① 《邓小平年谱（1975—1997）》（下），中央文献出版社2004年版，第976、1005、1062页。

位和实行特殊经济政策、特殊经济体制造成的社会环境，为观察、研究和学习提供了可在实践中动态追踪的场所。特区的发展对中国利用国际交换优化生产要素组合来发展经济，以及如何借鉴国外组织社会化大生产的经验和方法来完善经济管理，积累了经验，锻炼培养了一批人才。

其次，特区是通向国际市场的特殊渠道和发展对外经贸的新基地。在40多年的发展过程中，深圳取得了卓著的吸收外资成果，大幅度增长的外贸出口实绩，在向内地传递国际经济信息、转让先进技术、介绍对外经贸合作项目、培训现代化管理人才等方面，发挥着日益重要的作用，并且与内地实行优势互补、发展以进入国际市场为目标的经济技术联合。特区不仅成为港澳台和国外资金投资内地寻找良好项目的平台，也成为内地向海内外企业和投资者招商和推介项目的优势平台。特区成为发展对外经贸的新基地，对国家对外经贸事业起着重要的促进和支撑作用。

再次，深圳是中国国际经济运行规则接轨、按照国际规则办事的前沿阵地和掌握国际协议及惯例的模范，为中国提出自己的国际规范和主张提供了实践和实证依据。从一定意义上讲，改革开放以来，中国走向的世界主要是西方资本主义主导的世界，如何按照国际规则和惯例，与国际市场接轨，是中国急需解决的重要问题。而深圳这些年按照国际规则办事的经验与教训，无疑对全国具有巨大的启发价值。另一方面，由于这些国际规则和惯例主要是由西方国家制定和主导的，在很多方面不合理，为此中国提出建立一个真正符合所有国家政治经济利益的国际经济新秩序。深圳作为中国的经济前沿，其经济贸易实践为中国如何进一步适应并进而改造国际规范，提供了大量的有用实例和鲜活的研究素材，为中国提出建立国际经济新秩序的合理主张提供了最实际的试验场所和最为广泛的依据。

最后，深圳为中国优化国际分工发挥了重要的实践作用。改革开放之初，在国际分工上，中国主要发展利用劳动力优势形成的低端加工贸易，形成了以深圳为代表的以资源与劳动密集型为主的出口商品结构。随着改革开放的深入，这种发展模式对中国经济的长远发展越来越不利，它使中国愈加受制于人，阻碍了中国的自主创新能力的发展。中国的东部沿海地区对此普遍具有强烈的紧迫感，特别是深圳经济特区。为此，深圳通过更大的开放步伐和对规则的践行而使自己再次成为中国新时期深化改革开放的最前沿，20 世纪 90 年代初，深圳提出依靠科技进步和自主创新来提升深圳整体竞争力，大力发展高新技术产业。经过这些年的努力，深圳国家高新技术产业开发区建设迈上新台阶。截至 2020 年，深圳国家高新技术企业超过 1.8 万家，科技型中小企业超过 5 万家，有 8 家企业入选世界 500 强；高新技术产业实现产值 2.7 万亿元，占 GDP 比重超过 35%，成为深圳第一支柱产业与主要经济增长点。深圳重大科技创新平台的建设不断加快，2020 年，深圳全社会研发投入经费超 1300 亿元，占 GDP 比重达 4.93%，位居全国前列；PCT 国际专利申请量 2.02 万件，占全国的 1/3，连续 17 年居全国各大城市首位。①

改革开放 40 多年来，深圳经济特区在国家对外政策的支持下取得了巨大的成就。同时，深圳在展示我国独立自主的和平外交政策、扩大我国的国际影响方面也发挥了重要作用。展望未来，我们相信，深圳必将在全国经济发展中起更大的作用，必将为中国外交战略作出更大的贡献。

① 《深圳综合改革试点开局良好》，《人民日报》2021 年 10 月 15 日。

浦东开发开放决策始末

李晓倩

2020年4月18日，浦东新区迎来30华诞。而立之年的浦东完成了由一片阡陌农田到一座现代化新城的华丽蜕变，创造了“浦东奇迹”，这里有中国第一个金融贸易区、第一家外资银行、第一个保税区、第一个国家综合配套改革试验区、第一个自贸区……30年前，这片荒凉的农田是如何一步步被党中央纳入国家战略的？历史证明，浦东开发开放从酝酿到决策凝结了大量艰辛和努力。

一、开发浦东，振兴上海：党中央的最初谋虑

1978年12月，党的十一届三中全会作出实行改革开放的伟大决策，次年开始在深圳、珠海、汕头、厦门试办出口特区。这些特区乘着改革的春风迅速发展，与此同时，曾经的繁华大都市上海却陷入了困境。如何让这颗东方明珠在改革开放的浪潮中重现光彩？党中央既关切担忧又寄予厚望，从20世纪80年代初起就陆续提出上海要充分发挥口岸和中心城市作用。1984年9月，中央委派由国家计委牵头的国务院改造振兴上海调研组到上海进行调研。3个月后，调研组联合上海市政府向国务院、中央财经领导小组提交《关于上海经济发展战略汇报提纲》，正式提出开发浦东的设想：“重点是向杭州湾和长江口南北两翼展开，创造条件开发浦东，筹划新市区的建设。”次年2月，国务院在批转该提纲时指出：“在新的历史条件下，上海的发展要走改造、振兴的新路子，充分发挥中心城市多功能的作用，使上海成为全国四个现代化建设的开路先锋。”此间，还有一件重要的事情对上海

发展和浦东开发决策影响很大。那就是1986年10月，上海市于1984年2月上报的《上海市城市总体规划方案》得到国务院批复，这是第一个经中央批准的城市总体规划。批复不仅要求“把上海建设成为太平洋西岸最大的经济贸易中心之一”，还特别强调要“注意有计划地建设和改造浦东地区”，“尽快修建黄浦江大桥及隧道等工程，在浦东发展金融、贸易、科技、文教和商业服务设施，建设新居住区，使浦东地区成为现代化新区”。这样，在思考如何振兴上海的过程中，浦东开发逐渐浮上纸面。

在中央建议下，由中外双方专家组成的开发浦东联合咨询研究小组于1987年7月成立，历时1年多完成了《浦东开发开放预可行性报告》及60多万字的专题报告。1988年5月，开发浦东新区国际研讨会召开，时任上海市委书记江泽民在开幕式上指出，一定要把开发浦东，建设国际化、枢纽化、现代化的世界一流新市区这件事情办好。同年9月30日，江泽民、朱镕基、汪道涵进京专门汇报浦东开发准备情况，得到中央原则同意和一系列具体指示。在此基础上，上海市成立了开发浦东领导小组。1989年10月，《浦东新区总体规划初步方案》编制完成。朱镕基在研究浦东开发专题会上明确提出：“浦东是将来上海的窗口、上海的希望。”到20世纪80年代末，开发浦东的决策已经水到渠成，但在这个阶段，中央的考虑是将开发浦东作为振兴上海的引擎，还没有将其提升到国家战略的高度。

二、从地方战略到国家战略：邓小平的思考

1990年的春节，上海下起了并不常见的大雪，已经卸任职务的邓小平又一次在这里过春节。这年的春节似乎格外沉重与不安：就在上一年，中国发生了政治风波，西方国家纷纷对华制裁；国际局势也出现大动荡，东欧社会主义国家发生雪崩式剧变。中国该向何处去？这位中国改革开放的总设计师坚定又毅然，“要把进一步开放的旗帜打

出去”。[①]他迫不及待地要告诉世界，中国的社会主义旗帜不会倒下，中国改革开放的步伐不会停滞。在邓小平心里，上海正是一张在这个关键时刻要打出去的王牌。他对朱镕基等上海市的领导人说：请上海的同志思考一下，能采取什么大的动作，在国际上树立我们更加改革开放的旗帜。后来，他在同几位中央负责同志谈话时又说：上海是我们的王牌，把上海搞起来是一条捷径。那么，如何才能把上海“搞起来”呢？邓小平坚定地将目光投向了浦东。在邓小平眼里，浦东开发“不只是浦东的问题，是关系上海发展的问题，是利用上海这个基地发展长江三角洲和长江流域的问题”，更是面向全世界展现中国将进一步改革开放的一面旗帜。他心潮澎湃地描绘浦东的蓝图：深圳是面对香港的，珠海是面对澳门的，厦门是面对台湾的，浦东就不一样了，浦东面对的是太平洋，是欧美，是全世界。从此，黄浦江东岸这块曾经沉寂落后的土地，与国家的前途命运紧紧联系在一起。

浦东开发比深圳等几个经济特区的开发晚了整整十年。邓小平不止一次遗憾地提到，上海浦东开发搞晚了。他曾说：“回过头看，我的一个大失误就是搞四个经济特区时没有加上上海。要不然，现在长江三角洲，整个长江流域，乃至全国改革开放的局面，都会不一样。”[②]但他又坚定地相信，上海的条件好，浦东的起点高，只要思想解放一点，步子迈快一点，完全可以做到后来居上。浦东开发迫在眉睫、只争朝夕，抱着这样的信念，邓小平“催促”中央负责同志迅速推动浦东开发决策。1990 年 2 月 17 日，他同江泽民、杨尚昆、李鹏等谈话时说，我已经退下来了，但还有几件事，我还要说一下，其中之一就是上海的浦东开发，你们要多关心。又专门对李鹏叮嘱道：“你是总理，浦东开发这件事，你要管。”[③]在邓小平的积极倡议下，浦东开发开放进入紧锣密鼓的筹备阶段。

---

① 《邓小平文选》第三卷，人民出版社 1993 年版，第 313 页。

② 《邓小平文选》第三卷，人民出版社 1993 年版，第 376 页。

③ 《邓小平年谱》第五卷，中央文献出版社 2020 年版，第 606 页。

三、浦东历史翻开崭新一页

邓小平提出开发浦东的倡议后，党中央十分重视，提高了浦东开发的“优先级”和战略高度。从此时起到党中央正式宣布开发浦东的决定，只有短短两个月时间。1990 年 2 月 26 日，中央收到上海市上报的《关于开发浦东的请示》。3 月底至 4 月初，中央委托国务院副总理姚依林带领国务院特区办、国家计委、财政部、中国人民银行、经贸部、商业部等部门负责人来到上海，对开发开放浦东问题进行专题研究和论证，形成《关于上海浦东开发几个问题的汇报提纲》。4 月 10 日，李鹏总理主持国务院会议，听取姚依林关于浦东开发的专题报告。4 月 12 日，江泽民总书记主持中央政治局会议，原则通过国务院提交的浦东开发开放方案。

1990 年 4 月 18 日，历史性的一刻到来了。这一天阳光明媚，上海大众汽车有限公司成立 5 周年大会召开，李鹏总理出席。在讲了一段庆贺的话之后，他话锋陡然一转，代表中央宣布：党中央、国务院同意上海市加快浦东地区的开发，在浦东实行经济技术开发区和某些经济特区的政策。他说：“这是我们为深化改革、扩大开放作出的又一重大部署。”“开发浦东、开放浦东，对于上海和全国都是一件具有重要战略意义的事情。”这振聋发聩的声音仿佛一道春雷响遍大江南北，浦东的历史从此翻开了崭新的一页。

“抓紧浦东开发，不要动摇，一直到建成。”这是邓小平的殷切嘱托。党中央始终牢记在心，本着“开发浦东、振兴上海、服务全国、面向世界”的宗旨关心和推动浦东开发开放。1990 年 6 月 2 日，在宣布浦东开发开放的决定后不到两个月，中央正式批准上海市《关于开发浦东、开放浦东的请示》，文件强调，开发和开放浦东是深化改革、进一步实行对外开放的重大部署，是一件关系全局的大事，一定要切实办好。1992 年 10 月，党的十四大报告对浦东开发开放作出“一个龙头、三个中心”的部署，即以上海浦东开发开放为龙头，进一步开放长江沿岸城市，尽快把上海建成国际经济、金融、贸易中心之一，带动长江三角洲和整个长江流域地区经济的新飞跃。从此，浦东开发开放的步伐加快，上海成为中国改革开放的新地标。

1993年12月13日，邓小平在寒风细雨中眺望建设中的浦东，从不作诗的他看到眼前生机勃勃的景象兴奋地吟道："喜看今日路，胜读百年书。"并说"这是出自我内心的话"。[①]那时的浦东蒸蒸日上，令邓小平欣喜。30年后的今天，浦东更是用耀眼的成绩向这位伟人，也向时代交上了满意的答卷，它向世人宣示，当年的决策是正确的，中国改革开放的大旗会飘扬得更高更远。

① 《邓小平年谱》第五卷，中央文献出版社2020年版，第665页。

邓小平与重庆改革开放的启航

常梦茹

邓小平作为我国改革开放和社会主义现代化建设的总设计师，对重庆的改革和发展一贯高度重视，倾注了大量热情和心血。他从改革开放和社会主义现代化建设的全局高度来考虑，作出一系列历史性的战略决策，推动建设三峡工程，并高瞻远瞩、独具慧眼地最先提出了将重庆设立为直辖市的构想。在邓小平理论的指导下，进入改革开放和社会主义现代化建设新时期后，重庆的经济、政治、党建等各项工作均进入一个崭新阶段，迎来一个崭新局面。

一、推动三峡工程决策

三峡工程作为世界上规模最大的水电站和我国有史以来建设的最大型工程项目，是使重庆成为中央直辖市的关键。三峡工程最终上马，邓小平起了决定作用。

1980 年 7 月，邓小平来到重庆，专程察看水利资源情况，了解三峡大坝选址、建成后对下游生态环境影响等问题，并指出：“修建三峡工程，对航运的影响不大，对生态环境的影响也不大，而对防洪所起的作用大，发电效益很大。因此，轻易否定三峡工程不好。”[①] 为贯彻落实邓小平指示，国务院随即召开常务会议，研究三峡工程问题。1981 年底，长江规划办公室编制并上报了《三峡水利枢纽论证报告》。

党的十二大召开后不久，1982 年 10 月，万里副总理带领中央有

① 《邓小平年谱（1975—1997）》（上），中央文献出版社 2004 年版，第 657 页。

关同志专程赴长江三峡西陵峡实地考察，详细了解三峡工程的建坝条件。考察中，万里说：“这次是小平同志批了，他不批我也不来。”考察结束后，考察组对三峡大坝设想提出两种建设方案，并认为总投资控制在100亿元左右的低坝方案比较适合当时的国情。11月4日至15日，姚依林副总理专程到武汉和宜昌了解情况，查勘了三峡坝址，认为三峡前期工作比较成熟，并说“是小平同志要他来看看”。

邓小平一直密切关注着三峡工程建设的顶层设计情况。1983年12月，邓小平在听取姚依林、宋平汇报经济情况时，询问“三峡工程怎么样？能不能上？”他强调：“投资安排不可能那么准确，要安排得十分科学不可能，重要的是要争取时间，要把争取时间放在首位。”[①]在邓小平对三峡工程要争取时间的提醒下，中央财经领导小组召开会议，研究讨论了水电部提出的《建议立即着手兴建三峡工程的报告》，决定成立国务院三峡工程筹备领导小组。

随着筹备工作有序推进，对于三峡大坝的正常蓄水位，重庆市提出了180米的建设方案。1984年10月，中共重庆市委在上报中央、国务院的文件中提出：正常蓄水位150米的方案，使回水末端在重庆以下的涪陵和忠县之间河段，会造成把西南水陆交通枢纽的重庆港置于库外，使重庆以下较长一段天然航道得不到改善，“万吨级船队难以直达重庆”，因此建议采用正常蓄水位180米的方案。邓小平在收到重庆市委文件关于建议三峡大坝正常蓄水位180米方案后，听取李鹏副总理等关于电力建设问题的汇报，重点询问了三峡工程的情况，他指出：“三峡是个大项目，我们要从长远利益考虑，给子孙后代留下点好的东西。”针对大坝正常蓄水位高度问题，他说：“过去是四川人不赞成把坝搞高，现在情况变了，四川人，主要是重庆人同意‘180方案’。低坝方案不好。中坝方案是好方案，从现在即可着手筹备。中坝可以多发电，万吨船队可以开到重庆。”[②]同时，邓小平还高瞻远

① 《邓小平年谱（1975—1997）》（下），中央文献出版社2004年版，第950页。

② 《众志绘宏图——李鹏三峡日记》，中国三峡出版社2003年版，第64—65页。

瞩地提出把四川省一分为二的设想："成立三峡行政区是个好主意。可以把四川分为两个省，一个以重庆为中心，一个以成都为中心。"[①]邓小平强调要用行政区的力量来支持三峡工程建设，并提出把四川省一分为二的设想，首次为重庆成为省级行政区描绘了蓝图。

在三峡工程紧锣密鼓地筹备过程中，同时出现了对三峡工程建设的不同意见和反对声音。面对三峡工程建设的不同意见，邓小平采取了谨慎的态度，在决策时考虑得更加慎重全面。1986年3月，在六届全国人大四次会议、全国政协六届四次会议期间，邓小平和杨尚昆会见美国《中报》董事长傅朝枢。在交谈时，傅朝枢提出了有关三峡工程建设等问题。邓小平回答时慎重表示：对兴建三峡工程这样关系千秋万代的大事，中国政府一定会周密考虑，有了一个好处最大、坏处最小的方案时，才会决定开工，是决不会草率从事的。

为了使决策更加稳妥，1986年4月，两会结束后，国务院领导兵分两路率领中央有关部门的负责同志，分别从北京经湖北和四川到达万县会合，一起从万县坐船到宜昌进行实地考察。考察组回到北京后向邓小平汇报，认为技术和经济上虽然都存在一些问题，但都可以解决，工程科技人员能够解决技术难题，经济上投资虽然比较大，国力也可以承担，唯一问题出在政治上。邓小平听后认为，技术经济可行的话，上三峡工程有政治问题，不上三峡工程也有政治问题，不上的政治问题更大。

在关键时刻，邓小平对建设三峡工程决策的坚定支持，直接推动了三峡工程的进展。1992年1月17日，国务院常务会议认真审议了审查委员会对三峡工程可行性研究报告的审查意见，同意兴建三峡工程，提请全国人民代表大会审议。1992年4月3日，七届全国人大五次会议通过了《关于兴建长江三峡工程的决议》。1994年12月14日，三峡工程正式开工建设。

---

① 《邓小平年谱（1975—1997）》（下），中央文献出版社2004年版，第1026—1027页。

二、提出重庆直辖构想

重庆在历史上就是我国西南商业和军事重镇。晚清时期，重庆经济力量超过成都，成为长江上游的经济中心。抗日战争期间，重庆成为战时首都，是抗战时期大后方的政治、军事、经济、文化中心。新中国成立后，重庆成为西南地区唯一的直辖市和西南大区党政军首脑机关驻地，经历过一段辉煌的发展时期。西南局撤销后，重庆并入四川省，由中央直辖市改为省辖市，是四川省乃至西部地区经济总量最大的一个城市。党的十一届三中全会以后，随着改革的推进，国家开始对城市经济体制改革进行探索，在改革中需要解决的一些重大问题，在规模较小、经济关系比较简单的城市无法进行充分试验，因此，迫切需要选择个别经济关系复杂的大城市进行试点。

重庆工业门类比较齐全，具有相当的经济基础，但由于长期实行的按行政区划管理经济的体制，使其工业经济的潜力没有得到充分发挥，经济中心的作用被不断削弱，改革、发展与经济体制的矛盾变得尖锐起来，迫切需要进行改革。

经过一番考量，重庆最终成为全国第一个经济体制综合改革试点的大城市，实行国家计划单列体制。这一决定与邓小平的支持和改革思想路线的推动有着密切的关系。

早在 1978 年 2 月，邓小平在四川视察听取省委工作报告时，了解到重庆处在比较困难的境地，老工业基地改造欠账非常严重，全市财政收入在全省占 1/3，而支出仅占 1/10，整个城市破破烂烂等情况。相关负责同志向邓小平表达了希望重庆恢复计划单列的请求，邓小平当即表态同意："重庆计划单列户头符合实际，这个要求不难，请省里写个报告上来。"[①] 但由于当时全国思想尚未解放，改革开放没有开始，重庆单列的计划没有立刻得到实施。

---

① 艾新全：《邓小平与重庆建设发展的几个关键节点》，《红岩春秋》2019 年 6 月。

1978 年 12 月，邓小平在中央工作会议闭幕会上，作了题为《解放思想，实事求是，团结一致向前看》的重要讲话。这个讲话，实际上成为随后召开的党的十一届三中全会的主题报告。邓小平在讲话中提出："在全国的统一方案拿出来以前，可以先从局部做起，从一个地区、一个行业做起，逐步推开。中央各部门要允许和鼓励它们进行这种试验。试验中间会出现各种矛盾，我们要及时发现和克服这些矛盾。这样我们才能进步得比较快。"[①] 支持地方先行改革试验的思想，成为重庆改革试点的思想支撑。

在支持地方先行改革试验的思想指导下，1983 年 2 月，党中央、国务院批准四川省委、省政府《关于在重庆市进行经济体制综合改革试点意见的报告》，重庆成为全国第一个经济体制综合改革试点的大城市。在改革试点中，明确了对重庆实行计划单列，给重庆以相当于省的经济管理权力，开辟重庆为外贸口岸，开启了重庆从省辖市到单列市的进程，并为重庆进一步成为直辖市做了铺垫。

重庆成为直辖市的另一个关键是建设好三峡工程需要强有力的行政机构来承担这一重任。在三峡工程建设论证过程中，邓小平曾多次提到中央直辖重庆的问题。20 世纪 80 年代中后期对三峡工程建设进行论证时，邓小平就表示"以后可有意识地把国家重大工业项目放在三峡移民区"，并提出构建以重庆为中心城市带动三峡大库区移民及开发建设的战略构想，这为 10 年后，中央正式将重庆直辖提上日程做了有益探索。

1995 年，中央派人到四川进行详细调研，论证设立重庆直辖市的可行性。调研组先后提出四个方案，把重庆直辖及以后管辖范围问题提上日程。1996 年 6 月，国务院召开会议正式宣布成立重庆市直辖筹备领导小组。经过紧锣密鼓的筹备工作，重庆直辖市的行政体制、财政体制等方案逐渐敲定下来。

1996 年 8 月，党中央、国务院正式决定将重庆设为中央直辖市。

---

① 《邓小平文选》第二卷，人民出版社 1994 年版，第 150 页。

9月5日，党中央、国务院批准了《中共四川省委委托重庆市代管涪陵市、万县市和黔江地区的请示》，重庆市开始代四川省对“两市一地”行使党政、经济、社会发展和库区移民工作等管理职能。1997年3月14日，八届全国人大五次会议通过《关于批准设立重庆直辖市的决定》，完成重庆直辖的法律程序，确定重庆成为中央政府所辖的第四个直辖市。

重庆设立为直辖市，不仅仅是城市自身发展的需要，也是发挥中心城市带动作用，推动周边发展的需要。20世纪80年代到90年代初，邓小平就曾多次提出，要研究一下四川太大、人口太多，不便发展、不便管理的问题，要研究发挥重庆中心城市带动作用的问题。[①]他多次强调：“在社会主义制度下，可以让一部分地区先富裕起来，然后带动其他地区共同富裕”[②]，“鼓励一部分地区、一部分人先富裕起来，也正是为了带动越来越多的人富裕起来，达到共同富裕的目的”[③]。

邓小平提出的发挥重庆中心城市带动作用的想法，在重庆成为全国第一个经济体制综合改革试点城市之后，得到积极贯彻落实。在党中央、国务院主要领导的倡导和支持下，1984年，四川、云南、贵州、广西四省区和重庆市组成的全国第一个跨省区市的区域合作组织——四省区五方经济协调会正式成立。之后，西藏、成都等地相继加入。经济协调会为推动西南地区经济发展，促进区域优势互补和生产要素的内部配置，以及发展同沿海地区和其他经济区的经济联系发挥了重大作用。1992年7月，党中央、国务院决定将重庆列为长江沿岸开放城市，享受沿海开放城市政策，随着重庆对外开放的扩大，重庆中心城市的带动作用也进一步加大。

① 李维平、周庆、刘晓青：《设立重庆直辖市——发展长江上游的战略抉择》，《人民日报》1997年3月15日。

② 《邓小平思想年编（1975—1997）》，中央文献出版社2011年版，第523页。

③ 《邓小平文选》第三卷，人民出版社1993年版，第142页。

三、指引重庆经济发展

1978 年 12 月，党的十一届三中全会在北京召开，党中央果断结束“以阶级斗争为纲”，把全党工作重点转移到社会主义现代化建设上来，实现党和国家工作中心战略转移。党的十一届三中全会召开后，重庆市委认真学习贯彻全会精神，采取各种措施统一广大党员思想，发出《关于组织传达、学习党的十一届三中全会文件的通知》，要求提高认识，跟上形势，尽快把重庆市的工作重点转移到社会主义现代化建设上来。并组织全市对解放思想问题进行热烈讨论，掀起学习、宣传、贯彻党的十一届三中全会精神的热潮。

全党工作重点转移到社会主义现代化建设后，国民经济发展中重大比例关系失调的情况日益显露出来。1979 年 3 月，中央政治局召开会议，邓小平在会上针对近两年国民经济比例失调更加严重的情况讲话，指出：“中心任务是三年调整，这是个大方针、大政策。”[①] 随即党中央召开工作会议，正式确立了对国民经济实行“调整、改革、整顿、提高”的新“八字方针”，纠正多年来经济建设指导方针的偏差和此前两年经济工作中出现的急于求成倾向，以及过去在经济工作中脱离实际、急于求成、盲目追求高速度的经济建设指导思想。重庆市认真贯彻中央新“八字方针”，1979 年 9 月制定《1979—1981 年国民经济三年调整规划纲要》，希望通过调整达到实现财政收支平衡，略有节余和保持市场物价稳定，巩固安定团结的政治局面。

改革开放中，农村改革率先取得突破，重庆改革也从农村起步。1980 年 5 月，邓小平同中央负责工作人员谈话，认为“农村政策放宽以后，一些适宜搞包产到户的地方搞了包产到户，效果很好，变化很快”。邓小平表示：“关键是发展生产力，要在这方面为集体化的进一

① 《邓小平年谱（1975—1997）》（上），中央文献出版社 2004 年版，第 497 页。

步发展创造条件。”[①] 邓小平旗帜鲜明地支持改革实践，对于打破思想僵化、推动改革发挥了重要作用。在中央的肯定和推动下，到 1980 年秋，在重庆推行的农村生产责任制中，联产计酬责任制成为主要形式，并逐渐从包产到组向包产到户、包干到户过渡。

在农村改革发展的同时，城市改革也逐步推进。粉碎“四人帮”后，重庆作为老工业城市，工业生产虽然得到较快发展，但长期高度集中和吃“大锅饭”的管理体制严重束缚了职工的积极性，迫切需要对原有工业管理体制进行改革。1978 年 10 月，中共四川省委决定对包括重庆钢铁公司在内的 6 家企业进行扩大企业自主权的改革试点，仅实施 3 个月就收到较好效果。与此同时，重庆市又在重庆钢铁公司、重庆印刷三厂等 5 家企业进行扩权让利试点，拉开重庆城市经济改革的序幕。

20 世纪 80 年代，重庆成为全国第一个经济体制综合改革试点的大城市，全面实行计划单列后，改革由前一段的单项试点转向综合配套改革，城市经济体制改革取得实质性进展并不断向纵深发展。1985 年 1 月，重庆按照“放权于厂、还政于局、归位于企”的原则，取消 54 家市属行政性公司的行政职能，企业生产经营自主权进一步落实。1986 年起，改革重点转向全面推行各种形式的承包经营责任制，使企业改革从单纯的扩权让利深入到经营方式的改革，企业商品生产者的地位进一步确立，同时也促进政府宏观调控的加强和职能的转变。[②]

1987 年 10 月，党的十三大召开，大会确立了邓小平提出的现代化建设“三步走”发展战略，为全党沿着中国特色社会主义道路前进指明了方向。会后，随着经济建设全面推进并不断深化，在改革中出现了通货膨胀严重、经济发展过热等问题。1988 年 9 月，邓小平在听取关于价格和工资改革初步方案汇报时，强调“改革要成功，就必须有领导有秩序地进行”，特别是要在中央统一领导下深化改革，“中央

① 《邓小平文选》第二卷，人民出版社 1994 年版，第 315 页。

② 《中国改革开放全景录 · 重庆卷》，重庆出版集团重庆出版社 2018 年版，第 18—19 页。

定了措施，各地各部门就要坚决执行，不但要迅速，而且要很有力”，“不仅是价格一个方面的改革，而且是多方面的、综合的改革”。[①] 随后，党的十三届三中全会作出治理经济环境、整顿经济秩序、全面深化改革的指导方针和政策措施。为贯彻落实治理整顿精神，重庆市委召开六届二次全委（扩大）会议，采取强有力、切实可行的措施，治理经济环境，整顿经济秩序。经过 1 年左右的治理整顿，一度过旺的社会需求开始得到控制，经济秩序有所好转。

1989 年 11 月，党的十三届五中全会召开，作出《关于进一步治理整顿和深化改革的决定》。11 月 30 日，重庆市委召开六届五次全委（扩大）会议，确定以压缩社会需求、调整产业结构、整顿经济秩序、提高经济效益、增强发展后劲为重点，用 3 年或更长一点时间，基本完成重庆治理整顿的各项任务。此后，在重庆市委的领导下，全市认真贯彻执行中央制定的治理整顿、深化改革的方针，到 1991 年，通货膨胀得到控制，经济秩序得到治理，市场由疲转旺，全市国民经济恢复正常发展，基本完成治理整顿任务。[②]

1992 年初，邓小平先后到武昌、深圳、珠海、上海等地视察，发表了重要谈话。邓小平“南方谈话”后，重庆市很快掀起学习、宣传南方谈话的热潮。1992 年 3 月，重庆市委下发《关于认真学习、宣传邓小平同志重要谈话的通知》，决定集中一段时间，组织全市党员、干部认真学习、宣传、贯彻邓小平的重要谈话。从 4 月到 6 月，全市党内外干部、群众围绕解放思想的重大意义、思想不够解放的表现及原因、解放思想的努力方向和具体措施等问题，开展了一次热烈、深入的解放思想大讨论。这场解放思想大讨论，进一步破除各种阻碍改革开放和发展社会主义商品经济的旧思想、旧观念，解放思想大讨论的成果很快体现在改革开放的实践中，落实到加快经济发展的工作上。

---

① 《邓小平文选》第三卷，人民出版社 1993 年版，第 277、278 页。

② 《中国改革开放全景录·重庆卷》，重庆出版集团重庆出版社 2018 年版，第 26—28 页。

四、指引重庆党建工作

“文化大革命”期间，党内正常的政治生活和党的优良传统遭到严重破坏。“文化大革命”结束后，面对千头万绪的工作，关键是抓好党的建设。党的十一届三中全会作出一系列加强党的建设的部署。重庆市委认真学习贯彻全会精神，调整和整顿领导班子，采取各种措施加强党的组织纪律性，恢复党的优良传统和作风，把在党的建设上被“四人帮”搞乱了的路线、思想、理论纠正过来，逐渐形成安定团结的政治局面。

1981 年 6 月，党的十一届六中全会通过《关于建国以来党的若干历史问题的决议》，对一些重大历史事件和重要历史人物作出了实事求是的评价，标志着党在指导思想上拨乱反正的胜利完成。8 月 14 日，重庆市委第四届九次全会（扩大）通过《关于认真学习党的十一届六中全会精神的决定》。重庆市委以六中全会公布的《决议》为契机，着力解决各级党组织和党员思想上的“框框”“套套”，把思想统一到《决议》的精神上来，确保党的十一届三中全会的路线、方针、政策的贯彻落实，以完成拨乱反正的各项任务。①

在拨乱反正中，党有步骤地大规模平反“文化大革命”及以前的冤假错案，调整各方面社会关系，加强民主法制建设。重庆市委认真贯彻平反冤假错案政策，按照实事求是、有错必纠的原则，实事求是地处理历史遗留问题。经过大量艰苦细致的工作，全市平反纠正各类冤假错案 145535 件，为 15 万人落实了政策，有效调动了全市人民的积极性，对促进社会安定团结、推动改革开放和社会主义现代化建设起到十分重要的作用。

随着党和国家政治生活逐步恢复正常，加强社会主义民主法制建设提上重要日程，邓小平在《解放思想，实事求是，团结一致向前

① 《中国改革开放全景录·重庆卷》，重庆出版集团重庆出版社，2018 年版，第 6—7 页。

看》中重提民主："在当前这个时期，特别需要强调民主。"[①] 1979年7月，五届全国人大二次会议通过《关于修正〈中华人民共和国宪法〉若干规定的决议》，审议并通过了7部重要法律。1980年3月，重庆市根据《宪法修正案》和《地方组织法》的规定，召开市八届人大二次会议，选举产生市人大常委会。从1980年9月起，在沙坪坝区民主选举试点工作取得经验的基础上，重庆市选举工作全面展开，全市共选出区县人民代表3769名、社镇人民代表24358名。通过选举，干部群众受到一次社会主义民主与法制教育，扩大和发扬了社会主义民主。[②]

面对各级领导人员年龄普遍老化的状况，邓小平提出的各级领导人员"四化"要求，成为此后全党选拔任用干部的重要标准。1980年8月，邓小平发表了《党和国家领导制度的改革》的重要讲话，进一步提出逐步实现各级领导人员革命化、年轻化、知识化、专业化的"四化"要求，他指出："人才问题，主要是个组织路线问题。很多新的人才需要培养，但是目前的主要任务，是善于发现、提拔以至大胆破格提拔中青年优秀干部。这是国家现代化建设事业客观存在的迫切需要"[③]，要把大批优秀的中青年干部提拔起来，保证我们的事业后继有人，后来居上。从1980年至1982年，重庆市委认真贯彻中共中央关于干部队伍革命化、年轻化、知识化、专业化的"四化"方针，先后提拔了一大批中青年干部进入县级以上领导班子。调整后的领导班子人员精干，年龄及文化知识结构有了较大改善，领导班子的"四化"建设从此起步。[④]

为推动党的建设再上新台阶，解决党内存在的突出问题，1983年党中央作出关于整党的决定，要求在全党分期分批开展了一次以统一思想、整顿作风、加强纪律、纯洁组织为基本任务的全面整党。1983

---

① 《邓小平文选》第二卷，人民出版社1994年版，第144页。
② 《中国改革开放全景录·重庆卷》，重庆出版集团重庆出版社，2018年版，第9—10页。
③ 《邓小平文选》第二卷，人民出版社1994年版，第323页。
④ 《中国共产党重庆地方简史》，重庆出版集团重庆出版社2006年版，第181页。

年 7 月，中共重庆市委第五次代表大会对重庆的整党工作进行了全面部署，强调整党工作的中心环节是要结合学习《邓小平文选》和中央的有关文件，向全体党员进行以新党章为主要内容的教育。1987 年 2 月，重庆市的整党工作基本结束，全市 99.87% 的应参加整党的党员参加了整党。通过整党，全市党员提高了执行党的路线、方针、政策的自觉性，加深了对中央经济体制改革战略决策的理解。同时，对少数违反党纪、危害党的利益的党员进行了严肃处理，为实现重庆党风、社会风气和财政经济状况的进一步好转打下了思想和政治基础。①

改革开放以来，重庆市委高度重视加强党的自身建设，特别是党的十八大以来，重庆市委把学习贯彻习近平新时代中国特色社会主义思想作为首要政治任务，树牢“四个意识”、坚定“四个自信”、做到“两个维护”，全面落实习近平总书记对重庆所作重要讲话和系列重要指示批示精神，自觉扛起管党治党政治责任，推动党内法规体系更加完善、制度执行更加严格，持续推动党风廉政建设和反腐败斗争向纵深发展，带领全市广大干部团结一致向前行，如期打赢脱贫攻坚战，如期全面建成小康社会，从全局谋划一域、以一域服务全局，推进各项事业取得新成效、迈上新台阶。

纵观历史，重庆在进入改革开放和社会主义现代化建设新时期后，被党中央赋予统筹协调三峡工程这一世纪工程的历史重任，成为全国第一个经济体制综合改革试点的大城市，实行国家计划单列体制，最终在世纪之交实现了中央直辖，在经济、政治、党建等各方面都被赋予崭新的历史使命，并在建设实践中实现了历史性的飞跃。重庆的这些发展和变化都与邓小平的支持，以及他的改革思想的推动有着密不可分的联系。邓小平理论对于改革开放和社会主义现代化建设新时期的重庆发展产生了重大而深远的影响。

① 《中国共产党重庆地方简史》，重庆出版集团重庆出版社 2006 年版，第 200—202 页。

从“北方谈话”到“南方谈话”看邓小平倡导改革开放的初心和使命

叶帆子

习近平同志在庆祝改革开放40周年大会上指出：“改革开放四十年的实践启示我们：为中国人民谋幸福，为中华民族谋复兴，是中国共产党人的初心和使命，也是改革开放的初心和使命。”[①]邓小平作为中国社会主义改革开放和现代化建设的总设计师，在大力倡导和全力推进改革开放进程中，始终站在时代要求、国家发展、人民期待的高度，将为中国人民谋幸福，为中华民族谋复兴这一初心和使命贯穿其中。这一点从他1978年初视察东北等地发表的“北方谈话”和1992年初发表的“南方谈话”中可以清晰地看出来。本文就此作一简要阐释。

“北方谈话”指的是1978年9月13日至9月20日，邓小平在视察东北三省和唐山、天津等地时发表的系列讲话。在“北方谈话”中，邓小平首次公开系统地提出和多方面地阐述了改革开放相关思想，为改革开放作了一次重要的思想发动，可以说奏响了改革开放的前奏和序曲。而“南方谈话”指的是1992年1月18日至2月21日邓小平视察武昌、深圳、珠海、上海等地发表的系列讲话。这是邓小平最后一次公开集中地论述改革开放相关问题，讲话被评价为“把改革开放和现代化建设推进到新阶段的又一个解放思想、实事求是的宣言书”。[②]“北方谈话”在北方，是序言，是前奏；“南方谈话”在南方，

---

① 习近平：《在庆祝改革开放40周年大会上的讲话》，人民出版社2018年版，第24页。

② 《江泽民文选》第二卷，人民出版社2006年版，第10页。

是终篇，是高峰。两者虽阶段性不同、成熟度不同，但在历史背景、价值取向、主体内容、精神内涵上都保持了延续性和统一性，共同勾勒出邓小平关于改革开放问题的思考轨迹。将“北方谈话”和“南方谈话”放在一起考察，可以清晰看出邓小平贯穿于其中的倡导改革开放的初心和使命。

一、重大历史关头举旗定向，彰显勇挑重担的初心和使命

改革开放是一场新的伟大革命，是前无古人的伟大事业，它的道路并非一帆风顺，而是时常遭遇困难和挑战。因此，只有拥有在历史关头挺身而出的决心与勇气，敢于勇挑重担的历史使命感，及时拨正前进的正确方向，才能守护改革开放的初心，完成历史赋予的使命。

“文化大革命”十年内乱结束后，党和国家面临着十分复杂的形势和极为艰巨的任务。世界经济快速发展，科技进步日新月异，而十年内乱导致我国经济濒临崩溃的边缘，人民温饱都成问题，国家建设百业待兴。当时的中央领导人提出“两个凡是”[①]的错误观点，为新形势下各领域的拨乱反正设置了障碍，导致党和国家工作的徘徊不前。邓小平旗帜鲜明地反对这一错误观点，直截了当地提出：“‘两个凡是’不行”。[②] 1978 年 5 月，真理标准问题大讨论展开，到底是应该坚持“两个凡是”还是贯彻实事求是，究竟“中国向何处去”，成为摆在中国人民面前头等重要的问题。

“北方谈话”正是发生在这一重要历史关头，发生在两种观点激烈交锋之时、激烈交锋之地。在谈话中，邓小平就怎样认识高举毛泽东思想旗帜问题、怎样坚持解放思想、实事求是等重大理论问题进行了深刻的阐述。对我国发展的紧迫性和经济、政治体制存在的弊端有着深刻认识的邓小平，把推进社会主义现代化建设作为真理标准问题

---

① “两个凡是”，即“凡是毛主席作出的决策，我们都坚决维护，凡是毛主席的指示，我们都始终不渝地遵循”。

② 《邓小平文选》第二卷，人民出版社 1994 年版，第 38、39 页。

讨论的落脚点，解答了部分党员群众的疑问，对于推动人们进一步解放思想、破除僵化起到了重要作用。

谈话发表后的两个多月时间里，全国大部分省、市、自治区党委负责人，军队负责人都明确表示支持真理标准问题讨论。“北方谈话”为随后召开的中央工作会议和十一届三中全会作出改革开放的历史性决策奠定了思想基础。1980 年 11 月，胡耀邦在中央政治局会议上评价：“1978 年 9 月份，小平同志在东北提出全党工作的着重点的转移，为三中全会的方针，为今后党的工作方针，作出了决策。”

如果说“北方谈话”是发生在改革开放开启之初的历史关头的话，那么，“南方谈话”则发生在改革开放进行了 13 年之后如何进一步发展的重要历史关头。20 世纪 80 年代末 90 年代初，随着东欧剧变和苏联解体，世界社会主义运动遭遇严重挫折，陷入低潮。自第二次世界大战后形成的资本主义和社会主义两大阵营长期冷战的两极化格局彻底结束，世界格局呈现多极化趋势。同时，经济全球化进程加快，高新技术产业迅猛发展，为我国加入全球性竞争与合作格局迎来了重要机遇期。部分发展中国家已经开始乘着这股东风，呈现出强劲发展势头，中国能否抓住这千载难逢的机遇，有所作为？

与此同时，世界社会主义运动遭遇的曲折也使一些人对中国的社会主义前途命运产生担忧。还有一些人将国内发生的政治风波归因于改革开放，对改革开放政策产生怀疑，提出了姓“社”还是姓“资”的疑问。十一届三中全会奠定的改革开放路线究竟要往何处去？1992 年将召开中国共产党第十四次全国代表大会，以江泽民同志为核心的第三代中央领导集体将怎样谋划中国社会主义的发展前景，举什么旗，走什么路？这些问题成为当时国际国内关注的焦点。

在这样严峻的挑战和风浪面前，在事关中国特色社会主义前途命运的关键时刻，1992 年初，邓小平不顾 88 岁高龄，以高度的政治责任感和使命感，视察南方，发表重要谈话。邓小平在谈话中反复强调要抓住时机，加快发展。他把坚持社会主义和改革开放一同强调，指出：“不坚持社会主义，不改革开放，不发展经济，不改善人民生活，只能是死路一条。基本路线要管一百年，动摇不得。”[①]

“南方谈话”科学总结了党的十一届三中全会以来的实践探索和基本经验，深刻回答了长期困扰和束缚人们思想的许多重大问题，为抓住机遇，把中国特色社会主义事业大踏步向前推进提供了强大思想武器和理论指导，推进中国改革开放和社会主义现代化建设进入一个新的阶段。1992 年 3 月，中央政治局全体会议评价邓小平的“南方谈话”不仅对当前的改革和建设、对开好党的十四大具有十分重要的指导作用，而且对中国整个社会主义现代化建设事业具有重大而深远的意义。

想要守护初心必须担当使命，只有勇于并且有能力承担历史赋予的使命，经受住历史的考验才能算得上守护住了初心。在改革开放的征途中，看一个人能不能守初心、担使命，就要看他在面对重大考验时有没有政治定力，面对关键抉择愿不愿挺身而出，面对急难险重任务能不能不辱使命。邓小平的“北方谈话”和“南方谈话”，都发生在改革开放的重大历史关头，两者的发表都为改革开放事业向前推进扫清了思想障碍，注入了强大的理论动力，从而打开了崭新局面。可以说，正是凭借着邓小平在历史关头对改革开放初心的坚守和使命的承担，才保证了中国改革开放的航船能顺利扬帆起航，经受住风浪而一往无前。

二、深刻阐述贫穷不是社会主义的价值取向，始终坚守人民利益至上的初心和使命

回首改革开放的壮阔历程，人民是贯穿始终的一条主线。改善人民生活是改革开放的初衷，也是改革开放的目的与方向，更是社会主义本质的要求。不管是在“北方谈话”，还是在“南方谈话”中，人民和人民生活都是邓小平最为关注的问题。在倡导和推动改革开放的

① 《邓小平文选》第三卷，人民出版社 1993 年版，第 370—371 页。

进程中，在探索和设计每一个步骤、每一项决策的可行性时，邓小平都深刻阐述了贫穷不是社会主义的价值取向，始终恪守这样一条准则：“人民拥护不拥护、人民赞成不赞成、人民高兴不高兴、人民答应不答应”。

“文化大革命”对中国的经济造成了严重破坏。1974 年至 1976 年，全国共损失工业总产值 1000 亿元、钢产量 2800 万吨、财政收入 400 亿元，整个国民经济几乎到了崩溃边缘。到了 1978 年，虽然国民经济取得一定恢复性发展，但人民的生活水平普遍没有得到多少提高。

1978 年 9 月 16 日，邓小平在听取吉林省委常委汇报工作时，客观地评述道：“现在在世界上我们算贫困的国家，就是在第三世界，我们也属于比较不发达的那部分。”[①] 针对人民生活水平低，有的地方群众甚至温饱都成问题的现状，邓小平反复动情地说：“外国人议论中国人究竟能够忍耐多久，我们要注意这个话。我们要想一想，我们给人民究竟做了多少事情呢？”“我们太穷了，太落后了，老实说对不起人民。”[②] 在历史转折的重要关头，邓小平从实际出发，坦率承认中国老百姓“生活不好，差距太大”，并以此为出发点，谈改革、谈发展，强调“一定要根据现在的有利条件加速发展生产力，使人民的物质生活好一些，使人民的文化生活、精神面貌好一些”。[③] 可以说，如何发展生产力以提高人民的生活水平，正是邓小平思考和决策改革开放的原动力。

邓小平思考中国改革发展，认为打破平均主义，让一部分人先富裕起来，是在当时有限的生产力水平下，提高人民生活水平的现实路径。党的十一届三中全会以后，农村家庭联产承包责任制调动了广大农民的劳动热情，促进了农业生产的发展，农民收入大幅增加。在城市，通过扩大企业自主权、建立责任制、改革劳动报酬制度等，增加了企业职工收入，调动了职工的工作积极性，提高了企业经济效益。生产力的大解放带来了国家经济的快速发展，更提高了全国绝大多数

① 《邓小平文选》第二卷，人民出版社 1994 年版，第 128 页。
② 《邓小平年谱（1975—1997）》（上），中央文献出版社 2004 年版，第 381 页。
③ 《邓小平文选》第二卷，人民出版社 1994 年版，第 128 页。

人民的生活水平。

到“南方谈话”时，情况发生了变化。随着改革开放进入第14个年头，中国经济已经有了相当基础，在人民生活水平整体大幅提高的基础上，贫富不均的问题逐渐凸显出来。让全国人民都过上富裕的好日子，缩小贫富差距，实现共同富裕，成为邓小平当时最为关注的问题。因此，在“南方谈话”中，他明确提出：“社会主义的本质，是解放生产力，发展生产力，消灭剥削，消除两极分化，最终达到共同富裕。”① 对于已经出现的两极分化问题，邓小平强调：“社会主义制度就应该而且能够避免两极分化。解决的办法之一，就是先富起来的地区多交点利税，支持贫困地区的发展。”② 当然，邓小平也指出这个问题不能操之过急，他设想，要在20世纪末达到小康水平时再突出地提出和解决这个问题。

为人民谋幸福是“北方谈话”中邓小平思考和决策改革开放的原动力，也是“南方谈话”中邓小平直指的社会主义本质。从1978年倡导实行改革开放到1992年推动改革开放进入新阶段；从“北方谈话”的“我们太穷了，太落后了，老实说对不起人民”③ 到“南方谈话”的“在这短短的十几年内，我们国家发展得这么快，使人民高兴，世界瞩目”④，人民幸福与否始终是改革开放进程中，邓小平制定决策的出发点、衡量事业的基准点。始终以人民利益为最高准则，成为贯穿改革开放进程中的邓小平初心使命的一条红线。

三、围绕解放和发展生产力推进改革开放，不断厘正共产党人建设社会主义的初心和使命

在社会主义条件下围绕哪些方面搞改革开放，是邓小平一直努力

---

① 《邓小平文选》第三卷，人民出版社1993年版，第373页。
② 《邓小平文选》第三卷，人民出版社1993年版，第374页。
③ 《邓小平年谱（1975—1997）》（上），中央文献出版社2004年版，第381页。
④ 《邓小平文选》第三卷，人民出版社1993年版，第371页。

探索的课题。在“北方谈话”中，邓小平首先提出要以革命而不是改良的态度来对待改革。他说：“一句话，就是要革命，不要改良，不要修修补补。”[①]关于企业改革的具体措施，他强调要扩大企业自主权，提出“要加大地方的权力，特别是企业的权力”[②]，强调给予企业在选人用人、物资利用、外汇使用等方面一定的主动权和机动权。其次，主张推行责任制，提出“以后既要考虑给企业的干部权力，也要对他们进行考核，要讲责任制，迫使大家想问题”。[③]

他还提出要加强引进，向外国学习。他在多地不厌其烦地强调：“到发达国家去看看”“关起门来不行”，“世界在发展，我们不在技术上前进，不要说超过，赶都赶不上去，那才真正是爬行主义”。[④]至于如何引进技术改造企业，邓小平在鞍钢的讲话中开门见山地强调：“第一要学会，第二要提高创新”。[⑤]要学会的不仅是外国的先进技术，还有先进的管理方法。在他看来，引进先进技术设备是第一步；培养技术人才，按照国际先进方法进行管理经营是第二步；在此基础上，以先进科学技术成果作为我们发展的起点，进一步提高创新才是目的。

从这些具体的改革措施联系到生产力与上层建筑不相适应的方方面面，邓小平深刻指出：“从总的状况来说，我们国家的体制，包括机构体制等，基本上是从苏联来的，人浮于事，机构重叠，官僚主义发展。”“有好多体制问题要重新考虑。总的说来，我们的体制不适应现代化，上层建筑不适应新的要求。”[⑥]这里，邓小平从我国经济、政治体制存在的弊端出发，揭示了实行改革的必要性。此时的他思考的不仅仅是怎么通过引进技术、改革具体管理方法焕发企业活力，而是更宏观的，怎样适应现代化的要求，通过对整个旧体制的改革推动我国

① 《邓小平文选》第二卷，人民出版社 1994 年版，第 130 页。
② 《邓小平文选》第二卷，人民出版社 1994 年版，第 131 页。
③ 《邓小平文选》第二卷，人民出版社 1994 年版，第 131 页。
④ 《邓小平年谱（1975—1997）》（上），中央文献出版社 2004 年版，第 384 页。
⑤ 《邓小平文选》第二卷，人民出版社 1994 年版，第 129 页。
⑥ 《邓小平年谱（1975—1997）》（上），中央文献出版社 2004 年版，第 376 页。

社会生产力的发展，而这一点促成了此后的“多个领域改革”的基本政策，成为改革开放的主题内容之一。

在“南方谈话”中，邓小平关于改革开放的思考更加深入和成熟。他从理论上深刻回答了长期困扰和束缚人们思想的许多关于改革和开放的重大问题，推动改革开放进入了新阶段。比如，关于计划与市场的关系问题。社会主义究竟能不能搞市场？市场多一点会不会影响社会主义性质？这成为在推进改革开放过程中长期困扰和束缚人们思想的一个重大问题。邓小平在“南方谈话”中一锤定音：“计划多一点还是市场多一点，不是社会主义与资本主义的本质区别。计划经济不等于社会主义，资本主义也有计划；市场经济不等于资本主义，社会主义也有市场。计划和市场都是经济手段。”① 这一重要论断突破了计划与市场非此即彼的传统观念，解除了把计划经济和市场经济看作属于社会基本制度范畴的思想束缚，指出了计划和市场都是发展生产力、配置资源的手段。这为深化经济体制改革提供了坚实的理论依据，作出了突破性的历史贡献。

再比如，关于对外开放问题。到了 1992 年，经过兴办经济特区、开放沿海城市、扩大对外开放区域，我国早已形成了全方位、多层次、宽领域的对外开放体系和格局。在此基础上，邓小平依旧强调中国的发展离不开世界，要把中国的发展放到世界的背景之中，提出“必须大胆吸收和借鉴人类社会创造的一切文明成果，吸收和借鉴当今世界各国包括资本主义发达国家的一切反映现代社会化生产规律的先进经营方式、管理方法”。② 这为进一步加大对外开放力度提供了理论依据和清晰思路。

围绕解放和发展生产力不断推进改革开放，必然涉及如何认识社会主义本质的问题，如何夯实共产党人建设社会主义的初心和使命的问题。1985 年 4 月 15 日，邓小平在会见外宾时曾说过，“问题是什么

① 《邓小平文选》第三卷，人民出版社 1993 年版，第 373 页。
② 《邓小平文选》第三卷，人民出版社 1993 年版，第 373 页。

是社会主义，如何建设社会主义。我们的经验教训有许多条，最重要的一条，就是要搞清楚这个问题”。[①]

在“北方谈话”中，邓小平提出社会主义优越性的两个表现：一是社会生产力以旧社会所没有的速度迅速发展；二是逐步满足人民不断增长的物质文化生活需要。经过改革开放的实践探索，到了“南方谈话”中，邓小平提出解放和发展社会生产力，增强社会主义国家的综合国力，是社会主义的本质要求和根本任务，也是中华民族谋复兴的必要条件。在“北方谈话”中，邓小平发出疑问：“搞了二十多年还这么穷，那要社会主义干什么？”[②]这句疑问背后是他对共产党人建设社会主义初心和使命的反思。在改革开放的进程中，邓小平一直在探寻和思考究竟“什么是社会主义，怎样建设社会主义”。经过 14 年的实践探索，到了“南方谈话”，他终于可以肯定“社会主义的本质，是解放生产力，发展生产力，消灭剥削，消除两极分化，最终达到共同富裕”[③]。从“北方谈话”中对体制改革、加强引进的呼吁，到“南方谈话”中对全方位改革开放的再动员，邓小平在实践中不断完善、丰富改革开放的主体内容。同时，围绕“什么是社会主义，怎样建设社会主义”的主题，不断厘正共产党人建设社会主义的初心和使命。

四、牢牢掌握马克思主义的思想武器，坚持解放思想、实事求是的初心和使命

解放思想、实事求是，是党的思想路线，也是改革开放的精神内涵。改革开放的序幕正是在邓小平对解放思想、实事求是的大声疾呼中拉开的，而大胆地试、勇敢地闯更是邓小平在“南方谈话”中反复强调的思想品格。

在“北方谈话”中，针对当时思想僵化、迷信盛行的普遍状况，

① 《邓小平年谱（1975—1997）》（下），中央文献出版社 2004 年版，第 1037 页。
② 《邓小平年谱（1975—1997）》（上），中央文献出版社 2004 年版，第 384 页。
③ 《邓小平文选》第三卷，人民出版社 1993 年版，第 373 页。

邓小平指出:“现在摆在我们面前的问题，关键还是实事求是、理论与实际相结合、一切从实际出发。这是政治问题，是思想问题，也是我们实现四个现代化的现实问题。一切从实际出发，我们的事业才有希望。”[①] 他鼓励，哪怕是一个生产大队，一个大队能根据自身条件思考怎样提高产量，怎样提升技术，怎样搞多种经营，都能加速发展。

那么要如何做到从实际出发，实事求是？首先就是要开动脑筋，解放思想:“要开动脑筋，不开动脑筋，就没有实事求是，不开动脑筋，就不能分析自己的情况，就不能从实际出发提出问题，解决问题。”[②] 但解放思想并非没有边界，不是随心所欲地胡思乱想，只有掌握了实事求是的精神，才能正确地解放思想。邓小平强调要将两者结合:“总之，实事求是，开动脑筋，要来一个革命。”[③] 邓小平在“北方谈话”中对于解放思想、实事求是精神的倡导，既为扫清“两个凡是”的思想障碍、重新确立党的实事求是的思想路线作了准备，也为实现党和国家工作重点转移、实行改革开放提供了思想上和政治上的保证。

在解放思想、实事求是这一思想武器的有力推动下，改革开放一路高歌向前。在“南方谈话”中，邓小平指出:“我们改革开放的成功，不是靠本本，而是靠实践，靠实事求是。”[④] 他从自身的经验出发，指出:“我读的书并不多，就是一条，相信毛主席讲的实事求是。过去我们打仗靠这个，现在搞建设、搞改革也靠这个。”[⑤] 在他看来，马克思主义道理朴实，并不玄奥，关键还在于实事求是这个精髓。

面对20世纪90年代经济全球化进程加快，世界范围内经济结构调整持续进行，高新技术产业迅猛发展的大势，邓小平在“南方谈话”中一再强调，中国要抓住机会，抓住机遇，能发展就不要阻

① 《邓小平年谱（1975—1997）》（上），中央文献出版社2004年版，第377—378页。
② 《邓小平年谱（1975—1997）》（上），中央文献出版社2004年版，第381页。
③ 《邓小平年谱（1975—1997）》（上），中央文献出版社2004年版，第379页。
④ 《邓小平文选》第三卷，人民出版社1993年版，第382页。
⑤ 《邓小平文选》第三卷，人民出版社1993年版，第382页。

挡，低速度就等于停步，甚至等于后退：“不敢解放思想，不敢放开手脚，结果是丧失时机，犹如逆水行舟，不进则退。”[①] 针对当时改革开放遭受质疑，出现止步不前的现象时，邓小平点破：“改革开放迈不开步子，不敢闯，说来说去就是怕资本主义的东西多了，走了资本主义道路。”[②] 他回顾了改革开放 14 年来的经验，尤其是农村改革、兴办乡镇企业、办特区的经验，指出对改革开放，一开始有不同意见是正常的，但要允许看，不争论，大胆地试，大胆地闯：“没有一点闯的精神，没有一点‘冒’的精神，没有一股气呀、劲呀，就走不出一条好路，走不出一条新路，就干不出新的事业。”[③] 但大胆地试，大胆地闯并不意味着没有章法地一味向前冲，邓小平强调还是要坚持实事求是的态度，将大胆地试和勇敢地改相结合，他指出：“允许看，但要坚决地试。看对了，搞一两年对了，放开；错了，纠正，关了就是了”[④]，“每年领导层都要总结经验，对的就坚持，不对的赶快改，新问题出来抓紧解决”[⑤]。

思想是一切行动的基础。在改革开放的进程中，邓小平始终将解放思想、实事求是这一马克思主义的强大思想武器贯穿其中。“文化大革命”后，党和国家面临错综复杂的工作局面，为了推动中国社会主义事业继续向前发展，邓小平首先抓住了端正思想路线这个关键问题。在“北方谈话”中，他对“解放思想、实事求是”的呼吁，推动了真理标准问题讨论的思想大解放，为实行改革开放的历史性决策奠定了思想基础。而在“南方谈话”中，邓小平对“解放思想、实事求是”的再次呼吁，则掀起了又一次思想解放大潮，及时拨清了迷雾，扫除了人们对社会主义和改革开放前途命运的怀疑和担忧，打开了改革开放生机勃勃的崭新局面。

---

① 《邓小平文选》第三卷，人民出版社 1993 年版，第 377 页。

② 《邓小平文选》第三卷，人民出版社 1993 年版，第 372 页。

③ 《邓小平文选》第三卷，人民出版社 1993 年版，第 372 页。

④ 《邓小平文选》第三卷，人民出版社 1993 年版，第 373 页。

⑤ 《邓小平文选》第三卷，人民出版社 1993 年版，第 372 页。

五、结语

回顾邓小平倡导改革开放的初心和使命，可以看到，在推进全面深化改革过程中要守初心、担使命，就是要做到如下四个方面：

一是把握世界大势，顺应历史潮流，在推进全面深化改革遭遇困难，啃硬骨头、闯难关的关键时刻，敢于挺身而出，勇挑重担。

二是始终将人民看作接续奋斗的永恒坐标，在推进全面深化改革过程中坚持以人民为中心的发展思想，做到发展为了人民、发展依靠人民、发展成果由人民共享。

三是统筹国内国际两个大局，一边坚持以发展为第一要务，通过改革继续解放和发展社会生产力，一边坚持扩大开放，不断推动共建人类命运共同体。

四是坚持解放思想和实事求是有机统一，鼓励在实践中大胆地试，勇敢地改。在全面深化改革过程中，未来仍有许多重大课题和全新领域需要开拓探索，这既要进一步解放思想，大胆试、大胆闯，又要坚持实事求是，不断总结经验教训、勇敢及时修正错误，善作善成。

今天，我们回顾“北方谈话”和“南方谈话”这两篇经典文献，回顾贯穿其中的初心和使命，是为了吸取改革开放的历史经验，汲取其中蕴含的政治智慧和科学方法，在新时代新起点上继续把全面深化改革推向前进。

当然，时代在发展，实践也在不断深入，我们在推进全面深化改革的征途中，所遇到的问题比以前更加复杂和尖锐，所面临的改革更加全面和深入。因此，我们除了要吸收历史经验，更要将其同解决现实矛盾问题结合起来，理论联系实际，这样才能真正做到守初心、担使命，以更大决心、更大勇气、更大力度把改革开放推向深入。

从"改革开放"思想的用语变化看改革开放实践的艰难启程

严哲文

一、改革开放事业的初期

1. 十一届三中全会与改革开放

1978 年党的十一届三中全会，是改革开放伟大事业的"历史起点"[①]，这是众所周知的。但我们对此常常有种细微的误解，以为党的十一届三中全会宣布了影响至今的改革开放政策，或者认为此后 40 多年接续推进、至今仍在进行的中国特色社会主义现代化建设是十一届三中全会时就已成形的宏大蓝图。这种误解是在有意无意间逐渐造成的。1991 年出版的《中国共产党的七十年》中，关于十一届三中全会，实际上是这样描述的："这次全会已经在坚持社会主义的前提下，为必要的经济体制改革和与之相适应的政治体制改革走出了有决定意义的第一步……还提出了对外开放的方针和重视科学、教育的方针。"[②] 而对于 1979 年开始的三年国民经济调整，也有着这样的阐述："调整国民经济的过程，实际上是探索适合中国国情的社会主义现代化建设道路的过程，也是推进改革开放的过程。""在调整国民经济时，党中央领导人民勇敢地迈开了改革开放的步伐……调整工作开始时邓小平即强调指出，'为了有效地实现四个现代化，必须认真

① 胡安全、宋曲霞:《中国改革开放的历史起源》，人民出版社 2014 年版，第 339 页。

② 胡绳主编:《中国共产党的七十年》，中共党史出版社 1991 年版，第 491 页。

解决各种经济体制问题’。当然，改革是一项艰巨而复杂的事业。如何正确地实行改革开放？如何通过改革开放既促进经济的发展，又巩固与加强社会主义的阵地？是当时摆在党和人民面前的一个全新的课题。”①

看过十一届三中全会公报的人会发现，在公报全文中，“改革”二字只出现了两次，“开放”二字并没有出现，“改革开放”的思想主张实际上并不是在1978年那时就已提出的。而将改革、开放这两个词并用且赋予深刻政治含义，更是在那之后多年的事。

2. 明确“改革”的地位

“改革”“开放”都是旧词，之前党和国家领导人也曾经用过。但是在将这两个词并提且赋予我们今天所指的特定意思方面，邓小平等中央领导人发挥了关键作用。

按照《现代汉语词典》的解释，“改革”一词，就是把事物中旧的、不合理的部分改成新的、能适应客观情况的部分。中国古代的“变法”“维新”，当代资本主义国家的“改良”，都属于改革的范畴。②如今也多有学者论述魏源、孙中山或毛泽东的改革思想。但与以往不同的是，以邓小平同志为核心的党中央第二代领导集体，把“改革”一词提到了十分重要的政治高度。

邓小平复出后，在多个场合使用“改革”一词。若从《邓小平文选》《邓小平年谱》等文献的记录情况来看，仅在1978年，他就在不同场合17次明确谈到了“改革”，内容涉及多个领域。③比如，7月初，他提出机构改革不能搞修修补补④；9月17日，提出“要提倡、要教育所有的干部独立思考，不合理的东西可以大胆改革”⑤；10月11日，提出“各个经济战线不仅需要进行技术上的重大改革，而且需要进行制

① 胡绳主编：《中国共产党的七十年》，中共党史出版社1991年版，第503—504页。
② 桑东华：《开创：邓小平与改革开放》，中共党史出版社2015年版，第60页。
③ 温卫东：《邓小平与“改革开放”一词的提出》，《先锋队》2013年7月号。
④ 《邓小平年谱（1975—1997）》（上），中央文献出版社2004年版，第338页。
⑤ 《邓小平年谱（1975—1997）》（上），中央文献出版社2004年版，第381页。

度上、组织上的重大改革。进行这些改革，是全国人民的长远利益所在”①；11 月 16 日约见中央有关部门负责同志谈话时，提出要“解放思想，调动一切积极因素，改革不适应生产力需要的生产关系和上层建筑”②；在 12 月 13 日中央工作会议闭幕会上，邓小平发出“解放思想，开动脑筋，实事求是，团结一致向前看”的号召，指出要“正确地改革同生产力迅速发展不相适应的生产关系和上层建筑”③，对改革进行了系统阐述和动员，赋予了“改革”以新意。

陈云也曾多次论述“改革”，并偶尔用“这个改革”“我们的改革”这样的名词来专门指代十一届三中全会以后进行的国民经济调整等工作。在 1980 年国民经济第二次调整时期，陈云就指出：“我们要改革，但是步子要稳。因为我们的改革，问题复杂，不能要求过急。改革固然要靠一定的理论研究、经济统计和经济预测，更重要的还是要从试点着手，随时总结经验，也就是要‘摸着石头过河’。开始时步子要小，缓缓而行。”④ 在全面开展经济体制改革时期，他高度评价说，“这个改革的意义，不下于五十年代对资本主义工商业的改造”。他一方面强调“改革必须经过试点”，一方面也指出改革就是要打破“大锅饭”，而“平均主义‘大锅饭’实质上也是不干活的人占有干活的人的劳动成果，打破这个‘大锅饭’，将会大大调动广大工人、农民、知识分子和干部进行四化建设的积极性，使我国的生产力获得一次新的大解放”。

在那个时期，对改革工作进行全面阐释的，还有胡耀邦 1983 年的一次讲话。1983 年 1 月 20 日的全国职工思想政治工作会议上，胡耀邦同志作了《四化建设和改革问题》讲话，通过阐述邓小平的改革思想，全面论述了改革的总体方针和机构、经济等各方面的具体改革措施，并指出：“为了使全党同志认清改革的重要性，我们可以首先

---

① 《邓小平文选》第二卷，人民出版社 1994 年版，第 136 页。

② 《邓小平年谱（1975—1997）》（上），中央文献出版社 2004 年版，第 432 页。

③ 《邓小平文选》第二卷，人民出版社 1994 年版，第 141 页。

④ 《陈云文选》第三卷，人民出版社 1995 年版，第 279 页。

回顾这几年的历史经验。从十一届三中全会到十二大，我们党是用什么样的一个总的指导思想进行工作的呢？就是：拨乱反正。因为我们做得既坚决而又有条不紊，所以不到四年的时间，就迎来了今天的局面。如果说拨乱反正为现代化建设创造了前提条件，那么，改革——也就是破旧创新，必然为夺取现代化建设的胜利提供可靠保证。”①

在此可以看出，党中央在当时就已经明确肯定了十一届三中全会以后所开启的改革事业及其不同于以往的重要地位与重要意义。

3. 赋予“开放”以新意

“开放”一词，本义主要是指解除封锁、禁令、限制等，允许进入或利用。“开放”一词早已有之，但作为党在新时期的一项对外政策，也是邓小平提出来的。正如 1984 年 10 月 6 日邓小平所说，“中国的经济开放政策，这是我提出来的”。② 1978 年 10 月 10 日，邓小平接见外宾时，谈到了我国“实行开放政策”，这是我们党和国家领导人第一次明确地在讲话中把“开放”称为我国的一项政策。

从 1979 年至 1980 年，邓小平至少有 12 次提到“开放”这个词。比如，1979 年 3 月 19 日，他指出：“中国四个现代化的目标是要坚持下去的，我们将会一步一步地采取更加开放的政策……对外开放的政策，我们要继续贯彻下去。”③ 5 月 16 日，他进一步指出：“所谓开放，是指大量吸收外国资金和技术来加速我国的四个现代化建设……我们除了吸收国际资金、先进技术外，还要学习国际上的管理经验。”④ 1980 年 1 月 7 日，他又指出：“开放政策完全符合中国的实际，也符合中国人民的长远利益，中国人民是赞成的。”⑤ 1984 年 11 月 1 日，邓小平在中央军委座谈会上讲话，对“开放”的含义作了进一步阐述：“一个对外经济开放，一个对内经济搞活。改革就是搞活，对内

① 《胡耀邦文选》，人民出版社 2015 年版，第 475 页。
② 《邓小平文选》第三卷，人民出版社 1993 年版，第 77 页。
③ 《邓小平年谱（1975—1997）》（上），中央文献出版社 2004 年版，第 495 页。
④ 《邓小平年谱（1975—1997）》（上），中央文献出版社 2004 年版，第 514 页。
⑤ 《邓小平年谱（1975—1997）》（上），中央文献出版社 2004 年版，第 590 页。

搞活也就是对内开放，实际上都叫开放政策。而对外开放，我们还有一些人没有弄清楚，以为只是对西方开放，其实我们是三个方面的开放。”①

经过邓小平等中央领导同志的不断阐述，“开放”一词的含义也得到了升华，具有了我们今天所指的特定含义。

二、“改革开放”一词的正式提出与形成

1.“改革开放”一词的出现

“改革开放”思想并不是“改革”“开放”这两个概念的简单相加，而是两者内涵的整合。仔细翻阅《人民日报》会发现，1978 年至 1983 年这几年间的文章中并没有出现“改革开放”一词②，而是直到 1984 年才开始出现并广泛使用。

1984 年 2 月 9 日，邓小平在福建省厦门市考察时指出：“陈嘉庚是个爱国华侨。福建华侨多，进出都经过厦门。改革开放后，侨务工作很重要。厦门要加强侨务工作，进一步贯彻好侨务政策。”③据目前所能看到的材料，这是党和国家领导人最早把“改革”和“开放”两个词连在一起，明确提出和使用“改革开放”一词。

此后，报刊上开始出现“改革开放”一词。《人民日报》上首次出现“改革开放”一词，是在 1984 年 5 月 8 日刊发的一篇报道《上马快，受益快，中外双方皆满意》中。这是《人民日报》上最早出现的把“改革”“开放”放在一起的文章。当然，这里的“改革”和“开放”中间还尚存一定的“距离”，还不是真正意义上的“改革开放”。随后不久，1984 年 9 月 13 日《人民日报》刊发《抓领导班子调整保证改革开放顺利进行》的报道，这可以说是《人民日报》上第一

---

① 《邓小平文选》第三卷，人民出版社 1993 年版，第 98—99 页。

② 杨彬彬、马玉婕：《“改革开放”概念内涵的演进逻辑研究》，《邓小平研究》2018 年第 3 期。

③ 《邓小平年谱（1975—1997）》（下），中央文献出版社 2004 年版，第 959 页。

次出现真正意义上的“改革开放”一词。

2. 从“改革、开放”到“改革开放”固定用语的形成

从1984年之后至1987年党的十三大召开前，“改革”和“开放”两词，逐渐从内容上的连贯式使用，过渡到内涵上的并列式定语，逐渐形成“改革开放”一词的固定用语。在这其中起最关键作用的党和国家领导人，正是邓小平。

自从1984年2月9日邓小平在厦门这座作为对外经济特区的沿海城市考察时，第一次在口头上使用“改革开放”一词之后，同年8月1日，他又在谈到宁波作为沿海开放城市的情况时，在口头上说出了“要加快宁波改革开放的步伐”[①]这样的措辞。此后，在1984年、1985年间，他多次在谈到对外开放工作或者与外宾交流改革工作时，将改革和开放连在一起进行论述，如“我们内部要继续改革，对外进一步开放”“党的十一届三中全会以来，我们确定了对内经济搞活、对外经济开放的政策……即将召开的党的十二届三中全会的主题，就是城市和整个经济体制的改革”[②]“我们采取的所有开放、搞活、改革等方面的政策”[③]“不搞改革，不坚持开放政策，我们的发展战略目标就不可能实现”[④]“我们的经济改革，概括一点说，就是对内搞活，对外开放”[⑤]等。如前所述，《人民日报》等党报媒体对“改革开放”一词的明确使用，也是在1984年之后的各种与对外开放工作相关的报道中，逐渐出现并使用的。可见，“改革开放”作为一个固定词语来使用，最初主要是在讨论对外开放工作时，从口头交流中出现的，最初之意是指改革时期的对外开放工作或改革工作中的开放政策。

而第一次将“改革开放”明确称为一种政策，是在1986年3月28日邓小平与新西兰总理会谈时。他当时的原话是说：“我们的现代

① 《邓小平思想年编（1975—1997）》，中央文献出版社2011年版，第507页。
② 《邓小平思想年编（1975—1997）》，中央文献出版社2011年版，第512页。
③ 《邓小平思想年编（1975—1997）》，中央文献出版社2011年版，第534页。
④ 《邓小平思想年编（1975—1997）》，中央文献出版社2011年版，第548页。
⑤ 《邓小平思想年编（1975—1997）》，中央文献出版社2011年版，第551页。

化建设要取得成功，决定于两个条件。一个是国内条件，就是坚持现行的改革开放政策。如果改革成功，会为中国今后几十年的持续稳定发展奠定基础。还有一个是国际条件，就是持久的和平环境。"①同年6月21日，时任中共中央总书记胡耀邦也在一次访问英国的演讲中，将改革和开放逐渐概括为一种政策、一种当时中国的基本国策。②

到了1987年2月6日，邓小平在一次内部讨论十三大的筹备和十三大报告的起草工作时，明确地说："十三大报告要在理论上阐述什么是社会主义，讲清楚我们的改革是不是社会主义。要申明四个坚持的必要，反对资产阶级自由化的必要，改革开放的必要，在理论上讲得更加明白。"③此后，他还在一次谈话中，更明确地解释道："一九七八年我们党的十一届三中全会对过去做了系统的总结，提出了一系列新的方针政策。中心点是从以阶级斗争为纲转到以发展生产力为中心，从封闭转到开放，从固守成规转到各方面的改革……这些政策概括起来，就是改革和开放。"④

"改革开放"一词真正作为一种固定用语，在全国上下开始使用，正是从1987年党的十三大开始的。在党的十三大报告中，"改革"出现175次，"开放"出现55次，"改革开放"一词出现了29次，其余将"改革""开放"并提的情况共11次。并且，在整个报告的行文中，可以很明显地看到从开始将"改革""开放"两词并提并用，到逐渐连贯成"改革开放"一个词的过程，体现了"改革开放"一词是在使用中逐渐固化成型的。1987年党的十三大，还将"改革开放"作为"一个中心，两个基本点"的重要组成部分、作为党在社会主义初级阶段的基本路线，写入党章之中。此后，"改革开放"一词先后写入党的基本路线、党章和国家宪法，在党和国家政策与制度层面得到确认，成为全党共识和国家意志的重要组成部分。

---

① 《邓小平文选》第三卷，人民出版社1993年版，第156页。

② 《胡耀邦文选》，人民出版社2015年版，第646页。

③ 《邓小平文选》第三卷，人民出版社1993年版，第203页。

④ 《邓小平文选》第三卷，人民出版社1993年版，第266、269页。

3. 改革开放的实践发展：从“全面改革”到“深化改革”

为何在 1987 年党的十三大上才第一次明确提出的“改革开放”这一基本点，其起点会被追溯到 1978 年的十一届三中全会呢？归根结底来说，还是因为十一届三中全会所产生的不同于以往的影响和开辟的历史新道路，那就是“确立了改革的基本国策的地位”。[①] 全会强调，要根据新的历史条件和实践经验，采取一系列新的重大的经济措施，对经济管理体制和经营管理方法着手认真的改革，正确改革同生产力迅速发展不相适应的生产关系和上层建筑。[②] 这种基本国策意义上的“改革”，就始于经济体制的改革。党的十一届三中全会在决定把全党工作着重点转到经济建设上来的同时，还着重指出，为了实现社会主义现代化，必须对经济体制进行改革。如前所述，党的十一届三中全会之后，全党在调整国民经济方面进行了大量工作，这从邓小平、陈云等中央领导同志的各类讲话中对十一届三中全会伟大意义的肯定与强调就能看出。

改革首先在农村进行。在完成指导思想上的拨乱反正的基础上，党的十二大明确提出了有系统地进行经济体制改革的任务，并且指出这是坚持社会主义道路、实现社会主义现代化的重要保证。在 1982 年党的十二大报告中，“改革”出现 10 次，基本上是围绕经济体制改革来论述的。报告强调要巩固和完善经济管理体制方面已经实行的初步改革，抓紧制订改革的总体方案和实施步骤；在 1986 年到 1990 年的第七个五年计划期间，要广泛进行企业的技术改造，逐步展开经济管理体制的改革，同时继续完成企业组织结构和各方面经济结构的合理化。[③]

党的十二大以后，党中央、国务院又作出了一系列重大决策和重要指示，推动了各项改革的广泛深入发展。实践推动着“改革”理论

---

① 张旭东:《“改革”内涵的演进：从“改革”到“全面深化改革”》,《党的文献》2016 年 1 期。

② 《三中全会以来重要文献选编》(上)，中央文献出版社 2011 年版，第 4—10 页。

③ 《十二大以来重要文献选编》(上)，中央文献出版社 2011 年版，第 14 页。

的总结深化。1984 年，党的十二届三中全会专门作出《中共中央关于经济体制改革的决定》，“改革”在文中出现了 105 次，而且提出要进行经济体制的全面改革。《决定》指出：全面改革经济体制的条件已经具备，我们有必要也有可能比较系统地提出和阐明改革中的一系列重大问题，以利于统一和提高全党同志特别是领导干部的认识，使改革更加卓有成效地进行，使社会主义优越性进一步得到发挥。中央希望并且相信，如同十一届三中全会在实行拨乱反正，提出改革任务，推动农村改革方面起了伟大的历史作用那样，十二届三中全会在制订全面改革蓝图，加快改革步伐，推动以城市为重点的整个经济体制的改革方面，也必将起到伟大的历史作用。①

改革开放经历了从农村改革到城市改革，从经济体制改革到各个领域的体制改革，从对内搞活到对外开放的历史进程。“全面改革”开辟了党的历史发展的新阶段，使国家面貌发生了深刻的变化。

正因如此，党的十三大强调，必须坚持全面改革。社会主义是在改革中前进的。在初级阶段，特别在当前时期，由于长期形成的僵化体制严重束缚着生产力的发展，改革更成为迫切的历史要求。改革是社会主义生产关系和上层建筑的自我完善，是推进一切工作的动力。②

在党中央大力推进“全面改革”的同时，改革也面临着向更深阶段推进的问题。党的十三大报告强调在看到成绩的同时，又强调必须清醒地看到，我们面临的问题和困难还很多，比预料的多。我们在领导工作中还有不少失误。新旧体制正在交替，许多制度尚不健全，各方面的管理和监督还跟不上形势的发展，经济工作中急于求成的倾向仍然存在，资产阶级自由化思潮还有市场。特别是不少环节上还不同程度存在着官僚主义和腐败现象。正因如此，1987 年党的十三大报告中，“改革”出现了 175 次，报告在强调“全面改革”的同时，进一步提出“深化改革”。“深化”的中文释义是“使向更深的阶段发展”。

① 《十二大以来重要文献选编》（中），中央文献出版社 2011 年版，第 49 页。
② 《十三大以来重要文献选编》（上），中央文献出版社 2011 年版，第 12 页。

故而，“深化改革”就是使改革向更纵深的阶段发展。

党的十三大以后，特别是以邓小平南方谈话和党的十四大的召开为标志，我国改革开放和社会主义现代化建设事业进入了一个新的阶段。这一阶段改革的重点在“深化改革”。党的十四大报告中“改革”提及 123 次，其中“全面改革”提及 1 次，“深化改革”提到 2 次；党的十五大报告中“改革”提及 93 次，其中“全面改革”提及 2 次，“深化改革”提到 4 次；党的十六大报告中“改革”提及 89 次，其中“深化改革”提到 2 次；党的十七大报告中“改革”提及 102 次，其中“全面改革”提及 2 次，“深化改革”提到 3 次。之所以把改革的重心放在“深化”方面，就是因为看到了改革中的深层次矛盾和关键问题。

如何深化呢？党的十五大强调，需要解决体制转变中的深层次矛盾和关键问题；需要吸收和借鉴世界各国包括资本主义发达国家的先进技术和管理经验。[①]党的十六大强调，一切妨碍发展的思想观念都要坚决冲破，一切束缚发展的做法和规定都要坚决改变，一切影响发展的体制弊端都要坚决革除。[②]党的十七大强调，要把改革创新精神贯彻到治国理政各个环节，毫不动摇地坚持改革方向，提高改革决策的科学性，增强改革措施的协调性。要完善社会主义市场经济体制，推进各方面体制改革创新，加快重要领域和关键环节改革步伐，全面提高开放水平，着力构建充满活力、富有效率、更加开放、有利于科学发展的体制机制，为发展中国特色社会主义提供强大动力和体制保障。[③]

三、“改革开放”一词思想内涵的丰富与发展

从 1987 年党的十三大将“改革开放”作为基本路线的组成部分

① 《十五大以来重要文献选编》（上），中央文献出版社 2011 年版，第 15 页。
② 《十六大以来重要文献选编》（上），中央文献出版社 2005 年版，第 11 页。
③ 《十七大以来重要文献选编》（上），中央文献出版社 2009 年版，第 14 页。

写入党章后，改革开放思想逐渐得到丰富与发展。[①] 从此后的多次党代表大会主题报告中，我们可以对“改革开放”一词的思想内涵和基本理论进行总结。

1. 改革开放的必要性

社会基本矛盾运动规律、全球化潮流、传统社会主义体制弊端等，都要求中国必须实行改革开放。改革开放新时期的六次党代会报告对此都作了阐述，其中以十三大和十七大报告阐述得最多、最深刻。十二大报告提出：改革开放是“我国坚定不移的战略方针”。[②] 十三大前夕，邓小平指出：“十三大要作的报告将从理论上阐述改革和开放的重要性、必要性，这是十三大的主题。”[③] 十三大报告指出：“改革是振兴中国的唯一出路”，“必须坚持对外开放。当代国际经济关系越来越密切，任何国家都不可能在封闭状态下求得发展”。[④] 十四大报告提出：“新时期最鲜明的特点是改革开放。”[⑤] 十七大报告又一次把“坚持改革开放”确定为大会的主题之一，再次强调“新时期最鲜明的特点是改革开放”，并指出：“改革开放是决定当代中国命运的关键抉择，是发展中国特色社会主义、实现中华民族伟大复兴的必由之路；只有社会主义才能救中国，只有改革开放才能发展中国、发展社会主义、发展马克思主义。”[⑥] 习近平总书记在庆祝改革开放 40 周年大会上的讲话，进一步强调：“改革开放是党和人民大踏步赶上时代的重要法宝，是坚持和发展中国特色社会主义的必由之路，是决定当代中国命运的关键一招，也是决定实现‘两个一百年’奋斗目标、实现中华民族伟大复兴的关键一招。”[⑦] 党的十九届六中全会作出的《中共中

① 高正礼：《新时期六次党代会报告对改革开放的经验总结和理论创新》，《党的文献》2008 年第 4 期。

② 《十二大以来重要文献选编》（上），中央文献出版社 2011 年版，第 20 页。

③ 《邓小平年谱（1975—1997）》（下），中央文献出版社 2004 年版，第 1206 页。

④ 《十三大以来重要文献选编》（上），中央文献出版社 2004 年版，第 8、12 页。

⑤ 《十四大以来重要文献选编》（上），中央文献出版社 2011 年版，第 5 页。

⑥ 《十七大报告辅导读本》，人民出版社 2007 年版，第 10 页。

⑦ 习近平：《在庆祝改革开放 40 周年大会上的讲话》，《人民日报》2018 年 12 月 19 日。

央关于党的百年奋斗重大成就和历史经验的决议》，再次明确“改革开放是决定当代中国前途命运的关键一招”。[①]

2. 改革开放的性质与内涵

邓小平一再强调，改革是社会主义发展的动力，是党领导的中国的第二次革命，是社会主义制度的自我完善和发展，对外开放是我国的一项基本国策。改革开放新时期的六次党代会报告特别是十三大、十四大、十七大报告对此作了更为深入具体的判断。十三大、十四大报告都指出：改革就其引起社会变革的广度和深度来说，是又一次革命，一场新的革命；改革是社会主义生产关系和上层建筑的自我完善，是推进一切工作的动力，它不是要改革我们社会主义制度的性质，而是推动社会主义制度的自我完善和发展。十七大报告进一步提出：改革开放是党在新的时代条件下带领人民进行的新的伟大革命”，“是发展中国特色社会主义的强大动力”。[②]习近平总书记在庆祝改革开放40周年大会上的讲话中明确指出：“改革开放是我们党的一次伟大觉醒，正是这个伟大觉醒孕育了我们党从理论到实践的伟大创造。”[③]

3. 改革开放的目的

邓小平曾明确提出：“我们所有的改革都是为了一个目的，就是扫除发展社会生产力的障碍。”[④]十四大报告指出：改革开放的“实质和目标，是要从根本上改变束缚我国生产力发展的经济体制……以实现中国的社会主义现代化”。[⑤]1998年12月，江泽民在纪念十一届三中全会召开20周年大会上提出：改革的“目的是更好地实现最广大人民群众的利益”。[⑥]随着改革开放实践的推进和经验的积累，党对改革

① 《中共中央关于党的百年奋斗重大成就和历史经验的决议》，人民出版社2021年版，第23页。
② 《十七大报告辅导读本》，人民出版社2007年版，第2—7页。
③ 习近平：《在庆祝改革开放40周年大会上的讲话》，《人民日报》2018年12月19日。
④ 《邓小平文选》第三卷，人民出版社1993年版，第134页。
⑤ 《十四大以来重要文献选编》（上），中央文献出版社2011年版，第2页。
⑥ 《十五大以来重要文献选编》（上），人民出版社2000年版，第683页。

开放目的的认识进一步拓展到振兴中华、发展中国特色社会主义、保持和发展党的先进性等方面。十七大报告指出：改革开放“目的就是要解放和发展社会生产力，实现国家现代化，让中国人民富裕起来，振兴伟大的中华民族；就是要推动我国社会主义制度自我完善和发展，赋予社会主义新的生机活力，建设和发展中国特色社会主义；就是要在引领当代中国发展进步中加强和改进党的建设，保持和发展党的先进性，确保党始终走在时代前列”。①

4. 改革开放的成就

党对改革开放成就的肯定，严格来说，始于十三大报告，此后历次党代会报告对此都有专门论述。概括来看，这些论述主要分为两个层次：一是从微观层面具体阐明党领导人民坚持改革开放，在经济、政治、思想、文化、社会、国防、外交和祖国统一等各方面所取得的成绩；二是从宏观层面揭示改革开放对我们党、国家、人民和民族的发展所起的作用。就后者而言，十三大报告指出：改革开放“开辟了党的历史发展的新阶段，国家面貌发生了深刻的变化”，“冲破了僵化的经济体制……生产力获得了新的解放”，“也使民族精神获得了新的解放”，“这九年是建国以来国家经济实力增长最快，人民得到实惠最多的时期”。② 十四大报告指出：“十一届三中全会以来……整个国家焕发出了勃勃生机，中华大地发生了历史性的伟大变化。社会生产力获得新的解放”，我国经济建设、人民生活和综合国力“上了一个大台阶”。③ 十七大报告进一步指出，改革开放“谱写了中华民族自强不息、顽强奋进新的壮丽史诗，中国人民的面貌、社会主义中国的面貌、中国共产党的面貌发生了历史性变化”，改革开放“推动我国以世界上少有的速度持续快速发展起来……中国的发展，不仅使中国人民稳定地走上富裕安康的广阔道路，而且为世界经济发展和人类文明进步作

① 《十七大报告辅导读本》，人民出版社 2007 年版，第 7 页。

② 《十三大以来重要文献选编》（上），中央文献出版社 2011 年版，第 4、5 页。

③ 《十四大以来重要文献选编》（上），中央文献出版社 2011 年版，第 1—2 页。

出了重大贡献”。[①] 习近平总书记在庆祝改革开放40周年大会上的讲话，全面总结了改革开放40年积累的10个方面的伟大成就和9条宝贵经验。

5. 改革开放的成功经验

党对改革开放成功经验的总结，也始于十三大。鉴于历史上因偏离党的路线而导致党和国家工作发生严重失误的深刻教训，从十三大到十五大，党对改革开放成功经验的概括，最初突出强调的是坚持党的基本路线，后来发展到了坚持党的基本理论和基本路线。十三大报告指出：“以经济建设为中心，坚持两个基本点，这就是我们的主要经验。”[②] 十四大报告指出：“十四年伟大实践的经验，集中到一点，就是要毫不动摇地坚持以建设有中国特色社会主义理论为指导的党的基本路线。”[③] 十五大报告强调：“毫不动摇地坚持党在社会主义初级阶段的基本路线，把以经济建设为中心同四项基本原则、改革开放这两个基本点统一于建设有中国特色社会主义的伟大实践。这是近20年来我们党最宝贵的经验，是我们事业胜利前进最可靠的保证。”同时又指出：我国现代化建设具备的有利条件之一是，“我们党确立起已被实践证明是正确的建设有中国特色社会主义的基本理论和基本路线”，“五年来全党工作的突出特点是，全面贯彻党的基本理论和基本路线”。[④] 江泽民同志在纪念十一届三中全会召开20周年大会上的讲话将20年改革开放的历史经验概括为11个方面，十六大报告概括提出了党领导人民建设中国特色社会主义的10条基本经验，十七大报告提出了近30年改革开放积累的“十个结合”的宝贵经验，习近平总书记在庆祝改革开放40周年大会上的讲话则总结了改革开放40年积累的10个方面的伟大成就和9条宝贵经验。这些经验虽表述有别，但共同点非常明显，都把思想理论的继承和创新放在首位，都强调坚

---

① 《十七大报告辅导读本》，人民出版社2007年版，第6—9页。

② 《十三大以来重要文献选编》(上)，中央文献出版社2011年版，第14页。

③ 《十四大以来重要文献选编》(上)，中央文献出版社2011年版，第12页。

④ 《十五大以来重要文献选编》(上)，中央文献出版社2011年版，第4、5、15页。

持党的基本路线，尊重群众的首创精神，紧紧依靠广大人民群众，坚定不移地推进改革开放，等等。党对改革开放成功经验的概括，日趋全面化、系统化。

四、全面深化改革：“改革开放”思想的坚持与完善

2012 年党的十八大提出了全面深化改革的目标，要求以更大的政治勇气和智慧，不失时机深化重要领域改革，推动各方面制度更加完善。党的十八大以来，“围绕为什么要进一步全面深化改革开放、怎样全面深化改革开放等一系列问题，以习近平同志为核心的党中央进行了积极有效的探索，在理论上丰富了中国特色社会主义改革开放理论，在实践上推进了全面深化改革开放的进程”。[①]

为何要提出“全面深化改革”呢？因为无论是“全面改革”还是“深化改革”，在取得巨大成绩的同时，又会出现一些新矛盾、新问题。正如习近平总书记说的，“改革是由问题倒逼而产生，又在不断解决问题中得以深化”[②]，“中国改革经过 30 多年，已进入深水区，可以说，容易的、皆大欢喜的改革已经完成了，好吃的肉都吃掉了，剩下的都是难啃的硬骨头”。[③] 也就是说，进入新时代以来，改革进入攻坚期和深水区，党面对的改革发展稳定任务之重前所未有、矛盾风险挑战之多前所未有，推进改革的复杂程度、敏感程度、艰巨程度不亚于 30 多年前，改革面对的矛盾更带有深层次和系统性特征。“这项工程极为宏大，零敲碎打调整不行，碎片化修补也不行，必须是全面的系统的改革和改进，是各领域改革和改进的联动和集成”。[④]

因此，除了深化改革，别无他途。“改革开放中的矛盾只能用改

① 史家亮:《党的十八大以来改革开放理论的重要发展》,《当代世界与社会主义》2014 年第 2 期。

② 《习近平谈治国理政》第一卷，外文出版社 2018 年版，第 74 页。

③ 《习近平谈治国理政》第一卷，外文出版社 2018 年版，第 101 页。

④ 《习近平关于全面深化改革论述摘编》，中央文献出版社 2014 年版，第 27 页。

革开放的办法来解决。”[①] 也正因如此，党的十八大在高度强调“改革”的同时（在党的十八大报告中“改革”提及85次），第一次提出“全面深化改革开放”。2013年，依据党的十八大精神，党的十八届三中全会作出了《中共中央关于全面深化改革若干重大问题的决定》。《决定》中“改革”一词出现136次，“全面深化改革”提及17次，可见，全面深化改革是党的十八届三中全会确定的主题，是对经济体制、政治体制、文化体制、社会体制、生态文明体制和党的建设制度改革的总体部署。

党的十九大报告和二十大报告，更是将“全面深化改革”深化到了未来发展目标与措施的方方面面，是奠定未来30年改革开放目标与方略的极其重要的纲领性文件。党的十九大报告提到社会主义现代化强国的未来愿景时，明确提出“到那时，我国物质文明、政治文明、精神文明、社会文明、生态文明将全面提升”，党的二十大报告也提出要在未来5年内使“改革开放迈出新步伐”，这意味着全面深化改革必须持续推进。从当前情况来看，在习近平新时代中国特色社会主义思想中，全面依法治国的目标、党在新时代的强军目标、新时代党的建设总要求等重要内容，都已经在新时代这10年中通过各自领域的持续改革来推动；中央深改委的若干次会议对各领域改革都作了详尽的安排和部署，推出了多达几千项的改革举措，重要领域和关键环节改革取得突破性进展，主要领域改革主体框架基本确立。

五、结语

总的来说，梳理回顾党的历次代表大会文件与中央全会文件、中央领导人的讲话与文章等文献中对“改革开放”一词的使用变化，可以将“改革开放”思想内涵的发展历程分为以下几个阶段：从1978年十一届三中全会开启改革事业，到1984年开始使用“改革开放”

① 《习近平谈治国理政》第一卷，外文出版社2018年版，第69页。

一词来指代这项事业，这是第一个阶段，也即其探索与提出的阶段；从 1984 年开始在口头和书面使用“改革开放”一词，到 1987 年党的十三大系统阐述了改革开放的内涵及其必要性，并将改革开放写入党章，这是第二个阶段，也即其使用与明确的阶段；从 1987 年党的十三大上系统阐述“改革开放”，到 2012 年党的十八大上明确提出“全面深化改革”，这是第三个阶段，也即“改革开放”思想内涵的丰富与发展阶段；而从 2012 年至今，我们正进入第四个阶段，既是改革进入攻坚期和深水区的决胜阶段，也是新时代改革开放再出发、开启新的伟大征程的全新阶段。

从 2013 年上海自贸区正式成立，到 2017 年 4 月设立雄安新区、2018 年 4 月支持海南全岛建设自贸区，再到 2018 年 11 月至今，克服新冠疫情等不利因素影响、连续 5 年举办中国国际进口博览会，改革开放的新实践、新征程正在大江南北全面开启，全国各族人民将继续“紧密地团结在党中央周围，高举中国特色社会主义伟大旗帜，不忘初心、牢记使命，将改革开放进行到底，不断实现人民对美好生活的向往，在新时代创造中华民族新的更大奇迹！创造让世界刮目相看的新的更大奇迹！”①

① 习近平：《在庆祝改革开放 40 周年大会上的讲话》，《人民日报》2018 年 12 月 19 日。

邓小平共同富裕思想：基本原则、战略举措和实现途径

李源正

改革开放以来，邓小平从中国的现实国情国力出发，对中国为什么要实现共同富裕、怎样实现共同富裕的问题进行了深入思考，提出了一系列具有原创性的重要思想主张，初步形成了关于共同富裕的重要思想。邓小平共同富裕思想不仅在理论上提出了需要关注和探讨的重大命题，而且对中国现代化建设的实践具有重要指导意义，对中国式现代化的深化和拓展发挥了重要作用。

一、实现共同富裕必须坚持的基本原则

社会主义社会的共同富裕问题是一个现实问题，也是一个需要进行探讨的理论问题。“文化大革命”结束以后，伴随着拨乱反正的历史进程，从理论上探讨这一问题也已开始具备现实条件。邓小平较早地提出共同富裕的重大命题，并对共同富裕与社会主义的关系进行了深入思考，这一方面加深了对社会主义的认识，另一方面也深化了对共同富裕的认识，实现了对这两个问题的理论突破。在改革开放的实践中，随着中国经济的较快发展和中国社会的深刻变革，实现共同富裕开始具有现实可能性。在此过程中，实现共同富裕必须坚持的基本原则得到明确，那就是必须在社会主义的条件下，通过中国共产党的领导来逐步实现共同富裕。这就指明了实现共同富裕的社会条件和领导力量。

（一）坚持走社会主义道路

实现共同富裕，既需要发达的生产力，也需要先进的生产关系，既是一个经济社会问题，也是一个政治问题，是牵涉面极为广泛的复杂问题。邓小平高度重视实现共同富裕的道路选择和社会条件，他认为“社会主义与资本主义不同的特点就是共同富裕，不搞两极分化”[①]。中国要实现共同富裕，必须坚持走社会主义道路。在接见资本主义国家的客人时，他多次解释中国必须走社会主义道路的原因，他的解释主要从分配的角度切入，强调资本主义解决不了两极分化的问题，而社会主义在分配原则上实行按劳分配，可以避免两极分化，实现全体人民共同富裕。

1984 年 6 月 30 日，邓小平在会见日本客人时指出，如果走资本主义道路，可以使中国百分之几的人富裕起来，但是绝对解决不了百分之九十几的人生活富裕的问题。而坚持社会主义，实行按劳分配的原则，就不会产生贫富过大的差距。[②]由此，邓小平强调：“不坚持社会主义，中国的小康社会形成不了。”[③] 1987 年 3 月 3 日，他在会见美国国务卿时解释说：“道理很简单，中国十亿人口，现在还处于落后状态，如果走资本主义道路，可能在某些局部地区少数人更快地富起来，形成一个新的资产阶级，产生一批百万富翁，但顶多也不会达到人口的百分之一，而大量的人仍然摆脱不了贫穷，甚至连温饱问题都不可能解决。只有社会主义制度才能从根本上解决摆脱贫穷的问题。”[④]

在社会主义能够成就共同富裕的同时，共同富裕也能够为中国的社会主义道路提供合法性，彰显社会主义的优越性。改革开放以后，邓小平对什么是社会主义进行了长期思考，他反复强调贫穷不是社会主义，社会主义必须摆脱贫穷，社会主义的特点和优点就在于全体

---

① 《邓小平文选》第三卷，人民出版社 1993 年版，第 123 页。

② 《邓小平文选》第三卷，人民出版社 1993 年版，第 64 页。

③ 《邓小平文选》第三卷，人民出版社 1993 年版，第 64 页。

④ 《邓小平文选》第三卷，人民出版社 1993 年版，第 208 页。

人民共同富裕。1979 年 7 月 28 日，邓小平在山东青岛考察时就曾指出，搞现代化就是要加快步伐，搞富的社会主义，不是搞穷的社会主义。生产力不发展，有什么社会主义优越性。[①] 他提出：“要经过若干年的努力，体现出社会主义的优越性，体现出我们走社会主义道路走得对。”[②]

随着改革开放的推进，邓小平也从生产力发展的角度来论述共同富裕思想，为社会主义条件下摆脱贫困、鼓励致富提供理论依据。他在接见社会主义国家领导人时，多次阐述了社会主义和共同富裕的关系。1988 年 5 月 25 日，他在会见捷克斯洛伐克客人时指出，没有贫穷的社会主义，社会主义的特点不是穷，而是富，但这种富是人民共同富裕。[③] 1987 年 10 月 13 日，他在会见匈牙利客人时指出，要摆脱贫穷，就要找出一条比较快的发展道路。社会主义发展生产力，成果是属于人民的。我们的目的是共同富裕。[④]

基于长期的思考，邓小平逐渐把共同富裕提升到社会主义本质的理论高度。1990 年 12 月 24 日，邓小平在同几位中央负责同志谈话时指出，社会主义最大的优越性就是共同富裕，这是体现社会主义本质的一个东西。[⑤] 在 1992 年初的南方谈话中，他明确提出了社会主义本质论，认为“社会主义的本质，是解放生产力，发展生产力，消灭剥削，消除两极分化，最终达到共同富裕”。[⑥] 可见，经过长期的理论探索，共同富裕已经成为社会主义本质的重要组成部分，社会主义与共同富裕紧密联系在一起，不可分割。

（二）坚持党的领导

在生产力水平落后的中国实现共同富裕是一个前无古人的漫长历

---

① 《邓小平年谱》第五卷，中央文献出版社 2020 年版，第 540 页。

② 《邓小平年谱》第五卷，中央文献出版社 2020 年版，第 507 页。

③ 《邓小平年谱》第五卷，中央文献出版社 2020 年版，第 532 页。

④ 《邓小平年谱》第五卷，中央文献出版社 2020 年版，第 507 页。

⑤ 《邓小平文选》第三卷，人民出版社 1993 年版，第 364 页。

⑥ 《邓小平文选》第三卷，人民出版社 1993 年版，第 373 页。

程，需要进行艰辛探索，在社会条件和制度基础之外，还必须有坚强的领导力量来推动共同富裕。邓小平曾多次强调，要实现共同富裕，必须坚持党的领导，这既是因为党的领导是坚强有力可靠的，也是因为党的领导是提供中国发展所需要的稳定性的重要保证。

邓小平是从组织和领导中国现代化建设的角度来看待党的领导的，强调只有党实施正确和有效的领导，才能稳步推进现代化建设，进而为实现共同富裕创造必要的条件。在改革开放之初的 1979 年 3 月，邓小平在党的理论工作务虚会上就把坚持党的领导纳入四项基本原则，他认为，“在今天的中国，决不应该离开党的领导而歌颂群众的自发性”，“现在中国经济正在党中央和国务院的领导下重新走上健康发展的道路，如果再让有些人到处踢开党委去闹，那就只能把四个现代化吹得精光”。[①] 1980 年 1 月，邓小平在中央召集的干部会议上讲话指出：“从根本上说，没有党的领导，就没有现代中国的一切”，“中国由共产党领导，中国的社会主义现代化建设事业由共产党领导，这个原则是不能动摇的；动摇了中国就要倒退到分裂和混乱，就不可能实现现代化。”[②] 1986 年 12 月，邓小平在同几位中央负责同志谈话时指出：“中国没有共产党的领导、不搞社会主义是没有前途的。这个道理已经得到证明，将来还会得到证明。如果我们达到人均国民生产总值四千美元，而且是共同富裕的，到那时就能够更好地显示社会主义制度优于资本主义制度，就为世界四分之三的人口指出了奋斗方向，更加证明了马克思主义的正确性。所以，我们要理直气壮地坚持社会主义道路，坚持四项基本原则。”[③]

党的领导对于确保社会主义的方向至关重要，不仅体现在促进现代化建设上，而且还体现在解决改革开放进程中贫富差距拉大等问题上，有助于为中国发展创造稳定性，这种稳定性恰恰是近代中国发展所缺乏的。1984 年 11 月 9 日，邓小平在会见意大利共产党领导人时

① 《邓小平文选》第二卷，人民出版社 1994 年版，第 171 页。
② 《邓小平文选》第二卷，人民出版社 1994 年版，第 266—267 页。
③ 《邓小平文选》第三卷，人民出版社 1993 年版，第 195—196 页。

表示，“我们党已经决定国家和先进地区共同帮助落后地区”，“经济发展起来后，当一部分人很富的时候，国家有能力采取调节分配的措施”。[①] 1985 年 8 月 28 日，邓小平在会见津巴布韦客人时指出：“我们社会主义的国家机器是强有力的。一旦发现偏离社会主义方向的情况，国家机器就会出面干预，把它纠正过来。”[②]

在邓小平看来，中国要摆脱贫穷落后的局面需要很长时间的奋斗，中国共产党是中国社会主义事业的领导力量，党的领导直接影响到中国的复兴进程。党的性质和宗旨决定了中国的现代化与西方现代化的不同之处，党能够制定正确的路线方针政策使中国发展起来，也能够解决发展之中和发展起来之后产生的各种社会问题，在推进改革开放中避免使中国产生新资产阶级，从而从根本上避免西方现代化进程中产生的两极分化问题。因此，实现共同富裕只能在党的领导之下，有步骤有秩序地进行。1992 年 10 月，中共十四大将邓小平关于共同富裕的思想写入政治报告。报告指出：贫穷不是社会主义，同步富裕又是不可能的，必须允许和鼓励一部分地区一部分人先富起来，以带动越来越多的地区和人们逐步达到共同富裕。[③] 这样，实现共同富裕就上升为中国共产党的集体意志，被党内广泛接受。

二、实现共同富裕需要采取的战略举措

在明确了实现共同富裕需要坚持的基本原则之后，邓小平也对如何在中国这样一个贫穷落后的大国实现共同富裕进行了战略思考，提出了具有现实指导意义的重要观点。其核心要旨就在于打破分配上的平均主义，实现差异化发展，允许一部分地区一部分人先富起来，激发广大社会成员的创造力，为实现共同富裕逐步积累条件。邓小平提出的这些观点，既包括在生产领域解放生产力、发展生产力，也包括

① 《邓小平年谱》第五卷，中央文献出版社 2020 年版，第 312 页。
② 《邓小平文选》第三卷，人民出版社 1993 年版，第 139 页。
③ 《十四大以来重要文献选编》（上），中央文献出版社 2011 年版，第 10—11 页。

在分配领域的战略安排，是较长时期内在宏观层面具有深远影响的重大举措，具有长期性和稳定性，因而具有鲜明的战略含义。

（一）发展社会主义市场经济

共同富裕作为一个经济社会现象，必须依托于一定的经济体制才能实现，这种经济体制必须能够有效地激发人们的积极性创造性，实现对资源的优化配置。邓小平领导的改革开放，坚持市场取向，为在中国建立社会主义市场经济体制奠定了思想基础和实践基础。发展社会主义市场经济极大地解放了生产力，为实现共同富裕提供了体制依托。

邓小平关于中国能够发展市场经济的思想经历了较长时间的发展演变。早在改革开放初期，邓小平就提出过社会主义也可以搞市场经济的观点。1979 年 11 月 26 日，他在会见美国客人吉布尼和加拿大客人林达光时，肯定地表示："说市场经济只存在于资本主义社会，只有资本主义的市场经济，这肯定是不正确的。社会主义为什么不可以搞市场经济，这个不能说是资本主义。我们是计划经济为主，也结合市场经济，但这是社会主义的市场经济。"[①]受历史条件的限制，邓小平当时谈论的市场经济，主要是全民所有制企业之间的关系，是从引入竞争、激发企业生产积极性的角度来进行的，还不涉及更复杂的经济体制问题。但他毕竟由此破题，开始突破人们头脑中的传统观念。

随着农村改革取得空前成功，农村商品经济逐步发展起来，为理论创新提供了实践沃土。1984 年 10 月，中共十二届三中全会通过的《中共中央关于经济体制改革的决定》实现了进一步的理论突破："改革计划体制，首先要突破把计划经济和商品经济对立起来的传统观念，明确认识社会主义计划经济必须自觉依据和运用价值规律，是在公有制基础上的有计划的商品经济。"[②]邓小平对这个决定给予高度评

① 《邓小平文选》第二卷，人民出版社 1994 年版，第 236 页。

② 《十二大以来重要文献选编》（中），人民出版社 1986 年版，第 568 页。

价，认为“写出了一个政治经济学的初稿，是马克思主义基本原理和中国社会主义实践相结合的政治经济学”。[①]

到1992年发表“南方谈话”时，邓小平关于社会主义市场经济的思考已经比较成熟，他指出：“计划多一点还是市场多一点，不是社会主义与资本主义的本质区别。计划经济不等于社会主义，资本主义也有计划；市场经济不等于资本主义，社会主义也有市场。计划和市场都是经济手段。”[②]这一论断突破了长期困扰人们的认识误区。在此基础上，中共十四大报告正式提出：“我国经济体制改革的目标是建立社会主义市场经济体制”。[③]

在邓小平的思想脉络中，市场是一种经济手段，通过在机制上鼓励竞争来实现资源的优化配置，社会主义和市场经济可以有机结合，这种结合的作用就在于更好地解放和发展社会主义社会的生产力。共同富裕是社会主义本质的体现，发展社会主义市场经济当然也必须为共同富裕服务。由于中国长期处于社会主义初级阶段，不发达的国情决定了中国实现共同富裕的道路是漫长的，必须通过大力发展生产分阶段进行。因而，邓小平的共同富裕思想首先着眼于中国经济的快速发展，在变革生产力和调整生产关系时，注重解放和发展生产力；在处理生产与分配的关系问题上，强调生产的优先地位，不能离开发展生产以及服务生产发展需要的市场经济体制来看待共同富裕。

（二）允许一部分地区一部分人先富起来

人民生活贫困是改革开放初期的现实国情，受“文化大革命”期间“左”的思想的束缚，社会上存在着“宁要社会主义的草、不要资本主义的苗”的错误认识，人们不敢谈论致富问题，先富起来更是难以想象。邓小平对计划经济体制下“吃大锅饭”、平均主义、干好干坏一个样、干多干少一个样的弊端有着清醒认识，他认为这些是与共同富裕背道而驰的，改革的目的就在于改变由于激励机制不够影响人

① 《邓小平文选》第三卷，人民出版社1993年版，第83页。

② 《邓小平文选》第三卷，人民出版社1993年版，第373页。

③ 《十四大以来重要文献选编》（上），中央文献出版社2011年版，第16页。

们的干劲，经济缺乏活力的问题。

邓小平历来反对平均主义，强调在分配上要坚持按劳分配。早在1975年全面整顿时期，他就提出要正确理解按劳分配原则，以激发人们的生产积极性。1978年12月，邓小平在中央工作会议上发表了著名的《解放思想，实事求是，团结一致向前看》的讲话，明确提出要允许一部分地区一部分人先富起来。他说："我认为要允许一部分地区、一部分企业、一部分工人农民，由于辛勤努力成绩大而收入先多一些，生活先好起来。一部分人生活先好起来，就必然产生极大的示范力量，影响左邻右舍，带动其他地区、其他单位的人们向他们学习。这样，就会使整个国家经济不断地波浪式地向前发展，使全国各族人民都能比较快地富裕起来。"[①] 这就明确打破了平均主义、同等致富、同步富裕的传统观念误区，提出了分步骤分阶段分领域分群体改变落后局面，逐步实现共同富裕的可行路径。邓小平还意味深长地指出："这是一个大政策，一个能够影响和带动整个国民经济的政策，建议同志们认真加以考虑和研究。"[②] 可见，邓小平从一开始提出允许先富，就是和共同富裕联系在一起的，不能在理论和实践上把两者割裂开来。

提出允许先富的观点，就要求打破平均主义，尊重劳动者的积极性主动性创造性。邓小平认为："搞平均主义，吃'大锅饭'，人民生活永远改善不了，积极性永远调动不起来。"[③] "九亿人口的收入平均发展是不可能的，总是有的地区先富裕起来，一个地区总有一部分人先富裕起来。"[④] 这一观点很快落实到生产实践之中，有力推进了改革进程。

基于实践的发展，邓小平的思想也在继续发展。1983年1月12日，邓小平在同国家计委等单位负责人谈话时指出："农村、城市都要

---

① 《邓小平文选》第二卷，人民出版社1994年版，第152页。

② 《邓小平文选》第二卷，人民出版社1994年版，第152页。

③ 《邓小平文选》第三卷，人民出版社1993年版，第157页。

④ 《邓小平年谱》第四卷，中央文献出版社2020年版，第536页。

允许一部分人先富起来，勤劳致富是正当的。一部分人先富裕起来，一部分地区先富裕起来，是大家都拥护的新办法，新办法比老办法好。”[①] 在邓小平的支持下，1984 年 10 月，中共十二届三中全会通过的《关于经济体制改革的决定》坚持了允许先富的指导原则，强调“只有允许和鼓励一部分地区、一部分企业和一部分人依靠勤奋劳动先富起来，才能对大多数人产生强烈的吸引和鼓舞作用，并带动越来越多的人一浪接一浪地走向富裕”。[②] 这个原则被长期坚持下来，在生产实践中发挥了重要作用。

邓小平提出允许一部分地区一部分人先富起来，其核心要义就在于在承认差异的基础上，最大程度地激发人们的主动精神，鼓励人们通过辛勤劳动、不懈努力创造美好生活。这是一种为实现共同富裕而采取的树立经济典型的关键举措，具有兼顾发展生产与实施分配的双重激励含义，因其能够为绝大多数群众认可和接受，而具有现实可行性。但同时，邓小平始终是在共同富裕的原则下看待先富起来这个问题，把允许一部分地区一部分人先富起来视为途径和手段。考虑到中国普遍贫困的现实，邓小平十分清楚要在较长时期内采取允许先富的战略举措，要保持政策的稳定性和连续性。他在讲话中，数次举例提到安徽“傻子瓜子”引发过争议，但他不主张动“傻子瓜子”，而是把这个问题与中央政策的稳定性结合在一起，强调“城乡改革的基本政策，一定要长期保持稳定”。[③] 可见，邓小平在强调共同富裕的同时，十分看重先富起来的个体的带动作用，并认为这是一个涉及改革全局的重大问题。

（三）“两个大局”战略思想

中国的改革开放具有以点带面、梯次前进、逐步深入的特点。沿海地区由于自然条件优越、与国际市场联系密切，吸引国外的资金、技术、管理经验等更为便利，发展速度较快。内陆地区受到思想观

---

① 《邓小平文选》第三卷，人民出版社 1993 年版，第 23 页。

② 《十二大以来重要文献选编》（中），人民出版社 1986 年版，第 578 页。

③ 《邓小平文选》第三卷，人民出版社 1993 年版，第 371 页。

念、体制机制、发展条件等因素的限制，发展相对滞后。如何看待和应对这种发展差距，是实现共同富裕必须解决的重大问题。

邓小平构想的共同富裕，涉及对分配问题的科学处理，内在要求实现区域的协调发展。在改革开放政策红利释放下，一部分地区一部分人先富起来成为现实，但要真正发挥先富群体的带动作用，通过区域带动比个人带动的影响范围更大、制定科学的区域发展政策比进行个体间的分配调节更能产生作用。1984 年 10 月，中共十二届三中全会通过的《关于经济体制改革的决定》就曾提出："对经济还很落后的一部分革命老根据地、少数民族地区、边远地区和其他贫困地区实行特殊的优惠政策，并给以必要的物质技术支援。"① 这里明确提出了支持欠发达地区发展的举措。

随着改革开放的推进，邓小平对于不同区域如何实现共同富裕有了新的思考。1988 年 9 月 12 日，邓小平在听取关于价格和工资改革初步方案的汇报时，对解决区域发展不平衡问题提出了新的设想。他指出："沿海地区要加快对外开放，使这个拥有两亿人口的广大地带较快地先发展起来，从而带动内地更好地发展，这是一个事关大局的问题。内地要顾全这个大局。反过来，发展到一定的时候，又要求沿海拿出更多力量来帮助内地发展，这也是个大局。那时沿海也要服从这个大局。"② 邓小平关于通过区域带动分步实现共同富裕的设想被概括为"两个大局"战略思想，后来成为中国区域协调发展的重要指导思想。

"两个大局"战略思想在实践中得以丰富完善，在 1992 年初的南方谈话中，邓小平对区域间实现共同富裕进行了如下构想："一部分地区有条件先发展起来，一部分地区发展慢点，先发展起来的地区带动后发展的地区，最终达到共同富裕。"③ 这就不再局限于沿海和内地，而具有了更为丰富的内涵，这意味着，一切有条件先发展起来、富裕

① 《十二大以来重要文献选编》(中)，人民出版社 1986 年版，第 578 页。

② 《邓小平文选》第三卷，人民出版社 1993 年版，第 277—278 页。

③ 《邓小平文选》第三卷，人民出版社 1993 年版，第 374 页。

起来的地区，都有责任有义务带动后发展起来的地区。邓小平很有信心地表示："就全国范围来说，我们一定能够逐步顺利解决沿海同内地贫富差距的问题。"[①] 2000年，中国开始实施"西部大开发"战略，这是落实"两个大局"战略思想、推动区域协调发展的重要举措，也是为实现共同富裕采取的重要举措。

三、共同富裕的实现途径

实现全体人民共同富裕是邓小平孜孜以求的奋斗目标，也是他为中华民族的未来描绘的美好理想。他认为："共同致富，我们从改革一开始就讲，将来总有一天要成为中心课题"。[②] 对于共同富裕，邓小平既从理论上进行了深入思考，在实践中也在不断探索。客观而言，实现共同富裕需要在生产力和生产关系两端发力，在20世纪80年代的改革开放初期，实现共同富裕主要解决的是如何使生产发展起来的问题，因而制定政策的主要出发点是坚持效率优先，鼓励一部分地区一部分人先富起来，与此同时，党和国家也采取了一些措施，支持落后地区尽快发展起来，为探索共同富裕的实现途径进行积极尝试。随着中国经济实力的壮大，如何实现社会公平成为重要的现实问题，邓小平开始较多地从分配环节强调做好顶层设计，进行税收调节的重要性。

（一）鼓励有条件的地区加快发展

如果说共同富裕是对社会公平正义的彰显和维护，那么其必需的实现途径是坚持效率优先原则，鼓励有条件的地区加快发展，不仅有利于这些地区改变落后面貌，为区域内的共同富裕创造条件，也有利于对其他地区起示范和带动作用，提高全国的经济增长速度，为全体人民共同富裕创造条件。

---

① 《邓小平文选》第三卷，人民出版社1993年版，第374页。

② 《邓小平文选》第三卷，人民出版社1993年版，第364页。

邓小平一直对有条件的地区加快发展持支持态度。1983 年 2 月 9 日，他在浙江考察时，谈到 1977 年到 1982 年间江苏的产值翻了一番，到 1988 年前后可以达到翻两番的目标，问浙江能不能实现这个目标。在听到浙江省委负责人表示翻两番不成问题时，他又问：浙江能否多翻一点呢？①1984 年 2 月 9 日，在厦门经济特区视察时，鉴于厦门经济特区发展滞后于深圳的情况，他特意为特区题词："把经济特区办得更快些更好些。"②1992 年 2 月 20 日，邓小平在视察南方回京时经过南京，在接见江苏省委负责同志时要求："江苏条件好，应该发展得比全国平均速度快一些。"③

鼓励上海加快发展是鼓励有条件的地区加快发展的优秀范例。1984 年 2 月 14 日，邓小平在上海视察时谈到旅游、建筑、宝钢建设等问题时，多次提出要"加快速度""上得快一点"。④1994 年春节，邓小平最后一次到上海。2 月 19 日，他在离开上海时，还叮嘱上海市负责同志："你们要抓住二十世纪的尾巴，这是上海的最后一次机遇。上海有特殊的素质，上海完全有条件上得快一点。"⑤

浦东的开发是在邓小平直接推动下实施的。1990 年 2 月 13 日，邓小平在谈到建议开发浦东时说：你们搞晚了。但现在搞也快，上海条件比广东好，你们的起点可以高一点。⑥在邓小平的大力支持下，1990 年 4 月，国务院宣布开发浦东，此后，邓小平仍然关心着浦东的发展。1991 年，他在视察上海时还颇有遗憾地说："浦东如果像深圳经济特区那样，早几年开发就好了。"⑦1992 年 2 月 17 日，在听取关于浦东开发和发展规划的汇报，并审看浦东新区规划图后指出："浦东开发晚了，但可以借鉴广东的经验，可以搞得好一点，搞得现代化一

① 《邓小平年谱》第五卷，中央文献出版社 2020 年版，第 186 页。
② 《邓小平年谱》第五卷，中央文献出版社 2020 年版，第 256 页。
③ 中共中央文献研究室编：《回忆邓小平》（下），中央文献出版社 1998 年版，第 145 页。
④ 《邓小平年谱》第五卷，中央文献出版社 2020 年版，第 258 页。
⑤ 《邓小平年谱》第五卷，中央文献出版社 2020 年版，第 666 页。
⑥ 《邓小平年谱》第五卷，中央文献出版社 2020 年版，第 606 页。
⑦ 《邓小平文选》第三卷，人民出版社 1993 年版，第 366 页。

点，起点可以高一点。”①

（二）有计划有组织地开展扶贫工作

改革开放启动后，党中央十分关心困难地区群众的生活，提出要对这些地区采取必要的帮扶举措。1979 年 9 月 28 日，中共十一届四中全会通过《关于加快农业发展若干问题的决定》，就提出要从财政、物资和技术上给西北、西南一些地区以及其他一些革命老根据地、偏远山区、少数民族地区和边境地区以重点扶持，帮助它们发展生产，摆脱贫困。②

从 20 世纪 80 年代开始，中央政府在全国范围内有计划、有组织地开展扶贫工作，出台了一系列扶持政策，花大力气推动贫困地区加快发展，这成为中国发展进程中的一个鲜明特点。1982 年 12 月，国务院启动“三西”（即甘肃河西、定西和宁夏西海固）农业建设专项扶贫计划，开创了中国有组织、有计划、大规模扶贫行动的先河。1983 年，国家设立“三西”地区农业建设专项补助资金。1984 年 9 月 29 日，中共中央、国务院发出《关于帮助贫困地区尽快改变面貌的通知》，指出，对贫困地区要有必要的财政扶持，但必须善于使用，纠正单纯救济观点；要进一步放宽政策，减轻负担、给予优惠，搞活商品流通、加速商品周转，增加智力投资。③

1986 年 5 月 14 日，国务院贫困地区经济开发领导小组第一次全体会议提出，争取在“七五”期间解决大多数贫困地区人民的温饱问题，彻底改变单纯救济的扶贫办法，实行新的经济开发方式。当年，确定绝对贫困人口标准为 1985 年农民年人均纯收入低于 206 元，国家重点扶持贫困县标准为 1985 年农民年人均纯收入低于 150 元。按此标准，1986 年全国贫困人口约为 1.25 亿，国家重点扶持贫困县为 331 个，同时划定 18 个集中连片贫困地区。④这就实现了中国的扶贫

---

① 《邓小平年谱》第五卷，中央文献出版社 2020 年版，第 638 页。

② 《全面建成小康社会大事记》，人民出版社 2021 年版，第 4 页。

③ 《关于帮助贫困地区尽快改变面貌的通知》，《人民日报》1984 年 9 月 30 日。

④ 《全面建成小康社会大事记》，人民出版社 2021 年版，第 17—18 页。

方针从救济式扶贫向开发式扶贫的转变，在全国范围内开始进行扶贫工作。到1992年底，全国农村没有解决温饱的贫困人口，由1978年的2.5亿人减少到8000万人。

邓小平高度重视扶贫工作，亲切关怀扶贫政策的制定，支持探索扶贫的具体路径，他多次强调的“贫穷不是社会主义”“社会主义要消灭贫穷”的观点，为扶贫工作提供了强有力的理论支撑。1992年1月，邓小平在听取关于深圳支援相对落后地区情况的汇报时，赞成深圳每年按固定比例从财政划出一部分资金作为贫困地区开发“造血”型项目的基金的做法。[①] 1994年4月15日，国务院发出关于印发《国家八七扶贫攻坚计划》的通知，提出从1994年到2000年，集中人力、物力、财力，动员社会各界力量，力争用7年左右的时间，基本解决目前全国农村8000万贫困人口的温饱问题。[②] 这就延续了开发式扶贫的方针，在共同富裕的进程中迈进了一步。

（三）着眼于改革和完善分配政策

邓小平在提出共同富裕的命题后，反复强调“我们的发展过程中不会产生资产阶级，因为我们的分配原则是按劳分配。当然分配中还会有差别，但我们的目的是共同富裕”[③]，要在坚持按劳分配原则的基础上，不断改革和完善分配政策，朝着共同富裕的方向前进。

邓小平对改革和完善分配政策的具体做法有过考虑。1985年3月7日，他在全国科技工作会议上讲话时指出：“我们提倡一部分地区先富裕起来，是为了激励和带动其他地区也富裕起来，并且使先富裕起来的地区帮助落后的地区更好地发展。提倡人民中有一部分人先富裕起来，也是同样的道理。对一部分先富裕起来的个人，也要有一些限制，例如，征收所得税。还有，提倡有的人富裕起来以后，自愿拿出钱来办教育、修路。”[④]

---

① 《邓小平年谱》第五卷，中央文献出版社2020年版，第633页。
② 《十四大以来重要文献选编》（上），中央文献出版社2011年版，第673页。
③ 《邓小平文选》第三卷，人民出版社1993年版，第255页。
④ 《邓小平文选》第三卷，人民出版社1993年版，第111页。

之后，邓小平继续就这个问题发表了一些有价值的观点，包括依靠中央的权威来解决分配问题，通过税收调节、转移支付等方式来为实现共同富裕创造条件等。1990 年 7 月 3 日，他在视察国家奥林匹克体育中心场馆时提出：“现在有些地区，允许早一点、快一点发展起来，但是到一定程度，国内也好，地区也好，集体也好，就要调节分配，调节税要管这个。”[①] 1990 年 12 月 24 日，他在同几位中央负责同志谈话时指出，沿海如何帮助内地，这是一个大问题。可以由沿海一个省包内地一个省或两个省，也不要一下子负担太重。开始时可以做某些技术转让。[②] 在 1992 年的南方谈话中，邓小平就实现共同富裕进行了宏观展望，“在本世纪末达到小康水平的时候，就要突出地提出和解决这个问题”。[③] 他还提出，“解决的办法之一，就是先富起来的地区多交点利税，支持贫困地区的发展”。[④]

建立社会主义市场经济体制的经济体制改革目标确立后，针对贫富差距进一步拉大的问题，退休后的邓小平继续关注收入分配问题，他以深邃的历史洞察力审视分配问题，指出解决这一问题的复杂性和必要性。1992 年 12 月 18 日，邓小平在阅读刊登在《参考消息》上的《中国将成为最大的经济国》和《马克思主义新挑战更加令人生畏》两篇文章时指出：“中国发展到一定的程度后，一定要考虑分配问题。也就是说，要考虑落后地区和发达地区的差距问题。不同地区总会有一定的差距。这种差距太小不行，太大也不行。如果仅仅是少数人富有，那就会落到资本主义去了。要研究提出分配这个问题和它的意义。到本世纪末就应该考虑这个问题了。我们的政策应该是既不能鼓励懒汉，又不能造成打‘内仗’”。[⑤] 1993 年 9 月 16 日，在同弟弟邓垦谈话时，邓小平十分敏锐地指出了分配问题的敏感性和复杂性。他

① 《邓小平年谱》第五卷，中央文献出版社 2020 年版，第 615 页。
② 《邓小平年谱》第五卷，中央文献出版社 2020 年版，第 621—622 页。
③ 《邓小平文选》第三卷，人民出版社 1993 年版，第 374 页。
④ 《邓小平文选》第三卷，人民出版社 1993 年版，第 374 页。
⑤ 《邓小平年谱》第五卷，中央文献出版社 2020 年版，第 654—655 页。

说："十二亿人口怎样实现富裕，富裕起来以后财富怎样分配，这都是大问题。题目已经出来了，解决这个问题比解决发展起来的问题还困难。分配的问题大得很。我们讲要防止两极分化，实际上两极分化自然出现。要利用各种手段、各种方法、各种方案来解决这些问题"。[①]

受历史条件的局限，邓小平对于改革和完善分配政策的观点只是初步的，主要是在指导原则上强调要采取必要措施，并没有在具体做法上进行详细论述，但毕竟就这个问题提供了宝贵的思想火花，提出了需要后人继续思考研究的重大课题，并从原则上明确了通过改革和完善分配政策来解决共同富裕问题的巨大可能。

实现国富民康一直是中华民族千百年来的美好梦想，也是中国共产党在中国建设社会主义的未来憧憬。改革开放以来，邓小平领导人民大胆解放思想，实事求是，在中国初步提出了实现共同富裕的思想观念方法，涵盖基本原则、战略举措和实现途径等方面。邓小平在理论和实践两个方面对共同富裕的探索，将美好理想与现实可能结合起来，将远大目光与脚踏实地结合起来，体现了尊重实际、尊重国情、尊重劳动、尊重人民首创精神的科学态度，使人们的财富观、致富观取得重大突破，改变了亿万普通民众的生活，也使中国人开始经历从"站起来"到"富起来"的伟大飞跃。

① 《邓小平年谱》第五卷，中央文献出版社 2020 年版，第 662 页。

改革开放初期
邓小平接班人思想探析

孔 昕

习近平总书记在党的二十大报告中指出："全面建设社会主义现代化国家，必须有一支政治过硬、适应新时代要求、具备领导现代化建设能力的干部队伍。"正确的政治路线要靠正确的组织路线来保证。在坚持和发展中国特色社会主义事业的过程中，培养和选拔共产主义事业的接班人关系到党和国家的领导权掌握在什么人手里，关系到社会主义、共产主义事业的前途命运。对此，邓小平曾指出，培养选拔接班人的问题不是一般性的问题，而"是一个战略问题，是关系到我们党和国家长远利益的大问题"①，"中国的稳定，四个现代化的实现，要有正确的组织路线来保证，要有真正坚持马克思列宁主义、毛泽东思想和党性强的人来接班才能保证"。②对于这个重大课题，苏联解决得不好，新中国成立后的前30年也没有完全解决好。在改革开放初期，邓小平站在时代要求、国家发展、人民期待的高度，对接班人问题作了详细而深刻的论述，仅在《邓小平文选》第二卷中涉及这个问题的论述就有18处之多。特别是党的十一届三中全会后，邓小平在各种场合的讲话中多次提出培养和选拔接班人问题，并对此做出了精辟的理论创见。③

① 《邓小平文选》第二卷，人民出版社1994年版，第222页。

② 《邓小平文选》第二卷，人民出版社1994年版，第193页。

③ "接班人"的概念，在不同情况下有不同的提法。中国共产党从20世纪60年代起，多采用培养"接班人"的提法。改革开放初期，"提拔年轻干部""接班人""后备干部"等概念常混用，本文中的"接班人"与"后备干部"等同义。

在建设中国特色社会主义事业的过程中，邓小平是中国共产党第二代中央领导集体的核心，他关于接班人的思想和论述，是在我国进入改革开放新时期的关键时刻提出的一个关键性问题，从而保障并推动了改革开放的顺利进行，也成为中国特色社会主义理论的重要组成部分。党的十九届六中全会通过的《中共中央关于党的百年奋斗重大成就和历史经验的决议》指出："党和人民事业发展需要一代代中国共产党人接续奋斗，必须抓好后继有人这个根本大计。"深入学习和研究邓小平的接班人思想，深刻领会其立场、观点、方法，对于在强国建设和民族复兴新征程中建设堪当民族复兴重任的高素质干部队伍，为建设中国特色社会主义提供人才保障，具有重要的现实意义。

一、接班人问题提出的时机把握

接班人问题是国际共产主义运动的一个重要问题，接班人选拔的合适与否关系到社会主义事业的兴亡盛衰。1884 年，恩格斯在给卡尔·考茨基的信中谈到接班人问题时说，"物色接班人的事总是进行得很慢的"。[①] 1939 年，斯大林在联共（布）第十八次代表大会上指出，年轻干部"成长得快，提高得快，上进心强，所以不久就会赶上老年人，同他们并肩前进，成为无愧于他们的接班人"。[②] 但在国际共产主义运动的实践中，接班人的选择并没有建立起完善的制度规范。斯大林生前没有明确指定接班人，其去世后接任的马林科夫担任苏共中央第一书记不到 10 天，即被赫鲁晓夫取而代之。1956 年，赫鲁晓夫在苏共二十大作了《关于个人崇拜及其后果》的秘密报告，全盘否定斯大林，给国际共产主义运动带来不容忽视的消极影响，为后来接班人的选择起到了恶劣的示范作用，也影响了中国共产党探索社会主义建设的进程。中国共产党在独立探索执政道路过程中，由于没有现

---

① 《马克思恩格斯全集》第 36 卷，人民出版社 1975 年版，第 203 页。

② 《斯大林选集》下卷，人民出版社 1979 年版，第 460 页。

成经验可循，各级党政机关的领导及工作人员素质能力参差不齐，导致工作的实效性大受影响。

在国内，以毛泽东为核心的党的第一代中央领导集体逐步形成了关于培养党和国家革命和建设事业接班人的战略思想。毛泽东提出，“政治路线确定之后，干部就是决定的因素”。[①] 新民主主义革命时期，中国共产党根据国内情况变化发展的实际适时地调整干部政策，到1949年，共产党员发展到400多万人，人民解放军发展到500多万人。新中国成立后，面对艰巨的社会主义改造和建设任务，毛泽东发出号召，“我们能够学会我们原来不懂的东西。我们不但善于破坏一个旧世界，我们还将善于建设一个新世界”。[②] 他指出“党的工作重心由乡村移到了城市”，鼓励干部认真努力学习生产的技术和管理生产的方法，从而更好地管理城市、建设城市，要求人民解放军永远是一个战斗队、又是一个工作队，“在城市中向帝国主义者、国民党、资产阶级作政治斗争、经济斗争和文化斗争，并向帝国主义者作外交斗争”。[③] 苏共二十大后，苏联和捷克斯洛伐克、匈牙利等东欧国家出现了许多新的问题，促使毛泽东进一步思考接班人问题对社会主义建设事业的重要影响。

1964年6月，在中央工作会议上，毛泽东正式提出无产阶级革命事业接班人的问题。6月16日，毛泽东主持召开中共中央政治局常委和各中央局第一书记会议，指出“要准备后事，即接班人问题”，提出了关于接班人的五条标准，即学习马列主义、为大多数人民谋利益、能够团结大多数人、讲民主、自我批评。不久之后，在同毛远新谈话时，毛泽东进一步指出这五条标准是“互相联系不可分割的”，第一条是理论、方向，第二条是目的，第三、四、五条是方法问题。[④] 为“防止赫鲁晓夫修正主义在中国重演”，毛泽东认为接班人问题是

① 《毛泽东选集》第二卷，人民出版社1991年版，第526页。

② 《毛泽东选集》第四卷，人民出版社1991年版，第1439页。

③ 《毛泽东军事文集》第五卷，军事科学出版社、中央文献出版社1993年版，第515页。

④ 《毛泽东年谱（1949—1976）》第五卷，中央文献出版社2013年版，第380页。

“关系我们党和国家命运的生死存亡的极其重大的问题”，培养革命事业的接班人是“百年大计，千年大计，万年大计”。7 月 14 日，《人民日报》发表文章《关于赫鲁晓夫的假共产主义及其在世界历史上的教训——九评苏共中央的公开信》，毛泽东提出，“为了保证我们的党和国家不改变颜色，我们不仅需要正确的路线和政策，而且需要培养和造就千百万无产阶级革命事业的接班人”。他号召全党、全国“一定要从上到下地、普遍地、经常不断地注意培养和造就革命事业的接班人”。[①] 毛泽东提出的接班人思想在干部政策中得到了贯彻落实，我国取得了社会主义改造和建设的巨大成就。

随着“左”的思想的发展，毛泽东对个人崇拜有了偏颇的认识，提出“个人崇拜有两种：一种是正确的崇拜，如对马克思、恩格斯、列宁、斯大林正确的东西，我们必须崇拜，永远崇拜，不崇拜不得了”，“另一种是不正确的崇拜”[②]，反映到干部层面，就会使集体领导逐渐变为个人专断。“文化大革命”时期，在复杂的国际、国内和党内环境影响下，“左”的思想愈演愈烈，“以阶级斗争为纲”“政治挂帅”成为包括干部选拔任用在内的一切工作的中心。据统计，“到 1968 年 9 月，全国除台湾以外的 29 个省、市、自治区全都成立了革命委员会，取代了原先的各省市中共党委、省市政府、省市人民代表大会及其常委会，实现了所谓‘全国山河一片红’”。[③] 一大批帮派思想严重的“三类人”被提拔到领导岗位，他们文化素质不高，工作能力不强，借助“文化大革命”特殊的政治环境，拉帮结派，影响了党的干部政策的实施，破坏了干部选拔的优良传统，严重干扰了社会主义建设的顺利进行。邓小平对此有着清醒的认识：“党和国家现行的一些具体制度中，还存在不少的弊端，妨碍甚至严重妨碍社会主义优越性的发挥。”[④]“从党和国家的领导制度、干部制度方面来说，主要的弊

---

① 《建国以来重要文献选编》第 19 册，中央文献出版社 2011 年版，第 71 页。

② 中共中央文献研究室编:《毛泽东传》，中央文献出版社 2011 年版，第 1758 页。

③ 《中华人民共和国史》，高等教育出版社 2013 年版，第 219 页。

④ 《邓小平文选》第二卷，人民出版社 1994 年版，第 327 页。

端就是官僚主义现象，权力过分集中的现象，家长制现象，干部领导职务终身制现象和形形色色的特权现象。"[①]这些问题，由于"长期没有足够的认识，成为发生'文化大革命'的一个重要原因，使我们付出了沉重的代价"。[②]

20世纪六七十年代以来，苏共中央领导层年龄严重老化，一定程度上阻碍了苏联社会主义建设的顺利推进。1964年赫鲁晓夫下台后，苏共中央先后由勃列日涅夫、安德罗波夫、契尔年科和戈尔巴乔夫担任最高领导人。勃列日涅夫担任苏共中央总书记长达18年，直至去世。1982年11月，安德罗波夫在勃列日涅夫去世后接任苏共中央总书记时已经68岁且健康状况欠佳，长期患有间质性肾炎、肾硬化、继发性高血压、糖尿病，这些病症续发了慢性肾机能不全。随着身体健康的恶化，1983年8月后，安德罗波夫已不能公开露面出席活动。[③]1984年2月9日，由于心血管机能不全和呼吸停止现象加剧，安德罗波夫因病去世。接任的契尔年科时年73岁，长期患有肺气肿和心肺功能衰竭并发症，伴之以慢性肝炎转肝硬化，13个月后，由于肝和心肺功能衰竭现象加剧，契尔年科因病去世。从1982年11月以来的两年零四个月期间，勃列日涅夫等苏联三位最高领导人先后逝世。[④]频繁的最高领导层的更替，影响了苏联国内政治的平稳发展，还对经济造成了深远的影响。

早在"文化大革命"尚在进行时，邓小平就意识到解决接班人问题的紧迫性。1975年，邓小平主持中央工作，通过治理整顿，系统地纠正"左"的错误，沉重打击了"四人帮"。他后来多次提到，"一九七五年我就想到过这个问题，那个时候毛主席要我来主持中央

① 《邓小平文选》第二卷，人民出版社1994年版，第327页。

② 《邓小平文选》第二卷，人民出版社1994年版，第329页。

③ 《安德罗波夫因病逝世》，《人民日报》1984年2月11日；《苏组成安德罗波夫治丧委员会，发表告苏联共产党和人民书》，《人民日报》1984年2月12日。

④ 《苏联领导人契尔年科病逝，戈尔巴乔夫当选为苏共中央总书记》，《人民日报》1985年3月12日。

工作，王洪文就跑到上海去跟人说，十年后再看。当时我跟李先念同志谈过这个事情，十年后我们这些人变成什么样子了？从年龄来说，我们斗不过他们呀，在座的同志也斗不过他们。如果坚持‘四人帮’思想体系的人将来掌权，你们也斗不过他们，你们能活多久啊？即使生命还在，脑袋也不管用了，这是自然规律。”[①] 他告诫全党，“现在也有十年后再看的问题”，“一定要趁着我们在的时候挑选好接班人”。[②]“这个问题解决不了，我们见不了马克思。”[③] 但在肯定还是否定“文化大革命”的问题上，在“以阶级斗争为纲”还是“以经济建设为中心”这个政治路线问题上，在什么是社会主义、怎样建设社会主义的基本理论上，邓小平和毛泽东确有矛盾和分歧。[④] 随着“批邓、反击右倾翻案风”运动的发动，邓小平再次遭遇政治生涯的挫折，被迫离开中央领导岗位。虽然他对于接班人问题的思考也没能得到贯彻落实，但为改革开放初期接班人制度的建立从思想上进行了探索。

二、建立接班人选拔制度的原因

“文化大革命”结束后，党的十一届三中全会成为中国共产党历史上一次具有深远意义的伟大转折，中国社会主义建设事业进入了一个新的历史时期。由于新时期工作重点的转移、干部结构老化、国家长远发展的需要，接班人问题变得愈加严峻，邓小平对此也给予了极大的关注。

党的十一届三中全会确认了党和国家工作重点由阶级斗争到以经济建设为中心的转移，这一战略方向的调整和确立，也给党的干部政策带来了直接的影响。十年动乱，百废待兴，社会主义现代化建设迫

① 《邓小平文选》第二卷，人民出版社 1994 年版，第 225 页。
② 《邓小平文选》第二卷，人民出版社 1994 年版，第 192 页。
③ 《邓小平文选》第二卷，人民出版社 1994 年版，第 193 页。
④ 全国邓小平生平和思想研讨会组织委员会编:《邓小平百周年纪念——全国邓小平生平和思想研讨会论文集》(下)，中央文献出版社 2005 年版，第 1883 页。

切需要大批德才兼备、年富力强、懂经济、有闯劲的优秀干部，承担起领导新时期建设的重任。

“文化大革命”结束后，一大批此前被打倒的老干部恢复了职务，回到了工作岗位上。他们争分夺秒，力图通过努力工作，把此前损失的十年光阴补回来，但毕竟年事已高，很多人也不具备社会主义现代化建设所要求的知识结构、体力精力。以中国最高领导层的年龄结构为例，新中国刚成立时，中央书记处“五大书记”平均年龄仅为 53.2 岁，1956 年党的八届一中全会时，中央政治局常委平均年龄为 58.7 岁，到 1969 年党的九届一中全会时为 69 岁，而 1973 年党的十届一中全会时高达 70.4 岁，即使到 1977 年“文化大革命”结束时，由于几位国家领导人已相继逝世，政治局常委平均年龄有所下降，但仍高达 67.6 岁。高层领导人年龄老化尤其突出。

党和国家领导制度中存在的种种弊端，已成为改革开放道路上不得不解决的障碍。邓小平深刻地指出：“从党和国家的领导制度、干部制度方面来说，主要的弊端就是官僚主义现象，权力过分集中的现象，家长制现象，干部领导职务终身制现象和形形色色的特权现象。”[①] 长期以来实际上存在的干部领导职务终身制，是封建主义残余在干部制度上的反映，对党的干部队伍建设和党内政治生活民主化危害极大。它造成了权力过分集中，妨碍党的民主集中制；造成了领导班子老化，不利于青年干部的选拔和成长；助长一些干部生出官僚习气，也不利于人民群众实行有效的监督。

高度重视抓紧培养和造就大批能够担当重任、善于领导现代化建设的接班人，是邓小平反复思考、想得最多的重大战略问题。他认为，只有把这个问题解决好，培养出合格的党的事业的接班人，才算完成了自己的历史使命。“文化大革命”十年的惨痛教训使邓小平认识到，年高体弱的领导人无法坚持正常的工作，容易导致决策的重大失误。对此，他曾深有感触地说，“人一老，不知哪一天脑筋就不行

① 《邓小平文选》第二卷，人民出版社 1994 年版，第 327 页。

了，体力到一定程度也要衰退。自然规律是不可改变的”。[①] 另一方面，西方敌对势力往往以此作为口实，攻击我们搞独裁，贬损社会主义国家的形象。邓小平指出：“现在我们国家面临的一个严重问题，不是四个现代化的路线、方针对不对，而是缺少一大批实现这个路线、方针的人才。”[②]

当时的中国领导班子不仅存在老化问题，还存在断层问题。“文化大革命”影响了一代人，在这种情况下，老的一下子丢开不管也不行，必须在离开前选好接班人，并把他们放到领导岗位上加以培养。邓小平指出，“让比较年轻的同志走上第一线，老同志当好他们的参谋，支持他们的工作，这是保持党和政府正确领导的连续性、稳定性的重大战略措施”。[③] 据统计，在当时的中管干部中，65 岁以上的占 26.7%，61—64 岁的占 23.8%，56—60 岁的占 27%，45 岁以下的仅占 1.6%。其中省、市、区党委常委和政府领导班子成员的平均年龄在 61 岁以上，30% 为 61—64 岁，只有 3% 在 45 岁以下。

改革开放初期，由于历史的原因，大多数领导干部对接班人的选拔并没有紧迫感，很多人觉得自己身体还好，能够坚持工作几年。针对这种普遍性的认识，邓小平实事求是地剖析了我国干部老化的现状与原因。他指出：“现在最大的问题是各级领导班子的年轻化。”“各级党政领导班子、各行各业领导班子都存在老化的问题，这是我们中国最特殊的问题”。“干部领导职务终身制现象的形成，同封建主义的影响有一定关系，同我们党一直没有妥善的退休解职办法也有关系。”[④] 因此，邓小平认识到接班人问题的严重性和迫切性，在不同场合多次强调，必须实行党和国家领导制度的改革，废除沿袭多年的事实上的领导职务终身制，建立退休制度，为党和国家领导职务的新老交替建立制度上的保证。“现在，解决这个问题已经是十分迫切了，再过

---

① 《邓小平文选》第三卷，人民出版社 1993 年版，第 316 页。

② 《邓小平文选》第二卷，人民出版社 1994 年版，第 220—221 页。

③ 《邓小平文选》第二卷，人民出版社 1994 年版，第 321 页。

④ 《邓小平文选》第二卷，人民出版社 1994 年版，第 331 页。

三五年，如果我们不解决这个问题，要来一次灾难。”[①]

三、改革开放初期邓小平对接班人问题相关论述和举措

改革开放初期，是邓小平谈论接班人问题最多的时期，也是邓小平接班人思想形成、发展的时期。《邓小平文选（一九七五——一九八二年）》共有47篇文章，谈培养选拔接班人问题的就有40处之多。[②]培养人才、选拔接班人是党和国家面临的紧迫任务。关于接班人的问题，邓小平几乎逢会必讲，反复论述。可以说，从邓小平成为第二代中央领导集体的核心领导改革开放伟大事业的那一刻开始，他就在考虑选拔接班人的问题。

1979年11月2日，邓小平谈道："我自己就有这个想法，如果党允许我今天退休，我马上就退休。这是真话，不是假话。从整个事业看，我现在还不可能退休，我想大家也不会赞成。但是，就我个人的心情来说，确实感到这个问题太重要了。我们要向前看，我们这个事业是千秋万代的事业啊！”[③]

1980年2月29日，邓小平指出："就全党来说，没有解决的重要问题还不少，我们要有清醒的估计。例如，我们现在的体制就很不适应四个现代化的需要。不过当前最重要的还是选好接班人”。[④]

在关于接班人问题的多次谈话中，邓小平一直算“时间账”“年龄账”。1979年，邓小平说，“我们现在提出的、面临的是十年内必然或者可能遇到的一些重大问题。如果再想远一点，二十年后，还可能遇到什么问题，会不会发生什么事情啊？二十年后，在座的同志还能有几个人在？”[⑤] 1980年，他又说："这项工作，当然要有步骤地进行，

① 《邓小平文选》第二卷，人民出版社1994年版，第384页。

② 易希康:《论邓小平在接班人问题上的历史贡献》,《求实》1998年第3期。

③ 《邓小平文选》第二卷，人民出版社1994年版，第227页。

④ 《邓小平文选》第二卷，人民出版社1994年版，第280页。

⑤ 《邓小平文选》第二卷，人民出版社1994年版，第227页。

但是太慢了不行。错过时机，老同志都不在了，再来解决这个问题，就晚了，要比现在难得多，对于我们这些老同志来说，就是犯了历史性的大错误。”①

针对一些老同志对年轻干部缺乏信任、不放心的现象，他开导说：“这方面可要解放思想呀，不解放思想不行啦！”“年轻人选拔上来以后，可以干得久一些。他们现在经验不够，过两年经验就够了；现在不称职，过两年就可能称职了。”“我们刚进城的时候是年轻的，我是四十五岁，好多同志比我还年轻一些。一九二七年底我第一次当中央秘书长时二十三岁，也是大官啦，啥也不懂，也可以呀！”“要说服老一点的同志把位子腾出来，要不然年轻干部没有位子呀。”“老的不腾出位子，年轻的上不了，事业怎么能兴旺发达。”②

1981 年 6 月 27 日至 29 日召开的党的十一届六中全会期间，中央印发了陈云撰写的《提拔培养中青年干部是当务之急》和他主持起草的《关于老干部离休退休问题座谈会纪要》。在《纪要》中，陈云特别提出加写了关于提拔使用“四十岁以下”的青年领导干部一句。邓小平对此高度认可，他说：“我们历来讲，这是个战略问题，是决定我们命运的问题。现在，解决这个问题已经是十分迫切了，再过三五年，如果我们不解决这个问题，要来一次灾难。”他面向大家问：“为什么全会之后又专门把在座的诸位留下来开两天会，讨论陈云同志关于提拔培养中青年干部和老干部离休退休这两条建议？就是因为这个问题十分迫切，十分重要。”邓小平十分赞同陈云提出的“选拔中青年干部不是几十、几百，是成千上万”，指出“他提得非常好，我赞成”。他还指出，因为“我和陈云同志交过心的，老实说，就我们自己来说，现在叫我们退，我们实在是心里非常愉快的”。“我们两个人的主要任务是要解决这个问题。”③

在大力号召提拔使用年轻干部的同时，邓小平对接班人问题进行

① 《邓小平文选》第二卷，人民出版社 1994 年版，第 327 页。

② 《邓小平文选》第三卷，人民出版社 1993 年版，第 92、93 页。

③ 《邓小平文选》第二卷，人民出版社 1994 年版，第 384、385、388 页。

了深入思考，结合我国现代化建设的实际，明确提出了干部队伍“四化”的方针，作为新时期的选人用人标准。1980 年，邓小平指出：“要在坚持社会主义道路的前提下，使我们的干部队伍年轻化、知识化、专业化，并且要逐步制定完善的干部制度来加以保证。提出年轻化、知识化、专业化这三个条件，当然首先是要革命化，所以说要以坚持社会主义道路为前提。”[①] 实现知识化是新时期领导干部选拔的必然趋势，邓小平指出：“只靠坚持社会主义道路，没有真才实学，还是不能实现四个现代化。”[②] 邓小平主要强调革命化，重点解决年轻化。同时要注意改革干部人事制度，创造优秀人才脱颖而出的环境和条件，使接班人问题的解决形成稳定有效的制度。早在 1979 年，邓小平就指出：“我们要改革现行的干部工作制度，建立有利于提拔年轻干部的制度。”邓小平提出，要按照“四化”方针选拔德才兼备的人进入各级领导班子，要选人民公认是坚持改革开放路线并有政绩的人。他号召各级党委和组织部门“在这个问题上来个大转变，坚决解放思想，克服重重障碍，打破老框框，勇于改革不合时宜的组织制度、人事制度，大力培养、发现和破格使用优秀人才，坚决同一切压制和摧残人才的现象作斗争”。党的十二大把“四化”方针作为新时期党的干部队伍建设的指导方针，明确写入了党章。

如何在实现干部“四化”的同时，合理安排、使用老同志，使他们发挥余热，帮助年轻领导干部成长，也是邓小平一直思考的问题。为妥善解决这一课题，邓小平创造性地提出了设立顾问制度来解决这一问题。他指出：“退休制度的问题也没有完全解决，设顾问委员会，是一种过渡性质的。鉴于我们党的状况，我们干部老化，但老同志是骨干，处理不能太急，太急了也行不通。还有，我们多年来对中青年干部的提拔就是少，就是没有注意这方面的工作嘛。”“顾问委员会是个过渡，这个过渡是必要的，我们选择了史无前例的这种形式，切合

① 《邓小平文选》第二卷，人民出版社 1994 年版，第 361 页。

② 《邓小平文选》第二卷，人民出版社 1994 年版，第 262 页。

我们党的实际。但是在这个过渡阶段，必须认真使干部队伍年轻化，为退休制度的建立和领导职务终身制的废除创造条件。”[①] 早在 1975 年邓小平主持中央工作时，就曾提出过设立顾问制度，解决军队中存在的臃肿问题，对顾问待遇、工作任务和方法等问题作了初步构想。改革开放新时期，面对日益严峻的干部老龄化问题，邓小平又多次提出设立顾问制度并进一步提出建立退休制度。他指出：“要真正解决问题不能只靠顾问制度，重要的是要建立退休制度”，认为“这是关系到我们党和国家兴旺发达、朝气蓬勃的一个大问题”。[②] 1980 年，中央开始考虑设立顾问委员会的方案。1982 年党的十二大决定成立中央顾问委员会，老干部的工作积极性和丰富的革命经验得到发挥，成为中国特色社会主义制度建设上的一大成就。

在邓小平关于加快培养接班人思想的影响下，仅 1982 年就相继发布了《中共中央关于建立老干部退休制度的决定》《关于抓紧培养教育青年干部的决定》《关于贯彻执行中央对调整领导班子和选拔优秀中青年干部指示的几项工作的通知》等文件，具有光荣革命斗争经历的老领导退出一线岗位，一大批青年领导干部走上前台，担负起更加繁重的工作。为培养选拔中青年干部，党中央采取了一系列重大举措。从党的十一届三中全会到党的十二大，不到 4 年时间共提拔了 5 万名年轻干部进县以上领导班子。党的十二大后，领导干部的新老交替工作得到进一步的加强和推进。1983 年，党中央进一步提出建立干部队伍的“第三梯队”，只用 2 年多时间，全国就建立了一支省部级 1000 多人，地厅级 2 万多人，县处级 14 万多人的后备干部队伍，初步改变了干部队伍青黄不接的局面。大批年轻干部走上领导岗位，使各级领导班子年龄普遍降低，文化明显提高，专业知识结构有很大改善，更加朝气蓬勃，加快了现代化建设和改革开放的步伐。1985 年党的全国代表会议后，先后有 141 名老领导退出中央政治局、中央委员

① 《邓小平文选》第二卷，人民出版社 1994 年版，第 413、414 页。
② 《邓小平文选》第二卷，人民出版社 1994 年版，第 226 页。

会、中央顾问委员会。全国范围内有180多万老干部离退休，330万年轻干部被提拔到各级领导岗位。

四、评价

习近平总书记指出："我们党之所以能够始终保持强大的创造力、凝聚力、战斗力，成为革命、建设、改革事业发展的中流砥柱，团结带领人民战胜各种艰难险阻、取得一个又一个胜利，一个十分重要的原因就在于高度重视培养造就能够担当重任的干部队伍。"实现中华民族伟大复兴，坚持和发展中国特色社会主义，关键在党，关键在人。改革开放初期，邓小平把党和人民事业放到历史长河和全球视野中来谋划，始终把党和国家前途命运放在心中最高的位置，思考和探索接班人问题，充分体现了以邓小平同志为核心的第二代中央领导集体宽阔的气度胸怀、高超的政治智慧、宏阔的历史视野，为社会主义现代化建设新局面的开创，起到了巨大的推动作用。

一是继承和发展了毛泽东的接班人思想。毛泽东在党内较早考虑了接班人问题。在新民主主义革命时期，他提出要加强革命队伍建设，"中国共产党是在一个几万万人的大民族中领导伟大革命斗争的党，没有多数才德兼备的领导干部，是不能完成其历史任务的"。①据统计，到1949年，中共党员发展到400多万人，人民解放军发展到500多万人，为新民主主义革命的胜利准备了坚实的干部基础。在社会主义建设时期，毛泽东根据中心任务的变化对接班人问题做了进一步的思考，围绕巩固社会主义制度、培养社会主义建设人才进行了许多论述。1961年9月，英国蒙哥马利元帅访华期间，对毛泽东提出继承人问题，毛泽东给予明确回答："很清楚，是刘少奇，他是我们党的第一副主席。我死后，就是他。"②1969年4月党的九大上，林彪

① 《毛泽东选集》第二卷，人民出版社1991年版，第526页。

② 中共中央文献研究室编：《毛泽东传》，中央文献出版社2011年版，第2138页。

作为接班人被写入党章。此后，在党的十大上，王洪文被选为党中央副主席，作为接班人培养。遗憾的是，在晚年，毛泽东对接班人的思考并没有转化为成熟有效的选人用人制度，或者说，在对接班人的选拔中，毛泽东的个人意志高于集体决定，对个人的选拔优先于集体接班，“毛泽东的晚年思想实际上成为他选择接班人最重要的标准”。[①]

在改革开放新时期，邓小平认真总结了毛泽东在选拔接班人问题上的经验和教训，指出：“一个领导人，自己选择自己的接班人，是沿用了一种封建主义的做法。”[②]邓小平从建立制度的高度思考接班人选拔问题的解决，进而提出，“单单讲毛泽东同志本人的错误不能解决问题，最重要的是一个制度问题”[③]。因此，在改革开放初期，邓小平对接班人的思考上升到了党的决议和相关规章制度层面，对干部资源的储备进行了顶层设计。

二是成为中国特色社会主义理论的重要组成部分。社会主义从空想到变成科学理论，从巴黎公社的探索到苏联率先建成社会主义，在理论和实践上经历了富有成效的探索，形成了一系列基本的科学理论——马克思主义、列宁主义等。然而，在接班人制度上并没有形成系统科学的理论，这也造成西方资本主义国家寄希望于对社会主义国家进行和平演变。在接班人制度建设上的不足甚至失误，一定程度上导致了20世纪八九十年代的苏联解体、东欧剧变，国际共产主义运动遭到极大的挫折。邓小平对于接班人一系列的思考和探索，促使中国在改革开放初期即开始形成科学合理的接班人制度，一大批富有才干的青年干部走上领导岗位，老一辈的革命余热得到发挥，中国特色社会主义在国际环境的风云变幻中“不变色”。实践充分证明，邓小平的接班人思想成为中国特色社会主义理论的重要组成部分，是马克思主义中国化的重要成果。

---

① 江红英：《毛泽东与领袖接班人问题——兼论党的制度建设》，《中共党史研究》2005年第1期。

② 《邓小平文选》第二卷，人民出版社1994年版，第347页。

③ 《邓小平文选》第二卷，人民出版社1994年版，第297页。

三是为改革开放做了组织准备。中顾委的设置和取消、干部年轻化的推进、退休制度的建立等一系列举措确保了权力交接的顺利平稳推进，营造了稳定的政治环境，展示了中国现代化大国的良好形象，推动了改革开放的深入进行。在社会主义国家，废除了实际上存在的领导干部职务终身制，第一次实现了最高领导人在身体健康的情况下领导权力的顺利交接，从制度上确保了集体领导的实现，为党和国家保持基本政策的连续性和稳定性提供了最根本的组织保证。1985年，邓小平会见美国前国务卿基辛格博士时说："你大概知道我已经退下来了。中国需要建立一个废除领导职务终身制的制度，中国现在很稳定，我也放心。"基辛格说："你看起来精神很好，今后你在中国的发展中仍会发挥巨大的作用，正像你在过去所起的作用一样。你是中国改革的总设计师。"邓小平说："我仍是中华人民共和国的公民、中国共产党的党员，在需要的时候，我还要尽一个普通公民和党员的义务。你现在不当国务卿了，不也还在为国际事务奔忙吗？"在邓小平率先垂范下，一大批党和军队的老干部纷纷主动辞去职务，为共和国的事业、为社会主义建设作出了贡献和牺牲。他们虽然不再担任领导职务，但仍然心系党和国家，心系人民群众，努力发挥余热，在中国特色社会主义建设中留下了浓墨重彩的一笔。

四是推进了中国共产党执政水平的提高和执政能力的成熟。在推动中国共产党执政水平的提高和执政能力的成熟过程中，建立科学合理的接班人制度是其中的重要内容。正如邓小平所说："社会主义是一个很好的名词，但是如果搞不好，不能正确理解，不能采取正确的政策，那就体现不出社会主义的本质。"① 中顾委的设置和取消、干部年轻化的推进、退休制度的建立等一系列举措为实现中国特色社会主义民主政治的进一步完善奠定了坚实的基础，是一个政党走向成熟、成为真正的现代化执政党的重要标志。在20世纪八九十年代，一些社会主义国家发生剧变，政治、经济陷入严重困境的情况下，中国社会

① 《邓小平文选》第二卷，人民出版社1994年版，第313页。

主义事业能够蓬勃发展，现代化建设和改革开放取得举世瞩目的成就，其中一个重要原因就是我们党有一支能够忠实执行党的路线方针政策，年富力强，可堪重任的干部队伍，这是改革开放初期以邓小平同志为核心的党的第二代中央领导集体思考、实践的重要成果。

邓小平的和平思想及其时代意义

桑东华

邓小平是中国改革开放和现代化建设的总设计师，同时又是对世界和平与发展产生深远影响的历史伟人。他把推动中国改革开放和社会主义现代化建设同维护世界和平与发展紧密联系起来，在对国际形势的冷静观察和深入思考中作出实行改革开放的历史性决策；他领导推动的改革开放，不仅深刻改变了中国，而且影响了世界，促进了世界和平与发展。在这一历史过程中，邓小平围绕如何认识世界、如何认识中国与世界、如何争取和维护世界和平等重大问题，创造性地提出了一系列新判断、新观点、新主张，形成内容丰富的和平思想。学习邓小平的和平思想，不仅是对他的深切缅怀和最好纪念，而且具有重要的现实意义。

一、关于如何认识世界

20 世纪七八十年代，世界经济、国际政治和新科技革命发生深刻变化，邓小平凭借丰富的政治经验和敏锐的洞察力，以马克思主义的世界观和方法论分析时代潮流和世界大势，借此形成影响深远的重大战略判断，从而科学回答了“如何认识世界”这个问题。

（一）对战争与和平问题的认识作出重大调整

对世界范围的战争与和平进行准确判断，是观察国际形势、制定内外政策要解决的首要问题。20 世纪 70 年代末，国际政治多极化趋势明显增强。邓小平深刻洞察和准确把握这一发展趋势，在战争与和平问题上逐步形成了新的判断。1977 年 12 月，他提出“国际形势是好的，我们有可能争取多一点时间不打仗”，“可以争取延缓战争的爆发”。[①] 进入 80 年代，随着国际形势的发展，世界政治力量对比出现重要变化，他对战争与和平问题作了更加精辟透彻的分析。他认为，在冷战背景下，美苏两极独大，要发动或者有能力发动战争的，只能是美苏；而除美苏之外的其他国际力量，包括西欧、东欧、日本、中国以及广大的第三世界都是反对战争的，这就使和平的力量和制约战争的力量有可喜的发展，也使苏联不敢轻易发动战争，据此得出“战争的因素在增长，但制止战争的因素也在增长”的结论。[②] 经过观察和慎重分析，1985 年 6 月，邓小平得出了新的重大判断，即“在较长时间内不发生大规模的世界战争是有可能的，维护世界和平是有希望的”。[③]

邓小平关于新的世界大战可以避免的判断，改变了新中国成立后一段时期内“燕子低飞，山雨欲来风满楼”，世界大战不可避免而且迫在眉睫的传统观点，为中国把工作重点转移到经济建设上来提供了重要依据。正如他自己后来所说：“一九七八年我们制定一心一意搞建设的方针，就是建立在这样一个判断上的。”[④]

（二）提出“和平与发展是当今世界两大问题”的新论断

20 世纪 80 年代，随着世界科技革命的蓬勃发展，经济在国际竞争中的地位日益突出。与此同时，广大发展中国家的发展和发达国家的再发展问题，以及由此衍生的南北问题，越来越成为国际舞台上的一个重要课题。在这一时代背景下，邓小平认为，国际社会在为争取世界和平而斗争时，还必须关注和解决人类的发展问题，并鲜明地提出和平与发展是当今世界两大问题的科学判断。1985 年 3 月 4 日，他明确指出：“现在世界上真正大的问题，带全球性的战略问题，一个是和平问题，一个是经济问题或者说发展问题。和平问题是东西问题，

---

① 《邓小平文选》第二卷，人民出版社 1994 年版，第 77 页。
② 《邓小平文选》第二卷，人民出版社 1994 年版，第 416 页。
③ 《邓小平文选》第三卷，人民出版社 1993 年版，第 127 页。
④ 《邓小平文选》第三卷，人民出版社 1993 年版，第 233 页。

发展问题是南北问题。概括起来，就是东西南北四个字。南北问题是核心问题。”[①]之后，邓小平多次阐述了这个问题。1987 年，“和平与发展是当代世界的主题”被写入中共十三大报告，这是在党的重要文献中，首次用“主题”一词来概括对世界大势的新判断。此后，和平与发展时代主题的战略判断，在中共历次全国代表大会都得到坚持和重申，并根据不断变化的国际形势做了进一步丰富和完善。

和平与发展这两个问题，直接关涉人类生存和世界命运。邓小平关于和平与发展是当今世界主题的判断，具有划时代的意义。从中国来看，它改变了过去基于革命与战争的时代判断，明确了通过争取较长时间的和平国际环境进行国内建设的必要性和可能性，为中国在复杂的国际局势中冷静沉着、抓住机遇、发展自己，提供了明确指针。从世界来看，它揭示了当今世界面临的最突出的矛盾和最主要的特征，抓住了观察和解决各种问题的要害，为人们认清历史发展的总趋势、解决根本问题和主要任务，提供了一把钥匙。今天，邓小平的这一重大判断经受住了历史与时间的考验，不仅成为全党共识，也在世界范围内得到广泛认同。维护和平与促进发展已成为世界人民为之奋斗的共同目标。

二、关于如何认识中国与世界

在思索时代潮流和世界大势的同时，如何认识中国与世界的关系，也是一个重大问题。这一问题，对内关乎能否正确制定符合国家利益的长远战略，对外关乎能否准确判断中国的国际地位和作用。邓小平统筹国内国际两个大局，以宽广的视野和长远的眼光审视中国发展与世界和平，并作出一系列事关党和国家长远发展的战略决策。

---

① 《邓小平文选》第三卷，人民出版社 1993 年版，第 105 页。

（一）就世界和平对中国的意义而言，“中国进行现代化建设，没有一个和平的国际环境是不行的”

1978 年 12 月，中共十一届三中全会作出把工作重心转移到经济建设上来、实行改革开放的历史性决策，开启了历史发展的新时期。此后，坚定不移推进改革开放和现代化建设，成为相当长时期内全国人民压倒一切的中心任务。而争取和平，则成为改革开放和现代化建设顺利进行的首要前提和客观需要。为了确保现代化建设这个中心任务，邓小平多次强调和平的国际环境的重要性，他明确提出：“中国对外政策的目标是争取世界和平。在争取和平的前提下，一心一意搞现代化建设，发展自己的国家，建设具有中国特色的社会主义。”[①]他反复强调，中国的现代化建设要取得成功，决定于两个条件：一个是国内条件，就是坚持现行的改革开放政策，还有一个是国际条件，就是持久的和平环境。[②]争取一个长期的国际和平环境，是世界人民的愿望，也是我们搞建设的需要。

为争取有利于国内建设的国际和平环境，邓小平果断、及时地对中国外交战略进行了重大调整。首先是改变 20 世纪 70 年代针对苏联霸权主义威胁而采取的“一条线”战略，确立了独立自主的和平外交政策。在国际事务中，中国依照事情本身的是非曲直决定自己的立场和态度，不盲从、不屈服于任何外来压力。与此同时，调整了过去以社会制度和意识形态划线的做法，不计较历史恩怨，不搞意识形态的争论，在平等互利基础上同所有国家发展友好合作关系。特别值得提出的是，在奉行和平外交的同时，邓小平更加鲜明地强调坚持独立自主。他庄严指出：国家的主权、国家的安全要始终放在第一位[③]，“独立自主，自力更生，无论过去、现在和将来，都是我们的立足点……任何外国不要指望中国做他们的附庸，不要指望中国会吞下损害我国

① 《邓小平文选》第三卷，人民出版社 1993 年版，第 57 页。

② 《邓小平文选》第三卷，人民出版社 1993 年版，第 156 页。

③ 《邓小平文选》第三卷，人民出版社 1993 年版，第 348 页。

利益的苦果”。[①]

（二）就中国对世界和平的意义而言，“中国是维护世界和平与稳定的重要力量”

邓小平对中国的基本国情有着深刻了解，他毫不讳言中国在经济、科技方面的“穷”和“弱”，但自始至终都对中国所具备的战略实力和巨大发展潜力深信不疑。他认为，中国“块头大”，作为第三世界人口最多的国家，中国加入任何一方，都会使世界战略力量的平衡发生质的变化，因此“中国在国际上有特殊的重要性，关系到国际局势的稳定与安全”。[②]就中国对于世界和平的意义而言，邓小平始终强调，中国的发展是和平力量的发展，是制约战争力量的发展，中国发展起来了，将会增强维护世界和平的力量，从而争取到更长时间的世界和平。他说：“我可以明确地肯定地讲一个观点，中国现在是维护世界和平和稳定的力量，不是破坏力量。”[③]他还特别指出：作为联合国安理会常任理事国，中国理解自己的责任。有两条大家是信得过的，一条是坚持原则，一条是讲话算数。我们不搞政治游戏，不搞语言游戏。[④]

20世纪80年代，中国以实际行动证明了自己是维护世界和平与稳定的力量。其重要标志之一，就是奉行不结盟的政策。中国在国际上保持自己的独立地位，不与任何大国或集团结盟，不支持任何一个国家或集团去反对另一个国家或集团；中国“不打美国牌，也不打苏联牌”，“也不允许别人打中国牌”；中国“同谁都来往，同谁都交朋友”；中国坚定站在世界和平力量一边，说公道话，办公道事，“谁搞霸权就反对谁，谁搞战争就反对谁”。[⑤]对此，邓小平总结道，“这种

① 《邓小平文选》第三卷，人民出版社1993年版，第3页。
② 《邓小平文选》第三卷，人民出版社1993年版，第350页。
③ 《邓小平文选》第三卷，人民出版社1993年版，第104页。
④ 《邓小平文选》第二卷，人民出版社1994年版，第415页。
⑤ 《邓小平文选》第三卷，人民出版社1993年版，第128页。

独立自主的外交政策，最有利于世界和平”。[①] 20世纪80年代，他亲自主持了军队的精简整编和体制调整，裁减军队员额100万，并把大量军工生产改为民用生产。这是中国用实际行动对维护世界和平与稳定作出的重大贡献。作为联合国安理会常任理事国之一，中国主张通过政治和外交途径解决国际争端和地区冲突，推动了许多国际争端的和平解决。

三、关于如何争取和维护世界和平

和平是宝贵的，和平也是需要争取和维护的。邓小平曾说过：“我荣幸地以中华民族一员的资格，而成为世界的公民。”[②] 作为世界公民的他，始终高度关注和平问题，并站在全人类的高度，对如何争取和维护世界和平进行深刻思考，提出一系列顺应时代发展潮流的新思想、新主张、新办法，为世界和平与发展事业贡献了中国智慧。这方面的内容十分丰富，在此仅择其要者进行阐述。

（一）“要争取和平就必须反对霸权主义，反对强权政治”

一般来说，霸权主义是指大国或大国集团通过武力或采用其他手段，把自己的影响和意志强加于别国，谋求对一个地区或更大范围进行统治的政策和行为。反对霸权主义，是邓小平在和平问题上最基本最鲜明的立场。

第一，深刻揭示霸权主义与现代战争的关系，明确了反对霸权主义的重要性。邓小平尖锐地指出：“霸权主义是世界最危险的战争策源地，是危害世界和平、安全和稳定的根源。”[③] 进入改革开放新时期后，他一再强调“为了维护和平必须反对霸权主义。不管霸权主义来自哪一方面，我们都反对”，并明确把反对霸权主义、维护世界和平作为中国对外政策的“主要目标”“纲领”“核心”“依据”“总

① 《邓小平文选》第三卷，人民出版社1993年版，第156页。

② 《邓小平年谱（1975—1997）》（下），中央文献出版社2004年版，第714页。

③ 《邓小平年谱（1975—1997）》（上），中央文献出版社2004年版，第491页。

方针”“基石”。这些极具分量的字眼，凸显出反对霸权主义在中国对外政策中的重要地位，也表明了中国致力于维护世界和平的坚定决心。

第二，他提出了“联合反霸”的主张。邓小平认为，单独一个国家即使比较强大，也对付不了霸权主义，据此提出“联合反霸”的主张。他指出：“维护世界和平，延缓战争的爆发，单单依靠哪一家不行，必须大家联合起来。”“经过大家的努力，反对霸权主义的力量联合起来，可以延缓战争爆发的时间。如果我们反对战争有力，对付霸权主义有力，延缓战争爆发甚至争取比较长的和平时间是可能的。我们讲联合反霸就是为的这个目的。”①在反霸的力量中，邓小平高度重视第三世界国家的地位和作用，将其视为“真正的维护世界和平、反对霸权主义的主力”。②

第三，他提出了中国“永远不称霸”的指导原则。中国反对霸权主义，也严格约束自己不称霸。早在1974年4月，邓小平出席联合国大会第六届特别会议时，就代表中国政府向全世界庄严宣告：中国永远不做超级大国。此后，他多次表示，我们搞的是主张和平的社会主义，中国现在不称霸，将来发展了，也永远不称霸。在他看来，社会主义同霸权主义水火不相容，凡是谋求霸权，凡是一国欺负、控制另一个国家，就不是马克思主义。“如果十亿人的中国不坚持和平政策，不反对霸权主义，或者是随着经济的发展自己搞霸权主义，那对世界也是一个灾难，也是历史的倒退。”③

第四，他充分估计了反对霸权主义、维护世界和平的长期性和艰巨性。邓小平说：“中国革命胜利后，一直奉行反对霸权主义、维护世界和平、支持一切被压迫民族独立和解放斗争的政策。这个任务还没有结束，可能至少还要进行一个世纪的斗争。反对霸权主义不是一件

① 《邓小平年谱（1975—1997）》（下），中央文献出版社2004年版，第712、737页。

② 《邓小平文选》第二卷，人民出版社1994年版，第416页。

③ 《邓小平文选》第三卷，人民出版社1993年版，第158页。

容易的事。”[1]他敏锐地指出，西方以所谓的“人权、自由、民主”为借口，对发展中国家动辄进行制裁，或以制裁相威胁，其实质是霸权主义的表现。历史的发展完全证明了邓小平的真知灼见。霸权主义和强权政治不会自动消失，唯一的办法是与之进行坚持不懈的斗争。只有这样，才能创造长期稳定的国际和平环境。

（二）“世界上现在有两件事情要同时做，一个是建立国际政治新秩序，一个是建立国际经济新秩序”

作为国际新秩序的积极倡导者，早在1974年4月，邓小平出席联合国大会第六次特别会议时就指出，“建立在殖民主义、帝国主义、霸权主义基础上的旧秩序”，是“发展中国家解放和进步的最大障碍”，主张建立国际经济新秩序。[2]20世纪80年代后期，面对由紧张趋向缓和，由对抗转向对话，世界多极化趋向日益发展的国际新形势，邓小平又首倡建立和平稳定、公正合理的国际政治经济新秩序。1988年12月，他明确提出：“世界上现在有两件事情要同时做，一个是建立国际政治新秩序，一个是建立国际经济新秩序。”[3]

综合邓小平的著作和一系列讲话、谈话，可以归纳出他关于建立国际政治经济新秩序的基本观点。

第一，邓小平倡导的国际政治新秩序，是与霸权主义和强权政治针锋相对的崭新的国际秩序。他明确指出：建立国际政治新秩序，就是要结束霸权主义。过去搞的无论是超级大国的霸权主义，还是区域性的霸权主义，现在都应该停止，要努力在世界上建立一种新型的国家关系。国家之间应该相互尊重、平等相待、互不干涉内政。各国人民有权根据本国国情选择自己的发展道路。国家不分大小、强弱、贫富，都应当平等参与国际事务。各国都不应谋求霸权、推行强权政治。

① 《邓小平文选》第三卷，人民出版社1993年版，第289页。

② 《中华人民共和国代表团团长邓小平在联大特别会议上的发言》，《人民日报》1974年4月11日。

③ 《邓小平文选》第三卷，人民出版社1993年版，第282页。

第二，邓小平主张的国际经济新秩序，关键是要改革不公正不合理的国际经济关系。他认为，过去完全由少数发达国家主导和控制的旧国际经济关系，是造成南北差距不断加大的根本原因之一。因此，建立国际经济新秩序，首先要解决南北问题。发达国家不能以损害发展中国家经济利益为代价谋求自己的利益，应通过对话逐步建立起平等合作的南北关系。世界各国应该在平等互利的基础上，加强和扩大交流与合作，谋求共同发展。

第三，建立国际政治经济新秩序，应以和平共处五项原则为基础。邓小平指出，历史证明，无论是“势力范围”“集团政治”，还是“条约组织”“大家庭”方式，都是行不通的，而和平共处五项原则“非常明确，干净利落，清清楚楚”，“是最经得住考验的”，应当作为指导国际关系的准则。[①]他认为，这不仅是处理国家政治关系的准则，也应是处理国家经济关系的准则，不仅某一类型的国家要遵守，而且任何国家都应遵守，从而使和平共处五项原则涵盖的领域更加广泛，更具有时代特色。也正是在这一原则的指导下，邓小平创造性地提出了以“一国两制”方式实现祖国和平统一的科学构想，提出了以“主权属我、搁置争议、共同开发”的新思路，解决历史遗留下来的领土、领海争端，从而为国际社会以和平方式解决国家间的历史遗留问题和国际争端提供了范例。这是他对人类和平事业的伟大探索和创造性贡献。对此，他总结道：“‘一个国家，两种制度’和共同开发解决争端的办法，都是为了和平而不用战争方式，都叫和平共处”。[②]

（三）“发展自己同维护和平是一回事情”

在思考和平问题时，邓小平从来不是孤立地就和平论和平，而通常是把和平与发展并列提出。他始终把发展问题作为有关世界前途和命运的核心问题，强调要从全人类的高度来认识。正是在这个高度上，他认为对于第三世界和整个欧洲来说，发展自己和赢得和平是密

① 《邓小平文选》第三卷，人民出版社 1993 年版，第 283 页。
② 《邓小平年谱（1975—1997）》（下），中央文献出版社 2004 年版，第 994 页。

切联系的两个方面，甚至提出“发展自己同维护和平是一回事情”。[①]在他看来，和平与发展互为条件、相互促进，和平是发展的基本前提，发展是和平的重要保障。没有和平安宁的国际环境，任何国家都无法进行建设和实现发展。反过来，如果没有发展，第三世界国家长期处于贫困落后状态，和平就没有保障，安宁的国际环境终将受到破坏。因此，以和平求发展，以发展促和平，各国人民必须肩负着双重任务，为实现世界持久和平与人类共同繁荣而奋斗。

基于上述认识，邓小平对世界和平与发展提出了具有积极意义的思想主张。

第一，主张南北对话，倡导南南合作。他指出，南北问题不仅是落后国家的发展问题，实际上也是整个人类的发展问题。如果占世界人口 3/4 的发展中国家永远处于落后状态，发达国家的进一步发展也会受到限制，它们的资源供应、商品市场、资金出路就会成为问题。因此，加强南北对话，发达国家负有特殊的责任。但第三世界仅仅依靠南北对话是不够的，还必须开展南南合作。南南合作是历史发展的方向。

第二，支持第三世界国家发展民族经济。发展中国家在政治上的崛起是 20 世纪下半叶国际局势演变的一大特征，而抓住机遇实现经济上的腾飞，则成为广大发展中国家面向 21 世纪的奋斗目标。邓小平指出:“归根结底，政治独立和经济独立是不可分的。没有政治独立，就不可能获得经济独立；而没有经济独立，一个国家的独立就是不完全、不巩固的。”[②]他呼吁发展中国家要有紧迫感，要抓住时机尽快发展自己。与此同时，他还利用各种场合，向发展中国家的领导人介绍中国对经济发展的认识和经验，表明支持第三世界国家发展民族经济的努力。

第三，强调中国的发展对世界和平具有重要意义。作为伟大的战

① 《邓小平年谱（1975—1997）》(下)，中央文献出版社 2004 年版，第 1185 页。

② 《中华人民共和国代表团团长邓小平在联大特别会议上的发言》，《人民日报》1974 年 4 月 11 日。

略家，邓小平放眼世界，也放眼未来，他直截了当地指出：从世界政治、世界经济的角度来看，中国的发展对世界和平和世界经济的发展有利。“中国发展得越强大，世界和平越靠得住。”[①] 邓小平强调：我们的事情很多，但是归根到底是两件大事，一是和平问题，二是发展问题。两件大事中最重要的是发展，我们发展自己不仅是为了改善本国人民的生活，同时也是对整个国际和平的贡献。“中国把自己看成是维护世界和平的力量，但是究竟能为世界持久和平发挥多大力量，还要取决于我们发展的程度。如果中国发展了，意味着争取世界和平的力量壮大了，我们对和平的贡献也就更多了。”[②] 在领导和推动中国改革开放过程中，邓小平始终怀着中国要为人类作出更大贡献的雄心壮志。他坚信，“到下世纪中叶，能够接近世界发达国家的水平，那才是大变化。到那时，社会主义中国的分量和作用就不同了，我们就可以对人类有较大的贡献”。[③] 他还预言，“如果下一个世纪五十年里，第三世界包括中国有一个可喜的发展，整个欧洲有一个可喜的发展，我看那个时候可以真正消除战争的危险”。[④]

邓小平的和平思想既有鲜明的时代特征和中国特色，又有宽广的世界眼光和博大的人类情怀。它立足于维护中国国家主权、安全和发展利益，同时又着眼于实现世界和平与发展，把发展中国特色社会主义与维护世界和平统一起来，把推进中国改革开放与现代化建设同推动世界和平发展统一起来。邓小平的和平思想是中国的，也是世界的，不仅深刻影响了他那个时代，而且深刻影响了后来。在邓小平和平思想的指导下，中国积极争取和平的国际环境发展自己，又以自身发展更好地维护世界和平、促进共同发展。改革开放 40 多年来，中国实现了从站起来、富起来到强起来的伟大飞跃。这不仅是中国的巨大变化，也是对世界和平与发展的巨大贡献。

---

① 《邓小平文选》第三卷，人民出版社 1993 年版，第 104 页。
② 《邓小平年谱（1975—1997）》（下），中央文献出版社 2004 年版，第 1117 页。
③ 《邓小平文选》第三卷，人民出版社 1993 年版，第 143 页。
④ 《邓小平文选》第三卷，人民出版社 1993 年版，第 233 页。

四、邓小平和平思想的时代意义

历史在前进，时代在发展。今天的国际形势和中国发展与20世纪七八十年代相比，已经有了很大变化。从国际上说，和平与发展仍是时代主题，但全球深层次矛盾突出，面临许多新问题新挑战。从中国来说，中国发展进入新时代，综合国力快速提升，日益走近世界舞台中央。学习邓小平和平思想，对于新时代坚持和发展中国特色社会主义，继续推进世界和平与发展，具有重要现实意义。

（一）坚持走和平发展道路

中国走和平发展道路，是坚定不移的战略选择和郑重承诺，是思想自信和实践自觉的有机统一。这种自信和自觉，来源于中华文明的深厚底蕴，来源于对实现中国发展目标条件的认知，来源于对世界发展大势的把握。中国自古提倡“强不执弱，富不侮贫”“己所不欲，勿施于人”，中华民族的血液里没有侵略他人、称霸世界的基因。70多年来，中国从一个积贫积弱的国家发展成为世界第二大经济体，靠的不是对外军事扩张和殖民掠夺，而是人民勤劳、维护和平。新中国成立70多年来的历程启迪我们，只有坚定不移走和平发展道路，才能切实推进民族复兴进程，为世界和平与发展作出中国贡献。习近平总书记郑重指出：“中国将始终做世界和平的建设者，坚定走和平发展道路，无论国际形势如何变化，无论自身如何发展，中国永不称霸、永不扩张、永不谋求势力范围。”①历史已经并将继续证明这一点。

（二）坚持推动构建人类命运共同体

当今世界，国际形势发生复杂变化，国际秩序面临深刻调整，霸权主义、强权政治依然存在，单边主义、保护主义不断抬头、影响世界和平稳定的因素日益突出。党的十八大以来，中国以负责任大国的身份参与全球治理体系建设与变革，并着眼于解决世界面临的现实问

---

① 习近平：《论坚持推动构建人类命运共同体》，中央文献出版社2018年版，第257页。

题，提出构建人类命运共同体，主张建设持久和平、普遍安全、共同繁荣、开放包容、清洁美丽的世界。构建人类命运共同体理念，是对邓小平和平思想的继承发展，也是为推动世界和平发展和完善全球治理贡献的中国智慧，体现了中国将自身发展与世界发展相统一的全球视野和大国担当。中国不仅是理念上的倡导者，更是行动中的务实实践者和积极贡献者。面向未来，中国将一如既往为世界和平安宁作贡献，同各国人民一道，推动构建人类命运共同体。

（三）坚持集中精力办好自己的事情

发展才是硬道理，中国解决所有问题的关键是要靠自己的发展。作为世界上最大的发展中国家，中国集中精力把自己的事情办好，使国家更加富强，人民更加幸福，才能为复杂多变的世界注入更多稳定性和确定性，为世界和平作出更大贡献。新时代的中国，必须坚持发展是第一要务，将主要资源和精力集中于国内改革和发展，以经济建设为中心，加快现代化建设进程，不断增强综合国力和国际竞争力。这是立足于世界的根本。同时，要坚持以人民为中心，着力保障和改善民生，让改革发展成果更多更公平惠及广大人民。这是发展的落脚点。正如习近平总书记所指出的："最重要的，还是要集中精力办好自己的事情，不断壮大我们的综合国力，不断改善我们人民的生活，不断建设对资本主义具有优越性的社会主义，不断为我们赢得主动、赢得优势、赢得未来打下更加坚实的基础。"①

① 《十八大以来重要文献选编》（上），中央文献出版社 2014 年版，第 117 页。

邓小平对苏共执政经验教训的总结鉴戒及其历史意义

张 曙

1917 年俄国爆发十月革命，建立了世界上第一个社会主义国家，苏共开始执政。1991 年苏联解体，苏共丧失执政地位。苏共在其执政的 74 年里，既有一些成功经验，更有诸多历史教训。作为中国共产党的第一代中央领导集体的重要成员和第二代中央领导集体的核心，邓小平 20 世纪五六十年代在中共对苏事务中扮演了重要角色，七八十年代又推动中苏关系正常化，指导关系正常化之后的中苏（俄）关系的发展，后来也见证了苏联解体苏共亡党这一重大事件。其间，邓小平一直对苏共执政进行观察与思考，对其成败得失进行总结与反思。他的这些认识成果，为其开辟新道路提供了重要鉴戒，对今天坚持和发展中国特色社会主义仍有深刻启迪。

一、对苏共执政成就与经验的总结

（一）苏联前期社会主义建设取得的巨大成就，离不开苏共的坚强领导

苏共执掌政权后，带领苏联人民粉碎了 14 个资本主义国家的武装干涉，完成了经济恢复工作，执行列宁关于苏维埃国家工业化和农业集体化的总路线，使苏联摆脱经济落后的状态而变成强大的社会主义国家，工农业生产总值由欧洲第四、世界第五，上升为欧洲第一、世界第二，成为仅次于美国的世界强国，在打败德国法西斯的战争中作出重大贡献。苏联建设社会主义取得的巨大成就，最根本的在于苏

共的坚强领导。正如邓小平所说：“自从十月革命以来，更证明了没有共产党的领导就不可能有社会主义革命，不可能有无产阶级专政，不可能有社会主义建设。”①

苏共是按照列宁建党思想锻造的。对于列宁的建党思想和原则，邓小平多次表示了肯定。他指出：“列宁有个完整的建党的学说。正是因为列宁建立了那么一个好的党，才能取得十月革命的胜利，建立了第一个社会主义国家。”②建设社会主义同样需要执政党的坚强领导。这个党强调密切联系群众。1951年6月25日，邓小平在中共西南局召开的七一纪念活动报告员大会上作报告时，称赞斯大林在《联共（布）党史简明教程》结束语中所说的“布尔什维克党只要是与广大民众保持着联系，就会始终是不可战胜的”，认为斯大林说的这个真理，“不仅适用于联共党，适用于中国党，而且也适用于世界上任何一个国家的共产党”。③这个党强调坚持民主集中制，强调集中统一。1956年9月16日，邓小平在中共八大上作《关于修改党的章程》报告中说：“列宁主义要求党在一切重大的问题上，由适当的集体而不由个人作出决定。”④1979年3月27日，他在同胡耀邦、胡乔木等谈话时说，“列宁非常强调集中统一”。⑤没有党的统一领导，就没有效率，最终会一事无成。这个党强调组织严密，纪律严明。1965年12月28日，邓小平在会见澳大利亚共产党主席希尔时说：“一定要照列宁所说的，建立有最严密的组织和纪律的党。一定要有列宁所说的铁的纪律，否则党就没有战斗力。”⑥

---

① 《邓小平文选》第二卷，人民出版社1994年版，第169页。
② 《邓小平文选》第二卷，人民出版社1994年版，第44页。
③ 《邓小平文集（1949—1974）》（上），人民出版社2014年版，第261页。
④ 《邓小平文选》第一卷，人民出版社1994年版，第229页。
⑤ 《邓小平年谱（1975—1997）》（上），中央文献出版社2004年版，第499页。
⑥ 《邓小平文集（1949—1974）》（下），人民出版社2014年版，第254页。

（二）苏共执政早期对社会主义的探索成果，是在坚持实事求是原则下取得的

1917年俄国十月革命的胜利，是列宁把马克思主义基本原理创造性地运用于俄国革命具体实践的光辉典范，使社会主义从科学理论变成现实的社会主义制度，开辟了人类历史的新纪元。邓小平高度赞扬十月革命开辟的社会主义道路，同时充分肯定列宁在领导十月革命胜利中所展现出的实事求是精神。1983年1月11日，他在会见墨西哥统一社会党代表团时说:“列宁干成了十月革命，这是不是马克思主义？当然是马克思主义。但他是根据俄国的特点来实行马克思主义，也就是根据当时俄国的实际情况来决定自己的政策，所以干成了十月革命，所以有列宁主义。”[①] 同年6月21日，他在会见民主柬埔寨领导人时说:“历史上理解马克思主义最好的是列宁和毛泽东，他们根据马克思主义把本国革命引向胜利，核心就是实事求是。”[②]

列宁等苏共领导人的这种实事求是精神，还表现在执政初期对什么是社会主义的重新探索上。十月革命胜利后，苏维埃政府实施以企业收归国有、余粮收集制、普遍义务劳动制为主要内容的战时共产主义政策，但不久即引发部分农民和工人的不满和骚乱。来自实践的挫折促使列宁重新思考如何认识社会主义。1921年3月，俄共（布）十大通过了推行新经济政策的决定，规定以粮食税代替余粮收集制，允许商品经济和一定范围的私人贸易，允许私人开设小型工业企业和利用国家资本主义等，很快得到人民支持。这种建立和扩大社会主义基础的“迂回的办法”，意味着列宁所说“我们对社会主义的整个看法根本改变了”[③]，实质是列宁对马克思和恩格斯关于社会主义设想的又一次重大突破，表现了科学的创新和求实精神。邓小平对此予以肯定。1985年8月28日，他在会见津巴布韦非洲民族联盟主席、政府总理穆加贝时说：在探索什么是社会主义方面，“可能列宁的思路比

---

① 《邓小平年谱（1975—1997）》（下），中央文献出版社2004年版，第881页。
② 《邓小平年谱（1975—1997）》（下），中央文献出版社2004年版，第914页。
③ 《列宁全集》第43卷，人民出版社1987年版，第367页。

较好，搞了个新经济政策”。[①] 对新经济政策中利用商品货币关系的重要思想，邓小平也多次予以肯定。1950 年 1 月 4 日和 1978 年 6 月 23 日，他在两次讲话中指出：“十月革命成功后，列宁曾经号召共产党人要学会做生意，学会赚钱，为国家积累资本。”[②]“搞党的工作不懂经济不行……十月革命胜利后，列宁就强调要学会做生意。我们到现在还没有学会做生意。”[③]

（三）苏共执政期间实行的一些方针政策对我们是有启发的

一是执政早期对农业的重视。在俄国这样一个经济落后、小生产占优势的国家，处理好同农民的关系，是社会主义革命获得胜利的重要条件之一。列宁在十月革命胜利后特别是实行新经济政策期间，主张通过流通领域的合作社这种农民熟悉的方式，逐步把农民引向社会主义。对于这一点，1959 年 12 月 24 日，邓小平在会见朝鲜驻中国大使李永镐时说：“我们研究了，马克思、列宁都很重视农业。”[④] 基于此，他认为，我国提出“以农业为基础”这个提法是合乎马列主义的。

二是对发展科学技术的高度重视。苏联于 1957 年和 1959 年相继发射人造地球卫星和宇宙火箭，标志着在最重要的科技方面已经登上世界的最高峰。20 世纪五六十年代，邓小平多次率领中国代表团去莫斯科，目睹了苏联发达的科技成就，对苏联重视发挥青年科技人才的作用印象深刻。多年后他在主持全面整顿期间，曾深有感触地回忆说：“1957 年我去苏联，尤金（1953 年至 1959 年任苏联驻中国大使）说，苏联的原子弹，是三个三四十岁的年轻人搞出来的。这样的人我们就没有啊？”[⑤] 苏联科技发达，与他们培养科技人才的教育体制密切相关。1964 年 1 月 11 日，邓小平在全军政治工作会议上就缩短学制问题指出：“我们的青年比苏联青年要多学五年才能到工作岗位，苏联

---

① 《邓小平文选》第三卷，人民出版社 1993 年版，第 139 页。
② 《邓小平文集（1949—1974）》（上），人民出版社 2014 年版，第 15 页。
③ 《邓小平年谱（1975—1997）》（上），中央文献出版社 2004 年版，第 329 页。
④ 《邓小平文集（1949—1974）》（下），人民出版社 2014 年版，第 41 页。
⑤ 《邓小平文选》第二卷，人民出版社 1994 年版，第 33 页。

青年大体上 22 岁可以到工作岗位。这个问题是影响我们以后科学技术发展的一个重大的问题。”[①] 苏联科技发达，还由于有庞大的科技工作队伍。1977 年 5 月、8 月，邓小平在复出前后多次表示：我国科研人员少、队伍小，同发达国家相比，我们的科技和教育整整落后了 20 年。“科研人员美国有一百二十万，苏联九十万，我们只有二十多万，还包括老弱病残，真正顶用的不很多。”“美国科研队伍有一百二十万人，苏联前年的资料是九十万人，现在又增加了。”[②]

除肯定苏共重视农业和科学技术外，20 世纪五六十年代，邓小平还肯定了苏联的选举制度，等等。

二、对苏共执政教训的深刻反思

在肯定苏共执政经验的同时，邓小平更多的是对苏共执政的诸多教训进行深刻反思。

（一）在对社会主义的认识上存在严重偏差和失误

一是在什么是社会主义问题上没有完全搞清楚。邓小平后来说：“社会主义究竟是个什么样子，苏联搞了很多年，也并没有完全搞清楚。”[③] 1963 年 5 月 3 日，他在会见朝鲜劳动党中央委员会委员长金日成时说：“赫鲁晓夫说生产水平赶上美国就可以达到共产主义。按照马列主义的原则，最终要消灭三个差别：工业和农业的差别，体力劳动和脑力劳动的差别，城市和乡村的差别。这些差别没有消灭，怎么能进入共产主义？”[④] 1964 年 5 月 19 日，他在会见越南劳动青年代表团时指出：斯大林讲的社会主义建成，“无非是工业产值比农业产值高。所谓高，就是工业产值要占国民生产总值的百分之七十。这仅仅是从工业产值的比重来规定建成社会主义，没有提到政治思想范围的问

① 《邓小平文集（1949—1974）》（下），人民出版社 2014 年版，第 178 页。
② 《邓小平文选》第二卷，人民出版社 1994 年版，第 40、52 页。
③ 《邓小平文选》第三卷，人民出版社 1993 年版，第 139 页。
④ 《邓小平文集（1949—1974）》（下），人民出版社 2014 年版，第 154 页。

题”。[①] 1985 年 10 月 29 日，他在会见联邦德国副总理兼外交部长根舍时说：“赫鲁晓夫给共产主义下了个定义，就是‘土豆烧牛肉’。那样的‘共产主义’，欧洲不少国家恐怕在一百年前就实现了。”[②] 这样的社会主义，实际上是低标准的社会主义。

二是对建成社会主义的长期性缺乏清醒认识。由于对什么是社会主义认识不是很清楚，苏共领导人在建成社会主义问题上屡屡出现“超阶段论”。斯大林在 1936 年苏联宪法中宣布建成社会主义，1939 年提出苏联要过渡到共产主义。赫鲁晓夫 1961 年在苏共二十二大上认为苏联已建成社会主义，进入全面开展共产主义建设阶段，制定了 20 年建成共产主义的新党纲。勃列日涅夫虽降低了赫鲁晓夫的基调，但仍提出“建成发达社会主义社会”。对苏共领导人这种“超阶段论”的错误，邓小平多次提出质疑和批评。1963 年 5 月 3 日，他在会见金日成时说：“对社会主义这个历史时期，赫鲁晓夫看得很短，我们认为应该是很长的……看来社会主义是一个独立的很长的时期，这不仅因为有国内因素，还有国际因素。”[③] 1985 年 10 月 29 日，他在会见联邦德国副总理兼外交部长根舍时说：“从赫鲁晓夫起，苏联一直在说大话。其中赫鲁晓夫说得最大。他说一九八〇年建成共产主义。一九八〇年已经过去了，就算是一九九〇年，也还只剩下五年。他的大话吹破了。”[④]

三是把社会主义模式绝对化了。列宁新经济政策实践的时间很短。斯大林在领导苏联社会主义实践中，逐步形成了苏联社会主义模式，即共产党作为执政党的一党高度集权、指令性的计划经济体制和文化的一元主义。赫鲁晓夫、勃列日涅夫等后来的苏共领导人虽然对斯大林模式进行过改革，取得了一些成绩，但在计划经济、单一公有制、高度集权等这一模式的一些基本方面，始终没有取得实质性突

① 《邓小平年谱（1904—1974）》（下），中央文献出版社 2009 年版，第 1813 页。
② 《邓小平年谱（1975—1997）》（下），中央文献出版社 2004 年版，第 1092 页。
③ 《邓小平文集（1949—1974）》（下），人民出版社 2014 年版，第 154 页。
④ 《邓小平年谱（1975—1997）》（下），中央文献出版社 2004 年版，第 1092 页。

破。苏共还否认社会主义模式的多样性，要求社会主义各国仿效和照搬，否则就是“背离社会主义”“搞民族主义”等，包括中国在内的几乎所有的社会主义国家，几乎都不同程度上搬用了苏联的一套理论和模式。邓小平对苏联模式的种种弊端有切实的体会和清醒的认识。1978 年 9 月 15 日，他在听取中共黑龙江省委常委汇报工作时说，“从总的状况来说，我们国家的体制，包括机构体制等，基本上是从苏联来的，是一种落后的东西”。[①] 1985 年 8 月 28 日，他在会见津巴布韦非洲民族联盟主席、政府总理穆加贝时说“后来苏联的模式僵化了”。[②] 对于照搬苏联模式带来的严重后果，邓小平也多次指出，照搬苏联模式给我国带来很多问题，“阻碍了生产力的发展，在思想上导致僵化，妨碍人民和基层积极性的发挥”。[③]

（二）在建设社会主义的一些方针政策上存在严重失误

一是优先发展重工业的战略。苏联在 20 世纪 30 年代工业化时期，片面发展重工业和国防工业，忽视农业，压缩轻工业，造成国民经济比例关系严重失调，影响了国民经济的发展，使市场供应紧张，人民生活必需品长期短缺，农民负担过重。邓小平很早就认识到了这一点。1958 年 7 月 19 日，他在中共中央军委扩大会议上讲话指出：“斯大林忽视农业，不就是一个很大的错误吗？”[④] 1984 年 10 月 22 日，他在中央顾问委员会第三次全体会议上讲话说：“据说苏联是百分之二十的国民生产总值用于国防，为什么他翻不起身来，就是负担太沉重。”[⑤] 他还反思苏联军工体制的弊端，指出：“苏联体制的突出问题是军事工业孤立地一马当先，带动不了民用工业，带动不了整个经济和技术。”[⑥]

---

① 《邓小平思想年谱（1975—1997）》，中央文献出版社 1998 年版，第 77 页。
② 《邓小平文选》第三卷，人民出版社 1993 年版，第 139 页。
③ 《邓小平文选》第三卷，人民出版社 1993 年版，第 237 页。
④ 《邓小平文集（1949—1974）》（中），人民出版社 2014 年版，第 391 页。
⑤ 《邓小平文选》第三卷，人民出版社 1993 年版，第 88 页。
⑥ 《邓小平军事文集》第三卷，军事科学出版社、中央文献出版社 2004 年版，第 281 页。

二是严重混淆敌我矛盾和人民内部矛盾界限，以致发生 20 世纪 30 年代的肃反扩大化错误等，给苏联的政治生活和社会发展带来长期的严重的影响。对斯大林严重破坏社会主义法制，搞肃反扩大化，邓小平多次提出批评，指出斯大林“在肃反问题上犯了错误”，“斯大林肃反搞错了一部分人，伤了一部分人，伤了一部分共产党员”。他还剖析肃反扩大化发生的原因。1957 年 3 月 18 日，他在山西省直机关、太原市机关干部，厂矿企业负责人大会上作报告时说：之所以会发生肃反扩大化错误，“从理论上来说，错误的根源就是把解决敌我矛盾的办法，用来解决人民内部矛盾问题。阶级斗争是敌我矛盾，人民内部矛盾是是非问题，把敌我矛盾和人民内部是非问题混淆起来，就产生了错误”。[①] 从客观上说，还有制度不健全的问题。1980 年 8 月 18 日，邓小平在中央政治局扩大会议上讲话指出：“斯大林严重破坏社会主义法制，毛泽东同志就说过，这样的事件在英、法、美这样的西方国家不可能发生。”由此说明苏联政治体制存在严重缺陷和弊端。因而邓小平指出，不是说个人没有责任，“而是说领导制度、组织制度问题更带有根本性、全局性、稳定性和长期性”。[②]

三是故步自封、形而上学盛行，没有与时俱进地发展马克思主义。苏共在思想文化上实行专制主义政策，文化上、学术上的是非，往往由党组织或者党的领导人说了算。还严重混淆学术问题和政治问题的界限，用大批判等不正常方式解决思想文化领域的问题。邓小平对此多次批评。1957 年 4 月 8 日，他在西安干部会上作报告时指出：“只有搞‘百花齐放、百家争鸣’，各种意见表达出来，进行争辩，才能真正发展马克思主义，发展辩证唯物主义。这一点，斯大林犯过错误，就是搞得太死了，搞得太单纯了。在苏联，马克思主义在一个时期衰退了。”[③] 1977 年 11 月 3 日，他在会见美籍华人王浩教授时说：“苏联从斯大林时期开始，他们的思想方法实际上是形而上学，认为

① 《邓小平文集（1949—1974）》（中），人民出版社 2014 年版，第 307 页。
② 《邓小平文选》第二卷，人民出版社 1994 年版，第 333 页。
③ 《邓小平文选》第一卷，人民出版社 1994 年版，第 272 页。

一切都是苏联的最好，其实很多并不是这样，结果自己把自己封锁起来，变成思想僵化。”[①] 由此造成缺乏创新的动力与机制；未能适应时代主题的转化，并对自己的战略作出相应的调整；盲目排斥资本主义国家的发展成果和成功经验等，最终在与美国的较量中败下阵来。

（三）赫鲁晓夫全盘否定斯大林动摇了苏共执政的思想基础

斯大林 1924 年至 1953 年担任苏联最高领导人。他在执政期间，在领导苏联革命、建设和反法西斯战争中作出了卓越贡献，但也犯有严重错误，如长期实行高度集中的政治经济体制，把阶级斗争越来越尖锐作为社会主义过渡时期阶级斗争的规律等，给苏联党和国家事业造成很大损害，在国际共运中也带来很多消极影响。对斯大林的错误进行批判与清理是完全应该的。但赫鲁晓夫在 1956 年苏共二十大上全盘否定和恶意诋毁斯大林。对斯大林的错误和问题，也仅仅归结于他个人的品质，未触及党的领导体制等深层问题。实际上，斯大林问题不是个别人、个别国家的事情，“而是整个国际无产阶级事业中的事情”。[②]“关系到在尖锐地批评共产党领导人所犯严重错误的同时能否坚持马列主义旗帜的重大问题。”[③] 赫鲁晓夫全盘否定斯大林造成严重后果，“曾经引起了世界各国一切阶级的反响，至今还在议论纷纷”。特别在社会主义国家引起了强烈的震动，不久就爆发了波匈事件。西方敌对势力乘机掀起了世界性的反共反社会主义浪潮。

邓小平从一开始就对赫鲁晓夫全盘否定斯大林持保留态度。苏共二十大闭幕后不久，他在莫斯科听完翻译把赫鲁晓夫的秘密报告口译成中文后，当即明确表示：“斯大林是国际人物，这样对待他简直是胡来！”[④] 返回国内后，他在几次会议上讲话指出：赫鲁晓夫的秘密报告主要是从斯大林个人性格方面讲的，但个人性格不能说明这么大的国

① 《邓小平年谱（1975—1997）》（上），中央文献出版社 2004 年版，第 235 页。

② 《毛泽东文集》第七卷，人民出版社 1999 年版，第 65 页。

③ 李捷：《毛泽东对苏联社会主义建设经验教训的总结》，《毛泽东思想研究》2016 年第 5 期。

④ 赵仲元：《1956 年随朱德参加苏共二十大》，《中共党史资料》2004 年第 2 期。

家，这么大的党，在这么长的时间犯了一系列错误。“斯大林搞个人崇拜，的确是要不得的。当然不能把斯大林的所有错误都归结为个人崇拜。个人崇拜是错误的结果，而不是错误的原因。”“不能说错误都是斯大林的，没大家的份儿。功劳是大家的，没斯大林的份儿。这两个片面性都是不对的。”[①] 他提出，对斯大林的正确态度应该是，“在保护他的正确一方面的条件下来批判斯大林，而不能形成反对斯大林的一切”。[②] 1960 年 5 月 25 日，他在会见越南劳动党中央政治局委员、中央书记处书记黎笋时指出：“历史不能根据某些人的情绪改造，不能凭个人感情。我们能否认斯大林领导革命 30 年的主要作用吗？如果斯大林 30 年这么丑恶，过去革命都是假的，那么，苏联 30 年也是丑恶，我们脸上也无光彩，全世界人民还有什么勇气搞革命？”[③] 对邓小平的态度，毛泽东后来评价说，“苏共‘二十大’，他（指邓小平）不同意（指全盘否定赫鲁晓夫）”。[④]

（四）在国际共运中搞大党主义、大国沙文主义，在对外关系中奉行霸权主义的路线和政策，败坏了社会主义的声誉，严重地威胁世界的和平与安宁

苏联作为第一个社会主义国家，对其后建立的中华人民共和国和二战后成立的东欧各社会主义国家，给予了大力支持和帮助。邓小平后来说：“我们的革命和建设事业，从苏联方面得到了巨大的、兄弟般的援助”[⑤]，“我们从来没有忘记在中国第一个五年计划时期苏联帮我们搞了一个工业基础”[⑥]。但苏联在援助中国的同时，也极力想控制中国。

① 吴冷西：《十年论战：1956—1966 中苏关系回忆录》，中央文献出版社 1999 年版，第 18—19 页。

② 《邓小平年谱（1904—1974）》（中），中央文献出版社 2009 年版，第 1329 页。

③ 《邓小平年谱（1904—1974）》（下），中央文献出版社 2009 年版，第 1552 页。

④ 中共中央文献研究室编：《邓小平传（1904—1974）》（下），中央文献出版社 2014 年版，第 1364 页。

⑤ 邓小平：《中国人民大团结和世界人民大团结——庆祝中华人民共和国成立十周年（为苏联“真理报”作）》，《人民日报》1959 年 10 月 2 日。

⑥ 《邓小平文选》第三卷，人民出版社 1993 年版，第 295 页。

以毛泽东为代表的中国共产党人，对此给予了坚决回击，维护了中国的主权和国家利益。邓小平后来在回顾这一历史时说："中苏在五十年代就开始了分裂，主要原因是，苏联搞霸权主义，想控制中国。我们不甘心让它控制，它的目的没有达到，因而就反对中国。"[①]20 世纪五六十年代，中共同苏共就国际共产主义运动的历史经验、总路线、时代条件以及如何评价斯大林的历史功过等问题展开了激烈的争论。作为中苏论战的重要亲历者，邓小平对这场论战有过多次评说。1983 年 1 月 11 日，他在会见墨西哥统一社会党代表团时指出：中苏论战，"现在回过头来看，他们的那套东西是不行的，中心就是发号施令、以他们为主"。[②] 1989 年 5 月 16 日，他在会见苏联最高苏维埃主席团主席、苏共中央总书记戈尔巴乔夫时说：中苏论战，"真正的实质问题是不平等，中国人感到受屈辱"。[③]

对东欧国家，苏联也以老子自居，要求这些国家服从苏联的指挥棒和战略利益，谁不服从就施加压力，进行批判、围攻，甚至出兵干涉内政。"东欧斯大林主义的主要特征是对苏联模式的模仿和无条件地服从莫斯科的指示"，它的"任何改革都要首先由莫斯科来推动"。[④]苏共领导人还提出"社会主义大家庭论""有限主权论""国际专政论"，在这些堂而皇之的名义下，可以随意侵犯友国主权。1963 年 5 月 21 日，邓小平在会见新西兰共产党总书记威尔科克斯时指出："赫鲁晓夫所强调的经济互助、国际分工，甚至要消灭国界，目的是为了控制别国，给东欧国家带来了很大的损害，东欧国家对这种控制的不满是带有普遍性的。"[⑤] 1974 年 5 月 20 日，他在会见刚果新闻工作者代表团时说，苏联同东欧的关系，"是掠夺与被掠夺、剥削与被剥削、

① 《邓小平年谱（1975—1997）》（上），中央文献出版社 2004 年版，第 691 页。
② 《邓小平年谱（1975—1997）》（下），中央文献出版社 2004 年版，第 880—881 页。
③ 《邓小平文选》第三卷，人民出版社 1993 年版，第 294—295 页。
④ 〔英〕本 · 福凯斯：《东欧共产主义的兴衰》，中央编译出版社 1998 年版，第 115 页。
⑤ 《邓小平年谱（1904—1974）》（下），中央文献出版社 2009 年版，第 1758 页。

控制与被控制的关系”。[①]改革开放新时期，他在会见外宾时仍强调，由于苏联推行大国主义，“东欧有一点受害”。[②]

在对外关系中，苏联罔顾社会主义国家不能侵犯别国的利益、主权和领土，推行大国霸权主义，侵吞别国领土。1989年5月16日，邓小平在会见戈尔巴乔夫时，曾谈到十月革命后苏联还有侵害中国的事情，例如黑瞎子岛就是1929年苏联从中国占去的。他说：“主要的是第二次世界大战接近胜利时，美、英、苏三国在雅尔塔签订秘密协定，划分势力范围，极大地损害了中国的利益。”[③]20世纪五六十年代中苏两党论战期间，苏联把意识形态方面的分歧扩大到国家关系上，单方面撤走专家，撕毁几百个协定。后来又在中苏、中蒙边境陈兵百万，严重威胁了中国国家安全。苏联还侵害其他国家的国家利益。勃列日涅夫上台后，苏联的对外政策从缓和走向与美国争夺世界霸权。1978年12月，苏联支持越南侵略柬埔寨。1979年12月，苏军入侵阿富汗，等等。对苏联的霸权主义行径，邓小平多次揭露说：“美国和苏联两个超级大国，妄图称霸世界。它们用不同的方式都想把亚非拉的发展中国家置于它们各自的控制之下，同时还要欺负那些实力不如它们的发达国家。”“在欺负人方面，打着社会主义旗号的超级大国尤为恶劣。”[④]

苏联推行大党主义、大国主义、扩张主义、霸权主义，威胁世界和平安全，也使自身付出了沉重代价：恶化了同一些社会主义国家的关系；与美国进行军备竞赛，耗费巨额资金，给经济带来难以承受的沉重负担；在国际上陷入孤立；等等。邓小平在改革开放新时期曾深有感触地总结说：“‘大家庭’方式，‘集团政治’方式，‘势力范围’方式，都会带来矛盾，激化国际局势。”[⑤]“谁搞霸权主义，谁侵略别

① 《邓小平年谱（1904—1974）》（下），中央文献出版社2009年版，第2023页。
② 《邓小平文选》第二卷，人民出版社1994年版，第415页。
③ 《邓小平文选》第三卷，人民出版社1993年版，第293页。
④ 《邓小平文集（1949—1974）》（下），中央文献出版社2014年版，第346页。
⑤ 《邓小平文选》第三卷，人民出版社1993年版，第96页。

国，到头来都得收缩。”[①]“过去的国际政治是霸权主义、集团政治，实践证明行不通。霸权主义伸出的手不能不收回了。”[②]

（五）戈尔巴乔夫改革的转向，诱发并加深了苏联社会的各种矛盾，最终导致苏联解体

1985 年 3 月戈尔巴乔夫上台后，面对苏联国内重重危机和国际严峻挑战，提出以“公开性”“民主化”“多元化”和“人道主义”为核心的所谓“新思维”作为改革的指导思想，用“人道的、民主的社会主义”取代科学社会主义。戈尔巴乔夫的“新思维”虽有一些值得肯定的方面，但在根本性的对待社会主义和党的领导等问题上，都采取了非马克思主义的态度，影响所及大大削弱了社会主义的威信和党的领导地位，导致国家政治机构失控，经济崩溃，社会矛盾、民族矛盾上升。在“新思维”和西方思潮的影响下，东欧很多国家的执政党党内分歧严重，党的力量受到极大的削弱，有不少党分崩离析。自 1989 年秋到 1991 年间，东欧各国执政的共产党先后失去政权，除民主德国外，其他各国都放弃了社会主义道路。1991 年，苏联解体，联盟各共和国相继都放弃了社会主义的选择。

邓小平一直冷静地观察着苏东的改革乃至剧变事态的演变。他认为，苏联、东欧剧变，有西方国家搞和平演变的因素，但主要是由自身不适当的改革所引起的。1989 年 9 月 4 日，邓小平在同中央负责同志的谈话中就未雨绸缪地指出：“东欧、苏联乱，我看也不可避免”，“现在的问题不是苏联的旗帜倒不倒，苏联肯定要乱”。[③]同年 11 月 23 日，他在会见南方委员会主席、坦桑尼亚革命党主席尼雷尔时说：“东欧的事情对我们说来并不感到意外，迟早要出现的。”并一针见血地指出：“东欧的问题首先出在内部。”[④]对戈尔巴乔夫的改革，邓小平采取了审慎的态度。1987 年 3 月 19 日，他在会见加拿大总督让娜·索

---

① 《邓小平年谱（1975—1997）》（下），中央文献出版社 2004 年版，第 1251 页。

② 《邓小平年谱（1975—1997）》（下），中央文献出版社 2004 年版，第 1252 页。

③ 《邓小平文选》第三卷，人民出版社 1993 年版，第 320 页。

④ 《邓小平文选》第三卷，人民出版社 1993 年版，第 344 页。

维时说："戈尔巴乔夫的改革究竟怎么样，我们还要看一看。"[①] 1990 年 3 月 3 日，他在会见美国西方石油公司董事长阿曼德·哈默时说："对戈尔巴乔夫这个时期的所作所为，我们是有不同看法的，但我们没有必要进行过分的批评。"[②]

面对苏联、东欧剧变，邓小平想得更多的是如何汲取教训，确保中国改革开放沿着正确的方向前进。在南方谈话中，邓小平说："从一定意义上说，某种暂时复辟也是难以完全避免的规律性现象。一些国家出现严重曲折，社会主义好像被削弱了，但人民经受锻炼，从中吸取教训，将促使社会主义向着更加健康的方向发展。"他谆谆告诫："不要惊慌失措，不要认为马克思主义就消失了，没用了，失败了。哪有这回事！"[③]

三、历史意义与现实启示

"学习苏联好的东西对我们用处很大，借鉴苏联错误的东西，对我们也有很大的益处。我们要善于接受苏联的经验教训，这样就可以少受损失。"[④] 这是 1957 年 4 月邓小平在西安干部会上所讲的话。这一科学态度，实际上贯穿了他后来领导开创中国特色社会主义的全过程。邓小平对苏共执政经验教训的总结鉴戒，对于开辟中国特色社会主义道路，具有重要意义。

在什么是社会主义、怎样建设社会主义这个基本的理论问题上一定要解放思想、实事求是。纵观苏联 70 多年的兴衰成败，其前期生机勃勃，取得与资本主义国家的比较优势，就在于在什么是社会主义、怎样建设社会主义这个基本的理论问题上，敢于突破马克思、恩格斯的相关论述，实行新经济政策等，以开放务实的胸襟进行社会主

① 《邓小平年谱（1975—1997）》（下），中央文献出版社 2004 年版，第 1173 页。

② 《邓小平年谱（1975—1997）》（下），中央文献出版社 2004 年版，第 1311 页。

③ 《邓小平文选》第三卷，人民出版社 1993 年版，第 383 页。

④ 《邓小平文选》第一卷，人民出版社 1994 年版，第 263—264 页。

义实践。中后期积弊丛生，发展滞缓，就在于故步自封，思想僵化，发展战略目标超越阶段，在20世纪80年代中期以前，始终没有改变高度集中的计划经济的基本框架，经济体制改革也始终没有跳出“让利放权”的圈子，没有触及所有制问题，等等。邓小平总结鉴戒苏联经验教训，在领导开辟中国道路过程中，多次指出，社会主义制度优于资本主义制度表现在许多方面，“但首先要表现在经济发展的速度和效果方面。没有这一条，再吹牛也没有用”。[①]“在社会主义国家，一个真正的马克思主义政党在执政以后，一定要致力于发展生产力，并在这个基础上逐步提高人民的生活水平。”[②]“我们以前是学苏联的，搞计划经济。后来又讲计划经济为主，现在不要再讲这个了。”[③]“不要离开现实和超越阶段采取一些‘左’的办法，这样是搞不成社会主义的”[④]，等等。党的十一届三中全会以来，以邓小平为核心的党的第二代中央领导集体解放思想，实事求是，作出改革开放的历史性决策，提出社会主义初级阶段理论、社会主义市场经济理论等，成功开创了中国特色社会主义。

在举什么旗、走什么路这个根本问题上一定要头脑清醒、旗帜鲜明，旗帜问题至关重要。旗帜就是方向，旗帜就是形象。改革开放之初，针对国内出现的一股否定毛泽东和毛泽东思想的思潮，邓小平多次肯定表示，对毛泽东不能像对斯大林评价那样三七开，“党中央、中国人民永远不会干赫鲁晓夫那样的事”。[⑤]“我们不会像赫鲁晓夫对待斯大林那样对待毛主席。”[⑥]他反复强调维护毛泽东和毛泽东思想的重要性，指出：“毛泽东思想这个旗帜丢不得。丢掉了这个旗帜，实际上就否定了我们党的光辉历史。”“对毛泽东同志的评价，对毛泽东思

① 《邓小平文选》第二卷，人民出版社1994年版，第251页。

② 《邓小平文选》第三卷，人民出版社1993年版，第28页。

③ 《邓小平文选》第三卷，人民出版社1993年版，第203页。

④ 《邓小平文选》第二卷，人民出版社1994年版，第312页。

⑤ 《邓小平年谱（1975—1997）》（上），中央文献出版社2004年版，第435页。

⑥ 《邓小平文选》第二卷，人民出版社1994年版，第347页。

想的阐述，不是仅仅涉及毛泽东同志个人的问题，这同我们党、我们国家的整个历史是分不开的。”[①] 在邓小平领导下，《关于建国以来党的若干历史问题的决议》有力地维护了毛泽东的历史地位和毛泽东思想的指导地位。习近平同志高度评价这一重大决策的深远意义，指出：“试想一下，如果当时全盘否定了毛泽东同志，那我们党还能站得住吗？我们国家的社会主义制度还能站得住吗？那就站不住了，站不住就会天下大乱。”[②] 苏联前期取得的巨大成就和后期急剧解体，昭示着能否坚持党的领导、能否坚持社会主义道路对于事业成败的极端重要性。邓小平从改革开放之初就强调加强而不能削弱党的领导，强调坚定不移走中国特色社会主义道路，强调改革的社会主义性质。苏联、东欧剧变更印证了他的远见卓识。1990 年 6 月 11 日，他在会见香港知名人士包玉刚时说：“如果走东欧这条路，中国就完了。东欧发生的事情说明中国的‘四个坚持’是搞对了。”[③] 1991 年 10 月 5 日，他在会见金日成时说：“东欧、苏联的事件从反面教育了我们，坏事变成了好事。”[④] 1992 年 1 月 20 日，他在南方谈话中说：“苏联东欧的变化，说明我们只能走社会主义道路。”[⑤] 南方谈话后，他仍谆谆告诫：没有这“四个坚持”，特别是党的领导，什么事情也搞不好，会出问题。出问题就不是小问题。四个坚持集中表现在党的领导。[⑥] 正是在邓小平的领导下，中国经受住了八九政治风波后险风恶浪的严峻考验，保持了改革开放的正确航向。

在对外关系中一定要坚持独立自主的和平外交政策，坚持和平共处五项原则不动摇。中国的发展离不开和平的国际环境。争取世界和平，以集中精力搞好国内现代化建设，是新时期中国对外政策的

① 《邓小平文选》第二卷，人民出版社 1994 年版，第 298—299 页。

② 闻言：《用科学的态度正确对待党的历史——重温〈关于建国以来党的若干历史问题的决议〉关于“文化大革命”的论述》，《党的文献》2016 年第 3 期。

③ 《邓小平年谱（1975—1997）》（下），中央文献出版社 2004 年版，第 1315 页。

④ 《邓小平年谱（1975—1997）》（下），中央文献出版社 2004 年版，第 1332 页。

⑤ 《邓小平年谱（1975—1997）》（下），中央文献出版社 2004 年版，第 1335 页。

⑥ 《邓小平年谱（1975—1997）》（下），中央文献出版社 2004 年版，第 1363 页。

目标。鉴戒苏共执政期间处理党际关系、国家关系的教训，是新时期中国确立对外政策的一个重要依据。关于党际关系，邓小平深刻认识到，“任何大党或老党都不能以最高发言人自居”[①]，“不能由别的党充当老子党，去发号施令”[②]，“我们反对‘老子党’，这一点我们是反对得对了。我们也不赞成有什么‘中心’”[③]。“不赞成搞什么‘大家庭’”。[④]他同时强调：“我们反对人家对我们发号施令，我们也决不能对人家发号施令。这应该成为一条重要的原则。”[⑤]“任何国家的共产党只有根据自己的特点来决定自己的道路和走这条道路的方式，这就是独立自主。”[⑥]“独立自主才真正体现了马克思主义。”[⑦]“任何大党、中党、小党，都要相互尊重对方的选择和经验，对别的党、别的国家的事情不应该随便指手画脚。对执政党是这样，对没有执政的党也应该是这样。”[⑧]中共十二大将邓小平的观点概括为“独立自主、完全平等、互相尊重、互不干涉内部事务”四项原则。中共十三大将这四项原则适用的范围由与中共意识形态相同的政党，扩大到其他各类政党。关于国家关系，邓小平多次指出：“霸权主义、集团政治或条约组织是行不通了”[⑨]，“总结国际关系的实践，最具有强大生命力的就是和平共处五项原则”[⑩]。“中国不卷入集团政治，采取独立自主的外交政策。实行独立自主的外交政策最符合维护世界和平和第三世界的利益，也符合西欧、东欧以及世界其他不愿战争国家的利益。”[⑪] 1982年9月，中共十二大报告以“坚持独立自主的对外政策”为题，全面阐述了和平

① 《邓小平文选》第三卷，人民出版社 1993 年版，第 27 页。
② 《邓小平文选》第二卷，人民出版社 1994 年版，第 319 页。
③ 《邓小平文选》第三卷，人民出版社 1993 年版，第 237 页。
④ 《邓小平文选》第三卷，人民出版社 1993 年版，第 191 页。
⑤ 《邓小平文选》第二卷，人民出版社 1994 年版，第 319 页。
⑥ 《邓小平年谱（1975—1997）》（下），中央文献出版社 2004 年版，第 881 页。
⑦ 《邓小平文选》第三卷，人民出版社 1993 年版，第 191 页。
⑧ 《邓小平文选》第三卷，人民出版社 1993 年版，第 236 页。
⑨ 《邓小平文选》第三卷，人民出版社 1993 年版，第 282 页。
⑩ 《邓小平文选》第三卷，人民出版社 1993 年版，第 96 页。
⑪ 《邓小平年谱（1975—1997）》（下），中央文献出版社 2004 年版，第 1074—1075 页。

共处五项原则是中国对外政策和处理国际关系的基本原则。新型党际关系原则和新时期中国对外政策的确立，在这些方针原则指导下开展的卓有成效的丰富实践，为改革开放和现代化建设创造了一个良好的外部条件。

邓小平对苏共执政经验教训的总结鉴戒，充分彰显了中国共产党人的宽阔视野、卓越智慧和科学求实精神，对决胜全面建成小康社会，夺取新时代中国特色社会主义伟大胜利仍有深刻启示。

今天，我们比历史上任何时期都更接近、更有信心和能力实现中华民族伟大复兴的目标。行百里者半九十。越是在这样的关键时刻，越要付出更为艰巨、更为艰苦的努力，进行伟大斗争，建设伟大工程，推进伟大事业，就越需要以宽阔的视野、科学的态度，不断从历史的经验中汲取治国理政的有益启示。党的十八大以来，习近平总书记反复强调“历史是最好的老师”，告诫要“牢记历史经验、牢记历史教训、牢记历史警示”①，“总结和吸取历史教训，目的是以史为鉴、更好前进”②。以习近平同志为核心的党中央注重把总结鉴戒经验教训与治国理政的现实需要结合起来，制定出一系列符合新的情况和特点的重大方针政策，不断开辟马克思主义中国化的新境界。

① 《牢记历史经验历史教训历史警示 为国家治理能力现代化提供有益借鉴》，《人民日报》2014年10月14日。

② 习近平：《在纪念毛泽东同志诞辰120周年大会上的讲话》，《人民日报》2013年12月27日。

"总结历史是为了开辟未来"

——邓小平的历史思维及其现实启示

吕春阳

历史思维能力，就是以史为鉴、知古鉴今，善于运用历史眼光认识发展规律，并用以把握前进方向、指导现实工作的能力。作为中国改革开放和社会主义现代化建设的总设计师，中国特色社会主义道路的开创者，邓小平十分重视对历史事实的分析和研究、对历史经验的总结和运用、对历史规律的探索和把握。他从国家发展的战略高度来看待历史的重要性，明确指出："总结历史是为了开辟未来。"① "文化大革命"结束后，邓小平总结和运用历史经验，科学评价了毛泽东的历史地位和毛泽东思想的科学体系。面对百废待兴的局面，他以深刻的历史思维来认识和把握中国社会发展规律，在科学总结党在新民主主义革命时期、社会主义革命和建设时期历史经验的基础上，毅然作出了改革开放的伟大决策，实现了党的历史上具有深远意义的伟大转折，深刻改变了中国的前途和命运，推动中国实现了从站起来到富起来的伟大飞跃。邓小平是运用历史思维指导现实工作的光辉典范。

邓小平的历史思维独具一格，有着鲜明的时代特征，蕴含着丰富的内容。学习和研究邓小平的历史思维，对于新时代更好地统筹中华民族伟大复兴战略全局和世界百年未有之大变局，更加坚定历史自

① 《邓小平文选》第三卷，人民出版社 1993 年版，第 271 页。

信、增强历史主动，不断增强工作的系统性、预见性、主动性和创造性具有重要现实意义。

一、注重全面总结和运用历史经验

邓小平十分注重总结历史经验。在领导中国社会主义现代化建设的进程中，他通过对历史经验的总结和运用，成功“解决了科学评价毛泽东同志的历史地位和毛泽东思想的科学体系、根据新的实际和发展要求确立中国社会主义现代化建设的正确道路这样两个相互联系的重大历史课题”[①]，从而“为党和国家发展确定了正确方向”[②]。

（一）科学评价毛泽东的历史地位和毛泽东思想的科学体系

党的十一届三中全会的召开标志着党开始了拨乱反正的历史进程。然而，随着工作逐步深入，社会上出现了一些偏激的、极端的、带有个人情绪的意见，如对新中国成立后的历史持全盘否定态度，或是片面、歪曲评价甚至彻底否定毛泽东和毛泽东思想等。这引起了邓小平的高度重视。

邓小平意识到，如何正确评价毛泽东和毛泽东思想，已经成为急需解决的、关系到党和国家前途命运的重要政治问题。这个问题如果解决不好，不仅会使党员群众的思想出现混乱，也会影响安定团结的政治局面。为此，邓小平认为有必要对新中国成立以来党的历史作一个系统归纳和总结。他指出，“对历史是应该做点回顾的”[③]，要“拿出一个东西来”[④]，对新中国成立30年来党的历史作出科学总结，对毛泽东和毛泽东思想作出符合历史实际的评价。其根本目的是在正确认识

① 习近平:《在纪念邓小平同志诞辰110周年座谈会上的讲话》，人民出版社2014年版，第5页。

② 习近平:《在纪念邓小平同志诞辰110周年座谈会上的讲话》，人民出版社2014年版，第6页。

③ 《邓小平年谱（1975—1997）》（上），中央文献出版社2004年版，第549页。

④ 《邓小平文选》第二卷，人民出版社1994年版，第305页。

历史、认真总结历史经验的基础上使全党、全国的思想得到统一，最大程度地激发全体人民齐心协力进行社会主义现代化建设的热情和力量。

在这种情况下，起草一个关于新中国成立以来党的若干历史问题的决议就被提上了党中央的议事日程。邓小平对此倾注了极大精力，先后多次对决议稿的指导思想、重要论断等作出重要指示，多次提出修改意见，并在全党组织了"四千人大讨论"，充分听取各方意见，对《关于建国以来党的若干历史问题的决议》（以下简称《决议》）的形成起到了决定性作用。

在起草过程中，邓小平认为最重要、最关键的就是"对毛泽东同志、毛泽东思想的评价问题"，强调"党内党外和国内国外都很关心"。[①] 1980年3月到1981年6月间，邓小平在同《决议》起草小组谈话时反复强调："毛泽东思想这个旗帜丢不得。丢掉了这个旗帜，实际上就否定了我们党的光辉历史。"[②] 他指出："对毛泽东同志的评价，对毛泽东思想的阐述，不是仅仅涉及毛泽东同志个人的问题，这同我们党、我们国家的整个历史是分不开的。要看到这个全局。"[③] 这一观点与邓小平重视总结历史经验息息相关。作为党的第一代中央领导集体的重要成员，邓小平对于苏共二十大上赫鲁晓夫全盘否定斯大林的"秘密报告"及其给国际共产主义运动造成的灾难性后果记忆犹新，对于毛泽东强调的要"全面地、客观地、科学地分析斯大林的功绩和错误"[④] 的观点印象深刻。因此，当他在主持评价毛泽东及毛泽东思想的工作时，就从吸取历史经验的角度出发，强调"我们不会像赫鲁晓夫对待斯大林那样对待毛主席"[⑤]，认为"要对这样一个历史阶段做出科学的评价，需要做认真的研究工作，有些事要经过更长一点

---

① 《邓小平文选》第二卷，人民出版社1994年版，第292页。
② 《邓小平文选》第二卷，人民出版社1994年版，第298页。
③ 《邓小平文选》第二卷，人民出版社1994年版，第299页。
④ 《建国以来重要文献选编》第17册，中央文献出版社1997年版，第58页。
⑤ 《邓小平文选》第二卷，人民出版社1994年版，第347页。

的时间才能充分理解和作出评价”[①]。他主张充分肯定毛泽东的正确方面，实事求是地指出其所犯的错误，强调对毛泽东的一生给予客观、公正的评价。据此，他提出了三条原则：一是“确立毛泽东同志的历史地位，坚持和发展毛泽东思想。这是最核心的一条”；二是“对建国三十年来历史上的大事，哪些是正确的，哪些是错误的，要进行实事求是的分析，包括一些负责同志的功过是非，要做出公正的评价”；三是“通过这个决议对过去的事情做个基本的总结”。[②]这三条原则对于完整、全面总结党在新中国成立后的历史经验有着极为重要的意义。

在邓小平的主持下，《决议》几易其稿，吸收了很多正确意见。例如，根据陈云的建议，《决议》简略地回顾了新中国成立以前 28 年党领导人民进行的新民主主义革命斗争，“把毛泽东的事业和思想放到党的 60 年历史中考察”[③]，更充分、更全面地肯定了毛泽东的历史地位和毛泽东思想的深远意义。《决议》最终在党的十一届六中全会上得以通过。《决议》在坚持辩证唯物主义和历史唯物主义的基础上，对毛泽东的历史功过作了实事求是、恰如其分的评价，肯定了毛泽东的历史贡献，维护了毛泽东思想的科学体系，坚决顶住了全盘否定毛泽东和毛泽东思想的错误倾向，全面总结了新中国成立以来党的历史经验，从而起到分清是非、统一思想的重大历史作用，有力地维护了党内团结。

《决议》还在吸取新中国成立以来正反两方面经验的基础上，把党的十一届三中全会以来党领导人民进行拨乱反正、开展社会主义现代化建设的伟大实践总结成了十条经验，为党指明了前进的道路和方向。这是邓小平运用历史思维解决重大历史问题的典范，是他坚持辩证唯物主义和历史唯物主义的生动体现。

---

① 《邓小平文选》第二卷，人民出版社 1994 年版，第 149 页。

② 《邓小平思想年谱（1975—1997）》，中央文献出版社 1998 年版，第 148 页。

③ 中共中央党史研究室：《中国共产党的九十年》，中共党史出版社、党建读物出版社 2016 年版，第 665 页。

（二）全面总结党在社会主义现代化建设进程中的历史经验

在探索社会主义建设道路的过程中，邓小平十分注重吸取历史经验。他指出：“在社会主义建设方面，我们的经验有正面的，也有反面的，正反两方面的经验都有用”[①]，“我们现在的路线、方针、政策是在总结了成功时期的经验、失败时期的经验和遭受挫折时期的经验后制定的”[②]。

新中国成立后，我们党对社会主义现代化建设进行了艰辛探索，其中有成功经验，也出现了一些失误和挫折，如先后出现反右派斗争扩大化、“大跃进”运动、人民公社化运动以及“文化大革命”，这些失误和挫折归根结底就在于我们在对社会主义本质的认识上出现了偏差，“结果不但生产力没有顺利发展，反而受到了阻碍”。[③]

党的十一届三中全会后，邓小平多次谈到要总结历史经验。他在回顾新中国成立后进行社会主义建设的历史时指出：“过去耽误太多，特别是‘文化大革命’的十年，自己找麻烦，自己遭灾，不过教训总结起来很有益处。现在的方针政策，就是对‘文化大革命’进行总结的结果。最根本的一条经验教训，就是要弄清什么叫社会主义和共产主义，怎样搞社会主义。”[④] 正是在全面、深刻总结历史经验的基础上，邓小平经过艰辛的理论探索，对“什么是社会主义、怎样建设社会主义”这个重大历史课题作出了明确回答。

关于“什么是社会主义”。邓小平认为，社会主义的根本任务是发展生产力，在发展生产力的基础上不断改善人民的物质文化生活水平，增强综合国力，最终实现共同富裕，充分发挥社会主义制度的优越性。他深刻指出：“如果说我们建国以后有缺点，那就是对发展生产力有某种忽略。社会主义要消灭贫穷。贫穷不是社会主义，更不是共

① 《邓小平文选》第三卷，人民出版社 1993 年版，第 139 页。
② 《邓小平文选》第三卷，人民出版社 1993 年版，第 234 页。
③ 《邓小平文选》第三卷，人民出版社 1993 年版，第 227 页。
④ 《邓小平文选》第三卷，人民出版社 1993 年版，第 223 页。

产主义。”[①]因此，他强调：“我们搞的是有中国特色的社会主义，是不断发展社会生产力的社会主义，是主张和平的社会主义。”[②]1992年他在南方谈话中明确指出：“社会主义的本质，是解放生产力，发展生产力，消灭剥削，消除两极分化，最终达到共同富裕。”[③]针对新中国成立后在社会主义建设方面犯了超越历史发展阶段的错误，邓小平通过总结并结合中国改革开放和现代化建设实际，明确提出并深刻阐述了社会主义初级阶段理论，强调：“我们搞社会主义才几十年，还处在初级阶段。巩固和发展社会主义制度，还需要一个很长的历史阶段。”[④]邓小平这些关于社会主义本质和社会主义初级阶段理论的重要思想，是“我们总结长期历史经验得出的基本结论”。[⑤]

关于“怎样建设社会主义”。在回答了“什么是社会主义”的问题之后，还要根据新的实际和发展要求回答“怎样建设社会主义”的问题。对历史经验的总结，为邓小平解答这一问题提供了一把十分重要的钥匙。在邓小平看来，“文化大革命”及之前犯了“左”的错误的时期，最大的教训就是对外封闭、对内忽视发展生产力，制定的政策超越了社会主义的初级阶段。由此他指出，“历史经验教训说明，不开放不行”[⑥]，并得出“不改革不行，不开放不行。过去二十多年的封闭状况必须改变”[⑦]的结论。正是从总结历史的经验教训出发，邓小平经过艰辛的理论探索，系统地提出了小康社会目标、社会主义初级阶段的基本路线以及社会主义现代化建设“三步走”发展战略等重要理论观点，并且提出了保证这一战略目标得以实现的包含经济、政治、科技、教育、文化、民族、军事、外交、统一战线、党的建设等一系列路线、方针、政策，涵盖了“怎样建设社会主义”方法论的各

① 《邓小平文选》第三卷，人民出版社1993年版，第63—64页。
② 《邓小平文选》第三卷，人民出版社1993年版，第328页。
③ 《邓小平文选》第三卷，人民出版社1993年版，第373页。
④ 《邓小平文选》第三卷，人民出版社1993年版，第379页。
⑤ 《邓小平文选》第三卷，人民出版社1993年版，第3页。
⑥ 《邓小平文选》第三卷，人民出版社1993年版，第90页。
⑦ 《邓小平文选》第三卷，人民出版社1993年版，第265页。

个方面。这些路线、方针、政策的提出，为我们“把马克思主义的普遍真理同我国的具体实际结合起来，走自己的道路，建设有中国特色的社会主义”[①] 提供了理论指导和思想指南，从而成功走出了一条中国特色社会主义新道路。

二、善于准确把握历史机遇

作为具有深刻历史思维的卓越领导人，邓小平十分善于运用历史眼光认识发展规律，并用以把握前进方向、指导现实工作。“抓住机遇，加快发展”的思想就是其中的典型例子。

在邓小平看来，我们要“利用机遇，把中国发展起来”[②]，要“善于把握时机来解决我们的发展问题”[③]。邓小平讲的机遇，是指为提高我国社会生产力而必须充分利用国内外的一切有利的机会、环境以及条件。机遇总是变幻莫测、稍纵即逝，因此，对机遇要看得准、抓得住。在社会主义建设过程中，历史机遇并不多，邓小平一再告诫全党、全国人民要“抓住时机发展自己”。[④] 这是他对古今中外历史事实进行深刻思考后得出的结论。

邓小平关于抓住历史机遇的思想首先来自他对中国历史的深刻认识。18 世纪后期，以蒸汽机为代表的第一次工业革命在西方兴起，然而当时的中国却执行闭关锁国政策，对于世界发展潮流一无所知，以致错失了进入工业化时代的机遇而变得落后挨打。邓小平感慨地说：“如果从明朝中叶算起，到鸦片战争，有三百多年的闭关自守，如果从康熙算起，也有近二百年。长期闭关自守，把中国搞得贫穷落后，愚昧无知。”[⑤]20 世纪六七十年代，国际上各种新技术突飞猛进，中国

① 《邓小平文选》第三卷，人民出版社 1993 年版，第 3 页。
② 《邓小平文选》第三卷，人民出版社 1993 年版，第 358 页。
③ 《邓小平文选》第三卷，人民出版社 1993 年版，第 365 页。
④ 《改革开放三十年重要文献选编》(上)，中央文献出版社 2008 年版，第 728 页。
⑤ 《邓小平文选》第三卷，人民出版社 1993 年版，第 90 页。

由于“文化大革命”的影响，造成了与发达国家之间经济、技术往来甚少，再次错失了发展机遇，加大了与发达国家之间的差距。对此，邓小平无不惋惜地说：“中国社会从一九五八年到一九七八年二十年时间，实际上处于停滞和徘徊的状态，国家的经济和人民的生活没有得到多大的发展和提高。”[①]因此，面对“文化大革命”结束后百废待兴的局面，同时也是对中国历史上错过几次发展机遇的深刻反思，邓小平一再提醒全党，“我们要利用机遇，把中国发展起来”。[②]

邓小平关于抓住历史机遇的思想也来自于他运用世界历史眼光分析观察国际形势。20世纪80年代到90年代，世界局势出现大变动，美苏两极格局解体，世界朝着多极化发展。以生物技术、空间技术、信息技术和新能源技术为代表的新技术革命席卷全球，日益渗入经济发展和社会生活的方方面面，全球化成为世界的主流，各国之间相互联系、相互依存，世界上维护和平的力量在发展，制约战争的因素在增长。邓小平敏锐地看到了这一点，作出了“和平与发展是当今世界的两大主题”[③]的关键判断，进而提出“对于总的国际局势，我的看法是，争取比较长期的和平是可能的，战争是可以避免的”[④]的正确结论。

在这一判断的指引下，党的十一届三中全会以后，中国“第一个转变，是对战争与和平问题的认识”[⑤]，这就改变了过去战争不可避免而且近在眼前的观点，为中国的经济建设和改革开放赢得了机遇。此后，国家的工作重心转移到经济建设上来，正如邓小平所指出的那样：“过去我们过多地认为世界大战很快就要打起来，忽视发展生产力，忽视经济建设。现在根据新的观察、新的分析，下决心一心一意

① 《邓小平文选》第三卷，人民出版社1993年版，第237页。

② 《邓小平文选》第三卷，人民出版社1993年版，第358页。

③ 《十三大以来重要文献选编》（中），人民出版社1991年版，第919页。

④ 《邓小平文选》第三卷，人民出版社1993年版，第233页。

⑤ 《邓小平年谱（1975—1997）》（下），中央文献出版社2004年版，第1051页。

搞建设。”[①]

邓小平认为，在和平与发展中，发展是核心问题。他看到了20世纪80年代西方发达国家出现发展困局而需要与中国合作的有利时机，指出“中国是一个大的市场，许多国家都想同我们搞点合作，做点买卖，我们要很好利用”[②]，“要抓住西欧国家经济困难的时机，同他们搞技术合作，使我们的技术改造能够快一些搞上去”[③]。根据这一重要指示，中国加快扩大开放，积极引进西方发达国家的资金、技术和先进的管理经验，促进经济社会的发展。

邓小平的目光并没有局限于西方发达国家，而是敏锐地注意到世界经济格局发生新变化这一历史趋势，指出:“现在世界发生大转折，就是个机遇”[④]，“过去我们比上不足、比下有余，现在比下也有问题了。东南亚一些国家兴致很高，有可能走到我们前面……我们不抓住机会使经济上一个台阶，别人会跳得比我们快得多，我们就落在后面了”[⑤]。在邓小平的指导下，我国把握住了亚洲地区成为世界经济的一个新的增长极这一重大历史机遇，特别是把握住了中国香港、中国台湾、新加坡和韩国的产业结构由劳动密集型向技术密集型转变的这一趋势，及时调整政策，大力引进外资，积极扩大对外开放，实行“两头在外，大进大出”[⑥]的模式，参与国际经济大循环，从而为我国扩大出口、引进外资和技术创造了比过去更为有利的条件，推动了我国经济高速增长，人民生活水平也得到了大幅度提高。

---

① 《邓小平文选》第三卷，人民出版社1993年版，第249—250页。

② 《邓小平文选》第三卷，人民出版社1993年版，第32页。

③ 《邓小平文选》第三卷，人民出版社1993年版，第32页。

④ 《改革开放三十年重要文献选编》(上)，中央文献出版社2008年版，第603页。

⑤ 《邓小平文选》第三卷，人民出版社1993年版，第369页。

⑥ “两头在外，大进大出”模式，是指改革开放之初，由于我国缺钱、缺设备、缺渠道，参与国际竞争、实现出口创汇十分困难。但我国有土地、有丰富的劳动力以及较为完整的工业体系，加上改革开放较为灵活的政策，珠三角地区探索出了“三来一补”的外贸模式，即来料加工、来样加工、来件装配和补偿贸易，由外商提供资金、设备、原材料、来样，并负责全部产品的外销，由中国企业提供土地、厂房、劳动力。这种资金来源与产品市场都在国际市场的格局，被称为“两头在外，大进大出”。

此后，邓小平多次强调“不要丧失时机”[①]，要“善于利用时机解决发展问题”[②]。直到1992年南方谈话时，他还反复提醒全党“机会要抓住”[③]，“决策要及时”，要“抓住时机，发展自己……我就担心丧失机会”。[④]这些话语真切地表现出邓小平急于抓住机遇谋求国家发展的拳拳之心，体现了强烈的使命感、责任感、紧迫感和忧患意识。

三、邓小平的历史思维的现实意义

“历史是最好的教科书，也是最好的清醒剂。”[⑤]历史思维对于我们党治国理政不可或缺。邓小平的历史思维是对马克思主义唯物史观的继承和发展，他对历史经验的总结和对历史规律的把握彰显出他宏大的历史视野和清醒的历史认识，体现了他高度的历史自觉和深邃的历史智慧。邓小平所提出的一系列具有历史前瞻性的原则和方法是我们党宝贵的精神财富，对于新时代全面建设社会主义现代化国家有重要的现实意义。

（一）要深入学习“五史”，坚定历史自信

历史自信，是在全面总结历史经验的基础上对未来发展前途的自信，是新的赶考之路上坚定中国特色社会主义道路自信、理论自信、制度自信、文化自信的坚实根基。只有始终坚定历史自信，才能全面认识历史发展进程，深刻把握历史发展规律，党的历史智慧才能越丰富，对于前途命运的掌握也就越主动。100多年来，我们党始终致力于为人民谋幸福、为民族谋复兴、为世界谋大同。党百年奋斗的重大成就和历史经验是最生动、最有说服力的教科书，也是我们党具有历史自信的最大底气。正如习近平总书记指出：“当今世界，要说哪个政

① 《邓小平文选》第三卷，人民出版社1993年版，第270页。
② 《邓小平文选》第三卷，人民出版社1993年版，第363页。
③ 《邓小平文选》第三卷，人民出版社1993年版，第355页。
④ 《邓小平文选》第三卷，人民出版社1993年版，第375页。
⑤ 《习近平谈治国理政》第四卷，外文出版社2022年版，第287页。

党、哪个国家、哪个民族能够自信的话，那中国共产党、中华人民共和国、中华民族是最有理由自信的。”①

党的二十大报告深刻指出：“中国共产党已走过百年奋斗历程。我们党立志于中华民族千秋伟业，致力于人类和平与发展崇高事业，责任无比重大，使命无上光荣。全党同志务必不忘初心、牢记使命，务必谦虚谨慎、艰苦奋斗，务必敢于斗争、善于斗争，坚定历史自信，增强历史主动，谱写新时代中国特色社会主义更加绚丽的华章。”②这一庄严宣告不仅是对我们党100多年来历史经验、优良传统、精神品格等的高度凝练，更是对新时代新征程进一步坚定历史自信的新的更高要求。作为新时代的中国共产党人，要想始终坚定历史自信，就必须学习和研究邓小平的历史思维，从中获得经验启示，不断加强对历史的学习，特别是加强对党史、新中国史、改革开放史、社会主义发展史、中华民族发展史这“五史”的学习。通过学史以明理、增信、崇德、力行，深刻认识中国共产党为人民谋幸福、为民族谋复兴、为世界谋大同的实践历程，贯通理解苦难辉煌的过去、日新月异的现在、光明宏大的未来，强化历史思维、提升历史意识、感悟初心使命，准确把握其中蕴含的主题主线、主流本质，不断谱写新时代中国特色社会主义更加绚丽的华章，为实现第二个百年奋斗目标和中华民族伟大复兴中国梦不懈奋斗。

（二）要善于总结历史经验，把握历史大势

历史是一个民族、一个国家盛衰兴亡的忠实记录，也是一个民族、一个国家安身立命的基础。中华民族自古重视记录历史、研究历史，为后人留下了卷帙浩繁的历史典籍，中国人也历来相信，读史可以明智，鉴古亦能知今，“重视历史、研究历史、借鉴历史是中华民

① 《习近平谈治国理政》第二卷，外文出版社2017年版，第36页。

② 习近平：《高举中国特色社会主义伟大旗帜 为全面建设社会主义现代化国家而团结奋斗——在中国共产党第二十次全国代表大会上的报告》，人民出版社2022年版，第1—2页。

族 5000 多年文明史的一个优良传统”。[①]

中国共产党历来强调要发扬中华民族重视历史、研究历史、借鉴历史的优良传统。习近平总书记在庆祝中国共产党成立 100 周年大会上指出，“以史为鉴，可以知兴替。我们要用历史映照现实、远观未来”。[②]不知过去，无以图将来，今天遇到的很多事情可以在历史上找到影子，历史上发生的很多事情也可以作为今天的镜鉴。历史不仅仅是回顾过去，而且还是为了“总结历史经验、把握历史规律，增强开拓前进的勇气和力量”。[③]

党的十八大以来，中国特色社会主义进入新时代，世界百年未有之大变局加速演进，世情、国情、党情愈加复杂多变，全面建设社会主义现代化国家也进入了一个“船到中流浪更急、人到半山路更陡”[④]的时期。面对艰巨繁重的执政使命，我们必须学习和研究邓小平的历史思维，以史为镜，鉴古知今，善于总结和汲取历史上的经验教训，挖掘历史中蕴含的工作规律和方法，在历史中了解昨天、把握今天、开创明天，更好地从历史长河、时代大潮、风云变幻中分析演变机理，在牢记历史经验、历史教训的过程中大胆进行实践和理论创新，抓好工作的切入点和着力点，不断提高党的执政能力和执政水平，增强工作的科学性、预见性、主动性和创造性，使我们在乱云飞渡中找到正确方向，妥善应对来自各方面的风险挑战，使我们看清楚过去为什么成功、弄明白未来怎样才能继续成功，做到历史与现实相贯通，历史与现实相统一，从而不断将历史中蕴含的丰富经验运用到治国理政的实践中，打开事业发展新天地。

（三）要善于把握历史规律，增强历史主动

习近平总书记指出：“一个国家、一个民族要振兴，就必须在历史

---

① 《总结历史经验揭示历史规律把握历史趋势 加快构建中国特色历史学学科体系学术体系话语体系》，《人民日报》2019 年 1 月 4 日。

② 《习近平谈治国理政》第四卷，外文出版社 2022 年版，第 8 页。

③ 《习近平谈治国理政》第二卷，外文出版社 2017 年版，第 32 页。

④ 《习近平谈治国理政》第三卷，外文出版社 2020 年版，第 531 页。

前进的逻辑中前进、在时代发展的潮流中发展。”[①] 当前，世界百年未有之大变局加速演进，新一轮科技革命和产业变革深入发展，国际力量对比深刻调整，我国发展面临新的战略机遇。但同时党中央也清醒地认识到，随着国际国内形势的不断变化，我国发展进入战略机遇与风险挑战并存、不确定难预料因素增多的时期。面对纷繁复杂的国际国内形势，党的二十大擘画了以中国式现代化全面推进中华民族伟大复兴的宏伟蓝图，要实现这一愿景，就必须善于抓住和用好各种战略机遇，这是以中国式现代化全面推进中华民族伟大复兴的必然要求。当前，我国发展依然具有诸多战略机遇，而这些机遇随着国内外环境的变化而发生新的变化。在这种情况下，我们就必须学习和研究邓小平的历史思维，深化对中国共产党执政规律、社会主义建设规律、人类社会发展规律的认识，增强历史主动，准确识变、科学应变、主动求变，以开阔的眼界观察世界，判断形势，及时准确抓住稍纵即逝、失不再来的历史性机遇，认清时代潮流，顺势而为，增强全局意识和主动意识，增强工作的前瞻性和预见性，勇于开顶风船，善于化危为机，提高抗击风险能力，从而在激烈的国际竞争中掌握主动权。

综上所述，邓小平在研究历史事实、总结历史经验、把握历史规律中形成了独具一格的历史思维，这种历史思维是他重要的思维方式和工作方法，是邓小平理论形成的重要途径，对党和国家的发展起到了重要推动作用。我们要深入学习研究邓小平的历史思维，深刻认识历史思维的重要性，提高运用历史思维的能力，并将其转化为工作能力，从而正确认识过去，把握当下，看清未来，做好各项工作。

---

① 《习近平谈治国理政》第四卷，外文出版社 2022 年版，第 237 页。

走向成熟定型：中国特色社会主义制度发展历程与成就

穆兆勇

回顾总结中国特色社会主义制度的发展历程与成就，首要的问题是要准确认识和把握中国特色社会主义制度的科学内涵。在党的历史上，正式使用“中国特色社会主义制度”这个概念并对其内涵作出界定的，是 2011 年召开的庆祝中国共产党成立 90 周年大会。随后，这一概念及其内涵被写入党的十八大报告。2019 年，党的十九届四中全会审议通过的《中共中央关于坚持和完善中国特色社会主义制度、推进国家治理体系和治理能力现代化若干重大问题的决定》（以下简称《决定》），系统总结新中国成立以来特别是党的十八大以来我国国家制度和治理体系建设的成就与经验，以新的概括和举措，对中国特色社会主义制度的内涵作了进一步丰富拓展。与党的十八大报告的界定相比，《决定》的丰富拓展集中表现在以下 7 个方面：一是从 13 个方面集中概括了我国国家制度和治理体系具有的显著优势；二是系统阐述了支撑中国特色社会主义制度的根本制度、基本制度、重要制度，从 13 个方面明确中国特色社会主义制度体系的“图谱”；三是把党的领导制度作为根本领导制度纳入中国特色社会主义制度体系，突出其在国家制度和治理体系中的统领地位；四是把马克思主义在意识形态领域的指导地位明确为一项根本制度；五是把按劳分配为主体、多种分配方式并存和社会主义市场经济体制纳入社会主义基本经济制度；六是把党和国家监督体系纳入中国特色社会主义制度体系；七是对人民当家作主制度体系和中国特色社会主义法治体系、行政体制、文化制度、民生保障制度、社会管理制度、生态文明制度、党对人民军队的绝对领导制度、“一国两制”、独立自主的和平外交政策等，进一步作出阐述，提出了一系列新的理论观点和重大改革举措。《决定》对中国特色社会主义制度内涵的丰富拓展，标志着我们党对中国特色社会主义制度的规律性认识达到一个新高度，在中国特色社会主义制度发展史上具有重大意义。就中国特色社会主义制度发展史的研究来看，在党的十九届四中全会前，学界总体上是按照党的十八大报告关于中国特色社会主义制度内涵的界定来展开的，取得了丰硕成果。现在，中国特色社会主义制度内涵的丰富拓展，不仅为我们指明了深化研究的方向、提供了基本遵循，而且极大地开阔了研究视野、提供了全新视角、开拓了新的研究领域，赋予该问题的研究以新的任务要求。我们要站在新的历史方位和时代高度，以《决定》为基本遵循，重新回顾审视中国特色社会主义制度的发展历程和成就，深入研究总结其特点和经验，推动这个问题的研究不断深入发展。

一、新中国国家制度和治理体系的奠基

新中国国家制度和治理体系的奠基，是在深入总结民主革命时期我们党领导新型人民政权建设经验的基础上进行的。我们党从成立之日起就确立了“以无产阶级革命军队推翻资产阶级，由劳动阶级重建国家”[①]的目标。土地革命战争时期，我们党在革命根据地建立起工农民主专政的苏维埃政权，成立了中华苏维埃共和国临时中央政府。抗日战争时期，在抗日根据地领导建立起抗日民族统一战线性质的“三三制”抗日民主政权。解放战争时期，在东北解放区和华北解放区建立东北行政委员会和华北人民政府等政权机关。1947 年 5 月，在党的领导下内蒙古自治政府[②]宣告成立，创造了我国实行民族区域

① 中央文献研究室、中央档案馆编：《建党以来重要文献选编（1921—1949）》第 1 册，中央文献出版社 2011 年版，第 1、2 页。

② 1949 年 12 月 2 日，中央人民政府决定，内蒙古自治政府改称内蒙古自治区人民政府。

自治制度的成功范例。在极端复杂战争环境中领导建立人民政权、实行局部执政，是党的一个伟大创造，是中国革命新道路的重要支撑和重要组成部分。通过局部执政的实践探索，党深化了对人民政权的性质、政权组织形式的认识，在加强党的领导制度和行政、经济、文化、司法制度建设等方面积累了宝贵经验。1949 年 3 月党的七届二中全会和 6 月 30 日毛泽东发表的《论人民民主专政》一文，深入总结我们党领导民主革命及局部执政的历史经验，阐明了全国胜利后党在政治、经济、文化、外交等方面的基本政策，为新中国的成立奠定了理论和政策的基础。

新中国国家制度和治理体系的制度设计和制度安排，是由 1949 年 9 月召开的中国人民政治协商会议第一届全体会议完成的。这次会议代行全国人民代表大会的职权，通过了具有临时宪法作用的《共同纲领》，对新中国国家制度和治理体系作出规定。第一，新中国的国体是“工人阶级领导的、以工农联盟为基础的、团结各民主阶级和国内各民族的人民民主专政”[①]，确立了中国共产党在新中国的领导地位和执政地位。第二，“中华人民共和国的国家政权属于人民。人民行使国家政权的机关为各级人民代表大会和各级人民政府”[②]，明确新中国的国体是人民代表大会制度，确立了人民代表大会制度的根本政治制度地位。第三，新中国的国家结构形式是单一制，确立了新中国在统一的国家内实行民族区域自治制度；明确我国人民民主专政的国家政权是人民民主统一战线的政权，标志着中国共产党领导的多党合作和政治协商制度的正式确立。第四，明确了新中国的人民军队和军事制度、经济建设的原则方针、文化教育政策、外交政策等，明确了由农业国走向工业国、由新民主主义走向社会主义的方向。这样，就完整确立了新中国国家制度和治理体系的基本框架，奠定了新中国的制

① 中央文献研究室、中央档案馆编：《建党以来重要文献选编（1921—1949）》第 26 册，中央文献出版社 2011 年版，第 759 页。

② 中央文献研究室、中央档案馆编：《建党以来重要文献选编（1921—1949）》第 26 册，中央文献出版社 2011 年版，第 760 页。

度基础。

新中国成立后，旧的国家机器被彻底打碎，按照《共同纲领》的制度设计和制度安排，一套全新的国家制度和治理体系建立起来，并在巩固新生人民政权过程中不断健全发展。主要有：第一，在国家行政体制方面，迅速建立起地方各级人民政权，初步形成上下贯通、集中高效、具有高度组织动员能力的国家行政体制，实现中国社会政治结构和社会治理的一次根本性变革。第二，在经济建设和管理体制机制方面，通过没收官僚资本、迅速建立起全民所有的国营经济，并对国营工矿、交通企业实行民主改革；统一全国财政收入、统一全国物资调度、统一现金管理，实现对全国财政经济工作的统一领导和管理；开展新解放区土地改革运动，废除封建土地制度。第三，在法制建设、社会管理方面，颁布实施婚姻法，采取彻底取缔旧社会遗留的黄赌毒等各种社会流毒、镇压反革命运动等举措，实现社会稳定、推进社会进步。第四，在思想文化方面，建立全国思想宣传舆论工作体系，掀起学习宣传马克思列宁主义、毛泽东思想热潮，开展知识分子思想改造，初步确立马克思列宁主义、毛泽东思想在全国的指导地位。第五，在党的领导制度建设方面，在加强党的自身建设的同时，调整党的领导体制和工作制度，建立党组制度，按照党管干部原则建立起全国干部人事制度。

党领导的、人民当家作主的新型国家制度和治理体系基本框架的确立和建立，奠定了中国特色社会主义制度的根基，是中华民族实现“站起来”的重要标志和重大成果，为迅速医治战争创伤、恢复发展国民经济、维护国家安全和独立、全方位巩固新生人民政权提供了制度保障。

二、社会主义基本制度的确立与探索

我国社会主义基本制度的确立，是通过对生产资料私有制进行社会主义改造来实现的。在国民经济恢复的基础上，从 1953 年到 1956

年，党领导全国各族人民不失时机地、创造性地开展了生产资料私有制的社会主义改造，完成社会主义革命，消灭了剥削制度和剥削阶级，建立起以生产资料公有制和按劳分配为主要形式和特点的社会主义经济基础，初步建立起社会主义经济制度，基本形成以国民经济计划管理体制为核心的高度集中的经济运行体制。

与建立社会主义经济基础相适应，党领导人民进行了大规模的国家制度和治理体系的调整和建设。1954 年 9 月召开的一届全国人大一次会议和会议通过的新中国第一部宪法即 1954 年宪法，在我国国家制度和治理体系发展史上具有重要里程碑意义。这一里程碑意义可以归纳为三个方面。第一，毛泽东在大会开幕词中庄严宣布："领导我们事业的核心力量是中国共产党。""指导我们思想的理论基础是马克思列宁主义。"① 这标志着党的领导核心地位和马克思主义指导地位的进一步确立和巩固。第二，以这次会议为标志，人民代表大会制度这一根本政治制度在我国正式建立起来。第三，1954 年宪法以根本大法形式确认了新中国的国家制度和治理体系并作出完善发展，此后党的领导制度、国家政治制度、经济制度和国防科技教育文化社会等方面的体制机制不断建立健全，国家制度和治理体系不断发展并基本定型。"中国共产党的领导，人民民主专政的国家机器，马克思列宁主义、毛泽东思想在意识形态领域的指导地位，这些本来就是上层建筑中保障我国过渡到社会主义社会的强大的政治因素，随着社会主义经济基础已经建立，它们就担负起为巩固和发展社会主义经济基础服务的任务。"② 依据这一客观历史进程，1956 年党的八大宣布："社会主义的社会制度在我国已经基本建立起来了。"③

社会主义基本制度确立的意义，在于为当代中国的一切发展进步

① 《毛泽东文集》第六卷，人民出版社 1999 年版，第 350 页。

② 中共中央党史研究室:《中国共产党历史》第二卷（1949—1978），中共党史出版社 2011 年版，第 361 页。

③ 《中国共产党第八次全国代表大会关于政治报告的决议》，《人民日报》1956 年 9 月 28 日。

奠定了根本政治前提和制度基础。在大规模的社会主义建设实践中，党领导人民运用社会主义制度的力量，在一穷二白的基础上，通过独立自主、自力更生、艰苦奋斗、勤俭建国，建立起独立的比较完整的工业体系和国民经济体系，巩固发展了生动活泼、安定团结的政治局面，发展了国防教育科技文化卫生事业。同时要看到，在这一时期，主要由于党对什么是社会主义“并没有完全搞清楚”①，加上缺乏经验，给国家制度和治理体系建设带来两个方面的问题：一是建立之初的社会主义制度还很不完善；二是我们党一度在指导方针上出现“左”的错误，后来又发生“文化大革命”的严重错误，严重影响了社会主义制度自我完善发展的进程，党和国家一些具体制度存在的弊端不仅没有得到有效解决，反而逐渐显现，严重妨碍了社会主义优越性的发挥。但即使在“文化大革命”这场严重内乱之中，“我国社会主义制度的根基仍然保存着，社会主义经济建设还在进行，我们的国家仍然保持统一并且在国际上发挥重要影响”，“党、人民政权、人民军队和整个社会的性质都没有改变”。②社会主义制度显示出顽强的生命力。

三、中国特色社会主义制度的形成和发展

党的十一届三中全会后，党和人民在实行改革开放的伟大实践中，深化了对“什么是社会主义、怎样建设社会主义”“建设什么样的党、怎样建设党”“实现什么样的发展、怎样发展”等基本问题的认识，成功开创、坚持和发展了中国特色社会主义。中国特色社会主义体现在制度上，就是确立了中国特色社会主义制度。这一时期，无论是支撑中国特色社会主义制度的根本制度、基本制度、重要制度，还是确保治理体系落地生根的具体体制，都得到巩固完善并有新的创新性发展，国家治理能力不断提升，为中华民族实现“富起来”提供

① 《邓小平文选》第三卷，人民出版社 1993 年版，第 137 页。
② 《三中全会以来重要文献选编》(下)，中央文献出版社 2011 年版，第 147、148 页。

了根本制度保障。

第一，加强党的领导制度建设。改革开放之初，邓小平把我们党一贯坚持和强调的思想政治方面的原则概括为四项基本原则，强调坚持四项基本原则的核心是坚持党的领导，并把四项基本原则贯穿和体现到1982年宪法之中。1980年，党的十一届五中全会通过《关于党内政治生活的若干准则》，重新设立中央书记处，加强党的集中领导。同年8月，邓小平发表《党和国家领导制度的改革》讲话，拉开了政治体制改革的序幕。废除干部领导职务实际上的终身制，普遍实行领导干部任期制度；确立并贯彻干部队伍建设“四化”方针，实现国家机关和领导层的有序更替。党的十二大通过的党章，把党的领导明确为主要是政治、思想和组织的领导，确立民主集中制的六条基本原则，强调党必须在宪法和法律的范围内活动。党的十四大把坚持从严治党方针写入党章，深入开展党风廉政建设和反腐败斗争。党的十五大后，完整提出着力解决提高领导水平和执政水平、增强拒腐防变和抵御风险能力的两大历史性课题。2004年，党的十六届四中全会通过《中共中央关于加强党的执政能力建设的决定》，以改革和完善党的领导体制和工作机制为重点，强调必须坚持科学执政、民主执政、依法执政，明确了党驾驭社会主义市场经济、发展社会主义民主政治、建设社会主义先进文化、构建社会主义和谐社会、应对国际局势和处理国际事务等方面的体制机制。坚持党的全面领导的各项制度不断完善，党总揽全局、协调各方的领导核心作用不断增强。

第二，坚持和发展中国特色社会主义政治制度。深入总结历史经验教训，1982年宪法对国家制度和治理体系作出重要规定。一是明确“社会主义制度是中华人民共和国的根本制度。禁止任何组织或者个人破坏社会主义制度”。[①] 二是健全人民代表大会制度。以扩大全国人大常委会职权和加强它的组织的方式，强化全国人民代表大会的国家最高权力机关职能，赋予全国人大常委会行使除基本法律之外的其他

① 《十二大以来重要文献选编》(上)，中央文献出版社2011年版，第187页。

法律的立法权和监督权、重大事务决定权、人事任免权；建立从全国人大一直到乡级人大的五级人大组织体系，县级以上地方各级人大设立常委会，省、自治区、直辖市人大及其常委会有权制定和颁布地方性法规；扩大基层直接民主，县、乡两级人大代表直接选举产生等。三是恢复设立国家主席、副主席，健全国家领导制度。四是国家设立中央军事委员会，领导全国武装力量。中央军委实行主席负责制。中央军委成立后，党对军队的绝对领导不变。四是完善国务院和地方各级人民政府领导体制，实行行政首长负责制。五是改变农村人民公社政社合一的体制，设立乡（镇）政权。1982 年还重新修订了全国人民代表大会组织法、国务院组织法。此后又多次修订地方组织法和选举法，2010 年修改的选举法规定实行城乡按相同人口比例选举人大代表；1992 年制定代表法，2000 年制定立法法，2006 年制定监督法等。这一系列法律的颁布施行和修订完善，扩大了人民民主，加强了人民代表大会制度建设，构建起健全人民当家作主制度体系的基本框架和重要内容。在坚持和完善中国共产党领导的多党合作和政治协商制度方面，提出并贯彻“长期共存、互相监督、肝胆相照、荣辱与共”的方针，加强同各民主党派和无党派人士的合作，通过多种渠道发挥他们参政议政和民主监督的作用。1989 年这一制度被明确为我国一项基本政治制度，1993 年把“中国共产党领导的多党合作和政治协商制度将长期存在和发展”[①] 载入宪法。1994 年全国政协八届二次会议通过《中国人民政治协商会议章程》（修正案），对中国人民政治协商会议作出新定位，明确它是中国人民爱国统一战线组织，是党领导的多党合作和政治协商的重要机构，在“政治协商、民主监督”的基础上增加“参政议政”职能。在推动民族区域自治制度建设方面，1984 年制定的民族区域自治法是实施民族区域自治制度的基本法律，2001 年，九届全国人大常委会对该法作出修改，明确民族区域自治制度是我国的一项基本政治制度。在加强基层民主制度建设方面，1982 年宪法把

① 《十四大以来重要文献选编》（上），中央文献出版社 2011 年版，第 181 页。

城市居民委员会和农村村民委员会写入宪法，并明确为基层群众性自治组织。此后，基层民主建设不断发展，逐步建立起以农村村民委员会、城市居民委员会和企事业单位职工代表大会为主要内容的基层民主自治制度。党的十七大第一次把基层群众自治制度纳入中国特色社会主义政治制度范畴。2011 年在庆祝中国共产党成立 90 周年大会上，基层群众自治制度被确立为中国特色社会主义的基本政治制度。至此，人民代表大会制度这一根本政治制度的完善发展，党领导的多党合作和政治协商制度、民族区域自治制度和基层群众自治制度构成的基本政治制度的发展定型，在政治制度上构筑起支撑中国特色社会主义制度的“四梁八柱”。

第三，建立发展社会主义市场经济体制，确立健全社会主义初级阶段的基本经济制度。改革开放后，我国开始逐步从高度集中的计划经济体制向市场经济体制转变。1984 年，党的十二届三中全会通过《中共中央关于经济体制改革的决定》，把社会主义经济确定为“公有制基础上的有计划的商品经济”。党的十三大强调社会主义有计划的商品经济体制是计划与市场内在统一的体制。1992 年初，邓小平发表南方谈话，深刻阐述了社会主义的本质，强调计划和市场都是经济手段，不是社会主义与资本主义的本质区别，“从根本上解除了把计划经济和市场经济看作属于社会主义基本制度范畴的思想束缚”。[①]党的十四大把我国经济体制改革的目标确立为建立社会主义市场经济体制，十四届三中全会确立了建立社会主义市场经济体制的基本框架。围绕这一目标，全面推进经济体制改革，现代企业制度、全国统一开放的市场体系、宏观调控体系和按劳分配为主体、多种分配方式并存的分配制度以及社会保障制度等，在探索中建立并不断发展。1997 年，党的十五大第一次明确公有制为主体、多种所有制经济共同发展，是我国社会主义初级阶段的一项基本经济制度。到 2000 年，我国成功

① 中共中央宣传部编：《邓小平同志建设有中国特色社会主义理论学习纲要》，学习出版社 1995 年版，第 52 页。

实现由计划经济体制向社会主义市场经济体制的转变，社会主义市场经济体制基本框架初步建立。2002 年，党的十六大提出坚持“两个毫不动摇”重要思想。2003 年，党的十六届三中全会作出关于完善社会主义市场经济体制若干问题的决定。此后，社会主义市场经济体制不断发展，社会主义基本经济制度和分配制度不断巩固，在经济制度上构筑起支撑中国特色社会主义制度的重要支柱。

第四，确立和实施依法治国方略，形成中国特色社会主义法律体系。改革开放之初，我们党领导制定刑法、刑事诉讼法、民事诉讼法、新的婚姻法等重要法律。1982 年宪法颁布施行后，随着实践发展于 1988 年、1993 年、1999 年、2004 年先后做出四次重要修正，推动宪法在保持稳定性和权威性基础上与时俱进、完善发展。党的十四大后，适应建立社会主义市场经济体制的需要，全国人大及其常委会加快社会主义市场经济立法步伐。1997 年，党的十五大把依法治国确立为党领导人民治理国家的基本方略，把依法治国的目标由“建设社会主义法制国家”改为“建设社会主义法治国家”。按照十五大提出的到 2010 年形成有中国特色社会主义法律体系的目标，到 2010 年底，我国完成对现行法律和行政法规、地方性法规的集中清理工作；涵盖社会关系各个方面的法律部门已经齐全，各法律部门中基本的、主要的法律已经制定，相应的行政法规和地方性法规比较完备，基本解决了法律法规中存在的明显不适应、不一致、不协调的问题。中国特色社会主义法律体系的形成，是中国特色社会主义制度逐步走向成熟定型的重要标志。

第五，创造性提出“一国两制”构想，构建和形成“一国两制”制度。20 世纪 80 年代初，为解决台湾问题，邓小平创造性地提出了“一国两制”的科学构想，并首先运用于解决历史遗留的香港问题。按照邓小平的论述，“一国两制”是指“在一个中国的前提下，国家的主体坚持社会主义制度，香港、澳门、台湾保持原有的资本主义制度长期不变"。[1] 1982 年宪法专门就我国实行"一国两制"作出宪制性制度安排。根据宪法规定，1990 年 4 月、1993 年 3 月，七届全国人大三次会议和八届全国人大一次会议分别通过《中华人民共和国香港特别行政区基本法》《中华人民共和国澳门特别行政区基本法》，作出设立香港特别行政区、澳门特别行政区的决定。宪法和香港基本法、澳门基本法规定的特别行政区制度是国家对某些区域采取的特殊管理制度。在这一制度下，香港、澳门特别行政区是中华人民共和国不可分割的一部分，是直辖于中央人民政府的地方行政区域。中央拥有对香港、澳门特别行政区的全面管治权，既包括中央直接行使的权力，也包括授权香港、澳门特别行政区依法实行高度自治。对于香港、澳门特别行政区的高度自治权，中央具有监督权力。同时，香港、澳门又是实行与内地不同的制度和政策、享有高度自治权的特别行政区。香港、澳门回归祖国后，香港特别行政区、澳门特别行政区纳入国家统一的治理体系，成为国家治理体系的重要组成部分。

第六，推进和深化党和国家机构改革，转变政府职能。从 1982 年到党的十八大，为适应党和国家工作重心转移和经济社会发展的需要，党中央所属部门先后进行了 4 次改革，不断精简调整党中央所属机构、转变调整职能，为全面加强党的领导和党的建设创造了条件；政府机构先后进行 6 次改革，在精简机构人员、推进政企分开、转变政府职能、健全运行机制和建设法治政府、服务型政府等方面迈出较大步伐，取得显著成效。此外，我国还进行了地方党政机构改革、行政区划调整和干部人事制度改革，建立健全公务员制度，加强农村基层政权改革与建设，强化了对权力的监督和制约等。经过 30 多年的努力，具有我国特点的党和国家机构职能体系逐步建立起来。

这一时期，我们党坚持用马克思主义和社会主义先进文化占领思想文化和舆论阵地，积极推进文化体制改革，建设公共文化服务体

① 中华人民共和国国务院新闻办公室：《"一国两制"在香港特别行政区的实践》，《人民日报》2014 年 6 月 11 日。

系，形成繁荣发展社会主义先进文化体制机制。启动和推进科学技术体制和教育体制改革，制定和实施科教兴国战略、人才强国战略。推进卫生体制改革，建立和完善包括基本养老保险、医疗保险在内的社会保障体系，在经济社会发展中形成民生保障制度。提出并推动和谐社会建设，推动社会管理体制改革，加强社会管理。坚持独立自主的和平外交政策，健全党对外事工作领导体制机制，推动构建全方位多层次对外关系新格局。

在 2011 年 7 月 1 日召开的庆祝中国共产党成立 90 周年大会第一次提出“中国特色社会主义制度”科学概念，把确立中国特色社会主义制度同开辟中国特色社会主义道路、形成中国特色社会主义理论体系，确立为我们党领导全国人民“经过 90 年的奋斗、创造、积累，党和人民必须倍加珍惜、长期坚持、不断发展的成就”[①]，强调中国特色社会主义制度“是当代中国发展进步的根本制度保障，集中体现了中国特色社会主义特点和优势”[②]。

四、中国特色社会主义制度日趋成熟定型

党的十八大以来，随着对“坚持和发展什么样的中国特色社会主义、怎样坚持和发展中国特色社会主义”这个重大时代课题认识和实践的深化，以习近平同志为核心的党中央把制度建设摆在更加突出位置，深入推进全面深化改革，推动中国特色社会主义制度向着更加成熟更加定型的目标迈出了具有决定性意义的步伐。这种决定性意义步伐的标志是，国家制度和国家治理主要领域的基础性体系基本形成，为中华民族走向“强起来”提供了根本制度保障。

---

① 党的十八大报告把中国特色社会主义道路、中国特色社会主义理论体系、中国特色社会主义制度，明确为“党和人民九十多年奋斗、创造、积累的根本成就”。参见《中国共产党第十八次全国代表大会文件汇编》，人民出版社 2012 年版，第 11 页。

② 胡锦涛:《在庆祝中国共产党成立 90 周年大会上的讲话》,《人民日报》2011 年 7 月 2 日。

第一，完善坚决维护党中央权威和集中统一领导的制度安排，健全党的领导制度体系。党的十八大以来，党中央先后成立多个决策议事协调机构，党对事关党和国家事业全局重大工作的领导体制进一步健全。从2015年开始，中央政治局常委会每年听取和研究全国人大常委会党组、国务院党组、全国政协党组、最高人民法院党组、最高人民检察院党组的工作汇报，形成把党中央的集中统一领导与支持全国人大常委会、国务院、全国政协、最高人民法院、最高人民检察院依法依章履行职责、大胆工作、发挥作用统一起来的制度性安排。党的十九大把坚持党对一切工作的领导摆在新时代党的基本方略的首位，把树牢“四个意识”、坚定“四个自信”、坚决维护以习近平同志为核心的党中央权威和集中统一领导写入党章。党的十九届二中全会专门讨论宪法修改问题。十三届全国人大一次会议通过的宪法修正案，确立习近平新时代中国特色社会主义思想在国家政治和社会生活中的指导地位，把“中国共产党领导是中国特色社会主义最本质的特征”写入宪法，为更好坚持党的全面领导提供坚实宪法保障。深入推进全面从严治党，以党章为根本遵循，制定出台《中共中央关于新形势下党内政治生活的若干准则》和《中国共产党纪律处分条例》等多部党内法规，构建起坚决维护党中央权威和集中统一领导的党内法规制度体系。党的十九届三中全会把完善坚持党的全面领导制度作为深化党和国家机构改革的首要任务，从机构职能体系上加强党对各领域各方面工作的领导，党总揽全局、协调各方的领导制度体系更加健全。

第二，发展社会主义民主政治，健全和完善人民当家作主制度体系。党的十八大以来，我们党坚定不移走中国特色社会主义政治发展道路，巩固发展人民当家作主的制度体系，取得一系列重大制度性成果。在完善人民代表大会制度方面，党中央转发《中共全国人大常委会党组关于加强县乡人大工作和建设的若干意见》，加强基层国家权力机关建设，充分发挥人大代表作用；全国人大及其常委会不断创新人大工作体制机制，加强对宪法法律实施和“一府两院”工作的监督；在全国人大代表中增加一线工人、农民、专业技术人员代表的比例和农民工代表人数，保证人民当家作主的主体地位；坚决维护人民代表大会制度的尊严，依法确定辽宁省45名拉票贿选的全国人大代表当选无效。党的十九大明确“人民代表大会制度是坚持党的领导、人民当家作主、依法治国有机统一的根本政治制度安排”[①]，赋予人民代表大会制度以新的定位和时代内涵。在发展社会主义协商民主方面，党的十八届三中全会把“推进协商民主广泛多层制度化发展”作为加强社会主义民主政治制度建设的重要内容，统筹推进政党协商、人大协商、政府协商、政协协商、人民团体协商、基层协商以及社会组织协商，加强协商民主制度建设，初步形成协商民主制度体系，推动社会主义民主政治不断发展。

第三，推进全面依法治国，健全社会主义法治体系。党的十八届四中全会专门研究法治建设问题，把推进全面依法治国的总目标明确为建设中国特色社会主义法治体系、建设社会主义法治国家。把实施宪法摆在突出位置，完成宪法部分内容修改，设立国家宪法日，建立和实施宪法宣誓制度，彰显和维护宪法权威。贯彻党中央关于加强党领导立法工作的意见，全国人大及其常委会健全立法工作向党中央请示报告制度，加强重点领域立法；坚持立法先行，发挥立法对重大改革举措的引领、保障和推动作用；完善立法体制和工作机制，通过修改宪法和立法法，赋予所有设区的市地方立法权，建立并实施法律案通过前评估制度、基层立法联系点制度，完善法律草案向社会公布制度等。深入推进严格执法、公正司法、全民守法，加强法治实施体系、法治监督体系和法治保障体系和党内法规体系建设，推动法治国家、法治政府、法治社会建设相互促进，中国特色社会主义法治体系日益完善，全面依法治国取得新成就。

第四，深化党和国家机构改革，初步建立起适应新时代要求的党和国家机构职能体系。党的十九大提出深化党和国家机构改革的任

① 《中国共产党第十九次全国代表大会文件汇编》，人民出版社2017年版，第30页。

务，党的十九届三中全会审议通过《中共中央关于深化党和国家机构改革的决定》和《深化党和国家机构改革方案》，十三届全国人大一次会议批准《国务院机构改革方案》。与此前历次党政机构改革相比较，这次机构改革从定位上看，是“我们打的一次全面深化改革的战略性战役”[①]；从重点上看，突出了坚持党的全面领导这个统领，突出了推进党和国家机构职能优化协同高效这个着力点；从时间和成效来看，仅用一年多时间，整体性推进了中央和地方各级各类机构改革，重构性健全了全党的领导体系、政治治理体系、武装力量体系、群团工作体系，系统性增强了党的领导力、政府执行力、武装力量战斗力、群团组织活力，“解决了许多长期想解决而没能解决的难题，理顺了不少多年想理顺而没有理顺的体制机制”[②]，适应新时代要求的党和国家机构职能体系主体框架初步建立。

第五，深化国家监察体制改革，健全党和国家监督体系。2016年11月，中央决定在北京市、山西省、浙江省设立各级监察委员会，开展国家监察体制改革试点。党的十九大提出构建集中统一、权威高效的国家监察体系，决定将试点工作在全国推开，对深化国家监察体制改革作出部署安排。十三届全国人大一次会议通过的宪法修正案和《中华人民共和国监察法》，确立监察委员会作为国家机构的法律地位，组建国家监察委员会，产生国家监察委员会领导人员。这标志着中国特色国家监察体制建设取得重大成果，构建起党统一指挥、全面覆盖、权威高效的监督体系，实现了依规治党与依法治国、党内监督与国家监督、党的纪律检查与国家监察有机统一。

第六，深化国防和军队改革，健全党对人民军队的绝对领导制度体系。从领导创建人民军队之日起，党就确立起坚持党指挥枪、党对人民军队绝对领导的根本原则和制度。在革命、建设、改革的长期实践中，这一根本原则和制度不断丰富发展，逐步形成一整套党对人民

① 《巩固党和国家机构改革成果，推进国家治理体系和治理能力现代化》，《人民日报》2019年7月6日。

② 霍小光等:《扬帆破浪再启航》,《人民日报》2019年7月7日。

军队绝对领导的制度体系，包括：坚持军队最高领导权和指挥权属于党中央、中央军委，中央军委实行主席负责制，实行党委制、政治委员制、政治机关制，实行党委统一的集体领导下的首长分工负责制，实行支部建在连上等。[①]中央军委实行主席负责制是坚持党对军队绝对领导的根本实现形式。党的十八大以来，以习近平同志为核心的党中央着眼实现中国梦强军梦，提出党在新时代的强军目标，制定新形势下军事战略方针；召开古田全军政治工作会议、中央军委党的建设会议，大力加强政治建军，健全人民军队党的建设制度体系，人民军队政治生态得到有效治理；深化国防和军队改革，打破人民军队长期实行的总部体制、大军区体制、大陆军体制，形成军委管总、战区主战、军种主建新格局，领导指挥体制实现历史性变革，人民军队组织架构和力量体系实现革命性重塑，形成更加有利于贯彻军委主席负责制、坚持党对人民军队绝对领导的全新体制架构。党的十九大把坚持党对人民军队的绝对领导上升为新时代党的基本方略，确立习近平强军思想在国防和军队建设中的指导地位，把中央军事委员会实行主席负责制写入党章。军委主席负责制在党领导军队制度体系中的统领地位不断增强，党对人民军队的绝对领导全面加强。

党的十八届三中全会以来，以习近平同志为核心的党中央更加注重改革的系统性、整体性和协同性，到2019年底共推出2217个改革方案[②]，其中许多是事关全局、前所未有的重大改革，在完善基本经济制度和深化收入分配制度改革、行政管理体制改革、市场体制改革、宏观调控体制改革、财税体制改革、金融体制改革、国有企业改革、司法体制改革、文化教育体制改革、民生保障体制改革、社会治理体制改革、生态文明建设制度体系建设等方面取得重大进展，推动制度

---

① 中共中央宣传部编：《习近平新时代中国特色社会主义思想学习纲要》，学习出版社、人民出版社2019年版，第189页。

② 习近平：《在全国政协新年茶话会上的讲话》，《人民日报》2018年12月30日；习近平：《关于〈中共中央关于坚持和完善中国特色社会主义制度、推进国家治理体系和治理能力现代化若干重大问题的决定〉的说明》，《人民日报》2019年11月6日。

建设在这些基础性关键领域取得重大实质性成果。

五、中国特色社会主义制度发展的特点

作为中国特色社会主义的重要组成部分和制度载体，中国特色社会主义制度的发展历程与中国特色社会主义的开创、坚持和发展是相伴而生的，具有中国特色社会主义发展完善的一切显著特点，同时又有自己逐步发展完善的鲜明特点，突出地表现在长期发展、渐进改革、内生性演变这三点上。

第一，根据前文的回顾梳理，可以对中国特色社会主义制度的发展历程作这样一个概括：它萌芽于民主革命时期我们党领导建立新型人民政权的践行探索，发端和奠基于新中国成立时我国国家制度和治理体系基本框架的确立和社会主义基本制度的确立，明确宣布于建党 90 周年时中国特色社会主义制度的确立，更加成熟更加定型于新中国成立 70 周年开启的新征程之中。集中到一点而言，它是党和人民在救国、建国、兴国、强国的历史过程中，历经千辛万苦、付出各种代价、接续奋斗的结果，是党和人民 90 多年奋斗、创造、积累的根本成就之一。

第二，作为人类制度文明史上的先进社会制度，社会主义制度是能够实现自我完善发展的制度。社会主义制度之所以能够实现自我完善发展，是由社会主义社会基本矛盾的性质和状况决定的。社会主义社会的基本矛盾，在性质上同一切旧的阶级社会的基本矛盾是根本不同的。这种根本不同在于，社会主义社会的生产关系、上层建筑总体上是与生产力的发展、与经济基础相适应的，但又是很不完善的，这些不完善的方面与生产力的发展、与经济基础又是不协调、相矛盾的。这种不完善、不协调、相矛盾的状况，是非对抗性的，是社会主义制度自身可以解决的。这是社会主义制度能够做到自我完善发展的客观依据和内在动力。党的十一届三中全会以来，我们党领导人民进行改革开放的伟大革命，就是从根本上革除束缚我国生产力发展的思

想观念和体制机制弊端，促进生产关系与生产力、上层建筑与经济基础相协调，推进社会主义制度不断完善和发展。在改革开放整个过程中，我们把坚定制度自信和改革创新相结合，通过渐进式改革，先易后难，以点带面，不断推进，着力抓好重大制度创新，着力破除各方面体制机制弊端，补齐制度短板，在国家制度建设和治理能力上迈出重大步伐。在渐进改革中完善发展的这一鲜明特点，使我国国家制度和治理体系建设既没有走封闭僵化的老路，也没有出现方向性、颠覆性错误，更没有走改旗易帜的邪路，而是在保持稳定性和延续性的同时，不断增强发展性和创新性，推动自身日趋成熟定型，制度优势和治理效能不断彰显，为实现“中国之治”提供了有力保障。

第三，中国特色社会主义制度是从中国的社会土壤中生长起来的，是党和人民自己的伟大创造。辛亥革命前后，西方国家的君主立宪制、议会制、多党制、总统制等制度模式都曾在中国上演过，但均以失败而告终。这充分证明，在国家制度和治理体系上，照搬照抄别国的制度模式，是行不通、也不会成功的。在这个问题上，我们党也有过深刻教训。土地革命战争时期建立的工农民主专政的苏维埃政权，由于受“左”倾教条主义错误的影响，一度照搬了苏联的苏维埃政权体制模式，结果严重脱离了中国革命实际，对革命发展造成不利影响。新中国成立后，我们党创造性运用马克思主义国家学说，深刻总结国内外正反两方面经验教训，坚持把马克思主义基本原理同我国具体实际、历史文化传统、时代要求紧密结合起来，逐步确立和发展了中国特色社会主义制度，形成和发展了一整套党的领导和经济、政治、文化、社会、生态文明、军事、外事等制度体系。它们无一不是从中国的社会土壤中“土生土长”的，无一不是党和人民政治智慧和远见卓识的结晶和集中体现，无一不包含着对中华优秀传统文化的吸纳融合与创新，都具有深刻的历史逻辑、理论逻辑、实践逻辑。这是中国特色社会主义制度之所以具有强大生命力和巨大优越性的根本所在。

社会主义市场经济体制
纳入基本经济制度的深刻意蕴

沈路涛

中共十九届四中全会审议通过《关于坚持和完善中国特色社会主义制度、推进国家治理体系和治理能力现代化若干重大问题的决定》，首次将社会主义市场经济体制纳入基本经济制度范畴，进一步拓展了我国基本经济制度的内涵，使之成为支撑中国特色社会主义制度大厦的支柱性制度。这一举措标志着社会主义市场经济体制已经日臻成熟，对于不断解放和发展社会生产力、推动经济高质量发展，对于更好地发挥中国特色社会主义制度优势、推进国家治理体系和治理能力现代化，对于实现“两个一百年”奋斗目标、实现中华民族伟大复兴，都具有至关重要的影响和作用。

一、深入领会社会主义市场经济体制
纳入我国基本经济制度范畴的重大意义

这是市场经济体制日臻成熟的一项重大标志举措。改革开放已经走过 40 多个年头。40 多年的改革开放史，实际上就是一部社会主义市场经济体制的发展史，社会主义市场经济体制从探索到建立，从完善到成熟，不啻一场前无古人的伟大革命。正如习近平总书记所说，经济体制改革的“核心问题是处理好政府和市场的关系”[①]，我国经济体制改革始终是围绕着正确认识和处理计划与市场、政府与计划的关

① 《习近平著作选读》第一卷，人民出版社 2023 年版，第 183 页。

系这一核心问题展开的。改革开放以前，我国实行高度集中的计划经济体制，市场常常被当作“资本主义尾巴”割掉。中共十一届三中全会以后，市场开始解封，从中共十二大提出“计划经济为主，市场调节为辅”，到中共十二届三中全会明确“社会主义经济是公有制基础上的有计划的商品经济”，再到中共十三大强调建立“国家调节市场，市场引导企业”的机制，开启了社会主义市场经济体制的探索历程。20 世纪 90 年代初，邓小平南方谈话对计划和市场关系的认识实现重大突破后，中共十四大正式提出“我国经济体制改革的目标是建立社会主义市场经济体制”，中共十四届三中全会通过《关于建立社会主义市场经济体制若干问题的决定》，勾画了社会主义市场经济体制的基本框架，标志着市场经济体制开始初步建立。新世纪新阶段，中共十六大提出“在更大程度上发挥市场在资源配置中的基础性作用”，中共十六届三中全会通过《关于完善社会主义市场经济体制若干问题的决定》，社会主义市场经济体制得到了进一步完善。进入中国特色社会主义新时代，党中央站在更高层面，从坚持和完善中国特色社会主义制度、推进国家治理体系和治理能力现代化的高度来谋划和推进社会主义市场经济体制的完善和发展。中共十八届三中全会强调，经济体制改革的核心问题是处理好政府和市场的关系，使市场在资源配置中起决定性作用和更好发挥政府作用。特别是中共十九届四中全会把社会主义市场经济体制作为一项基本经济制度确定下来，是对社会主义基本经济制度作出的一个全新概括。这是对新时代经济发展实践的科学判断和总结，标志着社会主义市场经济体制已经日趋完善和成熟。此举必将对于完善我国经济制度体系、加快推进现代化经济体系建设，对于全面深化改革和扩大开放、从各方面各领域推进国家治理体系和治理能力现代化产生深远影响。

这是完善基本经济制度的一项重大制度安排。经济制度是生产关系的总和，而基本经济制度不仅在经济制度体系中具有基础性、决定性地位和长期性、稳定性特点，在整个国家制度中也具有牵一发而动全身的作用，对其他领域制度建设以及国家治理效能有着重要影响。

中国共产党对基本经济制度内涵的认识是随着实践的发展而不断发展的。新中国成立以后，随着社会主义改造的完成和社会主义制度的确立，我国建立起以公有制为基础、以计划经济为主要内容的一整套经济制度。改革开放以来，中国共产党深刻总结国内外正反两方面经验，根据我国的现实国情，积极主动调整生产关系以适应生产力的发展要求，推动经济体制实现从计划到市场这一深刻而重大的变化，从而在发展国有经济、集体经济的同时催生了个体经济、私营经济、外资经济等的蓬勃发展。在生产关系中，生产资料所有制形式最具有标志性意义。因此，中共十五大在认真总结改革实践经验的基础上，首次明确把以公有制为主体、多种所有制经济共同发展的制度确立为社会主义初级阶段的基本经济制度，从而为经济体制改革和发展提供了稳定的方向和基础。但在实践中，仅把所有制制度作为基本经济制度具有一定的局限性，难以全面反映整个社会生产关系的运动规律，而 20 世纪 90 年代建立起来的社会主义市场经济体制和分配机制，经过 20 多年的运行和发展，已经日趋完善和成熟，形成了主要依靠资本、资源、劳动力投入为核心的社会主义经济体系。中共十九届四中全会把社会主义市场经济体制同按劳分配为主体、多种分配方式并存一起，正式纳入基本经济制度范畴，构筑起以所有制制度、分配制度、资源配置制度为三大支柱的一整套经济制度体系，三者之间相互联系、相互支撑、相互促进，涵盖了经济关系的核心内容。这一全新的概括，是对社会主义基本经济制度内涵作出的重要拓展和完善，必将有利于进一步夯实社会主义市场经济制度基石、坚定不移地走市场化改革之路，有利于更加充分发挥社会主义制度优越性、进一步解放和发展社会生产力。

这是构筑现代化经济体系的一个重大理论创新。改革开放以来，社会主义市场经济理论的探索和发展，是指导我国经济发展创造人类历史上一个又一个奇迹的成功秘诀。随着市场因素在经济生活中的地位和作用越来越凸显，社会主义市场经济理论体系和实践体系经历了确立、完善和发展的过程，从而极大地解放和发展了我国落后的社会生产力。截至2020年，我国国内生产总值已经突破100万亿元，稳居世界第二。同时，目前我国经济发展已然由高速增长转为中高速增长，从1979年至2012年年均增长9.9%下降到2019年的6%，国民经济正处于转变发展方式、优化经济结构、转换增长动力的攻关期。如何推动经济实现高质量发展、再上新台阶，需要我们更好地克服体制机制障碍、释放体制机制活力。中共十八大以来，以习近平同志为核心的党中央更好地把社会主义制度和市场经济结合起来，在巩固和发展公有制经济、支持和鼓励民营经济健康发展、积极发展混合所有制经济、健全按劳分配和按要素分配机制、深化供给侧结构性改革、发挥市场在资源配置中的决定性作用、营造良好市场环境等方面，进行一系列重要的理论创新，提出一系列重要的思想观点，取得一系列重要的理论成果，形成了习近平经济思想。将社会主义市场经济体制上升为基本经济制度，是习近平经济思想的一个重要创新，是中国特色社会主义市场经济理论的一项重要发展，必将指导我们进一步推动社会主义市场经济体制的完善和发展，加快推动现代化经济体系建设，实现经济高质量发展。

这是增强市场主体信心和活力的一次重大政策宣示。改革开放40多年以来，社会主义市场经济体制的建立和完善，经历了极其曲折的发展过程，其间曾经经受来自“左”或右的思想倾向的影响和冲击。确定和坚持社会主义市场经济的改革方向，是总结我国社会主义建设规律和世界经济发展实践经验获得的科学结论，是改革开放实践发展的必然选择和结果。当前，我国经济发展面临前所未有的增速下行压力，社会上再次出现了一些怀疑市场经济改革方向、质疑基本经济制度甚至否定改革开放的思想苗头和倾向，特别是一些所谓改革导致国进民退、让民营经济离场的论调在媒体上不时浮现，同时由于一些地方政府和市场的关系还没有理顺，实践中还存在各种各样的“卷帘门”“玻璃门”“旋转门”，民营经济得不到公平对待，产权得不到有效保护，以致出现民营企业家信心不足，民间投资持续下降，民营企业较大面积增长乏力的现象。针对这种情况，继中共十八届三中全会提出让市场在资源配置中起决定性作用、习近平总书记多次与民营企业家座谈释放积极信号之后，中共十九届四中全会又将社会主义市场经济体制上升为基本经济制度，再次宣示了坚定不移坚持市场经济体制的改革方向，给人们吃了定心丸、放心丸。这必将推动市场发展环境进一步完善，极大地增强各类市场主体的信心，极大地调动亿万人民的积极性，最大限度地释放全社会创新创业创造的动能和活力。

二、如何认识和看待我国社会主义市场经济体制日臻成熟

把社会主义市场经济体制纳入我国基本经济制度范畴，标志着在我国发展了近 30 年的社会主义市场经济体制已经日臻成熟。这一体制的成熟究竟体现在哪些方面？ 又意味着什么呢？

一是意味着对市场规律的认识更加统一。西方主流经济学认为，发展市场经济的一个重要前提就是财产私有，这一理论逻辑导致很长一段时间里人们都认为市场经济与公有制是不可兼容的。中共十一届三中全会作出了把党和国家工作中心转移到经济建设上来、实行改革开放的历史性决策。进行经济建设，首先就要解决资源配置问题，而市场配置资源就是最有效的形式。于是，在以公有制为主体的社会主义条件下能否发展市场经济，成为改革开放之初理论和实际工作者热烈讨论的问题。此后，无论是中共十二大提出“计划经济为主、市场调节为辅”，还是中共十二届三中全会提出“有计划的商品经济”，均突破了以往把计划经济同商品经济对立起来的传统观念，为确立社会主义市场经济体制奠定了思想基础，也拉开了探索建立全新体制的新征程。虽然这一时期市场因素在经济体制中所占的份额越来越大，但究竟该如何处理计划与市场关系的争论一直不绝于耳，来自各方面的阻力很大，中间甚至还出现过一些政策上的反复。进入 20 世纪 90 年代以后，特别是在邓小平南方谈话对于计划和市场关系的认识实现重大突破以后，社会主义市场经济体制开始在我国得以确立，市场化的方向已然成为整个经济体制改革和发展不可逆转的潮流。人们的思想

焦点从最初如何处理计划与市场的关系，转移到了市场经济条件下究竟该如何处理政府和市场的关系，人们对市场究竟该发挥什么样的作用特别是在市场还是政府起主导作用这个问题上尚有许多认识上的分歧。从中共十五大的“使市场在国家宏观调控下对资源配置起基础性作用”，到中共十六大的“在更大程度上发挥市场在资源配置中的基础性作用”，到中共十七大的“从制度上更好发挥市场在资源配置中的基础性作用”，再到中共十八大提出“更大程度更广范围发挥市场在资源配置中的基础性作用”，可以看出人们一直都在根据实践拓展和认识深化，去努力寻找关于市场和政府关系的科学定位。在这一过程中，人们对我国市场取向改革的目标及其框架在认识上逐渐趋向一致，并深刻体会到，市场经济本质上就是市场决定资源配置的经济，市场配置资源是最有效率也最经济的形式。由此，中共十八届三中全会把市场在资源配置中的“基础性作用”改为“决定性作用”，为市场和政府的关系明确了新的科学定位，其意义不亚于20世纪90年代初关于计划和市场关系的一锤定音的影响和作用。中共十九届四中全会把市场经济体制纳入基本经济制度范畴，既是中国共产党对市场规律认识的又一次升华，也是全社会坚持社会主义市场经济方向的共同选择和集中反映，凝聚了全社会的共识。社会主义市场经济体制等社会主义基本经济制度，既体现了社会主义制度的优越性，又同我国社会主义初级阶段生产力发展水平相适应，是党和人民的伟大创造。[①] 把市场经济体制纳入基本经济制度，反映出价值规律、供求规律、竞争规律这些市场经济的普遍规律已经逐渐深入人心，市场机制这只无形的手已经被全社会普遍接受，表明了市场经济意识已经成为人们的思想观念的重要内容，显示了我们坚持社会主义市场经济方向不动摇、发挥市场的决定性作用不动摇的坚定信心和决心。

二是意味着市场体系建设更加健全。改革开放之初，我国只有单一的消费品市场、单一的所有制形式，市场体系结构十分简单。从

---

① 任理轩:《当代中国发展进步的根本制度保障》,《人民日报》2019年11月28日。

1978 年开始，几十年来我国的市场化水平在不断进步，市场化程度在不断提高。特别是进入新时代，尤其是市场经济体制被确立为我国基本经济制度，进一步表明我国已经建立起一个比较完备的市场化经济体系。在培育市场主体方面，我们持续推进国有企业改革，到 2017 年年底，全国国有企业资产总额和所有者权益分别达到 151.7 万亿元和 52 万亿元，是 1978 年的 209.7 倍和 107.2 倍[①]；非公有制经济从无到有、从小到大、从弱到强，已经成为社会主义市场经济的重要组成部分。在培育要素市场方面，市场在资源配置中的决定性作用日益增强，我们不仅建立了极为丰富的消费品市场和生产资料市场，像土地、资本、劳动力、技术、信息、产权等重要生产要素市场也得以发育并茁壮成长，各种市场中介机构也得到了充分发展。在健全市场机制方面，我们已经扎实推进价格改革，建立由市场决定价格的机制，目前已有近 98% 的商品和服务价格放开由市场决定，各种不断完善的供求机制、价格机制、竞争机制等市场机制正充分发挥出资源配置的功能。在规范市场秩序规则方面，我们明确市场经济就是法治经济，加快制定规范市场基本经济关系、市场主体行为和市场交易秩序的各种法律法规，逐步形成了统一、科学和完备的社会主义市场管理的法规体系。同时，在转变政府职能方面，我们不断完善宏观调控体系，扎实推进"放管服"改革，我国营商环境全球排名跃升至第 46 位。可以说，一个立体化、多层次、多元化的相互联系、相互促进的市场体系日益完善，进一步激发了市场主体参与市场竞争的活动和创新力，并创造了我国经济快速发展的奇迹，推动我国改革开放和社会主义现代化建设取得举世瞩目的伟大成就，人民生活水平发生了翻天覆地的变化，中国人民的面貌、社会主义中国的面貌、中国共产党的面貌发生了历史性变化。历史和实践充分证明，市场体制的建立、完善和发展，是这几十年来中国经济快速发展的真正动力和源泉。

三是意味着经济体制改革更加深入。中共十一届三中全会以来，

① 连维良:《加快完善社会主义市场经济体制》,《人民日报》2019 年 1 月 21 日。

中国共产党以巨大的政治勇气和非凡的政治智慧，锐意推进改革开放，从农村到城市，从沿海到内地，经济体制改革作为整个改革的突破口和重头戏，在理论和实践上不断取得重大进展，极大地解放和发展了生产力。特别是改革开放以后相当一段时期内，我国市场体系尚未完全形成，市场体制机制尚未建立健全，仅仅依靠市场还不能有效配置资源，我们一直是摸着石头过河，探索实施渐进性改革。经过40多年的改革探索，社会主义市场经济体制已经日趋完善。可以说，符合现代市场要求的经济体系框架搭建起来了，围绕这一框架的运行机制建立起来，整个国民经济按照新体制的轨道和规则运行；但要看到，我国社会主义市场经济体制臻于成熟，并不意味着这一体制的最终定型，特别是在具体制度层面还存在缺陷，运行机制还不健全，社会利益关系还没有完全理顺，经济法制还不完备，经济效率不高的状况并没有完全得到改观。进入新时代以后，我国社会的主要矛盾已经转化为人民日益增长的美好生活需要和不平衡不充分的发展之间的矛盾，但我国处于并将长期处于社会主义初级阶段的基本国情没有变，我国是世界最大发展中国家的国际地位没有变，我国用几十年时间走过西方发达国家花几百年时间所走的市场化道路的历史进程没有变。这“几个没有变”表明，我国社会主义经济体制改革已经进入攻坚期和深水区，社会主义经济体制在一些方面还是存在着束缚市场主体活动、阻碍市场规律和价值规律充分发挥作用的弊端，甚至有些地方存在矛盾和混乱的现象，制约经济社会发展的体制机制性障碍还比较多。中共十八大以来，中国共产党以更强的决心、更大的勇气加快完善社会主义市场经济体制，完善国有资产管理体制，营造公平竞争环境，实施市场准入负面清单制度，创新和完善宏观调控，深化财税和金融体制改革，加强市场监管体制改革……我国经济体制方面许多重要领域和关键环节改革均取得了突破性进展，主要领域改革的主体框架已基本确立，解决了许多长期以来想解决但没有解决的问题，攻克了许多长期以来想攻克但没有攻克下来的顽瘴痼疾，正着力构建起市场机制有效、微观主体有活力、宏观调控有度的经济体制，为推动我国经济高质量发展提供坚强制度保障。

四是意味着“五位一体”协同更加到位。生产力决定生产关系，经济基础决定上层建筑，这一马克思主义关于社会发展的基本规律，决定了我国改革开放是从经济体制改革发端，再通过其牵引作用，为全方位深化改革创造有利条件、提供强大动力的。正如习近平总书记所阐述的那样：“经济体制改革对其他方面改革具有重要影响和传导作用，重大经济体制改革的进度决定着其他方面很多体制改革的进度，具有牵一发而动全身的作用。”[①] 因此，改革开放以来，历次三中全会研究讨论改革问题，其核心问题往往聚焦于经济体制改革，会后往往会陆续出台经济体制改革的文件，其目的就是要抓住经济体制改革这个“牛鼻子”，以此推进其他领域深层次矛盾的化解。随着改革到了一定阶段，特别是进入新时代以后，经济、政治、文化、社会、生态文明各领域改革和党的建设制度改革相互联系、相互交融的程度越来越深，任何一个领域的改革都可能牵动其他领域，需要其他领域推进改革进行密切配合。进一步深化经济体制改革，迫切需要我们更加注重改革的系统性、整体性、协同性，在深化经济体制改革的同时，统筹推进政治、文化、社会、生态文明等其他领域的改革，否则相关领域的改革不配套不协同，各方面改革措施相互牵扯、相互制约，经济体制改革本身也很难深化。因此，2013 年 11 月，中共十八届三中全会的议题没有仅限于研究经济体制改革问题，而是通过了《中共中央关于全面深化改革若干重大问题的决定》，从主要推进经济体制改革拓展到全面深化经济、政治、文化、社会、生态文明等方面体制改革，把完善和发展中国特色社会主义制度，推进国家治理体系和治理能力现代化作为全面深化改革的总目标，并以经济体制改革为牵引，就政治、文化、社会、生态文明等方面体制改革进行全面部署，以着力形成一整套系统完备、科学规范、运行有效的制度体系。按照这一部署，我们坚持把经济体制改革作为重点，协同推进其他各领域改

① 《习近平著作选读》第一卷，人民出版社 2023 年版，第 182 页。

革，努力营造各领域改革密切互动、齐头并进的生动局面，凝聚起了强大的改革整体效应，全面推进中国特色社会主义经济、政治、文化、社会和生态文明建设。推进国家治理体系和治理能力现代化，核心就是坚持和完善中国特色社会主义制度，而社会主义基本经济制度在整个国家制度体系中处于基础性、决定性位置，对其他领域的制度建设及国家治理的效能都有着至关重要的作用和影响。把社会主义市场经济体制纳入基本经济制度范畴，一方面意味着社会主义市场经济体制更加成熟，另一方面意味着我国基本经济制度更加定型，可以将其作为构建社会主义制度大厦四梁八柱的重要支柱。这不仅是经济体制改革的基本遵循，也是全面深化改革的重要依托，将有利于使各方面体制朝着建立完善的社会主义市场经济体制这一方向协同推进，同时也使各方面体制的相关环节能够更好适应社会主义市场经济发展提出的新要求，从而对各方面各领域推进国家治理体系和治理能力现代化产生重大而深远的影响，推动我国经济社会长期持续健康发展。

三、进一步健全我国社会主义市场经济体制需要解决好的三个重要课题

新时代坚持和完善中国特色社会主义制度、推进国家治理体系和治理能力现代化，对加快完善社会主义市场经济体制提出了更高要求。结合我国当前经济发展面临的新形势新任务，进一步健全完善社会主义市场经济体制有三个方面的重要课题尚需从广度和深度上加以推进。

一是进一步深化社会主义和市场经济的有机结合。中国几十年的发展实践证明，社会主义和市场经济能够成功结合，并且能够结出累累硕果。市场经济为社会主义注入蓬勃生机和发展活力，社会主义为市场经济开辟了崭新境界和广阔前景。“向市场经济要效率，向社会主义要公平”，社会主义制度的优越性和市场配置资源的有效性这两种优势的叠加、融合，已经并将继续释放出惊人的制度能量。在进一

步完善社会主义市场经济体制过程中，一方面，要坚定不移地坚持市场经济方向不变，尊重客观经济规律和价值规律，遵循市场改革取向，以“三个有利于”为标准，进一步激发各类市场主体活力，充分调动各方面的积极性、主动性和创造性，特别是要稳定民营企业家的信心；另一方面，要坚定不移地坚持社会主义方向不变，体现社会主义制度的要求，发挥党的领导、政府的作用和人民群众的首创精神，既不走僵化封闭的老路，也不走改旗易帜的邪路。总之，健全社会主义市场经济体制，就是要坚持社会主义市场经济的改革方向，毫不动摇地巩固和发展公有制经济，毫不动摇地鼓励、支持和引导非公有制经济发展，无论是分配制度还是资源配置都既讲效率又讲公平，既鼓励先进、促进发展，又注重社会公平、防止两极分化，从而使各种资源都得到充分有效利用，使社会主义制度的优势得到充分发挥。

二是进一步深化发挥市场的决定性作用和发挥政府作用的有机结合。政府和市场的关系问题，是社会主义市场经济体制的核心问题，贯穿了经济体制改革的全过程。中共十八届三中全会依据实践拓展和认识深化，将政府和市场的关系定位为“市场在资源配置中起决定性作用和更好发挥政府作用”，这不仅进一步明确了深化经济体制改革的基本思路，而且进一步明确了推动社会主义市场经济发展的实践路径，是社会生产力的又一次大解放。但在实际工作中，由于生产要素的市场化程度和市场发育程度还不太高，大幅度减少政府直接对资源进行配置和干预，推动资源配置依照规则和价格通过市场的充分竞争来实现效益最大化和效率最优化，还有很长的路要走。一方面，发挥市场的决定性作用不能仅停留在原则层面、宏观层面，而是要在具体政策制度上细化具体化，凡是依靠市场机制能够带来较高效率和效益并且不会损害社会公平和正义的，都要真正交给市场，让市场机制这只无形的手促使各个市场主体遵从市场规则开展公平竞争，通过优胜劣汰不断提高社会生产力。特别是不能仅停留在口头上、纸面上，而是要落实到微观层面、执行层面，在具体的产权保护、要素市场配置、公平竞争环境上真正让市场发挥决定性作用，各级权力部门和行政司法机关要真正按法律和制度行事，不能越俎代庖、朝令夕改、以言代法。另一方面，强调市场在资源配置中起决定性作用并不意味着不重视政府作用，而是要更好发挥政府作用，做到不越位、不缺位，主要是保持宏观经济稳定，加强和优化公共服务，保障公平竞争，加强市场监管，维护市场秩序，推动可持续发展，促进共同富裕，弥补市场失灵。

三是要进一步深化国内市场和国外市场的有机结合。这是健全完善社会主义市场经济体制的题中应有之义。一段时间以来，国际舆论出现了一些声音，认为中国的改革出现倒退，可能回到计划经济时代，或是指责“中国只改革不开放”。特别是在中美贸易战严峻形势的大背景下，国内一些媒体和人士面对美国的贸易保护主义做法，也出现了应该关起门自搞一套的论调。对此，习近平总书记向国内外阐明了中国的立场:“中国发展的根本出路在于改革”，“中国开放的大门永远不会关上”。这充分表明，对外开放是中国特色社会主义经济理论和实践始终坚持的一个重大原则，逆全球化、关起门来发展只会让我们走进死胡同。在经济全球化的环境下发展经济，我们必须更加充分认识到国内市场与国外市场的紧密联动性，统筹国内国际两个大局，利用国际国内两个市场两种资源，发展更高层次的开放型经济，用国内产权制度尤其是知识产权的保护来推动国外市场的开拓，用国内市场的开放来克服国际贸易保护主义，用国内遵守国际市场和贸易规则来换取贸易和企业走出去的广阔国际空间，为我国经济社会持续健康发展积累更大更足的后劲。一方面要进一步扩大对内开放，坚决破除各种所有制壁垒，坚持权利平等、机会平等、规则平等，保证各种所有制经济依法平等使用所需要的生产要素，公开、公平、公正地参与市场竞争，同等受到法律保护；坚决破除各种地方和行业壁垒，清理那些显性和隐性的市场封锁屏蔽和地方保护主义做法，加快培育建立全国统一的大市场，形成企业自主经营、公平竞争，消费者自由选择、自主消费，商品和要素自由流动、平等交换的现代市场体系；坚决破除各种不合理的行政壁垒，清理和废除妨碍市场开放和公平竞争的各种规定和做法，做到统一规划、统一标准、统一规则，强化区域联动联通联合，为经济发展腾挪更大空间、增添更多活力。另一方面，要扩大对外开放，实施更大范围的全面开放，优化对外开放的空间格局，改变目前东快西慢、沿海强内陆弱的开放状况，形成陆海内外联动、东西双向互济的开放格局；实施更宽领域的全面开放，大幅度放宽市场准入，全面实行准入前国民待遇加负面清单管理制度，在更多领域允许外资控股或独资经营，吸引更多优质外资在我国市场上同台竞争、共同发展；实施更深层次的全面开放，借鉴和对标国际先进经验和做法，完善我国各类涉外经贸法律和规则体系，营造更加市场化、法治化、国际化的营商环境，和国际社会一道构建以规则为基础的多边贸易体系。特别是要以“一带一路”建设为重点，坚持引进来和走出去并重，按照共商共建共享原则，加强全方位开放合作，培育贸易新业态新模式，创新对外投资方式，进一步拓展我国经济社会的发展空间。

建设社会主义市场经济体制，是一项前无古人的伟大事业。40多年来，我们通过探索、建立和完善社会主义市场经济体制，为我国经济运行和社会发展释放了前所未有的活力，使党和国家事业发展发生了翻天覆地的历史性巨变。这一日臻成熟的社会主义市场经济体制被纳入基本经济制度范畴，必将为我们坚持市场化改革方向进一步释放更强烈的信号、开辟更广阔的空间、激发更强劲的活力。我们要在以习近平同志为核心的党中央坚强领导下，全面落实社会主义基本经济制度，进一步健全完善社会主义市场经济体制，全面贯彻新发展理念，加快建设现代化经济体系，推动经济实现高质量发展，在新时代长征路上更加充分体现中国特色社会主义制度的巨大优越性和强大生命力，推动中国特色社会主义事业不断取得新的伟大成就。

改革开放与中国特色社会主义政治经济学的形成发展

石建国

改革开放以来，中国共产党立足中国国情和本国发展实践，深入研究世界经济和中国经济面临的新情况新问题，揭示新特点新规律，提炼和总结中国发展实践的规律性成果，把实践经验上升为系统化的经济学说，促进了中国特色社会主义政治经济学的形成发展。没有改革开放，中国特色社会主义政治经济学就如无源之水、无本之木；同样，没有中国特色社会主义政治经济学的指导，改革开放也很难顺利走到今天，难以取得举世瞩目的历史性成就。回顾我国改革开放与中国特色社会主义政治经济学的发展历史，梳理改革开放与经济理论创新的内在逻辑，将有助于我们进一步了解国情、总结经验，提升理论自觉与实践能力，以更好推进新时代全面深化改革。

一、中国特色社会主义政治经济学的形成发展

中国特色社会主义政治经济学是在改革开放中逐步形成和发展起来的，是马克思主义政治经济学基本原理与当代中国改革开放和现代化建设实践相结合的产物，是马克思主义政治经济学在中国发展的新阶段，是当代中国的马克思主义政治经济学。马克思曾经指出："理论在一个国家实现的程度，总是取决于理论满足这个国家的需要的程度。"[①] 中国特色社会主义政治经济学是在改革开放的实践中产生的，

① 《马克思恩格斯选集》第1卷，人民出版社2012年版，第11页。

也是在实践中发展的。改革开放实践的迫切需要，成为探索中国特色社会主义政治经济学的强大动力。

在改革开放即将全面展开之际，中国共产党发出“建设有中国特色社会主义”的伟大号召。邓小平在党的十二大开幕词中明确提出：“把马克思主义的普遍真理同我国的具体实际结合起来，走自己的道路，建设有中国特色的社会主义。”[①] 这一重大命题的提出，既来自我国革命和建设的基本经验，也源于世界科学社会主义运动的深刻教训，更是对近 3 年我国实践探索的初步理论概括。党的十一届三中全会后，农村家庭联产承包责任制逐步推行，极大地激发了农民生产的积极性。同时，沿海经济特区的设立，打开了对外开放的窗口。在农村改革成效显著、对外开放示范带动的情况下，该如何推动城市经济体制改革呢？

如同十一届三中全会决定把全党工作重点转到经济建设上来，从而在推动农村改革方面起了伟大作用那样，党中央希望十二届三中全会通过的文件，能在制定全面改革蓝图、推动以城市为重点的整个经济体制的改革方面，起到巨大推动作用。1984 年 10 月 20 日，十二届三中全会通过的《关于经济体制改革的决定》(以下简称《决定》)，明确我国实行的是公有制基础上的有计划的商品经济，突破了长期以来把计划经济同商品经济相对立的传统观念。此外，《决定》还对计划经济与市场调节、指令计划与指导计划、企业改革、价格改革、机构改革、分配制度、对外开放等皆作出前瞻性谋划，是指导下一步改革的纲领性文件。两天后，邓小平在中顾委的一次会议上说：“这次经济体制改革的文件好，就是解释了什么是社会主义，有些是我们老祖宗没有说过的话，有些新话。我看讲清楚了。过去我们不可能写出这样的文件，没有前几年的实践不可能写出这样的文件。写出来，也很不容易通过，会被看作‘异端’。我们用自己的实践回答了新情况下

① 《邓小平文选》第三卷，人民出版社 1993 年版，第 3 页。

出现的一些新问题。”[①]邓小平素来以求真务实著称，轻易不说赞美之词，但这次他对《决定》的评价甚高，他说:“我的印象是写出了一个政治经济学的初稿，是马克思主义基本原理和中国社会主义实践相结合的政治经济学，我是这么个评价。”[②]在《决定》指导下，我国城市经济体制改革全面铺开，从1982年到1987年，国民生产总值按可比价格平均每年增长11.1%，保持了经济发展速度比较高、波动幅度比较小的良好局面。1987年，党的十三大提出的社会主义初级阶段理论、基本路线和“三步走”战略，更是极大地鼓舞了中国人民建设社会主义现代化国家的信心。

经济改革全面推进，但此路绝非平坦而笔直。价格改革受挫后，在治理经济环境、整顿经济秩序期间，社会上出现很多对改革持怀疑态度的声音。与此同时，针对计划体制的逐渐消解与市场机制范围的不断扩大的经济现象，关于改革究竟是姓“社”还是姓“资”性质的争论也日趋激烈。这牵动着社会各方面的神经，也拖累了改革步伐。尽快摆脱改革性质的争论，对改革目标作出明确说明，团结一致向前进，已是当时党和政府亟待解决的重大课题。

1992年初，邓小平发表了著名的“南方谈话”。谈话针对当时改革中的矛盾和问题，对改革性质及其判断标准、社会主义本质、计划与市场关系等重大命题，都作了详细阐发。谈话振聋发聩，澄清了当时困扰着人们思想的一些十分重大的问题，契合了当时改革的迫切需要。这次南方谈话，不仅提出了中国特色社会主义政治经济学的核心概念与核心议题，而且其理论的创新性还为维护党和国家事业发展大局注入了新动力，为党的第三代中央领导集体继续探索创造了很好的条件，后来江泽民对此评价道:“很多话，小平同志当时不说，我们这些人是很难说的。”[③]

以南方谈话和后来确定社会主义市场经济体制改革目标的十四大

① 《邓小平文选》第三卷，人民出版社1993年版，第91页。

② 《邓小平文选》第三卷，人民出版社1993年版，第83页。

③ 《江泽民文选》第三卷，人民出版社2006年版，第336页。

为标志，我国改革开放和社会主义现代化进入了新的发展阶段。当时，各方面的同志都希望中央能够在十四大报告的基础上再前进一步，对社会主义市场经济体制能有一个比较完整和系统的说法，以便更好地组织和推进经济体制改革。党的十四届三中全会就担负起这样的重任。这次全会通过的《关于建立社会主义市场经济体制若干问题的决定》，不仅构建了“一个基石、五大支柱”[①]的社会主义市场经济体制的基本框架，而且它还对现代企业制度、宏观调控体系、法制建设作了详细规定，是当时我国深化经济体制改革、建立社会主义市场经济体制的行动纲领。

“社会主义市场经济”及其基本框架的提出，吸引了全世界的目光，也引发了许多不同看法和声音。许多人包括一些外宾对中国领导人说：中国搞市场经济好啊，可是为什么还要在前面加上“社会主义”几个字。在他们看来，“社会主义”几个字是多余的，总是感到有点不顺眼、不舒服。他们希望中国能完全照西方的市场经济模式去搞。江泽民对此明确指出：“我们搞的是社会主义市场经济，‘社会主义’这几个字是不能没有的，这并非多余，并非画蛇添足，而恰恰相反，这是画龙点睛。所谓‘点睛’，就是点明我们的市场经济的性质。”他强调，我们的市场经济是在社会主义制度下搞的，“而我们的创造性和特色也就体现在这里”。[②]

随着经济社会的快速发展，新旧体制摩擦越来越剧烈。针对当时我国国民经济整体素质低，产业结构不合理，经营粗放，浪费严重，生态环境问题突出，地区发展差距扩大等发展中的问题，以江泽民同志为核心的第三代中央领导集体提出要实施“两个根本性转变”[③]，并相继实施了可持续发展战略、科教兴国战略、西部大开发战略，走

① “一个基石”是指以公有制为主体，多种经济成分共同发展的方针。“五个支柱”是指现代企业制度、市场体系、政府宏观调控体系、个人收入分配制度、社会保障制度。

② 江泽民：《论社会主义市场经济》，中央文献出版社2006年版，第203页。

③ “两个根本性转变”，即经济体制从传统的计划经济体制向社会主义市场经济体制转变、经济增长方式从粗放型向集约型转变。

出去与引进来相结合的开放战略，对经济结构实行战略性调整。党的十五大依据实践的新要求，对社会主义初级阶段的基本经济制度及公有制实现形式作了阐发，确立了党在社会主义初级阶段的基本纲领和经济发展战略，有力推动了国企改革、农村改革以及其他各方面改革。至此，我国已形成社会主义初级阶段理论、社会主义本质理论、社会主义基本经济制度和分配制度理论、社会主义市场经济理论、国有企业改革理论、区域协调发展理论、宏观调控理论、对外开放理论，等等，特别是社会主义市场经济改革目标的确立，使我国告别了以往在传统计划经济条件下建设社会主义的历史，进入在市场经济条件下推进社会主义建设的新阶段。这无论对我国社会主义事业而言，还是对整个世界社会主义运动而言，意义都颇为重大。正是在此之后，中国特色社会主义政治经济学基本理论框架开始逐步确立下来。

至新旧世纪之交，我国第二步战略目标已提前完成，社会主义市场经济体制初步建立。2001 年底，我国正式加入世界贸易组织，对外开放进入了一个新的阶段。此时，我国工业化已步入中后期阶段，人均国内生产总值处于由 1000 美元向 3000 美元过渡的关键时期，同时也是矛盾凸显期。2003 年初“非典”疫情暴发，凸显出我国经济社会发展的不平衡性。在经济领域，固定资产投资特别是重化工业投资增幅过大，煤电油运全面紧张；城市化的快速推进，也造成大量人民内部矛盾集中爆发。在快速发展的同时，“实现什么样的发展、怎样发展”等重大理论和实际问题，尖锐地摆在党中央的面前。科学发展观的提出，就是对上述重大问题的一次集中回答。在科学发展观指导下，党的十六届三中全会通过的《关于完善社会主义市场经济体制若干问题的决定》，按照统筹城乡发展、统筹区域发展、统筹经济社会发展、统筹人与自然和谐发展、统筹国内发展和对外开放的要求，对社会主义市场经济体制如何完善，给出了理论上的进一步回答。以胡锦涛同志为总书记的党中央相继提出了工业反哺农业、城市反哺农村的思想，实施建设社会主义新农村，建设创新型国家，建设社会主义和谐社会，实现经济又好又快发展等战略举措。

党的十八大前后，世界金融危机及其后继影响，使我国经济高速增长下掩盖的内外需不平衡、投资消费不协调、产业结构不合理、发展方式不可持续的问题进一步凸显。与此同时，为尽快摆脱危机，世界上一些大国纷纷推出以发展新兴产业为重点的新发展战略，积极抢占全球经济发展制高点。[①] 此时此刻，关于中国及世界的经济发展应当怎么看、又该如何办，都成为我们党必须明确回答的首要问题。

面对世界经济格局大发展、大变革、大调整的趋势，以习近平同志为核心的党中央，在综合分析世界经济长周期和我国发展阶段性特征及其相互作用的基础上，作出我国经济发展进入新常态的重大战略判断，并提出“创新、协调、绿色、开放、共享”的五大发展理念。习近平总书记指出：五大发展理念，“是针对我国经济发展进入新常态、世界经济复苏低迷开出的药方”。[②] 新发展理念、经济新常态、供给侧结构性改革、政府市场关系等新理念新思想的提出，凝结成习近平经济思想。它是十八大以来我们党推动我国经济发展实践的理论结晶，是中国特色社会主义政治经济学的最新成果，为我国的全面深化改革提供了思想指南和理论遵循，也是习近平新时代中国特色社会主义思想的重要组成部分。

正如习近平总书记一再强调的那样：改革开放只有进行时，没有完成时。改革开放要深入下去，就会不断出现新的问题，中国特色社会主义事业要与时俱进，就必须作出理论上的回答，因此，中国特色社会主义政治经济学的探索步伐就不会停止。这既是历史的启示，更是时代的要求。

二、改革开放实践丰富和发展中国特色社会主义政治经济学

马克思主义认为，认识是一个渐进的过程，要经历一个由表及

① 《胡锦涛文选》第三卷，人民出版社 2016 年版，第 275—276 页。

② 《落实创新协调绿色开放共享发展理念 确保如期实现全面建成小康社会目标》，《人民日报》2016 年 1 月 7 日。

里，由浅入深的过程，最终达到对事物本质规律的把握。中国特色社会主义政治经济学的形成发展亦是如此。这里，我们尝试从理论深度和理论广度这两个维度来加以理解。

从理论深度来看，由于所处发展阶段不同，当时党面临的矛盾和问题自然也不同，加之受当时认识水平的限制，因此，我们党对经济理论的认识呈现出一个由浅入深，不断深化的过程。我国对经济体制改革目标及其核心问题的探索过程就是一个鲜活的例子。

众所周知，我国社会主义市场经济体制是从计划经济体制演变发展而来。改革之初，我们党意识到僵化的传统计划经济体制已不适合生产力的发展要求，提出要发挥市场调节的作用。1982 年党的十二大时，讲的是计划经济为主、市场调节为辅；1984 年党的十二届三中全会通过的《关于经济体制改革的决定》提出了社会主义经济是在公有制基础上的有计划的商品经济的新概念；1987 年党的十三大提出，社会主义有计划商品经济的体制应该是计划与市场内在统一的体制；1992 年党的十四大正式确立了社会主义市场经济体制的改革目标。从那时起到现在，我们党就如何建立和完善社会主义市场经济体制，特别是关于政府和市场关系这一核心问题，一直在根据实践拓展和认识深化寻找新的科学定位。1992 年党的十四大提出要使市场在国家宏观调控下对资源配置起基础性作用，党的十五大提出“使市场在国家宏观调控下对资源配置起基础性作用”，党的十六大提出“在更大程度上发挥市场在资源配置中的基础性作用”，党的十七大提出“从制度上更好发挥市场在资源配置中的基础性作用”，党的十八大提出“更大程度更广范围发挥市场在资源配置中的基础性作用”。党的十八届三中全会通过的《中共中央关于全面深化改革若干重大问题的决定》提出，“使市场在资源配置中起决定性作用和更好发挥政府作用”。从强调市场在资源配置中的“基础性作用”到强调“决定性作用”，强调更好发挥政府作用，我们党要着力解决的是市场体系不完善、政府干预过多和监管不到位等重大问题。从这段历史的梳理中我们可以看出，我们党对社会主义市场经济规律的认识是不断深化的。

再比如，关于国有企业改革，我们党也经历了认识不断深化的过程。在传统计划经济体制下，企业是政府的附属物，自主权利很小。随着市场机制范围的不断扩大和经济环境的改善，放权让利成为当时企业改革的抓手。1984 年，我国开始大力推广企业承包经营责任制。1993 年，随着社会主义市场经济体制改革目标的确立，党的十四届三中全会确立了“产权清晰、权责明确、政企分开、管理科学”的现代企业制度。2003 年，党的十六届三中全会决定建立健全国有资产管理和监督体制，成立国资委，使政府公共管理职能和国有资产出资人职能分离。党的十八大以后，根据国有资本的战略定位和发展目标，我们党对国有企业开始实行分类改革。放权让利、制度创新、国资监管、分类改革，国企改革的这一过程清晰地表明，我国国有企业在发展、壮大的同时，同社会主义市场经济的融合不断深入。与此同时，我们党关于国企改革的针对性、监管的有效性、考核评价的科学性在不断增强。

从理论广度来讲，随着经济社会发展和生产力水平的不断提升，随着人民对美好生活需要的日益增长，我们党对改革开放事业的关注面在逐步扩大，改革的广泛性、系统性、耦合性不断加强。因此，我们党对经济理论认识的广度也在不断拓展。

早在改革之初，由于社会生产供给远远低于人民生产生活需要，很多生产资料和消费品常年短缺。因此，为了加快发展，很多地方的投资出现了“国家、集体、个人一起上”“多条腿走路”“大矿大开、小矿小开、有水快流”的现象。后来，在贯彻邓小平“发展才是硬道理”的思想过程中，很多地方并没有正确理解这一指导思想，盲目铺摊子上项目。这种经济发展方式，不仅成为 20 世纪 90 年代中期我国经济过热的一个导火索，也导致出现环境承载力下降和污染问题等不断加剧的局面。针对这些问题，我们党及时提出可持续发展战略，强调“保护环境的实质就是保护生产力”，努力做到经济搞上去，环境也保护好。在 21 世纪之初，针对我国工业化中后期阶段各类矛盾集中显现的实际，为促进经济又好又快发展，统筹兼顾各方面关系，我们党在牢固树立科学发展观的同时，明确提出生态文明建设的目标，并将其纳入中国特色社会主义事业总体布局。中国特色社会主义进入新时代后，针对我国经济发展环境、条件、任务、要求等方面发生的变化，我们党明确提出要树立和坚持创新、协调、绿色、开放、共享的新发展理念。其中，创新发展注重的是解决发展动力问题；协调发展注重的是解决发展不平衡问题；绿色发展注重的是解决人与自然和谐问题；开放发展注重的是解决发展内外联动问题；共享发展注重的是解决社会公平正义问题。新发展理念阐明了当前与长远、公平与效率、政府与市场、对内与对外、人与自然等重大关系，实现了我国发展理论的新飞跃。正如习近平总书记所言："这五大发展理念不是凭空得来的，是我们在深刻总结国内外发展经验教训的基础上形成的，也是在深刻分析国内外发展大势的基础上形成的，集中反映了我们党对经济社会发展规律认识的深化，也是针对我国发展中的突出矛盾和问题提出来的。"[①] 新时代的新发展理念，作为习近平经济思想的主要内容，开启了中国特色社会主义政治经济学发展的崭新空间。

此外，随着改革开放的不断推进，社会主义基本经济制度、收入分配制度、区域协调发展、农业农村发展、对外开放等理论方面，也经历了内涵不断深化、事业不断拓展的过程。这些理论的汇聚，同我国改革开放的伟大事业一样，共同推动着中国特色社会主义政治经济学不断向前发展。

总之，时代是思想之母，实践是理论之源。历史已经对此作出了最好的诠释。在新时代中华民族伟大复兴的伟大斗争中，改革开放势必提出新的发展要求和新的关注对象，进而在壮大我国改革开放事业本身的同时，也推动我们党进一步丰富和发展中国特色社会主义政治经济学。

① 《习近平谈治国理政》第二卷，外文出版社 2017 年版，第 197 页。

三、中国特色社会主义政治经济学的未来发展

辩证唯物主义认为，物质决定意识，意识具有能动的反作用。改革开放实践与中国特色社会主义政治经济学的关系就生动地印证了这一原理。中国特色社会主义政治经济学指导改革开放实践，改革开放实践决定着中国特色社会主义政治经济学的理论底色。在40多年的改革开放进程中，中国特色社会主义政治学的形成发展，呈现出若干特点。

其一是鲜明的实践性。中国特色社会主义政治经济学归根结底是实践的经济学。自1982年邓小平同志提出建设中国特色社会主义至今，围绕着如何建设中国特色社会主义、如何巩固和发展中国特色社会主义等一系列基本问题，党领导人民以“摸着石头过河”的渐进改革方式，进行了多方探索。比如农村改革中的很多创造，包括家庭联产承包，是农民、是基层创造出来的，我们党经过经验总结后，把它上升为党的理论，作为全国的指导。其他方面的改革，包括企业改革、财税改革，也是这样。在新时代，我们党和国家事业取得全方位、开创性的历史成就，发生深层次、根本性的历史变革，中国特色社会主义政治经济学也取得突破性进展，发展到一个崭新阶段。中国特色社会主义是干出来的，中国特色社会主义政治经济学自身发展也具有强烈的实践底色。

其二是坚持问题导向。问题是时代的声音。只有聆听时代呼唤，解决好时代的问题，才能大踏步地赶上时代、引领时代。邓小平紧紧抓住“什么是社会主义、怎样建设社会主义”这个基本问题，科学回答了中国特色社会主义的一系列基本问题，开创了中国特色社会主义政治经济学。江泽民围绕“什么是社会主义市场经济、怎样建设社会主义市场经济”进行了艰辛探索，初步建立起社会主义市场经济体制，把中国特色社会主义政治经济学推动了一大步。胡锦涛在新的历史起点上继续发展和完善社会主义市场经济，把社会主义政治经

济学继续推向前进。习近平总书记围绕回答新时代坚持和发展什么样的中国特色社会主义、怎样坚持和发展中国特色社会主义这个重大时代课题，以全新视野深化理论认识，创立了习近平新时代中国特色社会主义思想。其中，习近平经济思想认真研究解决重大而紧迫的时代问题，系统回答了对新时代经济“怎么看、如何干”的问题，把中国特色社会主义政治经济学推进到一个崭新阶段。可以说，坚持问题导向，发现并回答重大时代发展问题，是中国特色社会主义政治经济学形成发展的一条主线。

其三是改革坚持以人民为中心的根本立场。较之苏联和东欧国家，我国改革开放之所以成功，一个很重要的原因就是我们党始终坚持以人民为中心的根本立场，始终坚持发展为了人民、发展依靠人民、发展成果由人民共享。正是由于我们党始终将人民利益放在前面，所以改革才能始终得到人民的支持和拥护，改革才有强大的生命力。邓小平之所以提出将“三个有利于”作为判断一切工作是非得失的根本标准，说到底就是要在改革中维护好人民的根本利益。从那时起，我们党的方针政策以及政府的各项工作，始终都是以“人民拥护不拥护”“人民赞成不赞成”“人民高兴不高兴”“人民答应不答应”作为出发点和归宿。党的十八大以来，我们党更是将坚持以人民为中心作为新时代中国特色社会主义的基本方略，从而也进一步明确了中国特色社会主义政治经济学创新发展的根本立场。

总而言之，鲜明的实践性、坚持问题导向、坚持以人民为中心的根本立场，这是我们探索中国特色社会主义政治经济学所应该牢记的。在全面深化改革的进程中，在决胜全面建成小康社会、即将开启全面建设社会主义现代化国家新征程的时候，有几点启示需要我们加以注意。

一是处理好中国特色社会主义政治经济学和马克思主义政治经济学的关系。马克思主义诞生 170 年以来，世界社会主义运动经历了从巨大发展到遭遇挫折、再到发展的历史过程。这期间，不仅资本主义世界发生了很多变化，社会主义国家本身也发生了很多变化。改革开放后，雇工逐渐成为普遍现象。现在我国大力鼓励非公有制经济发展，按照马克思主义政治经济学的劳动价值论和剩余价值理论，非公企业是否存在剥削？如果大范围存在这种现象，那我国还是不是社会主义社会？再比如，按照马克思的按劳分配理论，在共产主义社会按需分配，在不发达的社会主义社会按劳分配，但现阶段我国公有制经济比重只占 1/3 左右，实行按劳分配的范围越来越小，很多人都对我国以按劳分配为主体的分配方式产生疑问。因此，对于这些重大问题，我们不应该回避，而应该以严谨求实的态度，在深化马克思主义政治经济学研究的同时，进一步加强对中国现实的研究，从而推动中国特色社会主义政治经济学不断发展、逐步完善。

二是处理好中国特色社会主义政治经济学同西方经济学的关系。我国是一个即将实现中华民族伟大复兴的社会主义大国，从新中国成立之日起，西方大国对我国西化、分化的图谋就一直存在。改革开放后，“西学东渐”蔚然成风，西方话语体系渐入中国。在此过程中，西方一些政客企图借此取代中国话语体系，让中国学者按照他们的价值标准和思维方式去思考、去判断，进而分化、瓦解中国的意识形态。鉴于此，我们在构建中国特色社会主义政治经济学的过程中，一定要处理好学习创新与借鉴他人的关系，在充分了解我国国情的基础上，积极而广泛地借鉴世界文明成果，取其精华，去其糟粕。在中国特色社会主义政治经济学的指导思想、学科体系、学术体系、话语体系等方面，要充分体现中国特色、中国风格、中国气派，始终牢牢掌握中国特色社会主义政治经济学的话语主动权，在平等交流的基础上，让世界更多了解中国特色社会主义政治经济学，了解中国智慧、中国方案。

三是处理好中国特色社会主义政治经济学同当代改革开放实践的关系。改革开放以来，我国经济体制深刻变革、社会结构深刻变动、利益格局深刻调整、思想观念深刻变化，特别是随着现代信息技术的发展，各种思想相互激荡，传播速度极快。虽然学科的探索与争鸣有利于拓展人们的视野，提升社会活力，但也难免鱼目混珠、泥沙俱下现象的发生。比如，社会主义市场经济是国家资本主义还是社会主义，中国特色社会主义新时代是属于科学社会主义学科范畴还是政治经济学学科范畴，新时代社会主要矛盾的变化究竟属于哲学范畴还是政治经济学范畴，等等问题，不一而足。因此，回应我国改革开放实践的迫切需要，对现实和理论中的一些重大问题、难点问题做出积极回应，尽快完善中国特色社会主义政治经济学的学科框架，更好发挥它资政育人的作用，应是当务之急。

改革开放以来
干部考核选拔机制变迁研究

陈雪莲

改革开放以来，中国在经济发展上取得了惊人的成绩。部分学者认为，中国取得如此大经济成就的一个重要原因就是中国的官员选拔和激励机制发挥了非常重要的作用[①]，地方发展成绩被列为官员晋升的重要标准，极大地激励了地方干部。有学者提出，中国的“贤能政治”[②]不仅能选拔出能力超群的领导者，而且如此选拔出的领导者更具长远眼光和全局意识，能够做出更加具有说服力的政治决断，比西方的民主制更适合像中国这样的大国。实践证明，有效的组织体系、强大的干部队伍是中国共产党执政的重要依持。干部，既是中国治理结构的核心组成部分，也是解释中国政治体制治理特征的关键变量。

与西方政治体制中主要作为管理技术而存在的“绩效考核”不同，中国的干部考核选拔机制从逻辑上受到新公共管理运动、社会政治传统和社会主义干部监督方法的三重影响[③]，在中国政治运行体系中至少发挥了四重功能：一是行政管理的工具，界定了下级政府的行动

① Landry, P. F. “The Political Management of Mayors in Post-Deng China”, The Copenhagen Journal of Asian Studies, 2005, pp.31-58; Li, H. and Zhou,L.A., “Political Turnover and Economic Performance: The Incentive Role of Personnel Control in China.” Journal of Public Economics, 2005, Vol.89, No.9, pp.1743-1762；周黎安：《中国地方官员的晋升锦标赛模式研究》,《经济研究》2007 年第 7 期。

② Bell,D.A.The China Model: Political Meritocracy and the Limits of Democracy, Princeton: Princeton University Press, 2015.

③ Kipnis,Andrew B., “Audit Cultures: Neoliberal Governmentality ‘Socialist Legacy’ or Technologies of Governing?”. American Ethnologist,2008, Vol.35, No.2, pp.275-289.

目标和行动框架；二是政治沟通的途径，即上下级政府之间沟通政策目标的渠道；三是干部激励和监督的平台，以规范非直接选举产生的官僚的政治行为；四是意识形态控制的手段，引导和塑造干部的价值观。[①]从这四重功能的角度来看，干部考核选拔标准的变化意味着政府行动目标、上下级政治沟通模式、干部行为以及意识形态的变化，即整体政治生态的调整和变化。

在一般话语体系中，“干部”有两种含义：一是指党政机关、军队、人民团体中所有具有公务员身份的公职人员；另一指在党政机关、军队、人民团体中担任一定的领导职务的公职人员。本文的研究对象为第二层含义，即担任一定领导职务的公职人员。从执政者的角度来看，“为政之要，莫先于用人”，在当下中国的语境里，这里的“用人”主要指担任一定领导职务的“干部”。新中国成立以来，中国每一任国家领导人都高度重视干部人事管理工作，尤其注重引导和规范领导干部树立正确的政绩观。政绩观是对什么是执政成绩、如何创造政绩、为谁创造政绩等问题的回答。在中国的官僚结构和政治生态中，国家领导人的政绩观既会直接影响干部考核选拔制度的调整，也会成为中央引导、塑造干部价值观以提高官方意识形态权威的途径。

在不同历史时期，中国共产党对什么是好干部以及如何评价、选拔和使用好干部有不同的具体要求。党的十八大以后，习近平总书记在 2013 年召开的全国组织工作会议上明确了中国共产党的好干部在不同时期的评价标准：在革命战争年代的标准是“对党忠诚、英勇善战、不怕牺牲”；在社会主义革命和建设时期的标准是“懂政治、懂业务、又红又专”；在改革开放初期是“拥护党的十一届三中全会确定的路线方针政策，有知识、懂专业、锐意改革”；当下的标准是“政治上靠得住、工作上有本事、作风上过得硬、人民群众信得过”。[②]随着评价标准的变化，不同时期的干部考核和选拔机制也存在明显的

① Heberer Thomas and Trappel, Rene, “Evaluation Processes, Local Cadres’ Behavior and Local Development Processes” . Journal of Contemporary China , Vol.22, No.84, pp.104–166.

② 《十八大以来重要文献选编》(上)，中央文献出版社 2014 年版，第 337 页。

变化。邓小平时期强调干部革命化、年轻化、知识化和专业化。江泽民时期强调 GDP 增长成绩，对干部的要求是“既要德才兼备，又不求全责备”[①]，胡锦涛时期注重干部考核选拔的制度化和民主化，推行民主推荐、民主测评、考试选拔等竞争性考核和选拔方式。而进入新时代，2014 年 1 月 14 日印发修订后的《党政领导干部选拔任用工作条例》明确提出了“四不唯”——不唯票、不唯分、不唯年龄、不唯 GDP。

考核、选拔标准的变化意味着干部队伍构成和激励机制的变化，这会对中国的改革和发展产生什么样的影响呢？本研究在梳理改革开放以来中国干部考核选拔相关文件和制度的基础上，勾勒出近 40 年来中国干部考核选拔机制的变化。以此为背景，文章分析党的十八大以来干部考核选拔机制变化所导致的政府行动目标、上下级政治沟通模式、干部行为、政治意识形态四个方面的变化以及整体政治生态的变化，进而讨论干部考核选拔机制变化对“全面深化改革”可能产生的正向和负向影响。

一、改革开放以来至党的十八大期间的干部考核选拔机制

我国干部人事管理体制的雏形是新民主主义革命时期解放区和人民军队的干部制度，它们是中国共产党通过借鉴苏联干部管理体制而发展起来的。从革命战争时期开始，党的领导人就非常重视干部的作用，毛泽东认为“中国共产党是在一个几万万人的大民族中领导伟大革命斗争的党，没有多数才德兼备的领导干部，是不能完成其历史任务的”，“政治路线确定之后，干部就是决定的因素”[②]，干部应该“有知识、有能力、不务空名、会干实事”[③]。1957 年颁布的《国务院关于国家行政机关工作人员的奖惩暂行规定》对干部奖励和惩罚标准的设

① 《加紧培养造就一大批适应新世纪要求的中青年领导干部》，《人民日报》2000 年 6 月 10 日。

② 《毛泽东选集》第二卷，人民出版社 1991 年版，第 526 页。

③ 《毛泽东选集》第二卷，人民出版社 1991 年版，第 728 页。

置相对宏观和抽象，优先强调政治忠诚，以主观的政治忠诚代替了对具体工作好坏的判读，缺少对干部考核、选拔和监督等制度化的设置，这也是后来导致“文化大革命”乱象的原因之一。

“文化大革命”结束后，1980 年 8 月，邓小平在《党和国家领导制度的改革》的讲话中尖锐地批评道：“从党和国家的领导制度、干部制度方面来说，主要的弊端就是官僚主义现象，权力过分集中现象，家长制现象，干部领导职务终身制现象和形形色色的特权现象”。[①] 当时，党的干部队伍建设整体面临着政治不纯、年龄结构和知识结构薄弱、专业化水平低的困境。

从改革开放后到党的十八大之前，我国的干部制度改革可以分为两个阶段：第一阶段是党的十二大到党的十四大期间，以推进干部新老交替、建立干部退休和干部交流制度为目标；第二阶段是党的十四大到党的十八大期间，以干部管理制度化、规范化为目标。

在第一阶段，干部考核和选拔的标准集中体现在应对清理“四人帮”残余势力、优化干部年龄结构和知识结构以开展新时期改革建设工作的需求上。1981 年 6 月，党的十一届六中全会通过的《关于建国以来党的若干历史问题的决议》废除干部领导职务实际上存在的终身制之外，还提出要改变权力过分集中的状况。1982 年 9 月，党的十二大以废除实际存在的领导职务终身制为突破口，揭开了我国干部制度改革的序幕。1982 年颁布《中共中央关于建立老干部退休制度的决定》，同年五届全国人大五次会议通过的《宪法》修正案，规定国家各类最高职务每届任期 5 年，连任不得超过两届。干部退休制度改革任务完成的标志性事件就是，党的十四大撤销了中央和各省、自治区、直辖市的顾问委员会。1990 年 7 月 7 日，中共中央作出《关于实行党和国家机关领导干部交流制度的规定》，要求从中央党和国家机关各部委，各省、自治区、直辖市做起，实行各级党和国家机关领导干部的交流制度。至此，我国的干部退休和交流制度基本建立。

---

① 《邓小平文选》第二卷，人民出版社 1994 年版，第 327 页。

与此同时，1982 年 12 月，党的十二大将干部“四化标准”写入新党章。1983 年 7 月，全国组织工作座谈会强调领导班子要实现“四化”，即党在社会主义建设时期培养选拔干部要以“革命化、年轻化、知识化、专业化”为标准。总的来说，从党的十二大到党的十四大，干部管理制度的主要突破在于如何消化新中国成立前 30 年积累的干部年龄和知识结构老化的问题。

第二阶段，1992 年党的十四大至 2012 年党的十八大期间，我国干部人事制度改革和领导干部考核评价改革朝着制度化、规范化的方向迈进。中组部 1998 年出台《党政领导干部考核工作暂行规定》、1999 年发布《关于进一步做好公开选拔领导干部工作的通知》，初步规范了干部的政治业务素质和履行职责考核等方面的内容，建立党政领导班子和党政领导干部定期考核制度，在制度设计中提到了将考核结果与干部的使用、奖惩、培训挂钩的目标。中办 2000 年发布《2001—2010 年深化干部人事制度改革规划纲要》、2002 年制定《党政领导干部选拔任用工作条例》，这两个文件明晰了下一步干部人事制度管理和党政领导干部选拔任用工作制度化、规范化和程序化的方向和重点。引入民主程序、实行党政领导任前公示制度和职务任期制，是这一时期干部人事制度改革的原则和方向。

这一时期选拔标准延续了党的十二大到党的十四大期间强调的干部队伍“革命化、年轻化、知识化、专业化”。同时，为了平衡党派、性别、民族、区域的代表性，党外干部（民主党派和无党派干部）、女干部和少数民族干部在这一时期享有一定的选拔培养优先权。选拔方式上主要是民主推荐、民意测验、民主评议、考试测评、民主考核等形式。考试测评主要是通过职位分析、笔试、面试、履历分析、心理测验等技术手段，从领导职位的要求出发，对领导干部的综合素质进行测试。2001 年 5 月，负责干部考试与测评的正局级机构——中组部领导干部考试与测评中心成立，随后各省区市组织部门也相继成立领导干部考试测评机构。

在党的十六大以后，公开选拔、竞争上岗成为党政领导干部选拔任用的主要方式之一，考试考核、差额选举、竞争性选拔、公开选拔成为领导干部考核选拔制度的核心关键词。2006 年中组部正式下发试行《体现科学发展观的地方党政领导班子和领导干部综合考核评价试行办法》(中组发〔2006〕14 号)，规定县级以上地方党政领导班子及其成员的选拔任用要综合运用民主推荐、民主测评、民意调查、实绩分析、个别谈话、综合评价 6 种方法进行。作为内部晋升、调配交流等传统选拔方式的补充和创新，公开选拔整合了公开推荐与考试考核两种形式，在党政职能部门出现职务空缺时，凡适用于公开选拔的岗位，逐步采用公开选拔的方式选人。实行这样的干部考核选拔标准和方式的目标是“拓宽识人选人视野，在更大范围内择优选拔人才”。[①] 全国绝大多数省、区、市和一些中央、国家机关在一定范围内采取了公开推荐与考试考核相结合的办法选拔领导干部。

这一时期的干部考核选拔标准和方式，破除了论资排辈的传统，一方面让一些年轻人才和专业人才脱颖而出，另一方面使得相当一批体制外或基层的经济精英、文化精英进入政治精英序列。但是，这一时期的考核选拔标准和方式所蕴含的竞争性选拔逻辑也导致了一些负面效果。

这一时期是我国经济高速发展的时期，邓小平提出的“发展是硬道理”成为政府和干部的行动指针。在从上至下、从中央到地方以经济发展为行动目标的场景下，经济产出和发展效率成为评价干部政绩的核心标准，地区经济发展成绩被视为干部的最大政绩，评价和考核干部的政绩出现“唯 GDP 论”的倾向，引发围绕 GDP 增长而展开的“晋升锦标赛”。[②] 晋升锦标赛模式催生了地方干部为实现 GDP 数字增长而做出的政绩工程、形象工程，导致自然资源大量消耗、生态环境恶化。此外，这一时期民主推荐、考试测评等竞争性选拔的方式，催生了一批“不干事只拉票”和“专当老好人”的“得票最高者”“善

① 《党政领导干部选拔任用工作条例》(中发〔2002〕7 号)。

② 周黎安:《中国地方官员的晋升锦标赛模式研究》,《经济研究》2007 年第 7 期。

考不善干”干部。过度强调干部年轻化、破格提拔一方面滋生了选人用人中的腐败，另一方面打击了经验丰富、精力充沛、群众口碑好的干部的积极性。

随着发展阶段和发展环境的变化，在党的十八大前后，中国经济由“高速增长转向中高速增长，经济发展方式从规模速度型粗放增长转向质量效率型集约增长，经济结构正从增量扩能为主转向调整存量、做优增量并存的深度调整，经济发展动力正从传统增长点转向新的增长点”①，中央决策层对中国经济发展做出了“新常态”的判断。经济发展方式转变和发展动力转换同时也意味着政治环境和社会环境的相应变化，政府行动目标、干部行为模式势必随之进行调整。

二、党的十八大后干部考核选拔机制

为规避和改革此前干部考核选拔机制出现的一系列负面现象，2012 年党的十八大明确提出“完善干部考核评价机制，促进领导干部树立正确的政绩观”，紧接着党的十八届三中全会提出，“要完善发展成果考核评价体系，纠正单纯以经济增长速度评定政绩的倾向”。为了贯彻党的十八届三中全会的改革精神，中组部在 2013 年 12 月发布《关于改进地方党政领导班子和领导干部政绩考核工作的通知》，并在 2014 年 1 月修订了《党政领导选拔任用工作条例（2014）》。我们将 2014 年 1 月修订的《党政领导选拔任用工作条例（2014）》与 2002 年 7 月的《党政领导选拔任用工作条例》相比较，发现这一时期干部考核选拔在理念上强调“树立正确政绩观，做出经得起实践、人民、历史检验的实绩”，即重视长期绩效，不再以地区生产总值及增长率为唯一评价标准，将“可持续发展”理念具体化在评价标准中。加强政

① 《习近平在 2014 年中央经济工作会议上的讲话》，来源：http://politics.people.com.cn/n/2014/1211/c70731-26191909.html。

府债务状况考核，推行责任追究，强化离任责任审计。①

党的十八大以后干部考核选拔机制的变化，明显受到政府行动目标变化的影响。经历了30多年的经济社会高速发展之后，中国进入了发展的"新常态"，发展理念转为"创新、协调、绿色、开放、共享"。新的发展理念和发展目标决定了干部的行为也应做出相应的调整。在新时代，地区生产总值及增长率不再是唯一评价标准，"可持续发展"与"环境保护"的重要性提高。2015年7月，中央深改组第十四次会议审议通过《环境保护督察方案（试行）》，明确建立环保督察机制。督察工作将以中央环境保护督察组的形式，对省区市党委和政府及其有关部门展开督查，并下沉至部分地市级党委政府部门。2016年开展的前两轮环保督察覆盖了全国16个省份，受理群众举报3.3万余件，立案处罚8500余件、罚款4.4亿多元，立案侦查800余件、拘留720人，约谈6307人，问责6454人。②环境保护状况成为了党的十八大以后党政领导干部"政绩"的重要指标之一。

2016年3月，中组部领导干部考试与测评中心撤并为党员教育和干部测评中心。这一新中心的成立体现出了党的十八大之后干部考核选拔的另一个新动向，即强调干部的意识形态素质和责任。党政领导考核标准的设置可从习近平总书记提出的好干部五个标准中得以体现——信念坚定、为民服务、勤政务实、敢于担当、清正廉洁。③这

① 《关于改进地方党政领导班子和领导干部政绩考核工作的通知》，《人民日报 》2013年12月10日。

② 《2016年中央环保督察共问责6454人》，来源：http://news.xinhuanet.com/politics/2017-01/12/c_129443070.htm。

③ 信念坚定指"必须坚定共产主义远大理想，真诚信仰马克思主义，矢志不渝为中国特色社会主义而奋斗，坚持党的基本理论、基本路线、基本纲领、基本经验、基本要求不动摇"。为民服务指"必须做人民公仆，忠诚于人民，以人民忧乐为忧乐，以人民甘苦为甘苦，全心全意为人民服务"。勤政务实指"勤勉敬业、求真务实、真抓实干、精益求精，创造出经得起实践、人民、历史检验的实绩"。敢于担当指"坚持原则、认真负责，面对大是大非敢于亮剑，面对矛盾敢于迎难而上，面对危机敢于挺身而出，面对失误敢于承担责任，面对歪风邪气敢于坚决斗争"。清正廉洁指"敬畏权力、管好权力、慎用权力、守住自己的政治生命，保持拒腐蚀、永不沾的政治本色"。参见：《十八大以来重要文献选编》（上），中央文献出版社2014年版，第337—338页。

些标准是对干部“德、能、勤、绩、廉”更具体的表述，其中最为突出的一条，强调政治上是否合格、信念是否坚定是好干部的第一标准。2016 年 1 月 29 日的中央政治局会议上，习近平总书记提出要增强政治意识、大局意识、核心意识、看齐意识，要求各级党员自觉在思想上政治上行动上与党中央保持高度一致。意识形态责任制成为干部日常工作的要求，也成为考核选拔的基本要素。

通常来说，地方政府设置的“一票否决”事项是当届政府工作的重中之重，也是上下级政府和上下级干部之间政治沟通的主要内容，是各级干部必须严格完成的“任务”。以安徽省为例，2012 年，省政府对各市政府、省政府所属部门和机构实行“一票否决”的事项是安全生产（食品安全）、节能减排、社会管理综合治理、人口计生，[①] 而 2017 年的“一票否决”事项为人口和计划生育、社会治安综合治理、环境保护和节能减排、安全生产和重大安全生产事故、党风廉政建设、扶贫开发。[②] 可以发现，新增了三项一票否决的事项：环境保护、党风廉政建设、扶贫开发。

“党风廉政建设”被列为新的“一票否决”事项，既代表了考核内容的变化，也意味着考核机制的变化。党风廉政建设的重心在于遏制腐败、从严治党、从严治吏。党的十八大以后，党政领导干部的监督与问责制度化、规范化进程加速，2015 年 10 月中共中央印发《中国共产党纪律处分条例》，2016 年 6 月中共中央政治局通过《中国共产党问责条例》，党的十八届六中全会审议通过了《关于新形势下党内政治生活的若干准则》和《中国共产党党内监督条例》。这四个文件从党纪的角度加强了对党员干部的政治约束、纪律约束，也明确了党组织对党员干部的执纪问责路径。从 2012 年年底到 2017 年 8 月，

---

① 《安徽省人民政府关于 2012 年目标管理绩效考核工作的通知》（皖政办〔2012〕61 号）。

② 《安徽省人民政府关于 2017 年各市政府目标管理绩效考核工作的通知》（皖政秘〔2017〕155 号）。

中央共出台或修订近 80 部党内法规，超过现有党内法规的 40%。[①] 从严治党被视为各级党委的政治责任，以严肃问责推动责任落实，层层传导压力。[②] 上下级的政治沟通模式由党的十八大前以发展为导向的“工作目标责任制”拓展为政治责任制和责任终身制之下的“政治目标责任制”。

上文讨论了政府行动目标、意识形态标准和上下级政治沟通内容和模式的变化，而在选人用人的一般性标准上，党的十八大后也发生了显著变化。从党的十八大前强调“干部四化”调整到“四不唯”：一是民主推荐提名不唯票，“推荐票只是一个方面，只能作为用人的重要参考，不能作为用人的唯一依据……党管干部嘛，都靠票来定，党管干部怎么落实啊？…… 最了解干部的德才和实绩的是领导班子、分管领导和组织部门，上级推荐的权重应适当加强”。[③] 二是考核评价不唯 GDP，要求改进考核方法手段，既看发展又看基础，既看显绩又看潜绩，把民生改善、社会进步、生态效益等指标和实绩作为重要考核内容，不再以国内生产总值增长率论英雄。[④] 三是竞争性选拔不唯考试、不唯分，“公开选拔和竞争上岗的范围和规模要合理，不宜硬性规定竞争性选拔比例，更不能搞什么‘凡提必竞’。只有在本地区本部门确实没有合适人选、特别是缺乏紧缺专业人才时，才适宜于公开选拔，并且应该尽量就近取才”。[⑤] 四是干部使用不唯年龄，在干部基本条件上，不再是只强调注重培养选拔优秀年轻干部，新增“用好各年龄段干部”“应当树立注重基层的导向”，对破格提拔和越级提拔做了严格限定和约束。

新的“四不唯”意味着干部考核选拔的主体和标准都发生了变

① 《形成反腐败斗争压倒性态势——党的十八大以来全面从严治党成就综述》，来源：http://news.xinhuanet.com/politics/2017-08/16/c_1121494957.htm 。

② 《习近平在十八届中央纪律检查委员会第六次全体会议上的讲话》，来源：http://paper.people.com.cn/rmrb/html/2016-05/03/nw.D110000renmrb_20160503_1-02.htm。

③ 《十八大以来重要文献选编》(上)，中央文献出版社 2014 年版，第 345 页。

④ 《十八大以来重要文献选编》(上)，中央文献出版社 2014 年版，第 343—344 页。

⑤ 《十八大以来重要文献选编》(上)，中央文献出版社 2014 年版，第 347 页。

化，党的十八大之前的“考试考核、差额选举、竞争性选拔、公开选拔”等原则在党的十八大之后干部考核选拔工作中的运用大幅减少，意识形态责任制、政治责任制、责任终身制等给干部行为增加了约束和压力，干部的行为模式也随之发生了调整。有学者总结认为，近年来，干部行为出现了由“邀功（credit claiming）”到“避责（blame avoidance）”的变化[①]，而避责导致官员不作为、慢作为。领导干部的行为动机从改革开放前30年“发展是硬道理”模式下的“升迁动机”转变为了新时期全面从严治党模式下的“避责动机”，其中考核选拔机制的影响至关重要。

三、多维责任制下的“避责干部”

1949年以来特别是1978年改革开放以来，中国共产党从革命党到执政党的转型以及中国社会从封闭走向开放的历史转变，意味着党所面临的历史责任与内外环境都发生了极大的变化。中国共产党人的政绩观、中国的干部考核评价机制也随之发生了调整。从1978年到党的十八大，历经改革开放34年之后的中国，面对的世情、国情和党情发生了重大变化。前述文本分析以党的十八大为时间分割点，从意识形态、行动目标、上下级政治沟通模式及干部行为模式四个方面梳理了干部考核选拔机制的具体变化（见表1）。突出变化体现为意识形态责任制的内涵增加、干部绩效目标的范围扩大、上下级沟通的弹性空间降低，辅以终身责任制的实施，我们可以称新时期对干部的要求和管理原则为终身“多维责任制”。

① 倪星、王锐:《从邀功到避责：基层政府官员行为变化研究》,《政治学研究》2017年第2期。

表 1 党的十八大前后干部考核选拔标准与机制的变迁

维度	改革开放至党的十八大	党的十八大以后
意识形态	“黑猫白猫论”	“四个意识”
行动目标	经济发展	“四个全面”
上下级政治沟通模式	目标责任制	目标责任制 + 政治责任 + 终身问责制
干部行为模式	晋升锦标赛	政治安全 + 避责

干部工作的意识形态语境从党的十八大前的“黑猫白猫论”[①]转向党的十八大后的“四个意识”。从操作层面上来看，“黑猫白猫论”的意识形态下，“能力”，即推动生产力发展的工作能力和发展绩效是干部考核和选拔的首要标准。在强调“政治意识、大局意识、核心意识、看齐意识”，要求各级党政干部自觉在思想上政治上行动上与党中央保持高度一致的意识形态环境下，“忠诚”，即严格履行意识形态责任制是干部考核和选拔的首要标准。

干部的行动目标由党的十八大前的“发展是第一要务”调整为更为系统的“四个全面”，即全面建设社会主义现代化国家、全面深化改革、全面依法治国、全面从严治党。“发展是第一要务”是邓小平首先提出并确立的指导原则，将发展作为政府行动的首要目标一直持续到党的十八大前。邓小平提出“社会主义的根本任务是发展生产

① 邓小平在 1962 年的《怎么恢复农业生产》中提到“生产关系究竟以什么形式为最好，恐怕要采取这样一种态度，就是哪种形式在哪个地方能够比较容易比较快地恢复和发展农业生产，就采取哪种形式；群众愿意采取哪种形式，就应该采取哪种形式，不合法的使它合法起来……黄猫、黑猫，只要捉住老鼠就是好猫”。“猫论”改变了过去凡事都要先以意识形态考量、凡事都要先从政治着眼、凡事都要先问问教条的思维习惯。党的十一届三中全会后，“猫论”成为中国共产党将工作重心转移到经济发展上的一个理论标志。

力”[①]，江泽民在党的十六大报告里提出“必须把发展作为党执政兴国的第一要务”，胡锦涛在党的十七大报告强调“要牢牢扭住经济建设这个中心，坚持聚精会神搞建设、一心一意谋发展，不断解放和发展社会生产力”。而在党的十八大以后，“四个全面”的行动目标中“依法治国”和“全面从严治党”要求干部考核和选拔工作从“（GDP 发展）结果导向”转向了更多强调制度化、规范化和程序化的“程序导向”。

干部考核选拔标准、内容和机制随之调整，上下级政府之间的政治沟通模式随之也出现了变化。从委托—代理的角度来看，通过考核这种方式，上级政府把政策执行的责任移交给下级政府，使自己摆脱政策执行的事务，专事对下级执行结果的监督。[②] 20 世纪 80 年代以来，“目标责任制”成为中国上下级政治沟通的主要方式，即“上级给下级政府的各种组织和个人分派任务和设定目标，并且要求他们在规定的时间内完成”。[③] 目标责任制既是上级对下级“施压机制”，也是“激励体系”。20 世纪 80 年代至党的十八大之前的目标责任制具有目标约束性高和过程约束性低的特征，上级政府的目标既能够得到实现，又为下一级政府留有高度的决策执行自主性。[④] 这激发了下级政府积极发展的正向“创新能力”，也诱发了为达目标不顾成本、甚至弄虚作假的负向“创新能力”。党的十八大以后，“制度化、规范化和程序化”成为政策制定和政策执行的根本原则，以党纪党规形式出现的约束性条例在“目标责任制”之外，给地方政府和官员增加了“政治责任”和“终身问责制”的约束性机制。这意味着，上下级政治沟通中的“压力”要素大于“激励”要素，地方政府和官员的决策执行

① 《邓小平文选》第三卷，人民出版社 1993 年版。第 264 页。

② Heberer Thomas and Trappel, Rene, “Evaluation Processes, Local Cadres’ Behavior and Local Development Processes”. Journal of Contemporary China，Vol.22, NO.84, 2013, pp.104–166.

③ 荣敬本、崔之元等：《从压力型体制向民主合作体制的转变——县乡两级政治体制改革》，中央编译出版社 1998 年版。

④ 王汉生、王一鸽：《目标管理责任制：农村基层政权的实践逻辑》，《社会学研究》2009 年第 2 期。

自主空间进一步压缩。

因此，在新的考核选拔标准和责任机制下，干部的行为出现了从“晋升锦标赛”到“政治安全+避责”的转变。党的十八大以来，一些领导干部“为官不为”的不正常现象逐步显现并且有蔓延的势头。这一现象引起了中央的高度重视和社会各界的广泛关注。2015年，《人民论坛》杂志面向党政干部群体和普通民众所做的调查问卷显示，71.7%的受访者“经常感受到”官员“不作为”，其中，“打太极”“和稀泥”“做样子”位列“为官不为”表现前三名。①“为官不为”“为官避责”现象的出现，有诸多层次的原因，但从制度的层面来看，一方面是改革进入新阶段，目标、任务、方式都发生了显著的变化，而干部的观念、行为还没有及时适应这种变化；另一方面是制度化建设仍然存在不完善的问题。例如，虽然党的十八大后执政党不再强调GDP增长是唯一导向，但实际考核中，GDP仍然是核心考核指标，这一指标与“环境保护”指标（增设的一票否决事项）在实践中会产生冲突，地方干部在工作中出现“不作为”或“选择性作为”也就不难理解。

四、结论

有学者将改革开放至党的十八大之前的中国政府的合法性来源界定为经济发展基础上的“政绩合法性”②，在推动中国经济起飞的同时，这种以GDP增长为核心的干部考核和选拔机制也导致各级干部在“赶超压力和政绩饥渴”的驱动下，片面追求经济发展，过度依赖GDP增

① 人民论坛问卷调查中心：《部分官员不作为真实原因调查分析报告》，《人民论坛》，2015年5月20日。来源：http://paper.people.com.cn/rmlt/html/2015-05/20/content_1574751.htm

② 倪星：《政府合法性基础的现代转型与政绩追求》，《中山大学学报（社会科学版）》2006年第4期；Zhao Dingxin，“The Mandate of Heaven and Performance Legitimation in Historical and Contemporary China”，American Behavioral Scientist, Vol.53, 2009, pp.416–433.

长，从而出现亨廷顿提到的“政绩困局”[①]，经济发展的周期性决定了以政绩为支撑的单一合法性来源存在一定的局限性和不可持续性，执政者既无法确保经济无限期的增长，更无法满足公众不断增长的经济需求。因此，新时期深化改革的主要方向是落实制度权威和制度绩效。

制度化、规范化和程序化，是党的十八大后突出的政治发展方向。在这一方向下，干部考核选拔标准和机制发生的突出变化正是中国国家发展阶段和政治生态调整的体现。但目前来看，新机制和新标准实施的效果是干部的压力增强、责任增多、政策实施弹性空间降低。终身“多维责任制”可以有效规制干部的不良“政绩冲动”和可能存在的腐败空间，但是也会使得干部行为出现寻求政治安全为主、避责导向突出的问题。这使原有的政治运行逻辑发生了变化，在原有运行逻辑下所生产的成绩和问题，在新的制度建设方向下将发生新的变化和挑战。

一个设备中价值100美元的阀门漏气，一周损失50美元，需要立即更换，但是政府采购法规定100美元以上的采购必须要公开招标购买最合算的，在完成规范化的100美元阀门采购流程中，该设备已损失几千美元。这是发生在20世纪70年代美国国防部的故事。[②]可见，规范化和程序化可以降低制度、机制、人和物的成本，这是官僚制的优势所在。但是官僚制模式发挥正向作用的制度背景是“只有处在金字塔顶端的人才掌握足够的信息而做出熟悉情况的最佳决定”。当金字塔顶端的决策者并不掌握足够的信息时，所做出的决定是否是合适的？官僚体制的制度化、规范化和程序化越完善，越是排除了官僚制中官员个体灵活性的空间。当决策的执行需要执行者的灵活性时，严格的官僚制是否是合适的？官僚体制设置逻辑中蕴含着对

① 〔美〕亨廷顿：《第三波：20世纪后期民主化浪潮》，刘军宁译，上海三联书店1998年版，第228页。

② David Osborne, Ted Gaebler，Reinventing Government:How the Entrepreneurial Spirit is Transforming the Public Sector.N.Y.:Plume，2013.

个体的不信任——“我不信任你，不许你运用常识”[①]，官僚制框架内的官员个体的作用仅仅是执行上级决策？官僚体制赖以发挥作用的机械性机制设计造就了一批“得过且过、不负责任、没有使命感”的官僚。面对这种传统官僚制的僵化和效率低下，英国和美国在20世纪80年代开始了“再造政府（Reinventing Government）”和“政府再造（Reengineering Government）”的运动。这些改革运动的理念之一是推动政府组织结构从官僚制组织模式向分权化和灵活性高的组织模式转变。经过20多年的改造，英美的新公共管理运动依然没有解决官僚制中专业化分工限制了人和机构的创造性发展的问题。但是，组织机构运转设计建立在“信任”基础上，激发了公共部门官员的“效能感”和“获得感”，这或许可以给中国干部考核选拔的制度化、规范化、程序化建设提供借鉴。

① 〔美〕戴维·奥斯本，特德·盖布勒：《改革政府：企业家精神如何改革着公共部门》，周敦仁等译，上海译文出版社2006年版，第8页。

中国式现代化：历史进程、鲜明立场和时代价值

王达阳

习近平总书记在党的二十大报告中以“新时代新征程中国共产党的使命任务”为专题，提出建设中国式现代化的任务：“从现在起，中国共产党的中心任务就是团结带领全国各族人民全面建成社会主义现代化强国、实现第二个百年奋斗目标，以中国式现代化全面推进中华民族伟大复兴。”[①]同时，他在报告中还深刻阐述了中国式现代化的中国特色、本质要求和战略安排，为新时代以中国式现代化全面推进中华民族伟大复兴提供了行动指南。分析中国式现代化的历史进程、把握其鲜明立场、领会其时代价值，对于我们更好地理解中国式现代化的内涵、意义和实践要求，更好地以党的二十大精神武装头脑、指导行动具有重要意义。

一、历史进程：中国式现代化凝聚了中国共产党人艰辛探索的集体智慧

“中国式现代化是中国共产党和中国人民长期实践探索的成果，是一项伟大而艰巨的事业。”[②]习近平总书记在党的二十大报告中指出：“在新中国成立特别是改革开放以来长期探索和实践基础上，经过

① 习近平：《高举中国特色社会主义伟大旗帜 为全面建设社会主义现代化国家而团结奋斗——在中国共产党第二十次全国代表大会上的报告》，人民出版社2022年版，第21页。
② 习近平：《在二十届中央政治局常委同中外记者见面时的讲话》，《求是》2022年22期。

十八大以来在理论和实践上的创新突破，我们党成功推进和拓展了中国式现代化。”[①] 通过梳理新中国成立、改革开放、党的十八大以来这三个推进中国式现代化的重要历史节点，更能清晰地展现其作为党的集体智慧结晶的重要发展。

（一）中国式现代化开始于新中国成立

毛泽东在总结旧中国落后挨打的原因时指出：“一是社会制度腐败，二是经济技术落后。”[②] 中国向现代化的转型，本质上就是为了解决这两个问题。

第一个问题即社会制度腐败问题。鸦片战争后，中国在社会矛盾和民族危机双重压力下催生了现代化的发轫，被迫进行现代化转型，主要目标是“外御列强，内建民国”。[③] 在经历多次失败的政治实践后，中国从资本主义道路转向社会主义道路。以马克思主义为指导的中国共产党应运而生后，自觉担负起以新的思想引领救亡运动、以新的组织凝聚革命力量的历史重任。

半殖民地半封建社会的中国向何处去，是中国共产党创立之后首先要思考和回答的问题。新民主主义革命时期，毛泽东提出：“我们共产党人，多年以来，不但为中国的政治革命和经济革命而奋斗，而且为中国的文化革命而奋斗；一切这些的目的，在于建设一个中华民族的新社会和新国家。”[④] 为此，中国共产党一方面组织起来，以政党力量组织武装力量、统合社会力量，走出一条“农村包围城市、武装夺取政权”的道路；另一方面尝试回答革命后要建设一个什么样的中国的问题。关于未来中国的雏形，中国共产党人称之为新民主主义，其政治是建立“在无产阶级领导下的一切反帝反封建的人们联合专政的

① 习近平：《高举中国特色社会主义伟大旗帜 为全面建设社会主义现代化国家而团结奋斗——在中国共产党第二十次全国代表大会上的报告》，人民出版社 2022 年版，第 22 页。
② 《毛泽东文集》第八卷，人民出版社 1999 年版，第 340 页。
③ 《毛泽东选集》第四卷，人民出版社 1991 年版，第 1514 页。
④ 《毛泽东选集》第二卷，人民出版社 1991 年版，第 663 页。

民主共和国”[①]，政体“采取全国人民代表大会、省人民代表大会、县人民代表大会、区人民代表大会直到乡人民代表大会的系统”[②]，实行民主集中制；其经济主要是走节制资本和平均地权的路[③]；其文化是“民族的科学的大众的文化”，也“是民主的”。[④]对此，毛泽东指出：“这就是新民主主义共和国”，“就是我们要造成的新中国”。[⑤]新民主主义论提出了建设新民主主义共和国和进入现代化社会，是共产党人对革命后中国如何实现现代化的初步构想，这种初步构想得到了有志于解放中国的仁人志士的响应，起到了凝聚力量、救亡图存的作用。

第二个问题即经济技术落后问题。将贫穷的、农业的中国转变为富裕的、工业化的中国，也就是实现现代化，成为新中国成立后党领导人民不断奋斗和探索的目标。我们党提出建设社会主义现代化国家，一开始是指工业化。1956 年，党的八大指出：“党和全国人民的当前的主要任务，就是要集中力量来解决这个矛盾，把我国尽快地从落后的农业国变为先进的工业国”[⑥]，并提出要“建成一个基本上完整的工业体系”[⑦]。1964 年，周恩来在第三届全国人民代表大会第一次会议上作的《政府工作报告》中正式提出“四个现代化”的战略目标，提出“要在不太长的历史时期内，把我国建设成为一个具有现代农业、现代工业、现代国防和现代科学技术的社会主义强国”。[⑧]考虑到实现四个现代化的长期性和艰巨性，以毛泽东为主要代表的中国共产党

① 《毛泽东选集》第二卷，人民出版社 1991 年版，第 675 页。

② 《毛泽东选集》第二卷，人民出版社 1991 年版，第 677 页。

③ 《毛泽东选集》第二卷，人民出版社 1991 年版，第 678 页。

④ 《毛泽东选集》第二卷，人民出版社 1991 年版，第 708 页。

⑤ 《毛泽东选集》第二卷，人民出版社 1991 年版，第 709 页。

⑥ 《中共中央文件选集（1949 年 10 月—1966 年 5 月）》第 24 册，人民出版社 2013 年版，第 248 页。

⑦ 《中共中央文件选集（1949 年 10 月—1966 年 5 月）》第 24 册，人民出版社 2013 年版，第 249 页。

⑧ 《建国以来重要文献选编》第 19 册，中央文献出版社 1998 年版，第 483 页。

人初步提出需要 100 年或者更长时间，并设计了“两步设想”[①] 的发展战略。

总体而言，社会主义革命和建设时期的现代化具有三个特点：

一是现代化的内容强烈指向经济。这个时期中国对现代化的认识和实践，不论是建立工业国、实现工业化，还是实现四个现代化，或者是围绕这个目标展开的一系列建设，都有强烈的以经济发展为基础的价值导向。

二是现代化的内容不断拓展。工业化是现代化的核心，但如果仅仅限于工业化，农业、国防、科技很落后，工业化也无从实现。将现代化的目标从工业化发展到四个现代化，说明中国共产党对现代化的认识更加全面，也更符合中国国情。

三是现代化的实践在探索中曲折前进。在迅速进入社会主义建设时期后，我们对于如何在一个经济文化落后的国家进行全面的社会主义建设缺乏充分的思想准备和科学研究，遭遇了一些挫折和失误。但是总体上看，社会主义建设时期对工业化和四个现代化目标的探索和实践是成功的，以毛泽东为主要代表的中国共产党人对中国式现代化的探索，“为我们探索建设中国特色社会主义的道路积累了经验和提供了条件，为我们党和人民事业胜利发展、为中华民族阔步赶上时代发展潮流创造了根本前提，奠定了坚实的理论和实践基础”。[②]

（二）中国式现代化提升于改革开放新时期

以邓小平为主要代表的中国共产党人从中国“人口多、底子薄”的特点出发，用“小康”概括中国的现代化目标：“我们要实现的四个现代化，是中国式的四个现代化”，“是‘小康之家’”。[③] 邓小平强

---

① “两步设想”，即：第一步，用 15 年时间，即在 1980 年以前，建成一个独立的比较完整的工业体系和国民经济体系；第二步，在 20 世纪内，全面实现农业、工业、国防和科学技术的现代化，使我国国民经济走在世界的前列。参见《毛泽东年谱（1949—1976）》第六卷，中央文献出版社 2013 年，第 568 页。

② 习近平：《在纪念毛泽东同志诞辰 120 周年座谈会上的讲话》，人民出版社 2013 年版，第 8—9 页。

③ 《邓小平文选》第二卷，人民出版社 1994 年版，第 237 页。

调:“所谓四个现代化，就是要改变中国贫穷落后的面貌，不但使人民生活水平逐步有所提高，也要使中国在国际事务中能够恢复符合自己情况的地位，对人类作出比较多一点的贡献。”[①] 1982年，党的十二大正式将小康目标写入党代会报告，此后历届党代会报告都以小康为主线。建设小康社会是邓小平对过去设想的要在20世纪末“使我国经济走在世界的前列”[②]，赶上或超过世界先进水平这样一个“全面实现农业、工业、国防和科学技术的现代化”[③]的战略目标作出重大调整和修改。邓小平指出，达到小康水平是“四个现代化的最低目标”[④]，“日子比较好过，社会存在的问题能比较顺利地解决”[⑤]。同时，邓小平提出“三步走”发展战略，即：第一步，在20世纪80年代实现国民生产总值比1980年翻一番，解决人民的温饱问题；第二步，到20世纪末，使国民生产总值再增长一倍，人民生活达到小康水平；第三步，到21世纪中叶，人均国民生产总值达到中等发达国家水平，人民生活比较富裕，基本实现现代化。[⑥]这是国家长远战略目标与人民生活紧密结合的现代化，把要达到的目标分别形象地解释为三个状态：解决温饱、达到小康、比较富裕，反映了我们党的根本宗旨和搞社会主义的根本目的。此后，以江泽民为主要代表的中国共产党人在党的十五大报告中提出新“三步走”发展战略，即:“展望下世纪，我们的目标是，第一个十年实现国民生产总值比二〇〇〇年翻一番，使人民的小康生活更加宽裕，形成比较完善的社会主义市场经济体制；再经过十年的努力，到建党一百年时，使国民经济更加发展，各项制度更加完善；到世纪中叶建国一百年时，基本实现现代化，建成富强民主文明的社会主义国家。”[⑦]进入新世纪，以胡锦涛为主要代表的中国共

① 《邓小平文选》第二卷，人民出版社1994年版，第237页。
② 《建国以来重要文献选编》第20册，中央文献出版社1998年版，第442页。
③ 《建国以来重要文献选编》第20册，中央文献出版社1998年版，第442页。
④ 《邓小平文选》第三卷，人民出版社1993年版，第64页。
⑤ 《邓小平年谱（1975—1997）》(上)，中央文献出版社2004年版，第586页。
⑥ 《邓小平年谱（1975—1997）》(下)，中央文献出版社2004年版，第1214页。
⑦ 《江泽民文选》第二卷，人民出版社2006年版，第4页。

产党人从经济、政治、文化、社会建设以及生态建设等方面提出了实现全面建设小康社会奋斗目标的新要求。[①]

总体而言，改革开放新时期的现代化有三个特点：

首先，保持发展的战略定力不变。邓小平强调要通过不断解放和发展生产力释放发展动能。他指出，经济工作是新时期“最大的政治”[②]，我们要“一心一意搞建设”[③]。他从理论上阐述了“贫穷不是社会主义”[④]的命题，肯定社会主义的优越性在于提高人民生活水平、发展生产力，强调“社会主义必须大力发展生产力，逐步消灭贫穷，不断提高人民的生活水平”[⑤]，从而促进了思想解放，调动了广大人民群众的积极性。

其次，现代化目标随着实践不断深化，从偏重经济和科技到经济、政治、文化、社会“四位一体”。从党的十二大正式提出“物质文明与精神文明两手抓”[⑥]，到党的十五大提出“社会主义经济、政治、文化全面发展”[⑦]，再到新世纪进一步发展为经济、政治、文化、社会“四位一体”的要求[⑧]。不断深化拓展的现代化内容，是我们党带领人民探索社会主义现代化建设规律的重要成果。

第三，采取了一系列重大战略举措破解现代化难题。在改革开放新时期推进小康建设也出现了一些问题，如发展结构不合理、社会矛盾加剧等。为破解难题、走出一条真正适合中国国情的发展道路，党中央进行了一系列部署，包括实施科教兴国战略，建设创新型国家，通过提高科学技术和劳动生产率解决发展动能不足、结构不合理等问题；实施可持续发展战略，积极保护生态环境，提出人与自然和谐发

① 《十七大以来重要文献选编》(上)，中央文献出版社 2009 年版，第 15 页。
② 《邓小平文选》第二卷，人民出版社 1994 年版，第 194 页。
③ 《邓小平文选》第三卷，人民出版社 1993 年版，第 9 页。
④ 《邓小平文选》第三卷，人民出版社 1993 年版，第 225 页。
⑤ 《邓小平文选》第三卷，人民出版社 1993 年版，第 10 页。
⑥ 《改革开放三十年重要文献选编》(下)，中央文献出版社 2008 年版，第 1244 页。
⑦ 《江泽民文选》第三卷，人民出版社 2006 年版，第 544 页。
⑧ 《十六大以来重要文献选编》(中)，中央文献出版社 2006 年版，第 696 页。

展；实施西部大开发战略、区域协调发展战略，推进社会主义新农村建设，坚持全面的、破除城乡二元对立的发展等。

（三）中国式现代化飞跃于中国特色社会主义新时代

进入新时代，党致力于推进全面建设社会主义现代化。党的十八大在全面建设小康社会目标的基础上，提出“确保到二〇二〇年实现全面建成小康社会宏伟目标”[①]的要求。这一时期，以习近平同志为核心的党中央提出了统筹推进“五位一体”总体布局的更高要求，即“经济更加发展、民主更加健全、科教更加进步、文化更加繁荣、社会更加和谐、人民生活更加殷实”[②]。习近平总书记在党的十九大报告中正式作出“两个十五年”的战略安排，即“从二〇三五年到本世纪中叶，在基本实现现代化的基础上，再奋斗十五年，把我国建成富强民主文明和谐美丽的社会主义现代化强国”[③]。全面建成社会主义现代化强国，成为我国未来30年的长远发展目标和战略任务。这个现代化目标不仅对发展目标做了新的进程安排，提前15年实现邓小平提出的“三步走”发展战略，而且将第二个百年奋斗目标提高到新的高度，“富强、民主、文明、和谐、美丽”赋予了现代化新的、更加全面的内涵。

在新时代，全面建设现代化实现了巨大飞跃：

一是现代化的内涵发生了深刻变化。应该说，社会主义革命和建设时期的现代化和改革开放新时期的现代化都十分重视经济发展指标，而全面现代化则已经形成了经济、政治、社会、文化、生态的“五位一体”总体布局，内涵更加丰富。这种转变使我国现代化目标在已经取得的物质和精神成果基础上，形成了立体的、能动的、可持续的全面高质量发展的现代化新格局。[④]

---

① 《十八大以来重要文献选编》（上），中央文献出版社2014年版，第13页。

② 《十八大以来重要文献选编》（中），中央文献出版社2016年版，第831页。

③ 《十九大以来重要文献选编》（上），中央文献出版社2019年版，第20页。

④ 张旭、隋筱童：《中国特色社会主义现代化与新“四个全面”的历史进程及演进逻辑》，《山东社会科学》2021年第2期。

二是提出国家治理体系和治理能力现代化，全面回答了我国国家制度和国家治理体系应该坚持和巩固什么、完善和发展什么等若干重大政治问题。这是在此前中国共产党治国理念与实践基础上的延续和创新，也是完善中国特色社会主义制度的 13 个制度[①]安排中的重要要求之一，并内嵌在“两个一百年”奋斗目标之中。

三是科学擘画、成功推进了全面建设现代化的宏伟蓝图。为了实现全面建设现代化的目标，以习近平同志为核心的党中央统筹推动“五位一体”总体布局、协调推进“四个全面”战略布局，推动党和国家事业取得历史性成就、发生历史性变革，实现全面脱贫、全面建成小康社会，建设现代化强国，推动中国实现从“赶上时代”到“引领时代”的伟大跨越。

总之，从工业化到四个现代化，到改革开放新时期以小康为目标的现代化，再到新时代的全面建设现代化，中国式现代化的内涵在实践中不断丰富、与时俱进。在庆祝中国共产党成立 100 周年大会上，习近平正式提出“中国式现代化新道路”[②]，并在党的二十大报告中进

① 党的十九届四中全会审议通过的《中共中央关于坚持和完善中国特色社会主义制度、推进国家治理体系和治理能力现代化若干重大问题的决定》指出，中国特色社会主义制度有 13 个重要组成部分：1. 坚持和完善党的领导制度体系，提高党科学执政、民主执政、依法执政水平；2. 坚持和完善人民当家作主制度体系，发展社会主义民主政治；3. 坚持和完善中国特色社会主义法治体系，提高党依法治国、依法执政能力；4. 坚持和完善中国特色社会主义行政体制，构建职责明确、依法行政的政府治理体系；5. 坚持和完善社会主义基本经济制度，推动经济高质量发展；6. 坚持和完善繁荣发展社会主义先进文化的制度，巩固全体人民团结奋斗的共同思想基础；7. 坚持和完善统筹城乡的民生保障制度，满足人民日益增长的美好生活需要；8. 坚持和完善共建共治共享的社会治理制度，保持社会稳定、维护国家安全；9. 坚持和完善生态文明制度体系，促进人与自然和谐共生；10. 坚持和完善党对人民军队的绝对领导制度，确保人民军队忠实履行新时代使命任务；11. 坚持和完善“一国两制”制度体系，推进祖国和平统一；12. 坚持和完善独立自主的和平外交政策，推动构建人类命运共同体；13. 坚持和完善党和国家监督体系，强化对权力运行的制约和监督。参见：《党的十九届四中全会〈决定〉学习辅导百问》，学习出版社、党建读物出版社 2019 年版，第 5—31 页。

② 习近平：《在庆祝中国共产党成立 100 周年大会上的讲话》，人民出版社 2021 年版，第 14 页。

一步阐述了中国式现代化的特征和本质要求，丰富了其内涵。

二、鲜明立场：中国式现代化是不断谱写新时代中国特色社会主义新篇章的题中应有之义

中国式现代化是新时代中国特色社会主义伟大事业的题中应有之义，是全面推进中华民族伟大复兴的实现路径。党的二十大报告阐述了中国式现代化的中国特色、本质要求和重大原则，并从 8 个方面勾画了 2035 年基本实现社会主义现代化的图景[①]，系统阐明了我们党在现代化问题上的鲜明立场和主张。这个立场和主张包括以下多个方面。

（一）在领导力量上始终坚持党的全面领导

首先，党的全面领导是凝聚现代化行动力量最根本的政治保障。习近平指出："党的领导是中国特色社会主义制度的最大优势。"[②]对于后发国家而言，一个积极有为、坚强有力的执政党是实现经济赶超的关键，中国共产党的高度组织性使中国的现代化建设在国际竞争中的优势更加突出，是中国特色社会主义现代化建设的最大优势。中国在进行现代化实践探索的过程中，内外部条件一直处于动态变化中，坚强的领导核心使中国能够最大限度地组织、调动、凝聚广大人民群众的智慧和力量。面对复杂多变的内外部环境，党坚持建设社会主义现代化国家的长期目标不动摇，科学制定、不断完善短期和中长期的现代化目标，使我国的现代化建设在长远规划性、发展平衡性上具有更坚定的理论自觉和实践自觉。

其次，党领导的现代化始终保持发展生产力的战略定力。党的

---

① 习近平：《高举中国特色社会主义伟大旗帜 为全面建设社会主义现代化国家而团结奋斗——在中国共产党第二十次全国代表大会上的报告》，人民出版社 2022 年版。

② 《十八大以来重要文献选编》（下），中央文献出版社 2018 年版，第 617 页。

二十大报告中“发展”一词出现了100多次[①]，并从8个方面明确了到2035年我国发展的总体目标，展现中国共产党的坚定决心、强烈担当和光荣使命。党始终坚持把发展作为第一要务，有着深刻的历史渊源。社会主义革命和建设时期，党领导的现代化致力于建立独立的完整的工业化体系，农村的人民公社制度、全国人民的“钢铁情结”等都与中国近代在西方坚船利炮轰击下丧权辱国的历史分不开。改革开放新时期的现代化在实现目标、战略部署等方面更加务实，但始终保持发展战略定力不变，通过不断改革解放和发展生产力，取得了举世瞩目的巨大成就。新时代的全面建设现代化，始终坚持“发展是解决我国一切问题的基础和关键”[②]，“坚定不移把发展作为党执政兴国的第一要务”[③]，“推动党和国家事业取得历史性成就、发生历史性变革”[④]。以习近平同志为核心的党中央领导中国成为世界舞台上的一支重要力量。从经济总量看，中国经济规模扩大了一倍多，稳居世界第二大经济体的地位；从重大项目看，中国载人航天迈入空间站时代，大型射电望远镜等科学项目取得重大成就，高铁连接了越来越多的偏远地区，等等，这些成就赢得了民心。总的来说，“改革开放和社会主义现代化建设深入推进，书写了经济快速发展和社会长期稳定两大奇迹新篇章，我国发展具备了更为坚实的物质基础、更为完善的制度保证，实现中华民族伟大复兴进入了不可逆转的历史进程”[⑤]。

（二）在价值取向上坚持人民共享

全体人民共享的现代化，既是马克思主义的基本要求，也是来自

① 习近平：《高举中国特色社会主义伟大旗帜 为全面建设社会主义现代化国家而团结奋斗——在中国共产党第二十次全国代表大会上的报告》，人民出版社2022年版。

② 习近平：《决胜全面建成小康社会 夺取新时代中国特色社会主义伟大胜利——在中国共产党第十九次全国代表大会上的报告》，人民出版社2017年版，第21页。

③ 习近平：《决胜全面建成小康社会 夺取新时代中国特色社会主义伟大胜利——在中国共产党第十九次全国代表大会上的报告》，人民出版社2017年版，第29页。

④ 《习近平谈治国理政》第四卷，外文出版社2022年版，第162页。

⑤ 习近平：《高举中国特色社会主义伟大旗帜 为全面建设社会主义现代化国家而团结奋斗——在中国共产党第二十次全国代表大会上的报告》，人民出版社2022年版，第15—16页。

中华优秀传统文化的影响，更是新时代中国特色社会主义事业的实践要求，凝结着共产党人强烈的使命意识和责任担当。

坚持人民共享是马克思主义科学性的本质要求。唯物史观强调，人民群众是历史的创造者，在人类历史发展中起决定作用，无产阶级政党只有在为全体人民的伟大事业而奋斗的过程中才能得到无穷的力量。我们坚持发展为了人民、发展依靠人民、发展成果由人民共享的“正确的发展观、现代化观”①；坚持人民共享是对中华优秀传统文化的创造性转化和创新性发展。中国传统的民本思想强调执政者要重民、爱民、为民，施政中要体察民情、倾听民意，要实施安民、富民的仁政。中国共产党提升并超越传统民本思想，去除其“立场在官”的封建糟粕，发展出“以人民为中心”、“以百姓心为心”、坚持人民共享的现代化理念。

在实践中，一方面，党在现代化建设中始终坚持群众路线。“一切为了群众”的价值取向是新时代推进中国式现代化事业、推进共同富裕的题中应有之义；“一切依靠群众”、尊重群众首创精神是应对矛盾、提高执政能力的锐利思想武器；“从群众中来到群众中去”的工作方法为规范群众路线的内容和形式，深化调查研究、深入改革开放，为真正做到倾听群众呼声、尊重群众意愿、密切党和群众血肉联系提供重要参考。另一方面，党的十八大以来概括了党“为中国人民谋幸福，为中华民族谋复兴”②的初心和使命，提出坚持以人民为中心的发展思想和建设更加全面、公平正义、协调平衡的现代化，为新时代全面建设社会主义现代化国家凝聚了强大力量。

（三）在奋斗目标上致力于实现共同富裕

共同富裕是社会主义的本质要求。党的十八大以来，以习近平同志为核心的党中央把握发展阶段新变化，把逐步实现全体人民共同富裕摆在更加重要的位置上，采取有力措施保障和改善民生，打赢脱贫

---

① 《习近平谈治国理政》第四卷，外文出版社 2022 年版，第 171 页。
② 《十九大以来重要文献选编》（上），中央文献出版社 2019 年版，第 730 页。

攻坚战、全面建成小康社会，为促进共同富裕创造了良好条件。党的十九届五中全会把共同富裕写入国家发展规划中，提出我国现代化的目标“是全体人民共同富裕的现代化”①，正式将扎实推进共同富裕作为国家现代化的远景规划目标，强调了党领导下我国发展的奋斗目标。习近平总书记在到2035年基本实现社会主义现代化远景目标中提出“全体人民共同富裕取得更为明显的实质性进展”，在改善人民生活品质部分突出强调了扎实推动共同富裕，提出了一些重要要求和重大举措。这样表述，在党的全会文件中还是第一次，既指明了前进方向和奋斗目标，也是实事求是、符合发展规律的。②一方面，共同富裕的现代化是高质量发展的现代化，既要解放生产力又要防止两极分化，既要“做大蛋糕”又要“分好蛋糕”，更注重解决收入分配差距、地区发展差距、城乡区域差距问题，更注重补民生短板，追求“让发展成果更多更公平惠及全体人民”③的目标。习近平总书记强调：“实现共同富裕不仅是经济问题，而且是关系党的执政基础的重大政治问题。我们决不能允许贫富差距越来越大、穷者愈穷富者愈富，决不能在富的人和穷的人之间出现一道不可逾越的鸿沟。”④这些重要论述深刻揭示了共同富裕指向追求公平正义的本质，充分调动起人民的积极性、主动性、创造性。另一方面，共同富裕的现代化是物质文明和精神文明协调发展的现代化，是发展社会主义先进文化、满足人民群众多样化多层次多方面精神文化需求、促进人的全面发展的现代化。

（四）在实现方式上坚持自力更生

改革开放之初，邓小平就曾提出：“现代化这个名词很好。什么是现代化？”⑤提出这个问题，是因为在我国建设现代化没有现成的经验

---

① 《习近平谈治国理政》第四卷，外文出版社2022年版，第164页。

② 《习近平谈治国理政》第四卷，外文出版社2022年版，第116页。

③ 《习近平关于社会主义社会建设论述摘编》，中央文献出版社2017年版，第9页。

④ 《习近平谈治国理政》第四卷，外文出版社2022年版，第171页。

⑤ 《邓小平思想年谱（1975—1997）》，中央文献出版社1998年版，第226页。

可借鉴，也没有捷径可走，外部环境也不允许我们借助外在力量建成真正的现代化国家，走中国特色社会主义道路要解决现代化的方向、方式、目标、内容等一系列问题。

坚持自力更生、以科技创新和提高劳动生产率为核心动力是中国式现代化的一个重要经验。党的二十大报告将“实施科教兴国战略，强化现代化建设人才支撑”[①]单列一章，详细阐述了实施创新驱动发展战略、实施人才强国战略，将其视为解决中国经济问题以及摆脱对西方技术依赖的重要手段，反映了党对世情、国情的新判断和发展战略的新部署。从历史逻辑看，党以马克思主义科技观为基本指导，不断深化对科技创新的认识。社会主义革命和建设时期，毛泽东发出“向科学进军”[②]的号召，我国开始了独立自主进行科技创新的艰难探索。以156个项目为核心的“一五”计划对建设独立的、比较完整的国民经济体系居功至伟，在这个探索过程中，“科学技术现代化”作为四个现代化的一项重要内容被提了出来。改革开放新时期，邓小平作出“科学技术是第一生产力”[③]的科学判断，提出要“使我国在世界高科技及其产业领域占有一席之地”[④]的口号，并对科技、教育、人才制度进行一系列改革，使我国迎来了“科学的春天”。随后我国全面实施科教兴国战略，建设创新型国家，开启了加快科技创新的新征程。党的十八大以来，以习近平同志为核心的党中央把科技创新摆在国家发展全局的重要位置，适时提出实施创新驱动发展战略，明确创新对我国现代化建设全局的重要意义，把科技自立自强作为国家发展的战略支撑。从实践逻辑看，当今世界正经历百年未有之大变局，中华民族伟大复兴正处在关键时期。加快科技创新是“推动高质量发展

① 习近平：《高举中国特色社会主义伟大旗帜　为全面建设社会主义现代化国家而团结奋斗——在中国共产党第二十次全国代表大会上的报告》，人民出版社2022年版，第33页。

② 《中共中央文件选集（1949年10月—1966年5月）》第24册，人民出版社2013年版，第412页。

③ 《邓小平文选》第三卷，人民出版社1993年版，第274页。

④ 《改革开放三十年重要文献选编》（上），中央文献出版社2008年版，第804页。

的需要”，是“实现人民高品质生活的需要”，是“构建新发展格局的需要”，是“顺利开启全面建设社会主义现代化国家新征程的需要”。[①] 近年来，美国不断制造日益紧张的地缘政治对抗和竞争风险也是中国追求实现科学技术和经济自力更生的重要外部因素。当前，我们比历史上任何时期都更接近、更有信心和能力实现中华民族伟大复兴的目标，科技自立自强是实现全面建设社会主义现代化国家、夺取新时代中国特色社会主义事业伟大胜利的基础性战略性支撑。

（五）在对外关系上坚持走和平发展道路

中国式现代化始终坚持发展是第一要务，不断通过深化改革开放解放和发展生产力，依托内生的动力和人民的自强奋斗扎实推进现代化，而不走西方通过殖民、剥削的老路。在谋求自身发展的同时，中国“始终不渝做世界和平的建设者、全球发展的贡献者、国际秩序的维护者”[②]，中国的现代化建设为世界繁荣稳定作出了巨大贡献。一方面，中国始终积极承担责任，在2008年国际金融危机、抗击新冠疫情等重大国际危机时发挥了压舱石、稳定器、增长引擎的重要作用。美国外交关系委员会高级研究员张彦（Ian Johnson）承认，“在过去几十年里，世界经济可以倚赖的一件事是中国经济的强劲增长”[③]；同时，中国通过提出全球发展倡议、推进“一带一路”建设、积极实施碳达峰碳中和行动等，凸显了中国作为负责任大国的大国风范、大国担当。对此，习近平总书记曾深有感触地说：“只要主动顺应世界发展潮流，不但能发展壮大自己，而且可以引领世界发展潮流。”[④] 另一方面，习近平总书记呼吁促进大国协调和良性互动，推动构建和平共处、总体稳定、均衡发展的大国关系格局；提出构建人类命运共同体，高高

---

① 习近平：《在科学家座谈会上的讲话》，人民出版社2020年版，第3页。

② 《习近平谈治国理政》第四卷，外文出版社2022年版，第427页。

③ Ian Johnson, “What China will look like under Xi, the country's most powerful leader in decades”, CNN, https://edition.cnn.com/asia/live-news/china-party-congress-10-23-22-intl-hnk/h_56587e06ad42e668d4b143028655e335。

④ 《习近平谈治国理政》第二卷，外文出版社2017年版，第212页。

举起引领时代潮流和人类前进方向的鲜明旗帜，为坚持全人类共同价值、通过和平方式解决人类重大问题提供中国智慧、中国方案、中国力量。[①]

三、时代价值：中国式现代化创造了人类文明新形态

现代化虽然是外来词汇，但是“不同的现代化模式是由本体性历史塑造的制度变迁方式所致”。[②]各国推进现代化的政治实践、价值取向、制度安排等，不仅受到当前国家政治进程的历史塑造，更在一定程度上影响今后一段时间的国家政治实践。中国式现代化打破了现代化是西方国家的特权的神话，“创造了人类文明新形态”。[③]习近平总书记深刻指出：“世界上既不存在定于一尊的现代化模式，也不存在放之四海而皆准的现代化标准。”[④]中国式现代化意味着人类正在而且也必须走向多元的、和而不同的现代文明，表明“不同的国家、不同的价值体系、不同的现代化道路，都有可能取得现代化的成功，都应该享有获得现代化的权利”。[⑤]中国式现代化有着重要的时代价值。

（一）拓展了发展中国家走向现代化的新途径

近代以来，在西方发达国家先行构建和主导的世界政治经济体系中，后发国家要实现现代化绝非易事。西方模式的现代化在近代以来通过产业资本的形成来实现，西方国家为自身发展所开启的全球史也是长达300年的对外扩张和侵略史，对广大殖民地的压迫与掠夺极大

---

① 习近平：《高举中国特色社会主义伟大旗帜 为全面建设社会主义现代化国家而团结奋斗——在中国共产党第二十次全国代表大会上的报告》，人民出版社2022年版，第61页。

② 杨光斌：《中国式现代化与人类文明新形态》，《教学与研究》2022年第10期。

③ 习近平：《在庆祝中国共产党成立100周年大会上的讲话》，人民出版社2021年版，第14页。

④ 习近平：《论把握新发展阶段、贯彻新发展理念、构建新发展格局》，中央文献出版社2021年版，第9页。

⑤ 习近平：《新发展阶段贯彻新发展理念必然要求构建新发展格局》，《求是》2022年第17期。

地损害了亚非拉国家追求发展、实现现代化的权益。进入当代，在经济危机阶段，率先实现现代化的西方国家因为资本综合成本过大，通过向第三世界转移危机以化解国内矛盾，进一步损害了亚非拉国家的发展权益。

中国式现代化以国家科技创新、人民艰苦奋斗为动力，不断通过深化改革来解放和发展生产力，推进现代化建设。这条道路拓展了发展中国家走向现代化的新途径，倡导不同的国家、不同的政治制度、不同的文化在追求现代化的道路上互相尊重、互不干涉、互相借鉴、共同实现发展与繁荣，推动世界文明对话、多元文明和谐共处，不论是在发展实践上还是在道义上都是站得住脚的。首先，中国坚持“关键在于办好自己的事”[①]，为其他发展中国家提供了重要战略参照。坚持在发展中解决问题、通过发展保障和改善民生，是中国在各个发展阶段、不同发展环境、不同发展条件变化下始终坚持的科学判断。发展是党执政兴国的第一要务，也是建设社会主义现代化的必由之路。当前世界面临深刻危机，发展中国家如何坚持独立自主的发展道路、如何解决政府的绩效合法性危机，是占世界人口多数的广大发展中国家的关注重点，特别是对于发展中国家来说，中国的减贫经验是无与伦比的[②]，中国式现代化提供了重要的经验。其次，现代化道路没有固定模式，适合自己的才是最好的。中国式现代化道路带给广大发展中国家的重要启示是：要坚定自己的现代化目标，结合本国国情积极探索自己的现代化道路。中国现代化发展的并联式进程，一体推进工业化、信息化、城镇化、农业现代化，带来了生产力大发展，帮助中国“把‘失去的二百年’找回来”。[③]我国通过并联式叠加发展的现代化思想和实践，注重协调、一体化的思路，为广大非洲、拉美、亚洲

① 《习近平谈治国理政》第四卷，外文出版社 2022 年版，第 114 页。

② Lucio Blanco Pitlo III, “China Post 20th CPC Congress: Desire for Stability Amid Upheavals ? ”, China-US Focus, https: //www.chinausfocus.com/society-culture/china-post-20th-cpc-congress-desire-for-stability-amid-upheavals.

③ 《习近平关于科技创新论述摘编》，中央文献出版社 2016 年版，第 25 页。

发展中国家的现代化努力起到示范作用[①]，证明只要找准自己的发展道路，就可以实现内生的、可持续的现代化。

（二）开辟了以社会主义实现现代化的新选择

“马克思主义深刻改变了中国，中国也极大丰富了马克思主义。”[②]中国式现代化是社会主义的现代化，是坚持以马克思主义为指导的必然结果；同时，中国式现代化又是在批判性继承的基础上综合内外因素的新生与重构，极大丰富了马克思主义，开辟了以社会主义道路实现现代化的新选择。比如，马克思主义现代化理论提出社会统筹协调发展，这是克服资本主义现代化根本矛盾的必然要求。而我们党在探索现代化的实践中进一步确立一个基本逻辑：“在社会主义国家，一个真正的马克思主义政党在执政以后，一定要致力于发展生产力，并在这个基础上逐步提高人民的生活水平。这就是建设物质文明。过去很长一段时间，我们忽视了发展生产力，所以现在我们要特别注意建设物质文明。与此同时，还要建设社会主义的精神文明。”[③]基于此，中国式现代化是物质文明、政治文明、精神文明、社会文明、生态文明协调发展的现代化，注重人和社会的全面发展、追求人与自然和谐共生的现代化。再比如，我们党坚持一切从实际出发、解答时代课题，创造性地建立起社会主义市场经济体制，实现了在社会主义初级阶段既发挥市场在资源配置中的决定性作用，又更好发挥政府作用；既充分发挥资本促进经济发展的作用，又防止资本野蛮生长、违背社会主义生产的目的，对马克思主义发展作出历史性贡献。[④]再如，为达成社会主义消灭贫困、实现共同富裕的最终目标，适应我国社会主要矛盾的变化，我们党致力于实现指向共同富裕的社会主义现代化，实现全面的、系统的现代化等。

---

① 《借鉴中国经验已成非洲共识》，《人民日报》（海外版）2018 年 8 月 27 日。

② 《习近平谈治国理政》第四卷，外文出版社 2017 年版，第 509 页。

③ 《邓小平文选》第三卷，人民出版社 1993 年版，第 28 页。

④ 姜淑萍、穆兆勇、王达阳：《马克思主义中国化一百年的集中展现》，《光明日报》2022 年 7 月 6 日。

总之，中国式现代化是我们党勇于结合新的实践不断推进理论创新、善于利用新的理论指导新的实践的成果，充分彰显了社会主义的本质要求，科学回答了社会主义国家如何实现现代化的重大命题，开辟了马克思主义新境界。当前，我国的社会主义现代化实践是人类历史上最为宏大而独特的实践创新，体现了世界历史特别是世界社会主义发展历史的必然性，为世界各国的现代化发展提供了社会主义的新选择。

继承与变革：从“中国式的现代化”到“中国式现代化”

高 钰

2015年，习近平总书记在党的十八届五中全会上提到“改革开放之初，邓小平同志首先用小康来诠释中国式现代化”。① 5年之后，习近平总书记对中国式现代化进行重大理论创新，提出了新时代的“中国式现代化”命题，党的二十大概括提出并深入阐述中国式现代化理论，标志着这一重大理论创新的成熟。回顾邓小平“中国式的现代化”命题和习近平“中国式现代化”命题的提出，两者形式相近，目标相同，都在关键的历史节点上为中国人民解答了“向何处去”的问题。前者是后者的理论基础，而后者实现了对前者的突破，两者共同统一于中华民族伟大复兴的历史伟业之中。

一、邓小平与“中国式的现代化”命题的提出

1978年党的十一届三中全会将党和国家的工作重心转移到经济建设上来，开始实现中国现代史上最具深远意义的历史转折，开启了社会主义现代化建设新时期。其间，邓小平对社会主义现代化建设作了很多深入的思考，1984年3月25日，他在会见日本首相中曾根康弘时概括指出“中国式的现代化”“是我们的新概念”。② 这一概念或者命题的形成有一个过程，早在1979年3月21日，邓小平在会见英

① 《十八大以来重要文献选编》(中)，中央文献出版社2016年版，第822页。

② 《邓小平文选》第三卷，人民出版社1993年版，第54页。

中文化协会执行委员会代表团团长马尔科姆·麦克唐纳时首次提出了“中国式的四个现代化”，他说：“我姑且用个新说法，叫做中国式的四个现代化”。[①] 23日，邓小平在中央政治局会议上将这一概念简化为“中国式的现代化”。他说：“我同外国人谈话，用了一个新名词：中国式的现代化。”[②] 此后，邓小平多次混合使用“中国式的四个现代化”和“中国式的现代化”两个概念，比如：1979年12月6日在会见日本首相大平正芳时指出“我们要实现的四个现代化，是中国式的四个现代化”；1980年1月1日在新年茶话会上讲“我们要搞中国式的现代化”。[③] 但毋庸置疑的是两个概念的内涵实质是相同的，都是指中国的社会主义现代化建设要“从中国的特点出发”“走出一条中国式的现代化道路”。[④]

“中国式的现代化”命题的提出是经过深思熟虑的，是客观现实在思想理论中的反映。中国式的现代化这一命题由两部分构成，一部分是作为定语的“中国式”，另一部分是限定词“现代化”或“四个现代化”。

前者的考虑主要是走出一条具有中国特色的发展道路：

一方面，“中国式”的提法主要是区别于国际上通用的现代化标准而提出的。在1964年三届全国人大一次会议上，周恩来曾代表党宣布在不太长的历史时期内，把我国建设成为一个具有现代农业、现代工业、现代国防和现代科学技术的社会主义强国，并在党内进一步说明这个不太长的历史时期就是到二十世纪末。[⑤] 1975年，邓小平重提这一时间表，号召全党把握大局，依照两步走的设想，到20世纪末，把我国建设成为社会主义现代化强国。但是，到20世纪70年代末期，中国经济发展水平仍然有限，实现国际意义上的现代化目标脱

① 《邓小平年谱（1975—1997）》（上），中央文献出版社2004年版，第496页。
② 《邓小平年谱（1975—1997）》（上），中央文献出版社2004年版，第497页。
③ 《邓小平年谱（1975—1997）》（上），中央文献出版社2004年版，第582、588页。
④ 《邓小平年谱（1975—1997）》（上），中央文献出版社2004年版，第502页。
⑤ 龚育之：《党史札记》（一集），人民出版社2014年版，第127页。

离客观实际，成为基本不可能完成的任务。因此，邓小平在首次提出“中国式的四个现代化”命题时，便向英国客人解释：“现在我们的技术水平还是你们五十年代的水平。如果本世纪末能达到你们七十年代的水平，那就很了不起。”[①]邓小平清醒地认识到，到20世纪末，中国的人均收入很难追赶上西方现代化国家，必须客观地认清这一事实，降低现代化的标准。1979年10月4日在省、市、自治区委员会第一书记座谈会上，邓小平说：“我们开了大口，本世纪末实现四个现代化。后来改了个口，叫中国式的现代化，就是把标准放低一点。”[②]但是，标准的调整是为了更好的发展，这也是邓小平政治智慧的体现。他说“讲到中国式的现代化的概念，就是在本世纪末我们肯定不能达到日本、欧洲、美国和第三世界中有些发达国家的水平”。但是标准的变低并不意味着中国发展的变缓，“尽管出现了这样的问题，我们的目标没有放弃，只是我们吸取和总结了经验教训，更加量力而行了……欲速则不达……步子稳妥一些，也许速度更快一些”。[③]

另一方面，“中国式”的提法是在充分考虑中国国情的基础上提出的。1983年，邓小平在同北京科学技术政策讨论会的外籍专家谈话时说，“我们搞的现代化，是中国式的现代化……我们主要是根据自己的实际情况和自己的条件，以自力更生为主”[④]，深刻点明了中国式的现代化就是依据中国实际情况的现代化。马克思指出，“历史的每一阶段都遇到有一定的物质结果、一定数量的生产力总和，人和自然以及人与人之间在历史上形成的关系，都遇到有前一代传给后一代的大量生产力、资金和环境”。[⑤]在20世纪70年代末80年代初的中国，最主要的实际情况就是“底子薄”和“人口多，耕地少”。经过30多年的建设，按照绝对量来说，钢产量、煤产量、粮食产量、棉花产量

① 《邓小平思想年谱（1975—1997）》，中央文献出版社1998年版，第111页。

② 《邓小平思想年谱（1975—1997）》，中央文献出版社1998年版，第132页。

③ 《邓小平思想年谱（1975—1997）》，中央文献出版社1998年版，第188页。

④ 《邓小平文选》第三卷，人民出版社1993年版，第29页。

⑤ 《马克思恩格斯列宁斯大林论历史人物评价问题》，人民出版社1981年版，第49页。

均处于世界前列，但是按照人口平均计算，生产和国民收入水平远远低于大多数国家，全国有八亿的农民人口，有两亿的劳动力需要安排工作[①]，邓小平深刻指出“几亿人口搞饭吃，粮食问题还没有真正过关。我们钢铁工业的劳动生产率只有国外先进水平的几十分之一。新兴工业的差距就更大了”。[②]“小康社会”的提出在实事求是的基础上体现出了中国特色。“民亦劳止，汔可小康”，小康是中华民族自古以来的追求目标。邓小平巧妙地将“小康”作为中国式的现代化的表达方式，并以此为基点确定了中国现代化的发展目标。12 月 6 日，他在会见日本首相大平正芳时明确提出“小康之家”的概念说：“我们的四个现代化的概念，不是像你们那样的现代化的概念，而是‘小康之家’，到本世纪末，要达到国民生产总值人均一千美元”。[③] 1980 年，中国经济发展出现问题，邓小平又及时将这一目标调整为八百至一千美元。他说“经过这一时期的摸索，看来达到一千美元也不容易，比如说八百、九百，就算八百，也算是一个小康生活了”。[④]

后者则更强调“中国式的现代化”这一命题的价值旨归。

一方面，实现现代化是中华民族的夙愿，“中国式的现代化”是对中国共产党四个现代化概念的延续和继承。现代化这一词语来源于西方“modernization”的汉译，在一定的时间段，现代化社会基本等同于资本主义社会。19 世纪末，“现代化”（modernization）一词传入中国，彼时的中国积贫积弱，在国际社会上饱受欺凌，现代化的词义就同“西化”“欧化”基本相近，内含有进步、改革、发展等积极意义，反映出早期中国先进知识分子渴望发展的朴素愿望；1921 年中国共产党成立后，毫不掩饰地将追求民族独立和人民解放确定为奋斗目标，并开始逐步使用现代化的概念来探索中国社会发展。民主革命时

① 薛暮桥：《中国社会主义经济问题研究》，人民出版社 2012 年版，第 190—191 页。
② 《邓小平文选》第二卷，人民出版社 1994 年版，第 90 页。
③ 《邓小平思想年谱（1975—1997）》，中央文献出版社 1998 年版，第 139 页。
④ 《邓小平思想年谱（1975—1997）》，中央文献出版社 1998 年版，第 187—188 页。

期，毛泽东在《论持久战》中提出“革新军制离不了现代化”[①]，反映出未取得全国政权的中国共产党首先将现代化的概念主要运用于军事领域；1945年，党的七大提出“为着中国的工业化和农业近代化而斗争”。[②]此后，工业化成为中国共产党现代化建设的主要方向，现代化的概念逐渐和工业化靠近并在一定的语境中通用；而随着对执政规律认识的深化，中国共产党对现代化的认识也在深化。1954年，周恩来在一届全国人大一次会议中明确提出了“四个现代化”的概念，首次将现代化的概念拓展到“现代化的工业、现代化的农业、现代化的交通运输业和现代化的国防”[③]四个方面，并随后在1964年三届全国人大一次会议上正式确立为“现代农业、现代工业、现代国防和现代科学技术”。[④]至此，现代化概念完成了初步的中国本土化，“中国式的现代化”命题的理论基础逐渐形成。但是，随着“左”的错误在党内逐渐占据上风，社会主义现代化建设受到严重挫折。1978年党的十一届三中全会以后，邓小平正式提出“中国式的现代化”命题，进一步继承了中国共产党四个现代化和100多年来中华民族的发展目标，并使现代化更加符合中国实际。

另一方面，现代化的重提是根本扭转“文化大革命”以来经济发展困境的目标性命题，展现出了极强的经济属性。邓小平指出，“社会主义制度优于资本主义制度。这要表现在许多方面，但首先要表现在经济发展的速度和效果方面。没有这一条，再吹牛也没有用”。[⑤]现代化归根到底是经济的发展，经济水平的提升是现代化的基础。在20世纪六七十年代，“左”的错误逐渐发展，经济建设被政治斗争裹挟，最终演变为“文化大革命”的十年浩劫。党的十一届三中全会以后，经过真理标准大讨论和大力拨乱反正，纠正了“左”的错误。邓小平

① 《毛泽东选集》第二卷，人民出版社1991年版，第511页。

② 《毛泽东选集》第三卷，人民出版社1991年版，第1081页。

③ 《建国以来重要文献选编》第5册，中央文献出版社1993年版，第584页。

④ 《建国以来重要文献选编》第20册，中央文献出版社1998年版，第10页。

⑤ 《邓小平文选》第二卷，人民出版社1994年版，第251页。

提出，要根据新的历史条件，“认真地探索一条比较好的道路”，提出了中国式的现代化，并随后进一步擘画了经济发展的“路线图”，即“三步走”的发展战略。1980 年 1 月 16 日，他在中央干部会议上初步提出“两步走”的发展战略后，用接近一年的时间亲自调查研究和逐省算账，最终在 1981 年正式提出“经过我们的努力，设想十年翻一番，两个十年翻两番”的发展目标。经过一段时间的实践发展后，党的十三大正式将其概括为“三步走”发展战略，“第一步，实现国民生产总值比一九八〇年翻一番，解决人民的温饱问题。这个任务已经基本实现。第二步，到本世纪末，使国民生产总值再增长一倍，人民生活达到小康水平。第三步，到下个世纪中叶，人均国民生产总值达到中等发达国家水平，人民生活比较富裕，基本实现现代化”。[①] 在“三步走”战略的引导下，中国社会主义现代化建设真正确立了以经济建设为中心的发展理念，明确了发展步骤，驶入了发展的“快车道”，从根本上扭转了经济发展困境。

恩格斯指出“每一个时代的理论思维……都是一种历史的产物，它在不同的时代具有完全不同的形式”。[②] 一个新的概念往往具有重大的理论和实践意义，“中国式的现代化”命题的提出对中国改革开放和社会主义现代化的理论和实际都有十分重要的意义。它的提出丰富和发展了中国特色社会主义理论体系，为中国之后数十年的发展提供了基本遵循和根本指引。它的提出还反映出实事求是的方法理论在党内重新占据主导，马克思主义科学的世界观和方法论被重新确立起来。它的提出还能最大程度地反映出中国人民改善生活条件的迫切愿望，最大程度地凝聚起全党全社会人民共建社会主义现代化强国的信心和力量。

---

① 《中国共产党第十三次全国代表大会文件汇编》，人民出版社 1987 年版，第 17 页。

② 《马克思恩格斯选集》第 3 卷，人民出版社 2012 年版，第 873 页。

二、习近平与“中国式现代化”命题的提出

党的十八大以来，中国特色社会主义进入新时代，中国面临着“百年未有之大变局”，机遇和挑战并存，为进一步引导全党全国人民建设社会主义现代化强国，以习近平同志为核心的党中央提出了“中国式现代化”的命题。中国式现代化命题的提出同样是有过程的，早在2015年10月29日，习近平总书记便从“在中国建立一个小康社会”的角度在党的十八届五中全会第二次全体会议上首次提出了中国式现代化的概念。5年后，2020年10月29日在党的十九届五中全会第二次全体会议上，习近平总书记正式作出了“要坚定不移推进中国式现代化，以中国式现代化推进中华民族伟大复兴”[①]的战略决策。随后，习近平总书记开始大量提到“中国式现代化”的概念。“中国式现代化”的命题是在2021年集中阐发的，这一时期，中国正在为全面建成小康社会攻坚。全面建成小康社会后，中国该往何处去？中国的社会主义现代化建设该往何处去？已经成为摆在党中央面前的难题。因此，在全面建成小康社会之前，习近平总书记就已经站在历史和现实的高度思考这些问题，提出了中国式现代化的战略命题。2021年7月1日，习近平总书记在庆祝中国共产党成立100周年大会上的讲话上提出，一百年来中国共产党“创造了中国式现代化新道路，创造了人类文明新形态”。[②]这就正式提出了“中国式现代化”，并使之开始成为新时代社会主义现代化建设的方向性命题。在此前后，习近平总书记开始集中思考并多次阐发了中国式现代化命题的理论内涵。2021年1月11日，他在省部级领导干部学习贯彻党的十九届五中全会精神专题研讨班上的讲话中指出，“我国现代化是人口规模巨大的现代化，是全体人民共同富裕的现代化，是物质文明和精神文明

---

① 《十九大以来重要文献选编》(中)，中央文献出版社2021年版，第825页。

② 习近平：《在庆祝中国共产党成立100周年大会上的讲话》，人民出版社2021年版，第14页。

相协调的现代化，是人与自然和谐共生的现代化，是走和平发展道路的现代化”①；2021 年 8 月 17 日在中央财经委员会第十次会议上的讲话中指出“共同富裕是社会主义的本质要求，是中国式现代化的重要特征”②；在省部级领导干部迎接党的二十大专题研讨班上又指出“我们推进的现代化，是中国共产党领导的社会主义现代化”③；等等。在党的二十大上，习近平总书记完整准确阐述了中国式现代化命题的中国特色、本质要求和总体目标等，标志着中国式现代化命题的理论基本成熟。

中国式现代化的命题是在中国特色社会主义新时代的时代背景下产生的最新理论成果。习近平总书记指出“我们提出推进中国式现代化，是从当代中国和当今世界发展变化出发，经过审时度势、科学判断、深入思考提出来的”。④从国内社会看，新时代 10 年，中国国内生产总值在高基数基础上实现了中高速增长，形成超过 4 亿人口的世界最大规模中等收入群体，国内超大规模市场优势不断增强。这一时期，中国共产党团结带领中国人民长期艰苦奋斗，在国家建设发展和人民生活改善上取得举世瞩目的成就，如期实现了全面建成小康社会目标，如期打赢了脱贫攻坚战，历史性地解决了绝对贫困问题，这些为实现中国式现代化奠定了坚实的物质基础。但在充分肯定党和国家事业取得举世瞩目成就的同时，必须清醒看到，中国的发展仍面临不少困难和问题，发展不平衡不充分的问题仍然严峻，这些问题成为实现中国式现代化必须啃的“硬骨头”。从世界发展来看，世界百年未有之大变局加速演进，逆全球化和民粹主义思潮蔓延，大国关系进入战略紧张期，全球范围的贫富差距不断扩大，全球产业链供应链紊

① 习近平：《论把握新发展阶段、贯彻新发展理念、构建新发展格局》，中央文献出版社 2021 年版，第 474 页。

② 《习近平著作选读》第二卷，人民出版社 2023 年版，第 501 页。

③ 《“学习习近平总书记重要讲话精神，迎接党的二十大”——论学习贯彻习近平总书记在省部级主要领导干部专题研讨班上重要讲话》，人民出版社 2022 年版，第 11 页。

④ 《习近平新时代中国特色社会主义思想专题摘编》，中央文献出版社 2023 年版，第 11 页。

乱，大宗商品价格持续上涨，国际货币金融体系更加脆弱，一些国家经济停滞不前，出现全球范围经济衰退的可能性持续增大。但新一轮科技革命和产业变革方兴未艾，国际力量对比深刻调整，我国发展面临新的战略机遇。习近平总书记指出："苦难铸就辉煌。没有一个国家、民族的现代化是顺顺当当实现的。"[①]尽管国际国内形势发生了深刻复杂的变化，但我国经济稳中向好、长期向好的基本面没有变，我国经济潜力足、韧性大、活力强、回旋空间大、政策工具多的基本特点没有变，我国发展具有的多方面优势和条件没有变。为系统把握，充分发挥我国最完整、规模最大的工业体系、强大的生产能力、完善的配套能力和超大规模内需市场的优势，需要提出完整的发展理论。以习近平同志为核心的党中央审时度势，高屋建瓴地提出了中国式现代化的命题。

中国式现代化的命题体系完整，内涵丰富，是立足于中国社会实际的最新理论成果。习近平总书记指出："我国建设社会主义现代化具有许多重要特征。世界上既不存在定于一尊的现代化模式，也不存在放之四海而皆准的现代化标准。"[②]在新中国成立特别是改革开放以来长期探索的实践基础上，在中国共产党的领导下，中国形成了基于自己国情的具有中国特色的中国式现代化道路。中国式现代化是人口规模巨大的现代化。中国现在有 14 亿多人口，超过了现在主要的发达国家的人口总和，团结和带领 14 亿多人口共同迈入社会主义现代化是一项兼具艰巨性和复杂性的挑战。中国式现代化是全体人民共同富裕的现代化。中国式现代化和西方现代化最大的不同就在于即使中国人口规模巨大，仍然坚持把实现人民对美好生活的向往作为现代化建设的出发点和落脚点，坚决反对两极分化。中国式现代化是物质文明和精神文明相协调的现代化。物质富足、精神富有是社会主义现代化的根本要求。我国追求的现代化既要夯实人民幸福生活的物质条件，

① 习近平：《在基层代表座谈会上的讲话》，人民出版社 2020 年版，第 5 页。

② 习近平：《论把握新发展阶段、贯彻新发展理念、构建新发展格局》，中央文献出版社 2021 年版，第 9 页。

又坚持丰富人民群众的精神世界。中国式现代化是人与自然和谐共生的现代化。社会主义现代化建设是一个持续的过程，我们坚持节约优先、保护优先、自然恢复为主的方针，目的是实现中华民族的永续发展。中国式现代化是走和平发展道路的现代化。不同于西方国家的掠夺式、战争式发展老路，中国式现代化会坚定站在和平、发展、合作、共赢一侧，用自身发展更好维护世界和平与发展。中国式现代化的中国特色既是理论概括，也是实践要求，为全面建成社会主义现代化强国、实现中华民族伟大复兴指明了一条康庄大道。

中国式现代化的命题目标明确，是具有翔实战略筹划的最新理论成果。习近平总书记指出：“面对复杂形势、复杂矛盾、繁重任务……要有全局观……在整体推进中实现重点突破，以重点突破带动经济社会发展水平整体跃升，朝着全面建成社会主义现代化强国的奋斗目标不断前进。”[①] 党的二十大对全面建成社会主义现代化强国作出了战略安排：“从二〇二〇年到二〇三五年基本实现社会主义现代化；从二〇三五年到本世纪中叶把我国建成富强民主文明和谐美丽的社会主义现代化强国。”[②] 这就为建设社会主义现代化强国提供了时间表。在明确的目标指引下，党深刻总结我国和世界其他国家现代化建设的历史经验，对我国这样一个东方大国如何加快实现现代化在认识上不断深入、战略上不断完善、实践上不断丰富，从而形成了对中国式现代化本质要求的思想理论结晶。党的二十大明确提出“中国式现代化的本质要求是：坚持中国共产党领导，坚持中国特色社会主义，实现高质量发展，发展全过程人民民主，丰富人民精神世界，实现全体人民共同富裕，促进人与自然和谐共生，推动构建人类命运共同体，创造人类文明新形态。”[③] 中国共产党的领导是实现中国式现代化的最大优势，党的领导直接关系中国式现代化的根本方向、前途命运、最终成败。坚持中国特色社会主义是实现中国式现代化的方向保证和制度基

① 《习近平谈治国理政》第四卷，外文出版社 2022 年版，第 31 页。
② 《中国共产党第二十次全国代表大会文件汇编》，人民出版社 2022 年版，第 20 页。
③ 《中国共产党第二十次全国代表大会文件汇编》，人民出版社 2022 年版，第 20 页。

础。实现高质量发展是立足新时代社会主要矛盾的经济要求，全过程人民民主是推进社会主义民主政治制度化、规范化、程序化的必要手段，丰富人民精神世界是实现物质文明和精神文明相协调的现代化的必然要求，实现全体人民共同富裕是社会主义的本质要求、是中国式现代化的重要特征，促进人与自然和谐共生是保障中华民族永续发展的根本举措，推动构建人类命运共同体、创造人类文明新形态是中国努力为人类和平与发展带来新机遇，展现世界胸怀和大国担当的中国方案。党的二十大厘清了中国式现代化的本质要求和战略安排，对实现社会主义现代化强国具有重要的实践意义。

习近平总书记指出:“中国式现代化是中国共产党和中国人民长期实践探索的成果，是一项伟大而艰巨的事业。”[①] 这一事业深深植根于中华优秀传统文化，体现出科学社会主义的先进本质，借鉴吸收了一切人类优秀文明成果，展现出了一种完全不同于西方现代化道路的新图景，拓展了发展中国家走向现代化的路径选择，为人类对更好社会制度的探索提供了中国智慧、中国方案、中国力量，为人类和平与发展崇高事业作出新的更大的贡献！理论和实践表明，中国式现代化既切合中国实际，体现了社会主义建设规律，也体现了人类社会发展规律。我国要坚定不移推进中国式现代化，以中国式现代化推进中华民族伟大复兴。

三、“中国式现代化”对“中国式的现代化”的继承与变革

恩格斯指出“我们的理论是发展着的理论”，从“中国式的现代化”到“中国式现代化”，体现出中国共产党在正确认识客观实际基础上对中国现代化道路的探索是一脉相承的。

（一）继承关系

“中国式的现代化”和“中国式现代化”的命题均是在关键历史

① 《习近平著作选读》第二卷，人民出版社 2023 年版，第 612 页。

节点为应对复杂问题而提出来的。中国式的现代化命题是在党的十一届三中全会后中国伟大历史转折的时候提出的。这一时期，思想路线、政治路线和组织路线刚刚开始转变，能否实现现代化已经从经济命题转化为政治、经济等带根本性的命题，邓小平深刻指出“能否实现四个现代化，决定着我们国家的命运、民族的命运”。[①]不幸的是，此时的中国仍然是世界上最贫穷的国家之一，“吃饭、教育和就业都是严重的问题”，可以说是百废待兴。全党全社会迫切需要新的理论来统领解决以上问题，“中国式的现代化”命题适时而出。“中国式现代化”命题的提出是在百年未有之大变局的历史节点提出来的。党的十八大以来，中国特色社会主义进入新时代。新时代十年波澜壮阔，新一轮科技革命和产业变革深入发展，国际力量对比深刻调整，我国发展面临新的战略机遇。在全球治理格局深刻变化的今天，中国共产党领导全国人民如何洞察世界之变、时代之变、历史之变，正确把握新征程上新的战略机遇，正确解决中国改革的深层次矛盾，为世界发展注入中国力量，贡献中国智慧，同样是重大理论问题。“中国式现代化”命题的提出为全面推进中华民族伟大复兴提供了新动力，为人类社会现代化理论和实践创新作出了新贡献。

中国式的现代化和中国式现代化的命题均坚持了实事求是的基本原则。在提出中国式的现代化这一命题后，邓小平在党的理论工作务虚会上讲话时将他最初的考虑向全党公布，他说：“过去搞民主革命，要适合中国情况……现在搞建设，也要适合中国情况，走出一条中国式的现代化道路。”[②]这个说法十分明确地提出中国式的现代化就是要从中国实际出发。邓小平深刻地认识到中国贫穷落后的客观实际，他告诫全党全社会人民“我们要搞中国式的现代化，我们还很穷，就是要老老实实地创业，就是要吃点苦”。[③]他还实事求是地认识到了中国实现现代化的优势，他向全党鼓劲说“由于缺乏经验，实现四个现代

① 《邓小平年谱（1975—1997）》（上），中央文献出版社 2004 年版，第 502 页。

② 《邓小平文选》第二卷，人民出版社 1994 年版，第 163 页。

③ 《邓小平思想年谱（1975—1997）》，中央文献出版社 1998 年版，第 141 页。

化可能比想象的还要困难些。我们的方针是大量吸收、引进西方先进技术，甚至资金，这样做可能快一些。而且，我们还要善于吸收，善于使用，善于管理。但这一切都需要学习，我们有信心，我们可以学会”。[①] 中国式现代化命题的提出同样遵循了实事求是的基本原则。习近平总书记在学习贯彻党的二十大精神研讨班上曾对中国式现代化的理论进行深入的总结，他向全党介绍了提出这一命题的初衷，指出“一个国家走向现代化，既要遵循现代化一般规律，更要符合本国实际，具有本国特色。中国式现代化既有各国现代化的共同特征，更有基于自己国情的鲜明特色”。[②] 这个重要论述同样指出了实事求是地认识中国国情的重要性。习近平总书记还深刻认识到中国式现代化不仅符合中国国情更是中国几十年发展实践的理论结晶，指出“新中国成立特别是改革开放以来，我们用几十年时间走完西方发达国家几百年走过的工业化历程，创造了经济快速发展和社会长期稳定的奇迹，实践证明，中国式现代化走得通、行得稳，是强国建设、民族复兴的唯一正确道路”。

中国式现代化与中国式的现代化在战略布局上前后相继。中国式的现代化和中国式现代化两大命题具有系统性和复杂性，但其理论内涵是一脉相承的。中国式的现代化指的就是要建成“小康之家”，而中国式现代化的目标是在建成小康社会的基础上建成社会主义现代化强国。邓小平用小康来诠释中国式的现代化，在建设社会主义现代化强国的过程中增添了一个目标，使之更加亲和可感。但是邓小平的战略布局更加长远，1987 年 4 月 30 日，邓小平在会见外宾时完整地阐述了“三步走”的发展战略，提出在 20 世纪末进入小康社会后，“更重要的还是第三步，在下世纪用三十年到五十年再翻两番，大体上达到人均四千美元”。[③] 通过梳理中国式现代化命题的发展脉络来看，中

① 《邓小平思想年谱（1975—1997）》，中央文献出版社 1998 年版，第 111 页。

② 《习近平新时代中国特色社会主义思想学习纲要（2023 年版）》，人民出版社 2023 年版，第 58 页。

③ 《邓小平文选》第三卷，人民出版社 1993 年版，第 226 页。

国式现代化是延续全面建成小康社会这一历史任务而提出的，是在全面建成小康社会后成熟的，是在三步走的第二步和第三步的前 20 年的基础上形成的。习近平总书记指出，“全面建成小康社会，为中国式现代化提供了更为完善的制度保证、更为坚实的物质基础、更为主动的精神力量”。[①] 在此基础上，习近平总书记将基本实现社会主义现代化的时间提前了 15 年，并提出再奋斗 15 年全面建成社会主义现代化强国的宏伟目标。不难发现，中国式现代化命题中的战略安排就是对第三步中后 30 年的细化分解和逐步突破，在现代化建设的战略布局上前后相继。

（二）变革性发展

习近平总书记指出：“在新中国成立特别是改革开放以来长期探索和实践基础上，经过十八大以来在理论和实践上的创新突破，我们党成功推进和拓展了中国式现代化。”[②] 可以说，由于所属历史条件的不同，中国式现代化对中国式的现代化有了变革性的发展。

一是中国式现代化的理论内涵更加完善。由于所处的历史时代不同，中国式的现代化命题提出的时候，以邓小平为代表的中国共产党人正在对社会主义现代化建设的道路进行探索，对于中国式的现代化更多的是从现代工业、现代农业、现代国防和现代科技的四个现代化的角度出发，提出的“小康社会”的目标和“三步走”的发展战略也并未完全设计完成。而中国式现代化的命题是经历了 40 多年的改革开放理论和实践发展后逐渐完善的，其理论内涵涵盖了人口规模巨大的现代化、全体人民共同富裕的现代化、物质文明和精神文明相协调的现代化、人与自然和谐共生的现代化、走和平发展道路的现代化这 5 个方面的中国特色，以及坚持和加强党的全面领导、坚持中国特色社会主义道路、坚持以人民为中心的发展思想、坚持深化改革开放、坚持发扬斗争精神 5 大重大原则和坚持中国共产党领导、坚持中国特

① 《习近平新时代中国特色社会主义思想专题摘编》，中央文献出版社 2023 年版，第 92 页。

② 《“学习习近平总书记重要讲话精神，迎接党的二十大”——论学习贯彻习近平总书记在省部级主要领导干部专题研讨班上重要讲话》，人民出版社 2022 年版，第 11 页。

色社会主义等本质要求。相较于中国式的现代化命题，中国式现代化命题显然更加完善。

二是中国式现代化的理论视野更加宽广。相对于中国式的现代化命题的提出，中国式现代化更注重发挥中国在世界范围内的作用。20世纪70年代末80年代初，中国国内仍然遭受贫穷的困扰，因此，中国式的现代化这一命题更强调如何在认识和尊重经济规律的前提下，迅速提升中国人民的生活水平和国家综合实力，对外的诉求则相对较少。而中国式现代化命题一经提出，习近平总书记就多次将其运用于对外场合。比如在二十国集团领导人第十七次峰会第一阶段会议上，习近平总书记提出，“以中国式现代化全面推进中华民族伟大复兴，一个不断走向现代化的中国，必将为世界提供更多机遇”。[①] 在亚太经合组织第二十九次领导人非正式会议上提出“坚持走中国式现代化道路，建设更高水平开放型经济新体制，继续同世界特别是亚太分享中国发展的机遇”。[②] 在首届中国—阿拉伯国家峰会开幕式上的主旨讲话中，提出“以中国式现代化全面推进中华民族伟大复兴，以中国新发展为包括阿拉伯国家在内的各国提供新机遇”。这些讲话表明，现在的中国饱含着对中国特色社会主义的高度历史自信逐渐走近世界舞台中央，中国式现代化的理论视野也更加宽广。

三是中国式现代化的理论体系更加成熟。中国式的现代化命题事实上提出了更多诸如坚持社会主义的性质和方向、坚持走共同富裕道路等原则性的内容，而中国式现代化的理论体系更完善。习近平总书记指出“中国式现代化，深深植根于中华优秀传统文化”[③]，习近平新时代中国特色社会主义思想“为中国式现代化提供了根本遵循”。理论来源是党领导全国各族人民长期探索尤其是党的十八大以来的理论

① 《共迎时代挑战 共建美好未来——在二十国集团领导人第十七次峰会第一阶段会议上的讲话》，《人民日报》2022年11月16日。

② 《团结合作勇担责任 构建亚太命运共同体——在亚太经合组织第二十九次领导人非正式会议上的讲话》，《人民日报》2022年11月19日。

③ 《习近平新时代中国特色社会主义思想专题摘编》，中央文献出版社2023年版，第94页。

和实践。习近平总书记指出，“中国式现代化是我们党领导全国各族人民在长期探索和实践中历经千辛万苦、付出巨大代价取得的重大成果”[①]；在进一步深化对中国式现代化的内涵和本质认识的基础上，党的二十大全面阐述了中国式现代化的中国特色、本质要求和重大原则；此外，对于建设中国式现代化过程中的风险挑战，习近平总书记也有前瞻性的论述，他指出：“推进中国式现代化是一个探索性事业，还有许多未知领域”，“必然会遇到各种可以预料和难以预料的风险挑战、艰难险阻甚至惊涛骇浪”。[②] 为此，习近平总书记还深刻指出，推进中国式现代化是一个系统工程，需要统筹兼顾、系统谋划、整体推进，并特别强调“只有毫不动摇坚持党的领导，中国式现代化才能前景光明”。[③]

总之，实现社会主义现代化，建设社会主义现代化强国是中国共产党人孜孜以求的目标。无论是中国式的现代化还是中国式现代化，两者都统一于中华民族伟大复兴的历史伟业中。习近平总书记指出要把党的创新理论运用到贯彻落实党的二十大提出的重大战略部署中去；要善于运用习近平新时代中国特色社会主义思想推进中国式现代化取得新进展、新突破，强化政治领导，丰富战略支撑，拓展实践路径，破解发展难题，激发动力活力，使中国式现代化的中国特色更加鲜明、优势更加彰显、前景更加光明。[④] 未来的实践将会证明，在以习近平同志为核心的党中央的坚强领导下，加快推进中国式现代化建设，团结奋斗，开拓创新，我们一定会在新征程上作出无负时代、无负历史、无负人民的伟大业绩。

---

① 《习近平新时代中国特色社会主义思想专题摘编》，中央文献出版社 2023 年版，第 68 页。
② 《习近平新时代中国特色社会主义思想专题摘编》，中央文献出版社 2023 年版，第 96 页。
③ 《习近平新时代中国特色社会主义思想专题摘编》，中央文献出版社 2023 年版，第 93 页。
④ 《把学习贯彻新时代中国特色社会主义思想不断引向深入》，《人民日报》2023 年 4 月 1 日。

在更高起点上推进改革开放

毕 烨 王达阳

习近平总书记指出："改革开放是党和人民大踏步赶上时代的重要法宝，是坚持和发展中国特色社会主义的必由之路，是决定当代中国命运的关键一招，也是决定实现'两个一百年'奋斗目标、实现中华民族伟大复兴的关键一招。"①以深圳为代表的特区建设和浦东的开发开放的实践，是我国改革开放和社会主义现代化建设的缩影。2020年10月14日、11月12日，习近平总书记先后出席了深圳经济特区成立40周年庆祝大会和浦东开发开放30周年庆祝大会并作了重要讲话，为新时代新阶段深圳和浦东把握新的历史方位和使命、在新征程上推进高水平对外开放提出明确要求。2020年是中国"十三五"规划收官之年，全党全国都在谋划"十四五"规划，10月26—29日举行的十九届五中全会通过了《关于制定国民经济和社会发展第十四个五年规划和二〇三五年远景目标的建议》（以下简称《建议》），为中国接下来5到15年的中长远发展作出规划和部署，习近平总书记就《建议（讨论稿）》向全会作了说明（以下简称《说明》）。《建议》《说明》和习近平总书记在深圳、浦东庆祝大会上的两篇讲话，都明确提出要在更高起点上推进改革开放，为全国在新形势下深化改革开放、实现高质量发展、实现社会主义现代化的远景目标指明了方向。

深圳和浦东几十年的发展历程，是同邓小平的名字紧密相连的。邓小平是创办和建设经济特区的主要决策者、是开发开放浦东的重要推动者。

① 习近平：《在庆祝改革开放40周年大会上的讲话》，《求是》2018年第24期。

建立经济特区是邓小平同志提出，中央决定的。1978年底召开的党的十一届三中全会，在邓小平的领导下决定实行改革开放。为使对外开放有良好的起步，需要先试点、后推广。1979年4月，中央工作会议期间，广东、福建提出中央给些优惠政策，创办出口加工区的设想。邓小平表示赞同，他还对广东省委负责同志习仲勋等人说：出口加工区，还是叫特区好，陕甘宁开始就叫特区嘛！中央没有钱，可以给些政策，你们自己去搞，杀出一条血路来！1980年5月16日，中共中央、国务院批转《广东、福建两省会议纪要》，正式在深圳、珠海、汕头、厦门开办"经济特区"。这是我国对外开放的重大创举。

国门初开，经济特区的建设并不是一帆风顺的。在对办经济特区争论最激烈的时候，1984年1月，邓小平视察了经济特区。眼见为实，在看到经济特区兴旺发达的景象后，邓小平不仅写下题词"深圳的发展和经验证明，我们建立经济特区的政策是正确的"，而且决定从建设中国特色社会主义的高度全面肯定经济特区的做法，进一步扩大对外开放。2月24日，邓小平同中央一线领导同志就经济特区和开放政策问题作了一次谈话，开门见山地谈了这次特区之行的观感，对特区的建设表示肯定，随后，他指出："我们建立经济特区，实行开放政策，有个指导思想要明确，就是不是收，而是放……特区是个窗口，是技术的窗口，管理的窗口，知识的窗口，也是对外政策的窗口。"① 会后，根据邓小平的指示，中共中央、国务院经过研究决定正式开放青岛等14个沿海港口城市。

20世纪80年代末90年代初，中国面临着严峻的国际、国内形势，改革开放和社会主义现代化建设面临严峻考验。在这个关键时刻，邓小平通过支持浦东开发开放和到南方视察谈话，鼓励人们进一步解放思想、抓住时机发展，为加快改革开放指明了方向。

浦东作为东南沿海少有的一大片可以开发的地方，在旧中国就有有识之士提出过开发浦东的设想。但是直到20世纪80年代，浦东依

---

① 《邓小平文选》第三卷，人民出版社1993年版，第51—52页。

然是一片阡陌纵横、炊烟袅袅的田园。1989 年的政治风波发生后，如何进一步推动改革开放，是邓小平思考的中心问题。1990 年 1 月，邓小平到上海过年，听取上海市委关于开发浦东的汇报。和以往大多数听汇报一样，邓小平只是认真地听，没有马上发表意见。其后几天，邓小平足不出户，要秘书找来一些浦东的资料和国外最新的经济动态，特别是金融方面的动态资料，一个人静静地思考。经过十几天的思考与谋划，2 月 13 日，邓小平对开发开放上海浦东已经拿定主意。他对时任上海市委书记、市长朱镕基说："开发浦东，我赞成。你们去向江泽民同志汇报，说我赞成这件事。"他还对浦东的开发作了战略设计，说："开发浦东，这个影响就大了，不只是浦东的问题，是关系上海发展的问题，是利用上海这个基地发展长江三角洲和长江流域的问题。"

有了邓小平的支持，加上上海早就做好准备，国务院立刻对开发浦东进行调研。1990 年 4 月 18 日，李鹏宣布，中共中央、国务院同意上海市加快浦东地区的开发，在浦东实行经济技术开发区和某些经济特区的政策；9 月 10 日，国务院有关部门和上海市政府向中外记者宣布开发、开放浦东新区的 9 项具体政策规定。浦东的开发、开放随即进入实质性启动阶段。"抓紧浦东开发开放，不要动摇，一直到建成。"邓小平如此强调。浦东开发开放以来，始终肩负着国家战略的重要使命，从改革开放的窗口到攻坚破冰的试验田，每一次突破都在中国改革开放历程中留下了深深足迹。

但关于改革的迷思还没有完全澄清。1992 年春，邓小平再次到深圳等地考察。他鼓励大家："改革开放胆子要大一些，敢于试验，不能像小脚女人一样。看准了的，就大胆地试，大胆地闯。"然后为特区定了性，说："特区姓'社'不姓'资'。"并提出判断改革开放是非的标准"三个有利于"："应该主要看是否有利于发展社会主义社会的生产力，是否有利于增强社会主义国家的综合国力，是否有利于提高人民的生活水平。”① 邓小平的谈话不仅是对特区的肯定，也是对那些怀疑改革方向的明确回答。我国的改革开放事业在邓小平的南方谈话后得到了长足的发展。

深圳和浦东的成功实践，充分证明了改革开放是实现中华民族伟大复兴的必由之路、成功之路。习近平总书记在深圳经济特区成立40周年庆祝大会和浦东开发开放30周年庆祝大会上的讲话，为我国在构建国际国内双循环的新发展格局下，坚决贯彻高质量发展的新发展理念、进一步扩大开放促进国际合作，指明了方向。党的十九届五中全会强调，“深化改革开放”是“十四五”时期经济社会发展必须遵循的基本原则。这一郑重宣示，彰显了我们党坚定不移推进改革开放的决心和定力。可以从四个方面理解以习近平同志为核心的党中央关于深化改革开放的论述和战略安排：

一是坚持贯彻新发展理念，在更高起点上实现更高质量发展。习近平总书记指出：“改革不停顿，开放不止步”，要抓住新机遇、应对新挑战，推动实现高质量发展。党的十九届五中全会强调，“十四五”时期必须“以推动高质量发展为主题”，并把“科技创新”作为“十四五”规划重大部署的第一条列出，充分体现了我们党对于实现经济增长方式转型、促进高质量发展的坚定决心。以深圳为代表的经济特区和以浦东为代表的开发区处于我国改革开放的最前沿，习近平总书记多次到这些地方考察，在关键节点作出重要指示批示，亲自推动粤港澳大湾区建设、亲自筹划制定浦东社会主义现代化建设引领区，不断赋予这些地方新的重大使命，从战略和全局高度为经济特区改革发展领航导向，向世界宣示了中国改革不停顿、开放不止步的坚定决心。

二是坚持“三个不能变”的改革原则。习近平总书记在十九届中央全面深化改革领导小组第一次会议上强调：“无论改什么、改到哪一步，坚持党对改革的集中统一领导不能变，完善和发展中国特色社会

① 《邓小平文选》第三卷，人民出版社1993年版，第372页。

主义制度、推进国家治理体系和治理能力现代化的总目标不能变，坚持以人民为中心的改革价值取向不能变。”这三个“不能变”是改革的基本原则，要以这三个“不能变”应对改革中的“万变”。习近平总书记在深圳和浦东的讲话中都把这三个“不能变”作为重要要求提出来，《建议》更是直接把坚持党的全面领导、坚持以人民为中心作为“十四五”时期经济社会发展必须遵循的原则，还把“推进国家治理体系和治理能力现代化”的目标作为“坚持深化改革开放”这条原则中的重要内容提出。改革开放40多年来，我国取得了一系列伟大成就，实现了从站起来、富起来到强起来的历史性飞跃，根本原因就在于我们党始终坚持正确的改革方向，确保改革不变质、不走样。在社会主义条件下，改革的实质是对社会主义制度的自我完善和发展。习近平总书记指出：“必须坚持和完善中国特色社会主义制度，不断推进国家治理体系和治理能力现代化，坚决破除一切不合时宜的思想观念和体制机制弊端，突破利益固化的藩篱，吸收人类文明有益成果，构建系统完备、科学规范、运行有效的制度体系，充分发挥我国社会主义制度优越性。”[①]以人民为中心是我们党的立身之本、生命之源。改革为了人民，是最根本、最核心的价值取向；改革依靠人民，是创造者一切力量的源泉。《建议》突出强调了改善人民生活品质、扎实推进共同富裕的要求，习近平总书记更是在深圳和浦东不厌其烦地强调要把以人民为中心作为改革的重要原则，并提出以“提升人民群众获得感、幸福感、安全感”，“着力解决人民群众最关心最直接最现实的利益问题”作为推进城市治理的根本目的。从指导思想到工作目标，都强调以人民为中心，深刻体现了我们党立党为公、执政为民的执政理念和进一步促进人民福祉的发展要求，为经济社会发展指明了方向。

三是坚持弘扬敢闯敢试、敢为人先的改革精神。深圳和浦东以“闯”的精神、“创”的劲头、“干”的作风，创造了世界工业化、城

① 《习近平新时代中国特色社会主义思想专题摘编》，中央文献出版社、党建读物出版社2023年版，第4—5页。

市化和现代化发展史上的奇迹，实现了由落后的滩涂、小镇到具有全球影响力的国际化大都市的历史性跨越。习近平总书记多次使用“与时俱进”“锐意开拓”“创新思路”的字眼鼓励深圳再创辉煌；更是明确了“浦东发展的意义在于窗口作用、示范意义，在于敢闯敢试、先行先试，在于排头兵的作用”，强调要“支持浦东在改革系统集成协同高效、高水平制度型开放、增强配置全球资源能力、提升城市现代化治理水平等方面先行先试、积极探索、创造经验，对上海以及长三角一体化高质量发展乃至我国社会主义现代化建设具有战略意义”。

四是向世界展示中国理念中国精神中国道路。“努力成为更高水平改革开放的开路先锋、全面建设社会主义现代化国家的排头兵、彰显‘四个自信’的实践范例，更好向世界展示中国理念、中国精神、中国道路。”[①] 在浦东开发开放 30 周年庆祝大会上，习近平总书记从党和国家事业发展全局出发，对浦东在新征程上推进高水平改革开放提出明确要求，并提出“全力做强创新引擎，打造自主创新新高地”“加强改革系统集成，激活高质量发展新动力”“深入推进高水平制度型开放，增创国际合作和竞争新优势”“增强全球资源配置能力，服务构建新发展格局”“提高城市治理现代化水平，开创人民城市建设新局面”等 5 个方面的重大任务和目标要求，以及“打造社会主义现代化建设引领区”的战略目标，致力于将浦东打造成为世界观察中国对外开放的重要窗口，促进中国“与世界从容地经济对话”。

当前，我国发展环境面临深刻复杂变化，外部环境出现更多不稳定性不确定性，而国内正处于实现中华民族伟大复兴的关键时期，改革到了一个新的历史关头，面临着很多前所未有的新问题。我们要坚持以高质量发展为主线，在构建以国内大循环为主体、国内国际双循环相互促进的新发展格局中坚持三个“不能变”的改革原则，继续发扬敢闯敢试的精神，坚定不移推进改革，坚定不移扩大开放，为全面建设社会主义现代化国家开好局、起好步。

① 《习近平谈治国理政》第四卷，外文出版社 2022 年版，第 231 页。

以高水平对外开放助力构建新发展格局、实现高质量发展

王德蓉

对外开放是我国的基本国策，是当代中国的鲜明标识，是国家繁荣发展的必由之路。习近平总书记在党的二十大报告中强调“坚持高水平对外开放”，并对全面建设社会主义现代化国家新征程上推进高水平对外开放作出战略部署，对于我们更好争取开放发展中的战略主动，以高水平对外开放助力构建新发展格局、实现高质量发展，具有重大而深远的意义。

一、推进高水平对外开放将为构建新发展格局、实现高质量发展提供强大动力

（一）推进高水平对外开放是构建新发展格局的应有之义

推进高水平对外开放有利于增强国内大循环的内生动力和可靠性。构建新发展格局，必须具备强大的国内经济循环体系和稳固的基本盘，并以此形成对全球要素资源的强大吸引力、在激烈国际竞争中的强大竞争力、在全球资源配置中的强大推动力。为此，必须发挥好开放对国内大循环提质增效的作用，以实现国民经济体系高水平的完整性为目标，着力打通堵点，贯通生产、分配、流通、消费各环节，实现供求动态均衡。推进高水平对外开放，可以引进技术、资金、人才等高端生产要素和短缺资源，提高我国全要素生产率，有力推动技术创新和产业升级。推进高水平对外开放，可以推动扩大就业和提

高收入水平，加速我国新型工业化、城镇化进程。推进高水平对外开放，可以进一步破除妨碍商品服务流通的体制机制障碍，促进效率提升，畅通国民经济循环。推进高水平对外开放，有利于促进我国居民消费持续升级和境外消费回流，更好满足人民美好生活需要。可以看出，推进高水平对外开放，以国际循环提升国内大循环的效率和水平，对于加强国内大循环在双循环中的主导作用具有重要意义。

推进高水平对外开放有利于提升国际循环质量和水平。在全面建设社会主义现代化国家新征程上，国际循环在我国国民经济循环中的比例可能不像以往那样高，但其绝对规模还会持续扩大，在全球产业分工格局中的地位会逐步上升，对国内循环质量的提升带动作用会更加凸显，对世界经济的影响会持续增大，给各国带来的发展机遇会持续增多。因此，必须坚定不移推进高水平对外开放，在国际竞争中锻造高质量市场主体。通过参与国际市场竞争，增强我国出口产品和服务竞争力，推动我国产业转型升级，增强我国在全球产业链供应链创新链中的影响力。必须坚定不移推进高水平对外开放，在开放合作中实现经济升质增量，推动建设开放型世界经济，推动构建人类命运共同体，形成更加紧密稳定的全球经济循环体系，促进各国共享全球化深入发展的机遇和成果。

推进高水平对外开放有利于增强国内国际两个市场两种资源联动效应，促进国内国际双循环。习近平总书记指出：“以国内大循环为主体，绝不是关起门来封闭运行，而是通过发挥内需潜力，使国内市场和国际市场更好联通，以国内大循环吸引全球资源要素，更好利用国内国际两个市场两种资源，提高在全球配置资源能力，更好争取开放发展中的战略主动。”[①] 推进高水平对外开放，可以促进国内国际市场相通的良性循环，促进高质量“引进来”和高水平“走出去”产业相融的良性循环，促进创新相促、提升高水平自立自强的良性循环，促

① 习近平：《论把握新发展阶段、贯彻新发展理念、构建新发展格局》，中央文献出版社2021年版，第12页。

进国内规则与国际规则有效衔接的良性循环，从而进一步打通国内国际双循环的堵点，使两个循环相互促进、相得益彰。从这个意义上说，构建新发展格局绝不意味着对外开放地位的下降，而是意味着更高水平的对外开放。

（二）推进高水平对外开放是实现高质量发展的内在要求

实现高质量发展必须在更加开放的条件下进行。党的十一届三中全会以来，我们坚持对外开放基本国策，不断优化开放布局、拓宽开放领域、完善开放体制、促进开放共赢，实现了从封闭半封闭到全方位开放的伟大历史转折。实践证明，不断扩大对外开放、提高对外开放水平，以开放促改革、促发展，是我国发展不断取得新成就的重要法宝。习近平总书记指出："过去四十年中国经济发展是在开放条件下取得的，未来中国经济实现高质量发展也必须在更加开放条件下进行。这是中国基于发展需要作出的战略抉择，同时也是在以实际行动推动经济全球化造福世界各国人民。"① 新征程上推动高质量发展，对外开放的基本国策不仅要坚持，而且要更好坚持。中国开放的大门不仅不会关闭，而且会越来越大。

实现高质量发展要在高水平国际竞争中动态提升。当前，实现高质量发展仍然存在一些短板弱项，部分中低端产品过剩和中高端产品供给不足并存、产业链不够稳固和安全、创新能力不足等，都与开放水平不高、企业国际竞争力不强密切相关。习近平总书记指出："融入世界经济是历史大方向，中国经济要发展，就要敢于到世界市场的汪洋大海中去游泳，如果永远不敢到大海中去经风雨、见世面，总有一天会在大海中溺水而亡。所以，中国勇敢迈向了世界市场。在这个过程中，我们呛过水，遇到过漩涡，遇到过风浪，但我们在游泳中学会了游泳。这是正确的战略抉择。"② 在全面建设社会主义现代化国家新

---

① 习近平：《论把握新发展阶段、贯彻新发展理念、构建新发展格局》，中央文献出版社 2021 年版，第 242 页。

② 习近平：《论把握新发展阶段、贯彻新发展理念、构建新发展格局》，中央文献出版社 2021 年版，第 154 页。

征程上，要进一步推动规则、监管、标准等制度型开放，增强在国际大循环中的话语权，促进高质量发展在高水平国际竞争中动态提升。

实现高质量发展需要高水平对外开放注入更强动力。当前，我国社会主要矛盾已经转化为人民日益增长的美好生活需要和不平衡不充分的发展之间的矛盾。不平衡不充分本质上是发展质量不高。习近平总书记在党的二十大报告中指出：“推动经济实现质的有效提升和量的合理增长”。[①] 这充分体现了我们党推动高质量发展的坚定决心，为今后一个时期经济发展指明了方向。我国经济持续快速发展的一个重要动力就是对外开放。推动高水平对外开放，有利于引进更多国际先进要素，更好利用两个市场两种资源，为我国发展扩空间、提质量、增动力。必须更好发挥开放对推动产业转型升级，实现科技自立自强、优化经济结构的重要作用，为高质量发展塑造新动能新优势，把我国发展的巨大潜力和强大动能充分释放出来。

二、党的十八大以来我国开放事业取得的历史性成就、发生的历史性变革为新征程上推进高水平对外开放打下坚实基础

（一）提出并深入阐释开放发展理念，为新时代我国开放发展提供科学指引

党的十八大以来，习近平总书记顺应时代和实践发展新要求，鲜明提出要坚定不移贯彻创新、协调、绿色、开放、共享的新发展理念，为引领我国发展全局深刻变革提供科学指引。作为新发展理念的重要内涵之一，开放在发展中的作用、地位被提升到全新的层次和水平上。新时代 10 年来，从中央有关会议到地方考察调研，从主场外交活动到出席多边峰会，习近平总书记在国内外多个重大场合对开放发展理念作出重要论述，彰显了我国扩大对外开放、积极推动经济全

① 习近平：《高举中国特色社会主义伟大旗帜 为全面建设社会主义现代化国家而团结奋斗——在中国共产党第二十次全国代表大会上的报告》，《人民日报》2022 年 10 月 26 日。

球化的决心和信心。习近平总书记指出："现在的问题不是要不要对外开放，而是如何提高对外开放的质量和发展的内外联动性。"[①]"要树立战略思维和全球视野，站在国内国际两个大局相互联系的高度，审视我国和世界的发展，把我国对外开放事业不断推向前进。"[②]"要坚定不移实施对外开放的基本国策、实行更加积极主动的开放战略，坚定不移提高开放型经济水平，坚定不移引进外资和外来技术，坚定不移完善对外开放体制机制，以扩大开放促进深化改革，以深化改革促进扩大开放，为经济发展注入新动力、增添新活力、拓展新空间。"[③]

新时代开放发展的大环境总体上比以往任何时候都更为有利，同时面临的矛盾、风险、博弈也前所未有，稍不留神就可能掉入别人精心设置的陷阱。为此，习近平总书记特别强调要从问题导向把握开放发展理念、更加精准地贯彻开放发展理念，指出："开放发展注重的是解决发展内外联动问题。"[④]他深刻指出："越是面对挑战，我们越是要遵循历史前进逻辑、顺应时代发展潮流、呼应人民群众期待，在更加开放的条件下实现更高质量的发展。"[⑤]他还指出，随着经济全球化出现逆流，外部环境越来越复杂多变，必须处理好自立自强和开放合作的关系，处理好积极参与国际分工和保障国家安全的关系，处理好利用外资和安全审查的关系，在确保安全前提下扩大开放。这些重要论述，是对新时代我国开放发展的高度概括和精准把握，为新征程上我国推进高水平对外开放提供了根本遵循，是指引我们摸清开放发展规律、认准开放发展方向、找准开放发展路径、把准开放发展关键的行动指南。

---

① 习近平:《论把握新发展阶段、贯彻新发展理念、构建新发展格局》，中央文献出版社2021年版，第41页。

② 习近平:《论坚持全面深化改革》，中央文献出版社2018年版，第146页。

③《坚持以扩大开放促进深化改革 坚定不移提高开放型经济水平》，《人民日报》2015年9月16日。

④ 习近平:《论把握新发展阶段、贯彻新发展理念、构建新发展格局》，中央文献出版社2021年版，第41页。

⑤ 习近平:《在浦东开发开放30周年庆祝大会上的讲话》，《人民日报》2020年11月13日。

（二）加快构建开放型经济新体制，为新时代我国开放发展提供有力制度保障

党的十八大以来，面对新形势新挑战新任务，以习近平同志为核心的党中央准确把握经济全球化新趋势和我国对外开放新要求，加强战略谋划和顶层设计，以坚持扩大开放的战略定力、务实高效的实际行动，推动我国开放型经济新体制基本形成并逐步健全。

构建开放型经济新体制的关键是改革创新，就是要着力破解体制机制障碍，以开放促改革促发展促创新。习近平总书记指出，“要牢牢抓住体制改革这个核心，坚持内外统筹、破立结合，坚决破除一切阻碍对外开放的体制机制障碍”。[①] 针对我国开放型经济发展的传统比较优势逐步弱化的问题，我们积极推进放宽市场投资准入、创新外商投资管理体制、改革对外投资管理体制等重大举措。针对我国沿海地区开放型经济体制比较成熟、内陆地区相对滞后的问题，我们不断优化对外开放区域布局，建设自由贸易园区，立足东中西协调、陆海统筹，扩大对港澳台开放合作，推动形成全方位的区域开放新格局，以区域开放的提质增效带动经济的协调发展。针对政府职能转变不到位、市场中介组织不发达、社会信用体系建设滞后的问题，我们提出要着力建立统一开放、竞争有序的市场体系和监管规则，加强知识产权保护和反垄断制度建设，建立健全诚信体系，改善投资环境。我们改革行业商会协会管理体制，充分发挥行业商会协会作用，有效利用全球创新资源。针对全球投资和贸易规则体系正在重构、我国在国际经贸规则和标准制定中的话语权不强的问题，我们巩固和加强多边贸易体制，加快实施自由贸易区战略，积极参与全球经济治理。上述这些重大改革举措涉及利用外资、境外投资、对外贸易、区域开放、国际金融、国际合作等多领域，事关国民经济发展的方方面面，既是落实全面深化改革任务的重要举措，也是基于世情和国情作出的战略

① 《坚持以扩大开放促进深化改革 坚定不移提高开放型经济水平》，《人民日报》2015 年 9 月 16 日。

部署。

党的十九大在充分肯定我国开放型经济新体制逐步健全的同时，也向全世界庄严宣示，中国将发展更高层次的开放型经济。党的十九届四中全会、五中全会对建设更高水平开放型经济新体制作出战略部署。建设更高水平开放型经济新体制，需要进一步优化对外开放的空间格局，通过更大范围的开放，引导沿海内陆沿边开放优势互补、协同发展；需要通过更宽领域的开放，持续深化商品、服务等要素流动型开放，拓展资金、人才、科技等领域国际合作，完善要素市场化国际化配置，使商品、要素等领域开放形成协同效应，更好发展和积聚我国经济新动能；需要通过更深层次的开放，推动由商品和要素流动型开放向规则、规制、管理、标准等制度型开放转变，营造更加市场化、法治化、国际化的营商环境。

新时代10年来，我国致力于构建开放型经济新体制、建设更高水平开放型经济新体制，为不断增强我国国际经济合作和竞争新优势提供了有力制度保障。

（三）推动形成全面开放新格局，为新时代我国开放发展提供重要支撑

推动形成全面开放新格局，是新时代以习近平同志为核心的党中央作出的重要战略部署，其基本内涵主要体现在以下五个方面。一要坚持引进来与走出去更好结合，拓展国民经济发展空间。对外开放坚持引进来和走出去并重，是开放型经济发展到较高阶段的重要特征，也是更好统筹国际国内两个市场、两种资源、两类规则的有效途径。二要坚持沿海开放与内陆沿边开放更好结合，优化区域布局。追求全面开放是提高开放水平的必然。要加大西部开放力度，改变我国对外开放东快西慢、沿海强内陆弱的区域格局，形成陆海内外联动、东西双向互济的开放格局。三要坚持制造领域开放与服务领域开放更好结合，以高水平开放促进深层次结构调整。与制造业相比，服务业对外开放相对滞后，产业整体竞争力不强。要在深化制造业开放的同时，有序扩大服务业开放。四是坚持向发达国家开放与向发展中国家开放

更好结合，扩大同各国的利益交汇点。积极发展全球伙伴关系，全面发展同各国的平等互利合作，实现出口市场多元化、进口来源多元化、投资合作伙伴多元化。五是坚持多边开放与区域开放更好结合，做开放型世界经济的建设者贡献者。积极参与全球治理体系改革和建设，支持多边贸易体制，促进自由贸易区建设，推动建设开放型世界经济。这既是拓展自身开放空间的需要，也体现了维护国际经济秩序的责任担当。

按照党中央的战略部署，围绕全面开放新格局的主要任务，主要采取了六方面的重要举措。一是提出“一带一路”倡议。在各方共同努力下，“一带一路”倡议逐渐从理念转化为行动，从愿景转变为现实。二是推进贸易强国建设。推进贸易强国建设，就是要加快转变外贸发展方式，从以货物贸易为主向货物和服务贸易协调发展转变，从依靠模仿跟随向依靠创新创造转变，从大进大出向优质优价、优进优出转变。三是改善外商投资环境。着重在加强利用外资法治建设、完善外商投资管理体制、营造公平竞争的市场环境等方面持续发力。四是优化区域开放布局。在加大西部开放力度、打造对外开放新高地上取得新的突破。五是创新对外投资方式。在鼓励企业走出去对外投资的同时，更加注重加强引导。六是促进贸易和投资自由化便利化。支持多边贸易体制，稳步推进自由贸易区建设，提高双边开放水平。

新时代 10 年来，全面开放新格局的形成发展为我国主动参与和推动经济全球化进程，发展更高层次的开放型经济，以对外开放的主动赢得经济发展和国际竞争的主动提供了重要支撑。

（四）推动形成合作共赢新局面，为新时代我国开放发展创造良好外部环境

党的十八大以来，以习近平同志为核心的党中央从更广阔的国际空间谋划开放，坚持经济全球化正确方向，积极参与全球经济治理，推动建设开放型世界经济，推动构建人类命运共同体。习近平总书记指出：“中国对外开放，不是要一家唱独角戏，而是要欢迎各方共同参与；不是要谋求势力范围，而是要支持各国共同发展；不是要营造自

己的后花园，而是要建设各国共享的百花园。”[①] 这充分昭示我国对外开放是与世界合作共赢的开放，彰显了以中国新发展为世界提供新机遇的宏大格局。

新时代 10 年来，面对经济全球化遭遇逆流，尤其是面对暗流涌动的反全球化呼声，习近平总书记反复强调要从历史的角度、哲学的高度去看待和把握经济全球化出现的新趋势，指出经济全球化是不可逆转的历史大势和时代潮流，“要发展壮大，必须主动顺应经济全球化潮流，坚持对外开放，充分运用人类社会创造的先进科学技术成果和有益管理经验。”[②] 他强调要站在历史正确的一边，提出要推动经济全球化朝着更加开放、包容、普惠、平衡、共赢的方向发展，成为国际社会的一股正能量。

新时代 10 年来，面对世界经济在增长动能、发展方式、经济全球化进程、全球经济治理体系等方面发生的深刻转变，习近平总书记在重大外交场合多次阐述我国建设开放型世界经济的主张，指出：“我们要以开放纾发展之困、以开放汇合作之力、以开放聚创新之势、以开放谋共享之福”[③]，“共建创新包容的开放型世界经济”。[④] 习近平总书记还强调指出，建设开放型世界经济，关键在行动。国际社会应该在政策协调、机制保障、平台建设等方面为构建开放型世界经济凝聚合力。党的十八大以来，我国积极参与全球经济治理，着力推动全球金融治理格局、全球贸易和投资治理格局、全球能源治理格局、全球发展治理格局的完善，不断为建设开放型世界经济发展夯实机制保障；推动“一带一路”经贸合作取得显著成效，连续 5 年举办中国国际进口博览会，为建设开放型世界经济打造了新平台、提供了全球共享的

① 习近平：《论坚持推动构建人类命运共同体》，中央文献出版社 2018 年版，第 366 页。

② 习近平：《论把握新发展阶段、贯彻新发展理念、构建新发展格局》，中央文献出版社 2021 年版，第 92 页。

③ 习近平：《共创开放繁荣的美好未来——在第五届中国国际进口博览会开幕式上的致辞》，《人民日报》2022 年 11 月 5 日。

④ 习近平：《论把握新发展阶段、贯彻新发展理念、构建新发展格局》，中央文献出版社 2021 年版，第 288 页。

公共产品。这些重大举措凝聚了广泛共识，激发了各国的参与热情。

党的十八大以来，习近平总书记深刻把握人类社会发展规律，着眼人类发展和世界前途，提出了构建人类命运共同体的重大倡议，成为中国引领时代潮流和人类文明进步方向的鲜明旗帜。这要求我们不断以中国新发展为世界提供新机遇，巩固拓展全球经贸伙伴关系，开创合作共赢新局面。新时代10年来，中国通过实行更加积极主动的开放战略，对世界经济增长贡献率超过30%，为各国提供了更多市场机遇、投资机遇、增长机遇。实践充分证明，中国不断扩大对外开放，既发展了自身，也造福了世界。

三、以高水平对外开放打造国际合作和竞争新优势，更好助力构建新发展格局、实现高质量发展

（一）依托我国超大规模市场优势，吸引全球优质资源要素

建设全国统一大市场是实现高水平对外开放、打造国际合作和竞争新优势的重要依托。在新征程上，要协同推进强大国内市场和贸易强国建设，使我国成为吸引全球优质要素资源的强大引力场，成为外商投资兴业的沃土。着力建设全国统一大市场，关键在于进一步完善内外贸一体化调控体系。必须进一步健全内外贸相关法律法规，制定内外贸、内外资统一的维护公平竞争的法律、法规、规章、制度，促进内外贸双循环。进一步理顺相关部门监管职能，在反垄断、反不正当竞争、维护市场秩序、加强价格管制、政府采购、招投标、保护知识产权、打击假冒伪劣、保护消费者权益、开展国家安全审查等方面形成合力，构建市场化、法治化、国际化一流营商环境。打破地方保护和市场壁垒，实行全国统一的市场准入负面清单制度，促进资源要素自由流动和高效配置，畅通国内市场从生产、分配、流通到消费各环节，形成全国统一高效的市场体系。推进技术标准、质量标准、检验检疫、认证认可的国内国际对接，形成供需互促、产销并进的良性循环。推进经营一体化，探索内外贸融合发展新模式。要推动中国国

际进口博览会越办越好，发挥好国际采购、投资促进、人文交流、开放合作四大平台功能，继续办好中国进出口商品交易会、中国国际服务贸易交易会、中国国际消费品博览会、中国国际投资贸易洽谈会等重大展会，以国内大循环吸引全球资源要素，增强国内国际两个市场两种资源联动效应。

（二）稳住外贸外资基本盘，提升贸易投资合作质量和水平

对外贸易是我国开放型经济的重要组成部分，是经济增长的主要动力源和稳定器，是畅通国内国际双循环的关键枢纽。要深刻领会党的二十大提出“加快建设贸易强国”的丰富内涵和重大意义，积极推进货物贸易优化升级，优化贸易结构，积极扩大进口，推动贸易投资协调发展，加快发展贸易新业态；创新服务贸易发展机制，优化服务进出口结构，加快服务外包转型升级，推动服务贸易总量增长、结构优化、效益提升；抓住数字经济发展机遇，培育数字贸易新业态新模式，建立健全数字贸易治理体系。

中国一直是外商投资的重要目的地。新征程上以更大力度吸引和利用外资，要按照党的二十大部署，在稳存量、扩增量、提质量三方面协同发力，进一步放宽市场准入，合理缩减外资准入负面清单，健全准入前国民待遇加负面清单管理制度，实施好新版鼓励外商投资产业目录，吸引更多外资投向先进制造业、现代服务业、高新技术、节能环保等领域，落实好外商投资法，依法保护外商投资权益。

稳住外贸外资基本盘，需要稳步扩大制度型开放，实施自由贸易试验区提升战略，加快建设海南自由贸易港，做好高水平开放压力测试，发挥好改革开放综合试验平台作用。要进一步完善自由贸易试验区布局，赋予自贸试验区更大改革自主权，加强差别化探索，形成更多制度创新成果。要按照党的二十大部署，加快建设海南自由贸易港，把制度集成创新摆在突出位置，聚焦贸易投资自由化便利化，建立与高水平自由贸易港相适应的政策制度体系，建设具有国际竞争力和影响力的海关监管特殊区域，将海南自由贸易港打造成为引领我国新时代对外开放的鲜明旗帜和重要开放门户。

（三）拓展开放合作空间，与外部世界良性互动

拓展开放合作空间，要推动共建“一带一路”高质量发展。新时代 10 年来，我国坚持共商共建共享，推进一大批关系沿线国家经济发展、民生改善的合作项目，建设和平之路、繁荣之路、开放之路、绿色之路、创新之路、文明之路，使共建“一带一路”成为当今世界深受欢迎的国际公共产品和国际合作平台。新征程上，要坚持共商共建共享原则，秉持开放、绿色、廉洁理念，深化务实合作，加强安全保障，促进共同发展。要加强高水平建设基础设施，加快建设中欧班列、陆海新通道等国际物流和贸易大通道，高水平建设境外经贸合作区，积极推进数字丝绸之路建设。

拓展开放合作空间，要扩大面向全球的高标准自由贸易区网络。扩大面向全球的高标准自由贸易区网络，要从扩围、提质、增效三个方面发力，通过优化自贸区布局、提升自贸协定水平、用好自贸协定成果，推进实施自贸区提升战略，有效联通国际国内两个市场、两种资源，为更高水平对外开放提供机制性保障，服务构建新发展格局。要高质量实施《区域全面经济伙伴关系协定》，继续推进加入《全面与进步跨太平洋伙伴关系协定》和《数字经济伙伴关系协定》，推动同更多国家和地区商签高标准自贸协定，与国内高质量发展形成正反馈效应。

拓展开放合作空间，要坚持经济全球化正确方向，反对保护主义，反对“筑墙设垒”、“脱钩断链”，反对单边制裁、极限施压，共同营造有利于发展的国际环境，共同培育全球发展新动能。要深度参与全球产业分工和合作，维护多元稳定的国际经济格局和经贸关系，夯实双边合作基础，促进大国协调和良性互动，深化同周边国家经贸关系，坚定支持和帮助广大发展中国家加快发展，扩大互利共赢。

（四）积极参与全球经济治理，开辟合作共赢新境界

党的十八大以来，习近平总书记提出并全面阐释平等、开放、合作、共享的全球经济治理观，为推动全球共同开放、汇聚合作共赢伟力凝聚了重要共识。新征程上要坚持以提高制度性话语权作为参与全

球经济治理基本路径，积极参与国际经贸规则谈判，推动形成开放、多元、稳定的世界经济秩序，为实现国内国际两个市场两种资源联动循环创造条件。

要坚定维护多边贸易体制。在积极推进贸易投资自由化、便利化方面，全面参与多哈回合各项议题谈判，积极回应投资便利化、中小微企业、电子商务等世贸组织成员普遍关注的新议题并开展相关讨论；在有效维护争端解决机制法律地位方面，积极维护争端解决机制有效运转，强调通过世贸组织争端解决机制妥善解决贸易争端；在深度参与贸易政策审议方面，高度重视贸易政策审议，以开放坦诚的姿态认真接受成员的贸易政策监督，并敦促其他成员遵守多边贸易协定；在维护多边贸易体制方面，与世贸组织秘书处一起帮助最不发达国家融入多边贸易体制，保障发展中国家发展权益和空间。

要统筹多双边合作，深化区域次区域合作。坚持真正的多边主义，坚定维护联合国在国际事务中的核心地位和作用。推动二十国集团站在完善全球经济治理的战略高度加强贸易和投资机制建设。推动亚太经合组织更好发挥作用。深入参与金砖国家、上海合作组织等机制合作，促进国际宏观经济政策协调。

要推动新兴领域经济治理规则制定。积极参与和推动经济治理规则制定，有利于增进新兴领域全球合作。在推动投资便利化规则制定方面，要依托世贸组织等有关机制，推动在全球层面深入讨论投资便利化问题，围绕加强透明度、提高行政效率、加强国际合作等要素开展有效政策协调，推动建立投资便利化多边框架。在增强数字经济规则制定能力方面，加强数字经济领域国际合作，推动电子商务等规则制定，促进建立开放、安全的全球数字经济发展环境。

（五）统筹好开放和安全，提升风险防范能力

我国发展已进入战略机遇和风险挑战并存、不确定难预料因素增多的时期。在对外开放日益深化大背景下，影响国家安全的国内外因素相互交织、相互渗透、相互作用、相互加强，外部挑战和风险对国家安全和社会稳定影响日益上升。习近平总书记强调，“越开放越要

重视安全，越要统筹好发展和安全”。[①] 我们必须增强忧患意识、坚持底线思维，做到居安思危、未雨绸缪，准备经受风高浪急甚至惊涛骇浪的重大考验。

筑牢开放安全屏障，要把握好开放和安全的关系。要在确保安全的前提下扩大开放，守住底线红线，坚决维护国家主权、安全和发展利益。与此同时，未雨绸缪健全体制机制，有效防范和管控风险，增强在对外开放环境下动态维护国家安全的本领。要着力增强自身竞争能力，坚持以开放促发展强安全，着力提升产业链供应链韧性和安全水平，在高水平对外开放中增强综合实力。要着力增强开放监管能力，加强事中事后监管，完善外资安全审查、反垄断审查等制度，完善产业损害预警体系，建立出口管制合规体系，丰富贸易救济等政策工具，提升运用贸易救济规则的能力和水平，切实维护我国主权、安全和发展利益。要着力提升风险防控能力。风险防控是影响高水平对外开放的重要变量。要构建海外利益保护和风险预警防范体系，保护海外我国公民和法人安全，完善领事保护工作机制，健全促进和保障境外投资的法律、政策和服务体系。推进企业“走出去”安全保障体系建设，遵守当地法律法规，坚定维护中国企业海外合法权益，加强对进出口贸易重要运输线路、海外投资重要建设项目的安全保障。推进对外投资联络服务平台建设，强化突发事件应对和风险防控。要加强动态监测和预警，组织突发事件应急处置协调联动，推进风险预警预防、行动保障、信息化保障、政策保障、法律保障等能力建设。

党的二十大报告提出，从现在起，中国共产党的中心任务就是团结带领全国各族人民全面建成社会主义现代化强国、实现第二个百年奋斗目标，以中国式现代化全面推进中华民族伟大复兴。习近平总书记坚定表示，中国以中国式现代化全面推进中华民族伟大复兴，将继续推进高水平对外开放，必将为世界各国提供新机遇。在全面建设社

① 习近平:《论把握新发展阶段、贯彻新发展理念、构建新发展格局》，中央文献出版社 2021 年版，第 375 页。

会主义现代化国家新征程上，一个更加开放的中国，将同世界形成更加良性的互动，带来更加进步和繁荣的中国与世界。

改革开放新时期以来我国新型工农城乡关系的发展

——基于党和国家及其领导人重要文献的考察分析

丁开杰

2020年，党的十九届五中全会通过《中共中央关于制定国民经济和社会发展第十四个五年规划和二〇三五远景目标的建议》。其中，针对"优先发展农业农村、全面推进乡村振兴"的任务，党中央提出"强化以工补农、以城带乡，推动形成工农互促、城乡互补、协调发展、共同繁荣的新型工农城乡关系，加快农业农村现代化"。这个重大战略部署将我国工农城乡关系的构建提升到了一个新的高度。回顾中国共产党100多年的历史可以看到，我们党和国家及其领导人始终高度重视工农城乡关系的构建，坚持根据阶段性任务和时代特征对工农城乡关系提出战略构想和战略举措，不断丰富和发展马克思主义城乡关系理论，推动了马克思主义中国化时代化进程。本文基于党和国家及其领导人的重要文献，对改革开放新时期以来的我国工农城乡关系历史演变进行考察，力图从中弄清我们党的历史经验、发现历史规律，关照现实实践，对新时代我国新型工农城乡关系的构建作出思考。

一、改革开放新时期以来的马克思主义城乡关系理论中国化时代化进程

城乡关系是城市与乡村之间广泛存在的普遍联系和互动关系，是一定时代条件下政治、经济、文化、社会关系在城乡之间的集中反

映，是人类社会最重要的关系之一。马克思主义的创立者马克思、恩格斯十分重视城乡关系问题，他们认为城乡关系是错综复杂的社会生活中影响全局的环节，马克思本人在《哲学的贫困》中概括城乡关系的重要性时，就曾直接指出，“城乡关系一改变，整个社会也跟着改变”。[①]恩格斯在《反杜林论》中论述城乡对立的后果时指出，“城市和乡村的对立的消灭不仅是可能的。它已经成为工业生产本身的直接需要，正如它已经成为农业生产和公共卫生事业的需要一样。只有通过城市和乡村的融合，现在的空气、水和土地的污毒才能排除，只有通过这种融合，才能使现在城市中日益病弱的群众的粪便不致引起疾病，而是用来作为植物的肥料”。[②]城乡关系的重要性可见一斑。马克思、恩格斯身处资本主义发展的初期，在理论上分析了资本主义时代的城乡对立现状，并在此基础上提出了未来社会消除城乡对立、实现城乡融合的辩证思想。他们认为，人类社会将由城乡混沌一体、城乡分离对立、城乡对立加剧、城乡对立消灭最终走向城乡差别消失、城乡融合。

回顾历史，在1949年新中国成立之前，旧中国的工农城乡关系具有半殖民地半封建性质，“城市政治上统治乡村，经济上剥削乡村”的现实，造成了城市的畸形繁荣和乡村的破败。新中国从旧中国那里接收过来的是一副千疮百孔的烂摊子。统计数据表明，在1949年新中国成立之初，我国工农业生产极其落后，人民生活非常困苦，城镇人均可支配收入不足100元，农村居民人均纯收入仅44元。农业基本上是靠天吃饭，人均粮食占有量不到420斤。工农业产值只有466.1亿元，农业产值占70%，工业产值仅占30%，并且现代工业产值仅仅占17%，工业基础薄弱、门类不全、技术落后，水平低下，布局极不合理，没有一个完整的体系。农业部门就业人口达到84%，而工业劳动者仅仅占全部社会劳动者的6%。这种工农业生产严重落后

① 《马克思恩格斯选集》第4卷，人民出版社1995年版，第157页。
② 《马克思恩格斯全集》第20卷，人民出版社1971年版，第321页。

的状况，要求新中国必须迅速恢复和发展国民经济，尽快实现从农业国向工业国的转变。

如何变近代以来的城乡对立为城乡互助，变消费城市为生产城市，建立新型城乡关系，是中国共产党在新中国成立前后急需回答的重大理论命题和实践课题。毛泽东清楚地看到了这个问题，早在新中国成立之前就对城乡工作进行了理论思考和实践准备。1949 年 3 月 5 日至 13 日，在党的七届二中全会上，毛泽东对发展城乡关系提出了两个重要思想。首先，要实现党的工作重心从乡村转移到城市，城市工作必须以生产建设为中心。其次，把“城乡兼顾”确定为新中国发展城乡关系的核心原则。由此，我们党明确了处理城乡关系的基本原则，奠定了新中国成立初期城乡统筹兼顾的总基调，在实践中不断推动工农城乡关系的完善。

进入改革开放新时期以来，我们党和国家及其领导人对如何处理工农城乡关系积极进行理论与实践探索，坚持将马克思主义城乡关系理论与中国实际相结合，促进城乡融合发展，不断推动了马克思主义城乡关系理论中国化时代化。

（一）以邓小平同志为核心的党的第二代中央领导集体提出了以“城乡互动”为核心的城乡关系思想。1978 年，党的十一届三中全会以后，我们党提出和形成了以经济建设为中心，推动城乡改革、以农村带动城市的思想，以农村改革为突破口，构建城乡改革发展的新格局。[①] 这些思想包括工业支援农业、城市带动乡村，发展乡镇企业、建设小乡镇，高度重视科学技术在促进城乡一体化中的作用，充分尊重农民群众在实现城乡一体化中的主体地位和首创精神。其中，1978 年 11 月 5 日，在出访泰国，拜会普密蓬·阿杜德国王和诗丽吉王后的谈话中，邓小平就指出：“中国穷，但地方大，人也多。现在我们立下了雄心壮志，在本世纪末实现四个现代化。在实现四个现代化的过

① 孙成军：《中共三代领导集体对城乡统筹发展的探索及经验启示》，《毛泽东思想研究》2006 年第 3 期。

程中，我们将以农业为基础。农业要发展，离不开工业，而工业的稳步发展也不可能没有农业。农业不发展，工业就没有市场；工业不发展，农业也就不可能迅速发展。”① 1984 年，在会见第二次中日民间人士会议日方委员会代表团时，邓小平指出：“从中国的实际出发，我们首先解决农村问题。中国有百分之八十的人口住在农村，中国稳定不稳定首先要看这百分之八十稳定不稳定。城市搞得再漂亮，没有农村这一稳定的基础是不行的。所以，我们首先在农村实行搞活经济和开放政策，调动了全国百分之八十的人口的积极性。我们是在一九七八年底制定这个方针的，几年功夫就见效了。”② 邓小平还尊重农民群众的首创精神，对乡镇企业的出现和发展十分认可和支持。他指出：“农村搞家庭联产承包，这个发明权是农民的。农村改革中的好多东西，都是基层创造出来的，我们把它拿来加工提高作为全国的指导。实践是检验真理的唯一标准”。③ 以上重要论述表明，以邓小平为核心的党的第二代中央领导集体在工农城乡关系上强调“城乡互动”，在他们的领导下，我们走出了一条城乡一体、工农一体，具有中国特色的城乡协调发展道路。

（二）以江泽民同志为核心的党的第三代中央领导集体提出了以“城乡协调”为核心的工农城乡关系思想。党的十三届四中全会以来，以江泽民同志为核心的党的第三代中央领导集体重视工农互相支援、城乡协调发展，把统筹城乡经济社会发展、建设现代农业、发展农村经济、增加农民收入作为全面建设小康社会的重大任务来抓。1992 年 12 月，在武汉主持召开安徽、江西、河南、湖北、湖南、四川六省农业和农村工作座谈会时，江泽民首次明确指出城乡统筹发展是全面建设小康社会的重大任务。他说：“没有农业的牢固基础，就不可能有我们国家的自立；没有农业的积累和支持，就不可能有我国工业的发展；没有农村的稳定和全面进步，就不可能有整个社会的稳定和全面

① 《邓小平年谱》第四卷，中央文献出版社 2020 年版，第 419 页。
② 《邓小平文选》第三卷，人民出版社 1993 年版，第 65 页。
③ 《邓小平文选》第三卷，人民出版社 1993 年版，第 382 页。

进步；没有农民的小康，就不可能有全国人民的小康；没有农业的现代化，就不可能有整个国民经济的现代化。”[①] 1998 年 9 月，在安徽考察工作时，江泽民指出，现在农业和农村的问题仅靠自身是解决不了的，必须靠城乡一体、城乡统一市场来解决。他还鲜明地指出，三农问题是关系党和国家前途命运的根本战略问题，如果经济出问题，很可能出在农业上，如果农业出问题，经济社会发展的全局就会受到严重影响。如果说，在新中国成立之初，农业支持工业是必要，而当工业化发展到一定程度，反过来就应该支援农业；为缩小城乡差距，要走中国特色的城镇化之路，着重发展小城镇。1998 年 10 月，江泽民在江苏浙江考察时指出：“有计划、有步骤地把农业劳动力转移到新兴的小城镇和乡镇企业，是实现我国农业现代化的必由之路。”[②] 2002 年，在党的十六大上，江泽民审时度势、大胆创新，提出“统筹城乡经济社会发展”，发挥城市对农村的带动作用，特别是要“加快城镇化进程”，努力实现城乡经济一体化发展，实现全体人民的共同富裕。[③] 这些思想表明，以江泽民同志为核心的党的第三代中央领导集体在工农城乡关系上强调“城乡协调”。

（三）以胡锦涛为总书记的党中央提出了以“城乡统筹”为核心的工农城乡关系思想。党的十六大以后，以胡锦涛为总书记的党中央，提出了“城乡一体化”的思想，其基本内涵就是要打破城乡分割的二元社会体制，消除城乡隔阂，加强城乡联系，缩小城乡差距，逐步实现城乡良性互动、协调发展，最终消灭城乡差别。2003 年，中央一号文件《国务院关于全面推进农村税费改革试点的意见》出台，全国范围内开展农村税费改革试点工作，旨在妥善处理农民公平负担问题。2004 年 9 月 19 日，在十六届四中全会第三次全体会议上，胡锦涛明确提出“两个趋向”的重大判断，把“工业反哺农业、城市支持农村”和“多予少取放活”的方针作为处理新阶段城乡关系的基本方

① 《江泽民论有中国特色社会主义（专题摘编）》，中央文献出版社 2002 年版，第 118 页。
② 《中国共产党新时期历史大事记（1978.12—2008.3）》，中共党史出版社 2002 年版。
③ 《江泽民论有中国特色社会主义（专题摘编）》，中央文献出版社 2002 年版，第 129 页。

针，为后来站在怎样的高度看待和解决“三农问题”定下了基调。他说：“综观一些工业化国家发展历程，在工业化初始阶段，农业支持工业、为工业提供积累是带有普遍性的趋向；但在工业化达到相当程度以后，工业反哺农业、城市支持农村，实现工业与农业、城市与农村协调发展，也是带有普遍性的趋向”。[①] 在 2004 年召开的中央经济工作会议上，胡锦涛又明确指出，中国现在总体上已经到了以工促农、以城带乡的发展阶段。2006 年 2 月 14 日，胡锦涛在省部级主要领导干部建设社会主义新农村专题研讨班的讲话中提出：“坚持把解决好‘三农’问题作为全党工作的重中之重，统筹城乡经济社会发展，实行工业反哺农业、城市支持农村和‘多予少取放活’的方针，坚持以经济建设为中心，协调推进农村社会主义经济建设、政治建设、文化建设、社会建设和党的建设，推动农村走上生产发展、生活富裕、生态良好的文明发展道路。”[②] 2007 年 12 月，在中央经济工作会议上，胡锦涛强调：“我国正处于改革发展的关键阶段，也处于工业化、现代化的重要时期”，“必须坚持城乡统筹，形成城乡经济社会发展一体化的格局，努力实现城乡共同繁荣”。[③] 2008 年 9 月，在总结 30 年农村改革发展的成功经验时，他进一步提出“统筹城乡经济社会发展，就是要充分发挥城市对农村的带动作用、农村对城市的促进作用，实现城乡经济社会发展一体化。这既是解决农业、农村、农民问题的重大举措，又是增强城市发展后劲的有效措施”。[④] 以上重要观点表明，以胡锦涛同志为总书记的党中央领导集体在工农城乡关系上开始强调“城乡统筹”。

（四）以习近平同志为核心的党中央领导集体提出了“城乡融合发展”新型工农城乡关系思想，推动城乡发展一体化。党的十八大以来，以习近平同志为核心的党中央提出建立健全城乡融合发展体制机

① 《胡锦涛文选》第二卷，人民出版社 2016 年版，第 247 页。
② 《胡锦涛文选》第二卷，人民出版社 2016 年版，第 412 页。
③ 《中央经济工作会议在北京召开》，《人民日报》2007 年 12 月 6 日。
④ 《胡锦涛文选》第三卷，人民出版社 2016 年版，第 91 页。

制和政策体系，加快推进农业农村现代化，开启了新时代中国特色城乡关系发展的新篇章，主要包括实施乡村振兴战略，在新型城镇化的基础上实现农业农村优先发展，建立健全城乡融合发展体制机制。习近平总书记始终强调，没有农业农村现代化，就没有整个国家现代化。在现代化进程中，如何处理好工农关系、城乡关系，在一定程度上决定着现代化的成败。2013 年 12 月在中央农村工作会议上的讲话中，习近平总书记指出："农村是我国传统文明的发源地，乡土文化的根不能断，农村不能成为荒芜的农村、留守的农村、记忆中的故园"。[①] 党的十八届三中全会指出，城乡二元结构是制约我国城乡发展一体化的主要障碍，破除城乡二元结构迫在眉睫。2015 年 4 月 30 日，在十八届中央政治局第二十二次集体学习时的讲话中，习近平总书记针对"健全城乡发展一体化体制机制"指出："我们一定要抓紧工作，加大投入，努力在统筹城乡关系上取得重大突破"，"推进城乡发展一体化要坚持从国情出发，从我国城乡发展不平衡不协调和二元结构的现实出发，从我国的自然禀赋、历史文化传统、制度体制出发，既要遵循普遍规律、又不能墨守成规，既要借鉴国际先进经验、又不能照抄照搬。要把工业和农业、城市和乡村作为一个整体统筹谋划，促进城乡在规划布局、要素配置、产业发展、公共服务、生态保护等方面相互融合和共同发展。着力点是通过建立城乡融合的体制机制，形成以工促农、以城带乡、工农互惠、城乡一体的新型工农城乡关系，目标是逐步实现城乡居民基本权益平等化、城乡公共服务均等化、城乡居民收入均衡化、城乡要素配置合理化，以及城乡产业发展融合化"。[②] 2015 年 5 月 25 日—27 日在浙江调研时，习近平总书记指出："提高城乡发展一体化水平，要把解放和发展农村社会生产力、改善和提高广大农民群众生活水平作为根本的政策取向，加快形成以工

① 《十八大以来重要文献选编》(上)，中央文献出版社 2014 年版，第 678 页。

② 《健全城乡发展一体化体制机制 让广大农民共享改革发展成果》，《人民日报》2015 年 5 月 2 日。

促农、以城带乡、工农互惠、城乡一体的工农城乡关系。”[①] 2017年12月28日，他在中央农村工作会议上的讲话中又强调，“从城乡关系层面看，解决发展不平衡不充分问题，要求我们更加重视乡村”，同时，他还强调深化农村改革，指出“不能就农村论农村，而要紧扣城乡关系重塑，对城乡改革作出统筹谋划”。[②] 习近平总书记的这些重要论述形成了以“城乡融合发展”为主要内容的新型工农城乡关系思想，为新时代重塑新型工农城乡关系发展指明了方向、提供了根本遵循，进一步推动了马克思主义城乡关系理论的中国化时代化进程。

二、改革开放新时期以来的工农城乡关系政策演变过程

1949年中华人民共和国的成立，标志着新民主主义革命的胜利。就工农城乡关系来说，也标志着旧中国“城乡对立”“城市剥削乡村”关系的结束，以及新民主主义革命的“农村包围城市”历史使命的完成。1949年9月，“城乡互助”作为基本经济纲领被列入了具有临时宪法地位的《中国人民政治协商会议共同纲领》之中。1950到1952年是我国国民经济恢复时期，也是农村人口迁入城市较多的时期。伴随着党和国家的经济重心由乡村向城市的转移，工业日益成为国民经济的主导产业，劳动力开始由农村向城市转移，由此得以开始“一五”计划期间的大规模工业建设。1952年到1956年底，我国成功对农业、手工业、资本主义工商业进行了社会主义改造，社会主义的基本经济制度全面建立起来。但是从1953到1978年，我国城乡之间逐渐由开放交流走向了封闭隔离，特别是1958年以后逐渐形成的以统购统销、二元户籍制、人民公社、城镇社会福利保障制度等为主要内容的城乡二元体制，把城市和乡村割裂为两个相对独立的单元。重工业优先发展战略成为我国城乡关系发生演变的经济根源，“以农补

① 《干在前列永无止境 走在前列要谋新篇》，《人民日报》2015年5月28日。

② 习近平：《论坚持党对一切工作的领导》，中央文献出版社2019年版，第208页。

工、以乡养城”致使城乡差别显著扩大，城乡二元结构进一步固化。

随着政策调整和新的政策实施，进入改革开放新时期以来，我国新型工农城乡关系逐步得到了不断完善。简要地看，这个政策演变过程大致经历了三个时间段，包括：（1）1978—2002年；（2）2002—2012年；（3）2012年至今。其中，前一个阶段属于城乡分治时期，而后两个阶段属于城乡融合时期。

（一）1978—2002年：我国工农城乡关系陷入新的失衡。在党的十一届三中全会以后，我国经济体制改革逐步推进，阻碍城乡交流的一系列体制政策得到改革和调整，农村改革快速推进，城乡关系在改革初期呈现出良好的互动状态。通过实施以打破城乡隔阂、实现城乡互动为目标的体制改革，我国城乡关系政策实践改变了农村基本经营制度、人民公社制度、商品流通和价格制度，松动了对劳动力流动和农户落户城镇的限制，使城乡之间的互动活跃起来。到1984年，全国农民人均纯收入就从1978年的133.6元上升到355.3元，城乡居民年收入比从2.57∶1降至1.86∶1。同时，长期隔离的城乡商品、要素、人口流动开始松动，城乡联系不断增强，城乡集市贸易恢复发展，部分农产品价格和流通管制逐步放开。1985年，国家取消了近30年的农副产品统购派购制度。多数农产品进入自由市场交易，粮食销售基本放开。农业剩余劳动力从事其他产业的限制逐步取消，鼓励农村发展副业增加收入，农村工商业开始兴起。也是从1985年开始，在党的十二届三中全会之后，我国经济体制改革的重点由农村转移到了城市，随着改革重心的转移，各种资源配置也逐步向城市倾斜，城市经济飞速发展，而农村经济逐渐陷入困境，城乡关系陷入了新的失衡。到2002年，城乡居民收入差距进一步扩大到了3.11∶1。以“三提五统”[①]为代表的农民负担持续加重，自改革开放以来到1992年，农民负担率始终低于20%，而在1992年之后不断上升，2000年更是达到

① “三提五统”是指村级三项提留和五项乡统筹。

了惊人的35.38%。[①]

总体上，从改革开放之初到2002年，偏向工业和城市经济发展的政策并没有完全改变，“以农助工、以乡养城”的城乡关系模式并没有得到根本性改变，主要是体现在国家将公共资源配置向城市和非农业严重倾斜，投入农村和农业的比例过低。

（二）2002—2012年：我国工农城乡关系迈向了一体化发展。党的十六大以来，城乡二元结构和体制使城乡差距继续扩大，“三农”问题成为制约国民经济和社会发展的关键性问题，统筹城乡发展是解决“三农”问题，推动经济社会又好又快发展的战略选择。同时，我国进入工业化中期阶段，已经具备了工业支持农业、城市反哺乡村、以城促乡的条件。2002年，党的十六大首次提出“统筹城乡经济社会发展”的思想，为新的中央领导集体科学制定和实施统筹城乡发展战略奠定了思想理论基础，扭转了长期以来重工轻农、重城轻乡的发展取向。2003年，党的十六届三中全会作出《关于完善社会主义市场经济体制若干问题的决定》，提出“建立有利于逐步改变城乡二元经济结构的体制”[②]，“逐步统一城乡劳动力市场，加强引导和管理，形成城乡劳动者平等就业的制度。深化户籍制度改革，改善流动人口管理，引导农村富余劳动力平稳有序转移”[③]。2004年，党的十六届四中全会提出“工业反哺农业、城市支持农业”。2005年，党的十六届五中全会将五个统筹作为全面建设小康社会的根本要求提出来，而摆在“五个统筹”第一位的就是统筹城乡发展。2006年，我国全面取消延续了2000多年的农业税，农民负担问题得到了根本性缓解。2007年，党的十七大明确提出“形成城乡经济社会发展一体化新格局”，系统提出了城乡一体化的指导思想，即建立以工补农、以城带乡、工农互惠、城乡一体的新型工农城乡关系。2008年，党的十七届三中全会作

① 陈丹、唐茂华:《新型工农城乡关系的演进脉络与政策框架》,《河北经贸大学学报》2014年第6期。

② 《十六大以来重要文献选编》(上)，中央文献出版社2005年版，第465页。

③ 《十六大以来重要文献选编》(上)，中央文献出版社2005年版，第469页。

出《关于推进农村改革发展若干重大问题的决定》，我国迈入了城乡一体化发展的新阶段。

（三）2012年至今，我国工农城乡关系进入了城乡融合发展的阶段。进入新时代以后，党的十八大对城乡关系的认识达到了一个新高度，将城乡失衡的症结归结为二元结构，将城乡发展一体化作为解决“三农”问题的根本途径，将推动城乡发展一体化的实质对准了破除城乡二元结构的体制，明确提出推动城乡一体化发展，形成“以工促农、以城带乡、工农互惠、城乡一体”的新型工农城乡关系。2013年，党的十八届三中全会系统提出形成以工促农、以城带乡、工农互惠、城乡一体的新型工农城乡关系，工农关系从“以工补农”到“以工促农”“工农互惠”，城乡关系从“以城带乡”到“城乡一体”。这次会议还进一步对健全城乡发展一体化体制机制作出了具体部署，提出加快构建新型农业经营体系、赋予农民更多财产权利、推进城乡要素平等交换和公共资源均衡配置、完善城镇化健康发展体制机制等四个方面的改革任务。

2017年，党的十九大首次将“城乡融合发展”写进了党的纲领性文件，作出了“建立健全城乡融合发展体制机制和政策体系”，“实施乡村振兴战略”的重大决策部署，为新时代处理城乡关系指明了方向和目标。习近平总书记强调：“没有农业农村现代化，就没有整个国家现代化。在现代化进程中，如何处理好工农关系、城乡关系，在一定程度上决定着现代化的成败”，“我国发展最大的不平衡是城乡发展不平衡，最大的不充分是农村发展不充分”。[①]“要加快推进乡村治理体系和治理能力现代化，加快推进农业农村现代化，走中国特色社会主义乡村振兴道路，让农业成为有奔头的产业，让农民成为有吸引力的职业，让农村成为安居乐业的美丽家园”[②]，“乡村振兴战略”与“新型城镇化战略”双轮驱动，推动城乡融合发展。在具体部署上，2019年

① 《习近平谈治国理政》第三卷，外文出版社2020年版，第255、256页。
② 习近平：《论“三农”工作》，中央文献出版社2022年版，第241页。

5月中共中央国务院发布《关于建立健全城乡融合发展体制机制和政策体系的意见》，明确提出要“以协调推进乡村振兴战略和新型城镇化战略为抓手，以缩小城乡发展差距和居民生活水平差距为目标，以完善产权制度和要素市场化配置为重点，坚决破除体制机制弊端，促进城乡要素自由流动、平等交换和公共资源合理配置”，“搭建城乡产业协同发展平台，培育发展城乡产业协同发展先行区，推动城乡要素跨界配置和产业有机融合”，按照“产业兴旺、生态宜居、乡风文明、治理有效、生活富裕”的总要求，建立健全城乡融合发展体制机制。① 2020年，党的十九届五中全会对“城乡统筹”“城乡一体化”“城乡融合”等发展理念进行了深化，提出通过“工农互促”共建，推动“城乡互补”共享，形成“协调发展”格局，走向“共同繁荣”。② 总体上，在新时代，我国在调整工农城乡关系、统筹城乡发展方面已经发生历史性变革，取得历史性成就，开启了城乡融合发展和现代化建设新局面。

三、新时代我国新型工农城乡关系的构建路径

在历史的各个时期，我们党根据不同的时代特征和阶段性任务，不断升华对工农关系、城乡关系的思想认识和政策取向，正确把握经济社会发展规律，特别是“三农”工作的规律。党的十八大以来，以习近平同志为核心的党中央提出建立“以工促农、以城带乡、工农互惠、城乡一体”的新型工农城乡关系，为工农城乡关系重塑指明了方向和提供了根本遵循。从“十四五”时期开始，我国进入经济高质量发展阶段，这是一个新发展阶段。在此阶段，新型工农城乡关系的重

① “统筹城乡”（2003）、城乡“一体化发展”（2012）、城乡“融合发展”（2017）三个概念并非相互替代而是可以并存的关系，三者既有区别，又有联系。参见魏后凯：《深刻把握城乡融合发展的本质内涵》，《中国农村经济》2020年第6期。

② 《新型关系哪里‘新’——四论认真学习贯彻党的十九届五中全会精神》，《农民日报》2020年11月5日。

塑成为历史必然和内在要求。结合上文所做的历史分析来看，我们可以考虑从四个方面推动新型工农城乡关系的重塑：

一是优先发展农业农村，促进农业农村现代化。进入“十四五”时期，我国要解决发展不平衡不充分的问题，重点在农业农村。政府需要从宏观上着力调整国民收入分配格局，加大对农业和农村的支持力度。在坚持人民主体地位方面，尤其要重视体现农民在乡村振兴中的建设主体、治理主体、受益主体地位。要以市场机制为纽带，以产业延伸为平台，形成工农互动、协调发展的利益关系，推动农业转型升级向绿色高质量发展，实现一二三产业深度融合发展，解决农民增收问题。

二是坚持新型城镇化和乡村振兴互促共生、双轮驱动，建设美丽乡村和宜居城市，城市和农村二者不可偏废。坚持走中国特色新型城镇化道路，推进以人为核心的城镇化。发挥城市对乡村发展的“反哺”作用，特别是充分发挥城市在人才、技术以及资本等方面的优势，推进乡村的产业振兴。要深化土地三权分置改革，扩大宅基地有偿退出的范围。以促进乡村产业发展为支撑点，立足乡村在土地资源、旅游资源、农业资源、特色文化资源等方面的优势，通过引导城市资金、技术、人才等生产要素向乡村有序转移和流动，给乡村经济发展提供智力支持和经济支持，发展现代化农业和乡村第三产业，改变乡村产业结构单一的困境，促进乡村产业振兴。

三是针对城乡基础设施、公共服务等方面的巨大差距，需要以共享发展为原则，健全城乡公共资源均衡配置机制，推进城乡公共服务均等化。完善农村的基础设施和公共服务建设，统筹公共资源在城乡间的均衡配置。深化公共服务和公共资源配置体制改革，赋予农民更多享受优质教育、医疗和社会保障的权利，建立城乡一体化社会保障体系。继续全面深化户籍制度改革，进一步缩小城乡之间的公共福利差距，提高农民进城落户的意愿，加快推进农民工市民化。

四是推进以县城为重要载体的城镇化建设，强化县城综合服务能力，把乡镇建设成为服务农民的区域中心。坚持以人为中心，尊重城镇化规律和县城发展规律，根据区位条件、资源环境承载能力、产业基础、发展阶段、功能定位等，科学确定不同类型县城的城镇化路径。[①] 发挥好县城沟通城乡的桥梁作用，以城带乡、以工补农，提高县城辐射带动乡村能力，推进县城基础设施向乡村延伸，推进县城公共服务向乡村覆盖，推进县城产业集群向乡村拓展，推进优质公共服务均衡发展，保障基本公共服务均等化。

① 王立胜、朱鹏华：《以县城为重要载体的城镇化建设的内涵、挑战与路径》，《中央财经大学学报》2023 年第 6 期。

改革开放以来党中央推动区域协调发展的重大实践及基本经验

韦文英

改革开放以来，中国的区域发展经历了一段不平凡的历史。改革开放之初，中国采取向东倾斜的不平衡发展战略，促进了中国沿海经济的快速发展。进入20世纪90年代以来，中国的区域发展战略开始从不平衡发展转向协调发展，协调性不断加强。特别是党的十八大以来，以习近平同志为核心的党中央从战略和全局的高度，高质量推动实施区域重大发展战略和区域协调发展战略，逐年优化发展空间格局，促进形成了基本公共服务均等化、基础设施通达程度比较均衡、人民生活水平大体相当的区域协调发展新格局。

一、改革开放和社会主义现代化建设新时期区域发展实践

在改革开放和社会主义现代化建设新时期，区域发展战略从改革开放前的均衡发展逐步转变为非均衡发展，再到协调发展。

（一）沿海地区率先发展的格局初步形成

改革开放初期，按照“先富带动后富、最终实现共同富裕”的战略思路，中国实施了区域经济的分级、分阶段、分层次发展。1979年7月15日，中共中央、国务院同意在深圳、珠海、汕头和厦门试办出口特区。1980年5月16日，中共中央、国务院批转《广东、福建两省会议纪要》，正式将出口特区改为经济特区。①1984年5月4日，

① 中共中央党史和文献研究院:《改革开放四十年大事记》，人民出版社2018年版。

中共中央、国务院决定进一步开放天津、上海等14个沿海港口城市，并提出设立经济技术开发区。1985年2月18日，中共中央、国务院决定在长江三角洲、珠江三角洲和闽南厦漳泉三角洲开辟沿海经济开放区。到那时为止，“三线建设”时期的均衡发展战略已经转变为一种非均衡发展战略。

非均衡发展战略的实施，促进了东部地区率先发展，但沿海地区与内陆发展差距格局也已形成。学术界过去把这称之为沿海地区和内陆地区的二分法。

（二）东中西三大地带的形成与发展

1985年9月23日通过的“七五”计划《建议》根据我国各地区发展水平的巨大差距和我国新的区域特点，提出我国经济布局有东、中、西三大区域，发展呈现出由东向西逐步推进的客观趋势。这个“三区划分”法是区域经济发展理论的重大创新。

1988年3月18日，国务院决定将杭州、南京、沈阳等140个市县重新划入沿海经济开放区。1988年3月25日至4月13日，七届全国人大一次会议决定设立海南省和海南经济特区。1988年9月12日，邓小平提出了“两个大局”的思想，“一个大局，就是东部沿海地区加快对外开放，使之较快地先发展起来，中西部地区要顾全这个大局。另一个大局，就是当发展到一定时期，比如本世纪末全国达到小康水平时，就拿出更多的力量帮助中西部地区加快发展，东部沿海地区也要服从这个大局”。此后，国务院还先后决定开放一批沿江、沿边、内陆和省会城市，中国的全方位开放格局逐步形成。2009年12月31日，国务院发布了《关于海南国际旅游岛建设和发展的若干意见》。

沿海地区发展进一步加快，但三地经济发展差距带来的问题逐渐显现。

（三）“四大板块”空间结构的逐步形成与发展

针对我国区域空间结构开始出现的诸多变化，党中央对我国区域发展战略和区域空间布局进行了方向性调整，区域发展战略由三区转向四大板块，东部先行、西部开发、中部崛起、振兴东北的四大板块格局逐步形成。

1. 西部大开发。1999 年 6 月 17 日，江泽民在西安主持召开座谈会时提出“实施西部大开发”。2000 年 10 月 11 日，党的十五届五中全会通过的“十五”计划《建议》提出“实施西部大开发战略”；10 月 26 日，国务院发出《关于实施西部大开发若干政策措施的通知》。西部大开发战略的实施，逐步改变了西部地区绝对贫穷落后的局面。

2. 振兴东北。2003 年 10 月 5 日，中共中央、国务院印发《关于实施东北地区等老工业基地振兴战略的若干意见》，东北地区的经济衰退态势开始扭转。

3. 中部崛起。2005 年 10 月 11 日，“十一五”规划《建议》明确提出实施中部崛起战略。[①] 2006 年 4 月 15 日，中共中央、国务院印发《关于促进中部地区崛起的若干意见》。此后，一系列关于中部崛起的政策相继出台，有力地促进了中部地区的发展。

4. 东部率先发展。“十五”计划《建议》明确提出，“继续发挥东部沿海地区在全国经济发展中的带动作用，有条件的地方争取率先基本实现现代化”。东部地区继续保持快速发展。

2005 年 10 月 11 日，党的十六届五中全会通过的《“十一五”规划纲要》提出了区域发展的总体战略：“继续推进西部大开发，振兴东北等老工业基地，促进中部崛起，鼓励东部地区率先发展”。“十一五”规划将我国区域发展的空间格局划分为四个板块，涉及更广泛的区域空间和更全面的合作。

2007 年 6 月 7 日，经国务院同意，国家发改委发出《关于批准重庆市和成都市设立全国城乡综合配套改革试验区的通知》。2008 年 12 月 13 日，国务院批复《珠江三角洲地区改革发展规划纲要（2008—2020 年）》。2010 年 12 月 21 日，国务院印发《全国主体功能区规划》，

① 孙久文：《我国区域空间的百年嬗变——庆祝中国共产党成立 100 周年之空间变革》，《齐鲁学刊》2021 年第 9 期。

这是新中国成立以来第一个全国性国土空间开发规划。这些战略举措进一步丰富了新时期区域发展战略，进一步优化了区域发展的空间格局。

二、中国特色社会主义新时代区域发展实践

党的十八大以来，以习近平同志为核心的党中央十分重视地方经济协调发展。[①]习近平总书记亲自规划、亲自部署、亲自推进一系列区域统筹发展战略，明确提出了京津冀协同发展、长江流域经济带快速推进、粤港澳大湾区构建、长三角地区一体经济发展、黄河流域生态环境保护与经济社会高质量快速推进等区域重大战略，并就深入推动西部大开发、振兴东北地区等老工业基地、中部地区崛起、东部率先发展等作出了新的战略部署。

（一）重大理论创新是重大实践的先导

党的十八大以来，习近平总书记通过深刻思考新时期重大命题，深刻把握地方经济规律，创新利用和创新性发展马克思主义基本理论，对地方经济社会协调发展问题进行了许多重要论述，系统科学地回答了新时代推动地方经济社会协调发展的重大理论和实践问题，其内容丰富，思考深入，建立了体系完备、逻辑严谨的地方科学理论体系，开创了马克思主义关于地方经济理论的中国化新境界，为促进新时代区域协调发展提供了根本遵循。

（二）实施区域重大战略

党的十八大以来，随着我国地区经济发展的深化推进，各地区经济发展动能强劲、活力充足。

1. 京津冀协同发展。2013 年 8 月，习近平总书记在河北调研时明确提出要促进京津冀协同发展。2014 年 2 月 26 日，习近平总书记主持召开座谈会，听取京津冀协同发展专题报告，明确提出实现京津冀

① 《推动我国区域协调发展呈现新气象新格局》，《人民日报》2021 年 11 月 5 日。

协同发展是国家重大战略。2015 年 6 月 9 日，中共中央、国务院办公厅联合发布《京津冀协同发展规划纲要》；10 月，党的十八届五中全会批准的“十三五”规划《建议》中明确提出，要促进京津冀协调、健康、快速发展，科学、规范、有序地缓解北京的非首都职能。2016 年 3 月 24 日，中共中央政治局常委召开会议，听取关于北京城市副中心及北京非首都功能集中承载区整治情况的报告。会议决定放宽北京非首都功能集中承载区新区的规划和选址，同意将其命名为“雄安新区”；5 月 27 日，习近平总书记在中共中央政治局会议上的讲话中指出，建设北京城市副中心和雄安新区两个新城市，形成北京新两翼是中国千年大计和国家大事。党的十九大报告提出，以疏解北京非首都功能为“牛鼻子”推动京津冀协同发展，高起点规划、高标准建设雄安新区。京津冀协同发展战略不断向纵深推进。

（1）雄安新区建设。2017 年 3 月 28 日，中共中央、国务院发出通知，决定投资建设河北雄安新区。2018 年 4 月，中共中央、国务院批准了《河北雄安新区规划纲要》。2018 年 12 月，国务院批复《雄安新区总体规划》。雄安新区规划建设等各项工作有序开展。

（2）北京城市副中心建设。习近平总书记指出，要把规划执行好、落实好，把蓝图变为实景，使北京城市副中心成为这座千年古都又一张亮丽的城市名片。2019 年 1 月，中共中央、国务院批复实施北京城市副中心控制性详细规划；同月 11 日，北京市级行政中心正式迁入北京城市副中心。京津冀协同发展迈出坚实步伐，空间布局和经济结构不断优化、提升。

2. 长江经济带发展。2016 年 1 月 5 日，习近平总书记在重庆召开的推动长江流域经济带工程建设的发展座谈会上表示，推动长江流域经济带工程建设是国家的一项重大区域发展战略，要强调环保优先、绿色发展，共抓大环境保护、不搞大开发。5 月 30 日，中共中央、国务院印发了《长江经济带发展规划纲要》。党的十九大报告提出，以共抓大保护、不搞大开发为导向推动长江经济带发展。2018 年 4 月 26 日，习近平总书记在武汉主持召开深入推动长江经济带发展座谈会，重点阐述推动长江经济带发展需要正确处理好五个关系。2020 年 11 月 14 日，习近平总书记在南京主持召开了长江经济带发展战略座谈会，表示长江流域经济带生态将发生重大转折变化，市场经济蓬勃发展将取得历史进步。

3. 粤港澳大湾区建设。2012 年 12 月，习近平总书记在广东视察时指出，期待广东携手港澳地区共同建设具有综合竞争力的世界级城市群。2017 年 7 月 1 日，在习近平总书记见证下，国家发改委与粤港澳三地政府联合签订了《深化粤港澳合作 推进大湾区建设框架协议》。12 月 18 日，习近平总书记在中央经济工作会议上强调，粤港澳大湾区工程建设要科学合理规划，推动形成协同管理机制。2018 年 5 月 10 日、5 月 31 日，习近平总书记分别先后主持召开中共中央政治局常委会会议和中共中央政治局会议，对《粤港澳大湾区发展规划纲要》作出了修改[①]；7 月 12 日，中共中央、国务院颁布了《粤港澳大湾区发展规划纲要》，对推进大湾区工程建设作出全方位战略部署[②]；10 月 23 日，港珠澳大桥开通仪式在广东珠海举行，习近平总书记出席仪式。2019 年 8 月 9 日，中共中央、国务院颁布《关于支持深圳建设中国特色社会主义先行示范区的意见》，对作为粤港澳大湾区建设关键地区的深圳进行总体定位。粤港澳大湾区硬件联通、软件联通不断加强，三地合作交流越来越深入广泛。

4. 长江三角洲区域一体化发展。以习近平同志为核心的党中央十分重视长江三角洲区域一体化发展。[③] 2013 年 8 月 17 日，国务院正式批准同意设立中国（上海）自由贸易试验区[④]；9 月 29 日，《中国（上海）自由贸易试验区外商投资准入特别管理措施（负面清单）

---

① 唐少清：《基于粤港澳大湾区中的横琴支点分析》，《中国软科学》2020 年第 12 期。

② 林思含：《跨境经济犯罪治理研究——以粤港澳大湾区跨境经济犯罪治理为视角》，《上海政法学院学报（法治论丛）》2021 年第 7 期。

③ 《推动我国区域协调发展呈现新气象新格局》，《人民日报》2021 年 11 月 5 日。

④ 赵禹程：《构建国家发展综合平台及高质量发展评价指标体系——以经开区、高新区和国家级新区为例》，《科学管理研究》2020 年第 10 期。

（2013 年）》发布。2018 年 11 月 5 日，习近平总书记出席在上海举行的首届中国国际进口博览会开幕式并发表主旨演讲时，表示支持长江三角洲区域一体化发展并上升为国家发展战略。2019 年 5 月 30 日，中共中央、国务院下发《长江三角洲区域一体化发展规划纲要》。长江三角洲区域全面一体化进程加快，全国发展强劲活跃增长极、全国高质量发展样本区率先基本实现。

5. 黄河流域生态保护和经济高质量发展。2014 年 3 月，习近平总书记对河南境内的黄河兰考东部坝段进行检查，了解黄河的防洪情况，了解滩区群众生产活动情况。2016 年 7 月 19 日，习近平总书记在宁夏调研时强调要加强对黄河的保护，坚决消除黄河的污染，使母亲河始终健康。2018 年 8 月，习近平总书记在青海听取黄河源头鄂陵湖－扎陵湖观测点生态保护情况汇报，并就做好管护工作进行了深入交流。2019 年 8 月 19 日至 22 日，习近平总书记在甘肃考察时强调指出，治理黄河，重在保护，要点在治理。2019 年 9 月 18 日，习近平总书记在河南郑州主持召开黄河流域生态保护和高质量发展座谈会，明确黄河流域生态保护和高质量发展是重大国家战略，要共同抓好环境大保护，协同开展大治理，让黄河成为造福人民的幸福河。2020 年 1 月 3 日，习近平总书记组织开展了中央财经委员会第六次会议，明确黄河必须下大力气做好大环境保护、大整治，走生态保护和高质量发展路子；4 月，习近平总书记在陕西考察时强调，要坚持不懈开展退耕还林还草，推进荒漠化、水土流失综合治理，推动黄河流域从过度干预、过度利用向自然修复、休养生息转变，改善流域生态环境质量；5 月，习近平总书记在山西考察时指出，要牢固树立绿水青山就是金山银山的理念，发扬“右玉精神”，推进山、河、林、田、湖、草的系统管理，统筹推进山水林田湖草系统治理，抓好“两山七河一流域”生态修复治理，扎实实施黄河流域生态保护和高质量发展国家战略[①]；6 月 8 日至 10 日，习近平总书记在宁夏考察时，强调要把

① 周剑：《让黄河成为造福人民的幸福河》，《人民周刊》2020 年第 6 期。

保障黄河长治久安作为重中之重，努力建设黄河流域生态保护和高质量发展先行区。2020 年 8 月 31 日，中共中央政治局召开会议，审议《黄河流域生态保护和高质量发展规划纲要》。黄河流域生态保护和高质量发展扎实起步，黄河流域特色鲜明的高质量发展区域布局正在形成。

（三）推动形成区域协调发展新格局

党的十八大以来，全国区域统筹发展工作继续朝着更均衡、更高水平、更高标准的方向阔步前进，取得了历史性成果。

1. 海南全面深化改革开放。2018 年 4 月 11 日，中共中央、国务院印发《关于支持海南全面深化改革开放的指导意见》，赋予海南经济特区改革开放新使命，建设自由贸易试验区和中国特色自由贸易港；习近平总书记在庆祝海南建立省级经济特区 30 周年大会上的讲话中指出，海南要努力建设全面深化改革开放试验区、国家生态文明试验区、国际旅游消费中心和国家重大战略服务保障区，形成更高层次改革开放的新格局。2020 年 3 月 20 日，中共中央、国务院发布《海南自由贸易港建设总体规划》。海南自由贸易港建设是新时期中国改革开放进程中的一件大事。海南的发展迎来了千载难逢的机遇。[①]

2. 四大板块高质量发展[②]。党的十八大以来，以习近平同志为核心的党中央分类促进了四大板块高质量发展。

（1）加强措施，促进西部大开发，形成新格局。2019 年 5 月 2 日，中共中央、国务院发布《关于推进西部大开发形成新时期新格局的指导意见》，强调要推动西部地区形成大保护、大开发的新格局。西部地区基础设施和生态环境建设取得重大进展。优势区域重点开发、生态功能区重点保护的新格局正在形成，经济社会进入快速发展时期。[③]

（2）深化改革加快东北等老工业基地振兴。2014 年 8 月，国务院出台《关于近期支持东北振兴若干重大政策举措的意见》。2016

① 田磊等：《2020 年我国石油市场形势分析与 2021 展望》，《中国能源》2021 年第 3 期。

② 区域经济学编写组：《区域经济学》，高等教育出版社 2018 年版。

③ 中华人民共和国国务院新闻办公室：《中国的全面小康》，人民出版社 2021 年版。

年 2 月 6 日，中共中央、国务院印发《关于全面振兴东北地区等老工业基地的若干意见》，新一轮东北振兴战略正式启动实施；11 月，国务院出台《关于深入推进实施新一轮东北振兴战略 加快推动东北地区经济企稳向好若干重要举措的意见》。党的十九大报告提出“深化改革加快东北等老工业基地振兴”。2018 年 9 月，习近平总书记在东北三省考察并主持召开深入推进东北振兴座谈会时指出，要坚持新发展理念，以新气象新担当新作为推进东北振兴。① 东北地区加快建设现代化经济体系，老工业基地焕发新的生机，经济发展总体持续呈现回升态势。

（3）发挥优势推动中部地区崛起。2019 年 5 月，习近平总书记在江西考察并主持召开推进中部地区崛起工作座谈会，就做好中部地区工作提出了八点意见，为发挥优势推动中部地区崛起指明了方向。中部地区经济总量占全国经济总量的比重进一步提升，在国家经济社会发展中发挥了重要支撑作用，发挥国家现代化经济增长新动能区域的功能进一步凸显。

（4）创新引领率先实现东部地区优化发展。东部地区扎实推进区域重大战略，在全国经济高质量发展中的引领作用进一步显现，经济社会现代化水平进一步提升，国际竞争力进一步增强。

四大板块加快构建优势互补、齐头并进的发展新格局，加强陆海统筹，区域发展更加平衡协调。

3. 不断优化国土空间格局。习近平总书记指出，要按照人口、资源、环境均衡，经济效益、社会效益、生态效益统一的原则，整体谋划国土空间开发。要把海洋生态文明建设纳入海洋开发总布局之中。2015 年 8 月 1 日，国务院印发《全国海洋主体功能区规划》。至此，我国主体功能区战略实现陆域国土空间和海域主体空间的全覆

① 中共中央党史和文献研究院：《全面建成小康社会大事记》，人民出版社 2021 年版，第 101 页。

盖。[①]“十三五”规划《建议》提出要“强化主体功能区作为国土空间开发保护基础制度作用，加快完善主体功能区政策体系”。2017 年 8 月，中共中央、国务院印发《关于完善主体功能区战略和制度的若干意见》。[②]党的十九大报告提出，坚持陆海统筹，加快建设海洋强国。2019 年 5 月 9 日，中共中央、国务院印发《关于建立国土空间规划体系并监督实施的若干意见》。以主体功能区为基础的国土空间开发保护取得了显著成效，不同类型空间的主体功能已开始显现。

（四）开启我国区域发展迈向更高水平更高质量新征程

“十四五”规划提出要“进一步优化区域经济布局，促进区域协调发展”，深化地方整体发展战略和主体功能区战略的实施。

1. 深入实施区域重大战略。积极推进北京、天津、河北经济协调发展、全面推进长江经济带快速发展、积极稳妥推进粤港澳大湾区建设、提高长三角地区经济一体化发展水平、积极扎实推进黄河流域生态环境保护和经济高质量发展。2021 年 6 月，习近平总书记在青海考察时重申，要积极有效推进黄河流域生态环境保护和经济高质量发展，综合整治水土流失，巩固提升源头涵养能力，促进水资源节约集约高效利用。[③] 2021 年 10 月 8 日，中共中央、国务院印发《黄河流域生态保护和高质量发展规划纲要》；同日，国务院常务会议通过《中华人民共和国黄河保护法（草案）》。

2. 深入实施区域协调发展战略。推进西部大开发新格局，实现东北振兴新突破，促进中部崛起，引导东部地区加快现代化建设。2021 年 4 月 23 日，中共中央、国务院发布了《关于新时期推动中部地区高质量发展的意见》。[④]

---

① 中共中央党史和文献研究院：《全面建成小康社会大事记》，人民出版社 2021 年版，第 85 页。

② 宝鲁：《内蒙古生态产品价值实现的机遇、挑战与路径》，《北方经济》2021 年第 5 期。

③ 孙久文：《我国区域空间的百年嬗变——庆祝中国共产党成立 100 周年之空间变革》，《齐鲁学刊》2021 年第 9 期。

④《开启全面建设社会主义现代化国家新征程的宏伟蓝图》，《中国产经》2021 年第 3 期。

3. 支持特殊类型地区发展。支持革命老区、民族地区加快发展，加强边疆地区建设，推进兴边富民、稳边固边，推动资源枯竭地区、环境退化地区、欠发达地区加快发展。2021 年 1 月 24 日，国务院出台《关于新时代支持革命老区振兴发展的意见》。2021 年 9 月 23 日，国务院批复同意实施《关于推进资源型地区高质量发展“十四五”实施方案》；10 月 8 日，国务院批复同意实施《关于“十四五”特殊类型地区振兴发展规划》。

4. 积极拓展海洋经济发展空间。2021 年 12 月 15 日，国务院批复原则同意实施《“十四五”海洋经济发展规划》。我国建设海洋强国步伐进一步加快。

三、基本经验

改革开放以来，我国区域经济发展战略演化既一脉相承又各有侧重，表现出鲜明的时代特征与阶段性特点，对推动我国区域经济发展发挥了重要作用，积累了宝贵经验。主要有以下几方面：

（一）必须发挥中国特色社会主义制度优势。我国幅员广大，只有发挥社会主义制度优越性，才能做到跨区域协调，推动重大区域发展战略实施，才能高效做到集中力量办大事、办成大事，也才能在推进区域发展的实践中，将战略要求在各个领域、层次、方面真正体现到位、落实到位。

（二）必须持续推进重大理论创新。伟大的实践呼唤伟大的理论。重大理论创新是重大实践的先导。没有重大理论创新的指导，实践就没有方向，就可能走弯路。

（三）必须做好区域发展战略顶层设计。顶层设计关系全局工作方案和工作规划。只有做好顶层设计，才能抓住对于全局工作具有根本影响力的本质性问题。

（四）必须坚持绿色发展理念。既要金山银山，又要绿水青山。五大发展理念相辅相成，缺一不可。只有坚持绿色发展理念，才能不断提高人民生活质量，才能实现中华民族永续发展。

（五）必须坚持因地制宜发挥优势。宜水则水、宜粮则粮、宜农则农、宜工则工、宜商则商，因地制宜、优势互补、协调联动，才能实现区域高质量发展，推动构建我国区域发展新格局。

（六）必须不断打破“一亩三分地”思维。拓宽视野，树立大局意识，破除本位主义，不断突破地域壁垒，才能实现资源共享、优势互补、抱团取暖、共同发展。

（七）必须瞄准高质量发展形成新发展格局设计政策体系。解决区域发展不平衡不充分问题、促进区域高质量发展和构建新发展格局，区域政策的导向引导作用、原则要求是关键。[①]政策质量一定程度上决定实践成果质量。瞄准高质量发展形成新发展格局进行政策体系设计，才能推动区域高质量发展、形成新发展格局。

① 《开启全面建设社会主义现代化国家新征程的宏伟蓝图》，《中国产经》2021 年第 3 期。

兴边富民行动的发展历程与经验启示

朱 丹

为推动边境地区加快发展、提高边民生活水平、加强民族团结、巩固国家边防，国家民委于1998年倡议发起兴边富民行动，这一行动迅速成为党和国家一项战略举措。20多年来，兴边富民行动按照试点先行、重点突破、总结经验、逐步推广的方针，从最初在17个边境县试点，逐步扩展到在140个陆地边境县（市、区、旗）和新疆生产建设兵团的58个边境团场全面推进，涵盖我国全部陆地边境地区，呈现出不断向更高水平发展的基本趋势。考察兴边富民行动的发展历程、总结其实施经验，有助于深化对党的边境地区发展思想的认识，加深对边境地区治理的思考。

一、兴边富民行动的发展历程

新中国成立后，党和国家对边境地区的发展做出了重要的探索。1978年12月召开的党的十一届三中全会，作出把党和国家工作中心转移到经济建设上来、实行改革开放的历史性决策。随着党和国家工作中心的转移，党推动边境地区发展的思路更加清晰。20世纪90年代末，兴边富民行动作为一项有计划、有组织的系统工程，被正式提出并持续推进。

（一）改革开放前党对边境地区发展的探索

我国陆地边境线长达2.2万公里，经过辽宁、吉林、黑龙江、内蒙古、甘肃、新疆、西藏、云南、广西等9个省区，同朝鲜、俄罗斯、哈萨克斯坦、印度、越南等 14 个国家接壤。边境地区具有三个显著特点：一是因为少数民族人口占该地区民族构成近半数，边境地区的发展与民族问题紧密相关；二是由于地理位置的特殊性，边境地区战略地位直接影响到国家的繁荣、发展与稳定；三是由于历史、地理和自然等因素的影响，边境地区经济社会发展程度与沿海和内地有很大差距。

新中国成立后，党对边境地区的发展十分重视。一是认识到边境地区与民族问题紧密相关。1950 年 7 月，邓小平在欢迎赴西南地区的中央民族访问团大会上指出："西南的国境线从西藏到云南、广西，有几千公里，在这么长的边境上，居住的绝大多数是少数民族……应该把少数民族工作摆在很高的位置。"[①] 二是高度重视维护边境安全。1953 年，周恩来指出："我们的对外关系中，切中利害的是两个问题：一个是华侨问题，一个是边界问题。我们同周边国家都有边界纠葛，解决好这个问题是十分重要的。"[②] 1956 年 11 月，邓小平在主持中央书记处会议讨论云南边疆工作时强调，要将搞好边防作为云南边疆工作第一位的方针。三是明确把发展经济作为边疆地区的一项重要工作。1963 年 9 月，毛泽东对新疆工作作出重要指示，"要做好经济工作。农业、畜牧业、工业要一年比一年发展，经济要一年比一年繁荣，人民生活要一年比一年改善"。[③]

这一时期，党和国家通过"一五"计划和三线建设，有计划地推动边疆地区的开发和建设，取得了巨大成效。然而，由于国民党残余势力不时在边境地区骚扰，以美国为首的帝国主义国家对新中国实行政治孤立、经济封锁、军事包围，加上中印、中越边境相继爆发冲突，因此党和国家对边境地区的发展策略总体上是比较谨慎的，作为边陲重地的边境地区更多的还是发挥"稳大局"的作用。

① 《邓小平文选》第一卷，人民出版社 1994 年版，第 161 页。

② 中共中央文献研究室编：《周恩来传（1898—1976）》（下），中央文献出版社 2008 年版，第 1169 页。

③ 《毛泽东民族工作文选》，中央文献出版社、民族出版社 2014 年版，第 329 页。

“文化大革命”十年内乱期间，由于林彪、“四人帮”推行极左路线，从根本上否定边疆民族地区经济文化建设的必要，使得这些地区的建设事业不但没有发展，反而遭受了严重的冲击。受国际国内环境的影响，20世纪六七十年代，中国与苏联、印度等国的边境贸易基本停滞，只存在零星自发的边民互市贸易。

（二）兴边富民概念首次出现在党和国家文件中

1979年4月25日，中共中央召开全国边防工作会议，这是党和国家民族工作史上具有划时代意义的一件大事。会议旨在加强边防建设，巩固祖国边防，为实现社会主义现代化提供保障。中共中央政治局委员、中央统战部部长乌兰夫在大会上作了题为《全国各族人民团结起来为建设繁荣的边疆、巩固的边防而奋斗》的报告。报告重点讲了边疆民族地区的经济文化建设，强调在民族地区艰苦奋斗、自力更生的同时，国家需要采取“积极扶持、重点照顾的政策”，给予大力支援。会议还确定了内地发达省市对口支援边疆少数民族地区的具体方案。[①] 同年7月31日，中共中央批转了《乌兰夫同志在全国边防工作会议上的报告》，要求全党全军必须十分重视民族工作，深入开展民族政策再教育。9月，党的十一届四中全会通过《中共中央关于加快农业发展若干问题的决定》，要求国务院设立一个有关部门负责同志参加的专门委员会，统筹规划和组织力量，对包括边境地区在内的一些地区从财政、物资和技术上进行重点扶持。

1981年4月中共中央书记处批准的《云南民族工作汇报会纪要》，确定了党的民族工作的总方针，即“坚定不移地关心、帮助各少数民族的政治、经济和文化的全面发展，沿着社会主义道路不断前进，逐步实现各民族事实上的平等”。[②] 1986年10月底11月初，国家民委召开全国民委主任（扩大）会议。习仲勋在会上指出，“在新时期，民族工作的中心任务是加快少数民族地区经济和文化的发展，促进各

① 即北京支援内蒙古，河北支援贵州，江苏支援广西、新疆，山东支援青海，天津支援甘肃，上海支援云南、宁夏，全国支援西藏。

② 《新时期民族工作文献选编》，中央文献出版社1990年版，第306页。

民族的共同繁荣”，各地党委和政府“要把经济工作放在各项工作的首位，一切工作要紧紧围绕着这个中心去进行”。[①] 习仲勋要求各级民委“少说空话，多办实事”，“积极参与少数民族地区的经济工作，主要是从研究发展少数民族经济的总体规划和解决实际问题两个方面去进行，并且要把解决实际问题放在重要位置”。[②] 1987 年 4 月，中共中央、国务院批转《中共中央统战部、国家民族事务委员会关于民族工作几个重要问题的报告》，进一步明确提出“切实把经济工作放在民族工作的首位”。[③]《报告》提出积极发展边疆少数民族地区经济的对策建议，即“根据我国的国别政策，积极开展对外经济技术交流与合作，发展边境贸易，开展边民互市和民间友好往来，促进边疆少数民族地区的建设，兴边富民，巩固边防”。[④] 这是兴边富民概念第一次出现在党和国家的正式文件中。

这一时期，边境贸易开始恢复。黑龙江绥芬河、内蒙古满洲里、新疆霍尔果斯和吐尔尕特等地恢复开展对苏边境贸易，广西防城港、宁明县等地也通过设置临时贸易点开展边境贸易。1985 年 1 月，中共中央、国务院在《关于进一步活跃农村经济的十项政策》中提出，陆地边境地区应积极创造条件，恢复和发展同邻国的边境贸易。边境贸易的恢复与发展为 20 世纪 90 年代提出并实施沿边开放战略奠定了基础。

（三）沿边开发开放为兴边富民注入新的活力

20 世纪 90 年代，党在复杂和严峻的国际环境中高举改革开放大旗，坚定不移地实施对外开放的基本国策，提出在沿海开放的同时，要扩大对外开放地域，实行沿边开放。

1992 年 1 月，第一次中央民族工作会议召开，确定了 20 世纪 90 年代我国民族工作的大政方针和主要任务。江泽民在会上明确指出，“我国的民族问题，比较集中地表现在少数民族和民族地区迫切要求

① 《习仲勋文选》，中央文献出版社 1995 年版，第 438 页。
② 《新时期民族工作文献选编》，中央文献出版社 1990 年版，第 291、295 页。
③ 《十二大以来重要文献选编》（下），中央文献出版社 2011 年版，第 296 页。
④ 《十二大以来重要文献选编》（下），中央文献出版社 2011 年版，第 299 页。

加快经济文化发展”。[①] 他从整个对外开放的大局出发对沿边开放作出重要指示：“要把扩大陆地边境的对外开放作为我们整个对外开放的重要组成部分，有计划有步骤地加以实施。”[②] 李鹏在闭幕会上强调，“要像重视沿海发展那样，重视沿边的发展，采取必要的政策和措施，大力发展边境贸易以及同周边国家的经济技术交流与合作，兴边富民，促进边疆地区的稳定和繁荣，促进我国同周边国家睦邻友好关系的发展”。[③]

根据这次会议精神，国家开始实施沿边开放战略，中国对外开放格局由沿海、沿江开放扩大至沿边开放。在沿边开放战略的推动下，边境地区发展迎来了新的契机。1992 年，国家开放吉林珲春，黑龙江黑河、绥芬河，内蒙古满洲里、二连浩特，新疆伊宁、博乐、塔城，广西凭祥、东兴（镇），云南河口、畹町、瑞丽等 13 个边境城市（镇），允许这些边境城市设立边境经济合作区。1992 年和 1993 年，先后批准设立包括丹东和上述 13 个边境城市（镇）在内的 14 个边境经济合作区，并给予设备进口、外汇使用、税收减免等政策优惠。然而，由于制度不健全等原因，沿边地区出现了对外开放混乱、走私严重等现象。为此，国务院于 1996 年印发《关于边境贸易有关问题的意见》，对边境贸易进行规范和完善。

总的来看，这一时期边境地区的发展与沿海地区的差距并未缩小，一定程度上仍在拉大。

（四）兴边富民行动得到西部大开发巨大助力

在探索坚持以经济建设为中心做好民族工作的过程中，国家民委逐步理清工作思路：边疆的稳定和发展，事关国家统一和社会主义现代化建设的全局；实现边疆的稳定和发展，关键是抓住边境地区的稳定和发展，特别是集中力量把边境地区经济建设搞上去。在此基础

① 《江泽民文选》第一卷，人民出版社 2006 年版，第 183 页。

② 《江泽民文选》第一卷，人民出版社 2006 年版，第 187 页。

③ 《民族工作文献选编（一九九〇——二〇〇二年）》，中央文献出版社 2003 年版，第 49 页。

上，1998年，国家民委倡议发起兴边富民行动。

不久，兴边富民行动迎来了更大的发展机遇，即中共中央、国务院根据邓小平“两个大局”[①]战略思想，面向21世纪作出了实施西部大开发的战略决策。1999年9月，在第二次中央民族工作会议上，江泽民强调，实施西部大开发是我国21世纪发展的一项重大战略任务，也是民族地区加快发展的重要历史机遇，有关部门应加紧进行研究，有目标、分阶段地推进民族地区人口、资源、环境与经济社会的协调发展。[②]朱镕基在会上指出，要“继续推进‘兴边富民行动’，为富民、兴边、强国、睦邻作出贡献，巩固祖国的万里边疆”。[③]

为贯彻第二次中央民族工作会议精神，国家民委于1999年12月印发《关于进一步推动“兴边富民行动”的意见》，明确了兴边富民行动的指导思想、方针和主要任务，要求坚持“组织发动”“政策推动”“基础设施建设拉动”“重点项目带动”“改革开放促动”，争取用10年左右的时间，使边境民族地区基础设施条件得到明显改善，人民群众生活有明显提高，经济和社会事业全面进步，最终达到富民、兴边、强国、睦邻的目的。

2000年年初，国家民委召开新闻发布会，宣布兴边富民行动正式启动。兴边富民行动由此开始大规模、有计划、有组织地实施。

二、兴边富民行动实施的成效与特点

（一）兴边富民行动实施的成效

一是边境地区经济实力显著提升。陆地边境县（市、区、旗）的

---

① 1988年9月12日，邓小平在听取工作汇报时提出“两个大局”战略思想。一个大局，就是沿海地区要加快对外开放，使这个拥有两亿人口的广大地带较快地先发展起来，从而带动内地更好地发展，内地要顾全这个大局；另一个大局，就是发展到一定的时候，又要求沿海拿出更多的力量来帮助内地加快发展，沿海也要服从这个大局。

② 《十五大以来重要文献选编》（中），中央文献出版社2011年版，第209—210页。

③ 《民族工作文献选编（一九九〇——二〇〇二年）》，中央文献出版社2003年版，第229页。

生产总值在2000年不足900亿元，到2020年突破1万亿元。人均地区生产总值从不足4400元增长到4万多元。

二是边境地区交通、能源、通信等基础设施显著改善。以交通为例，截至2019年底，边境县高速公路、铁路和机场通达率分别达到62.14%、51.43%和13.57%。具备条件的乡镇、建制村实现通硬化路、通客车，全面实现“村村直通邮”。

三是民生保障水平不断提高。广大边民的住房安全、饮水安全得到有力保障。边境地区的教育、医疗卫生、文化、社会、生态文明等各项事业不断发展，各族群众生活水平明显提高。

四是边境地区对外开放程度不断提高。一大批重点开发开放试验区、边境经济合作区、跨境经济合作区、自由贸易试验区等平台陆续建立。

此外，边境地区生态环境保护卓有成效，边境安全稳定大局持续巩固，中华民族共同体意识进一步铸牢。

（二）兴边富民行动实施的主要特点

一是制定中长期发展规划。2001年，国家民委印发《全国兴边富民行动规划纲要（2001—2010年）》，不过此时的规划还属于部门规划层级。2005年5月通过的《国务院实施〈中华人民共和国民族区域自治法〉若干规定》提出：“国家将边境地区建设纳入经济和社会发展规划，帮助民族自治地方加快边境地区建设，推进兴边富民行动，促进边境地区与内地的协调发展。”[①] 2006年3月，推进兴边富民行动首次被写入《中华人民共和国国民经济和社会发展第十一个五年规划》，在经济社会发展目标中予以明确。这显示出党和国家对兴边富民行动的高度重视。

根据中央的顶层设计，从国家战略高度出发，国务院要求有关部门细化落实国家发展规划纲要的目标任务，研究制定兴边富民行

① 《民族工作文献选编（二〇〇三——二〇〇九年）》，中央文献出版社2010年版，第60页。

动国家级专项规划。2007 年 6 月，国务院办公厅印发《兴边富民行动“十一五”规划》。《规划》以“富民、兴边、强国、睦邻”为宗旨，把民族因素与边境因素相结合，把边境地区各族群众迫切要求与现实可能相结合，重点解决边境地区发展和边民生产生活面临的特殊困难和问题。这是国家编制的第一个兴边富民专项规划，兴边富民行动由部门行动提升为国家行动。2011 年和 2017 年，国务院办公厅又先后印发《兴边富民行动规划（2011—2015 年）》《兴边富民行动“十三五”规划》。

二是各项重大政策措施具有很强的延续性。历次兴边富民行动规划一脉相承，内容涉及边境地区经济社会发展诸多方面，各项重大政策措施具有很强的延续性。以交通为例，兴边富民行动“十一五”规划和“十二五”规划提出，要加强边境地区公路建设；“十三五”规划则提出，要加强包括公路、铁路、航空航运在内的边境地区综合交通运输体系建设。这充分体现了兴边富民行动是一项复杂而艰难的工作，需要有长期的、科学的规划，不可能一蹴而就。

三是阶段性目标和任务具有时代性。兴边富民行动规划在保持延续性的同时，又根据不同时期的发展形势，对目标任务进行充实调整。如党的十八大后，全面建成小康社会进入决胜阶段，脱贫攻坚全面展开，《兴边富民行动“十三五”规划》也相应地将“到 2020 年边境地区同步全面建成小康社会”确立为发展目标，部署实施边境地区就地就近脱贫专项行动。2020 年，位于边境地区的 69 个贫困县全部摘帽，人口较少民族全部整族脱贫，打赢了边境地区脱贫攻坚战。

三、兴边富民行动的经验与启示

20 多年来，兴边富民行动取得了重大成效，也为更好地进行边境地区治理提供了丰富的经验和启示。

（一）为边境地区建设和治理积累了丰富的经验

一是科学辩证地处理“边”与“民”的关系。边境地区的发展事关边防巩固、国家安全和各族人民的根本利益。党和国家在推进兴边富民行动的过程中，无论是制定宏观的发展规划，还是出台具体的政策措施，始终从大局出发，统筹考虑“边”与“民”的关系。既高度关注“边”的战略地位和资源优势，又充分考虑民族地区的区域特点，深入发动少数民族参与边疆的开发和建设，摆脱贫困，加速边疆地区的现代化进程，进而实现稳固边疆、振兴边疆、富裕边民的统一。

二是将边境地区发展纳入国家经济发展的战略轨道。兴边富民行动启动后，很快融入西部大开发战略，成为这一战略的重要组成部分。在国务院发布的关于实施西部大开发的一系列文件中，都对推进兴边富民行动提出明确要求。2007 年、2011 年和 2017 年，国家先后颁布三个兴边富民行动五年规划，围绕国家在不同时期的发展任务和战略重点，对解决边境地区贫困问题、实现边境地区脱贫作出具体部署，从而促进了兴边富民与改革开放和经济建设的整体推进。

三是从国情出发，因地制宜，积极探索边境地区建设和发展的有效途径。我国边境线长，各边境地区发展差异大，自然条件、民族构成、风俗习惯各不相同。在兴边富民行动实施过程中，党和政府坚持因地制宜、分类指导的原则，鼓励各地采取多种形式和灵活办法，避免“一刀切”。各地从实际出发，走出了兴边富民的新路子，如广西开展“边境建设大会战”，新疆生产建设兵团实施“金边工程”，云南采取“一族一策”“一族几策”“一山一策”的扶贫政策，等等，在实践中都取得了良好成效。

四是整合各方力量，充分发挥中国特色社会主义的制度优势。兴边富民行动是一项庞大的系统工程，涉及领域宽，包含内容广，工作难点多。在中共中央提出总体构想后，各部门、各地方和社会各界紧密配合、通力合作，分阶段推进和实施。从中央到边疆 9 省区，再到边境地区各地州、边境县旗市，相继成立兴边富民行动领导小组；边境各省、自治区也制定了本地的兴边富民行动规划。2012 年年初，国家民委、国家发展改革委、财政部等部门组成兴边富民行动协调小组，以加强沟通合作和协调联动。正是在集中力量办大事的社会主义制度优势下，兴边富民行动长期持续推进并不断取得巨大进展。

（二）深入推进兴边富民行动的启示

治国必治边。党的十九届五中全会把“加强边疆地区建设，推进兴边富边、稳边固边”写入“十四五”规划建议。2021 年 8 月，习近平总书记在中央民族工作会议上提出，要“深入推进固边兴边富民行动”。这充分体现了兴边富民行动在新时代的战略意义。

一是要着眼大局，以铸牢中华民族共同体意识为主线。兴边富民行动与民族工作密切相关。习近平总书记在中央民族工作会议上强调，“以铸牢中华民族共同体意识为主线，坚定不移走中国特色解决民族问题的正确道路”。[①] 兴边富民行动各项工作要以铸牢中华民族共同体意识为主线，推动各民族坚定对伟大祖国、中华民族、中华文化、中国共产党、中国特色社会主义的高度认同，实现团结稳定和繁荣发展的统一。

二是要主动融入国家新发展战略，寻找政策衔接点。兴边富民行动能够全面推进并取得明显成效，其中一个很重要的原因就是成功融入西部大开发、脱贫攻坚等国家发展战略。全面建成小康社会后，党和国家事业发展进入了新阶段。习近平总书记在中央民族工作会议上指出，要推动各民族共同走向社会主义现代化，实现“共同发展、共同富裕”。[②] 深入推进兴边富民行动，就要主动融入“一带一路”建设、“乡村振兴”等国家重大发展战略，构建新发展格局，抓住新的机遇实现自身发展。

三是要体现“区域差别化”。习近平总书记指出，“要正确把握共同性和差异性的关系，增进共同性、尊重和包容差异性是民族工作的重要原则”。[③] 针对特定地区、特殊问题、特别事项，要实施差别化区域支持政策。制定新的兴边富民行动规划，要继续鼓励各边境地区积

① 《习近平谈治国理政》第四卷，外文出版社 2022 年版，第 243 页。
② 《习近平谈治国理政》第四卷，外文出版社 2022 年版，第 244 页。
③ 《习近平谈治国理政》第四卷，外文出版社 2022 年版，第 246 页。

极探索适合本地实际的新政策、新办法。

四是多方动员、形成战略合力。目前，在兴边富民行动协调小组中，国家民委为组长单位，国家发展改革委、财政部为副组长单位，外交部、教育部、科技部等为成员单位。深入推进兴边富民行动，可以考虑进一步完善协调小组领导结构和工作机制，以加强组织领导，强化工作合力。要进一步加大宣传力度，让兴边富民行动更加深入人心，吸引和动员更多主体参与，形成更大的战略合力。

坚持中国特色社会主义政治发展道路，发展全过程人民民主

王 骏

2019年11月，习近平总书记在上海考察时首次明确指出，我国走的是一条中国特色社会主义政治发展道路，人民民主是一种全过程的民主。2021年7月，习近平总书记在庆祝中国共产党成立100周年大会上强调，践行以人民为中心的发展思想，发展全过程人民民主。10月，习近平总书记在中央人大工作会议上再次深入阐述发展全过程人民民主的思想。11月，党的十九届六中全会通过的《中共中央关于党的百年奋斗重大成就和历史经验的决议》，对继续推进全过程人民民主建设作出重大部署、提出明确要求。党的二十大把“发展全过程人民民主，保障人民当家作主”作为习近平新时代中国特色社会主义思想的重要内容，站在面向未来的战略高度作了具体部署。全过程人民民主重大理念的提出，是对我们党一贯坚持和实行的发展人民民主方针的新概括、新发展、新要求，充分体现了我国社会主义民主政治的本质特征和显著优势，丰富和发展了社会主义民主政治理论。认真学习和研究习近平总书记关于发展全过程人民民主的论述，对在新时代建设社会主义政治文明，完善和发展社会主义制度，推进国家治理体系和治理能力现代化，提升国家治理效能，具有重大的理论意义和现实意义。

一、全过程人民民主是中国共产党和中国人民的伟大创造

争取和实行民主，是无产阶级革命的基本主张。马克思主义创始

人在《共产党宣言》中明确指出：“工人革命的第一步就是使无产阶级上升为统治阶级，争得民主”。人民民主始终是中国共产党高举的一面旗帜，也是我们党自诞生之日起就明确提出并为之进行长期不懈探索和奋斗的目标。1949 年 6 月 15 日，毛泽东在中国人民政治协商会议筹备会上讲话时指出，必须打倒帝国主义、封建主义、官僚资本主义和国民党反动派的统治，才能使我们伟大的祖国脱离半殖民地和半封建的命运，走上独立、自由、和平、统一和强盛的道路。[①] 这段话集中阐明了我们党为中国人民谋幸福、为中华民族谋复兴的初心和使命，也表明了我们党追求和发展人民民主的一贯主张。追求、实现和发展人民民主贯穿了我们党百年探索奋斗的全部历史过程。

在长期的革命、建设和改革的伟大历史进程中，我们党坚持把马克思主义基本原理同中国国情实际相结合、同中华优秀传统文化相结合，积极探索实现人民民主的实践形态和制度模式。从土地革命战争时期我们党在江西瑞金领导建立的工农民主的中华苏维埃共和国，到抗日战争时期在革命根据地建立的各革命阶级联合的“三三制”抗日民主政权，再到解放战争时期在各解放区建立的各界人民代表会议等民主形式的人民政权，我们党都创造性地坚持和实行了人民民主的原则。所有这些，都为我们党在革命胜利后建立人民当家作主的全国政权积累了宝贵的实践经验。1945 年 7 月，毛泽东在同民主人士黄炎培谈话，回答就如何跳出旧政权“其兴也浡焉”“其亡也忽焉”的历史周期率问题时明确指出，我们已经找到新路，我们能跳出历史周期率。这条新路就是民主。只有让人民来监督政府，政府才不敢松懈。只有人人起来负责，才不会人亡政息。经过长期的浴血奋战，我们党团结带领中国人民最终夺取了新民主主义革命胜利。1949 年 10 月 1 日，中华人民共和国成立，标志着中国人民从此站起来，成为国家、社会和自己命运的主人。党领导人民确立了工人阶级领导的、以工农联盟为基础的人民民主专政的国体和人民代表大会制度的政体，建立

① 《毛泽东选集》第四卷，人民出版社 1991 年版，第 1463 页。

起同国体政体相适应的新型国家政权组织，进行了广泛的民主实践，实现了几千年来中国政治由封建专制向人民民主的伟大飞跃。

进入改革开放新的历史时期，我们党认真总结发展社会主义民主的正反两方面经验，把加强社会主义民主法制建设摆到了事关社会主义现代化成败的战略高度，强调“没有民主就没有社会主义，就没有社会主义的现代化”。[①]我们党坚持党的领导、人民当家作主、依法治国有机统一，在全力推进经济体制改革、推动经济发展的同时，稳步推进政治体制改革，成功开辟和坚持了中国特色社会主义政治发展道路，为实行最广泛的人民民主确立了正确的方向。

党的十八大以来，以习近平同志为核心的党中央立足新的历史方位，深化对民主政治发展规律的认识，积极回应人民群众对民主法治的新要求新期盼，着力推进国家治理体系和治理能力现代化，以保证人民当家作主为根本，以增强党和国家活力、调动人民积极性为目标，不断扩大社会主义民主，丰富民主形式，拓宽民主渠道，依法实行民主选举、民主协商、民主决策、民主管理、民主监督，不断推进社会主义民主政治制度化、规范化和程序化，使各方面制度和国家治理更好地体现人民意志，为党和国家事业取得历史性成就、发生历史性变革提供了有力的政治和法律保障。

全过程人民民主，总结了我们党 100 年来为实现和保证人民当家作主不懈奋斗的宝贵经验，也继承发展了中华优秀传统文化。长期以来，中华民族形成的“天下为公、共进大同”的理想追求，“民为邦本、本固邦宁”的民本思想，“兼容并蓄、海纳百川”的文化气度，“天行健，君子以自强不息”的进取精神以及“求同存异、以和为贵”的谐和原则，深刻影响着人们的思维方式和生活方式，影响着国家的政治文化和决策施政。总之，中华优秀传统文化为全过程人民民主提供了丰富的历史文化资源。

综上所述，我们可以深切地感受到，全过程人民民主深深植根于

---

① 《邓小平文选》第二卷，人民出版社 1994 年版，第 168 页。

中国共产党和中国人民的伟大革命、建设和改革的实践之中，有着深厚的历史渊源和坚实的现实基础，凝聚着党和人民集体智慧的结晶，是理论创新、实践创新、制度创新的内在统一，具有深刻的历史逻辑、理论逻辑和实践逻辑。

二、全过程人民民主体现了中国社会主义民主政治的本质特征

“物之不齐，物之情也。”世界上不存在完全相同的政治制度，也不存在适用于一切国家的政治制度模式，一个国家实行什么样的政治制度，走什么样的政治发展道路，必须与这个国家的国情和性质相适应。习近平总书记指出，各国国情不同，每个国家的政治制度都是独特的，全过程人民民主彰显了我国社会主义民主的本质特征，具有自己鲜明的特点。

（一）坚持中国共产党的领导，为发展全过程人民民主提供根本保障

办好中国的事情，关键在党。习近平总书记指出，“中国特色社会主义最本质的特征是中国共产党领导，中国特色社会主义制度的最大优势是中国共产党领导”①，中国共产党的领导核心作用是全国各族人民的利益所系、命运所系，是发展全过程人民民主的重要政治基础。这是对中国革命、建设、改革发展历史规律的深刻总结，也是汲取了世界上不同国家政治发展道路经验教训的启示。“在中国这样一个大国，没有共产党的领导，必然四分五裂，一事无成。”②历史和实践证明，没有共产党就没有新中国，就没有社会主义，就没有人民民主。不懂得党的领导在我国民主政治建设中的决定性作用，就不可能建设好、发展好全过程人民民主。只有中国共产党才能全心全意为人民服务，始终代表最广大人民的根本利益，领导和支持人民当家作

① 《党的十九大报告辅导读本》，人民出版社 2017 年版，第 19—20 页。
② 《邓小平文选》第二卷，人民出版社 1994 年版，第 358 页。

主，以丰富的民主形式，在国家政治生活和社会生活之中，保证人民依法有效行使管理国家事务、管理经济和文化事业、管理社会事务的权力；只有中国共产党才能始终坚持群众路线，坚持一切为了群众、一切依靠群众，充分听取和吸纳广大人民群众的意见和建议，广泛接受批评和监督，在和谐宽容的气氛中达成共识，形成科学民主的决策；只有中国共产党才能运用强大的组织能力和有效的组织程序和途径，保证执政党、参政党、国家权力机构、政府组织、社会团体和基层民众间的协商都能实现“广泛民主与高度集中的统一、充满活力与富有效率的统一”，避免西方政治中出现的那种“议而不决”“决而不行”的现象，保证政策、决策都能得到切实有效的落实，集中力量办大事。

（二）坚持以人民为中心，为发展全过程人民民主赋予持久动力

坚持以人民为中心，就是保证和支持人民当家作主，维护最广大人民群众的根本利益，这是中国特色社会主义民主政治的根本原则。保证人民当家作主，发展全过程人民民主，这里的“全”，主要体现在两个方面：一是参与的主体“全”。我们党在建立和发展中国特色社会主义民主政治过程中，逐步确立了具有广泛代表性和包容性的民主机制，使全体人民不分民族、种族、性别、职业、家庭出身、宗教信仰、教育程度、财产状况、居住期限，都有选举权，都能够有效地参与各项民主实践，但是依照法律被剥夺政治权利的人除外。这就有效避免了西方国家民主机制中可能存在的种族、性别、阶级等歧视，以及过分依靠少数党派特别是利益集团主体所必然导致的“精英化”“权贵化”倾向和争权夺利现象。二是参与的内容“全”。全过程人民民主的参与不是短暂的、局部的和零散的，而是长期的、全面的和整体性的参与。资本主义的民主，主要体现在选举环节，即每隔几年的投票选举，人民只是在投票时被唤醒，投票后就进入“休眠期”，不过是政治精英的竞选工具和脱责工具，这种“一次性消费行为”般

民主游戏的缺陷与弊端是显而易见的。[①]而我国的全过程人民民主，则有效地避免了西方民主两次选举间存在的民主空档期，实现了人民民主的全周期，即既保证了人民依法实行民主选举，也保证了人民依法实行民主协商、民主决策、民主管理、民主监督等，各个环节既各自发挥作用，又相互支撑配合，环环相扣，彼此贯通，形成全过程民主完整链条的有机系统，实现了过程民主和结果民主、程序民主和实质民主、直接民主和间接民主、人民民主和国家意志的内在统一，充分保障了人民群众的知情权、参与权、表达权、监督权等各项权利。可以说，全过程人民民主通过广泛、全面、完整的制度化程序化安排和活动规范，确保人民群众得到了最广泛、最真实、最有用的民主，是比资产阶级民主更高级的民主形式，符合现代社会、政治生活的复杂性和系统性的发展趋势。

（三）坚持中国特色社会主义政治制度，为发展全过程人民民主奠定坚实基础

以人民为中心，解决了人民是否可以当家作主的问题，而要保障全过程人民民主长期稳定发展，必须以制度化来体现和保证，解决人民如何当家作主的问题。否则，保证和支持人民当家作主就会变成一句空话。不同于资本主义制度无法克服的内在矛盾，中国特色社会主义政治制度及其基础，决定了社会全体成员虽然在具体利益上存在差异，但在根本利益上却是一致的，从而为发展全过程人民民主创造了重要的制度保障和平台。人民代表大会制度作为我国的根本政治制度，充分体现了社会主义国家性质，从各级人大都由民主选举产生，到各级国家机关都由人大产生，到各级人大代表依法参加行使国家权力等等，在各个方面确保了人民当家作主权利的有效落实。中国共产党领导的多党合作和政治协商制度，以共产党领导、多党派合作，共产党执政、多党派参政为基本特征，有效实现了执政与参政、领导与合作、协商与监督的有机统一，在内容上体现了人民的权利诉求，在

① 尹汉宁:《全过程人民民主是更高更切实的民主》,《人民日报》2021年12月8日。

程序上体现了人民当家作主。具有中国特色的民族区域自治制度，坚持国家统一领导和各少数民族聚居地实行区域自治的统一，坚持民族因素和区域因素的统一，实现了各民族共同当家作主，推动了民族地区经济社会发展，促进了民族团结。基层群众自治制度有力地保障了人民群众通过村民委员会、城市居民委员会和职工代表大会等多种形式，对城乡社区和企事业单位公共事务以及公益事业直接行使民主权利，不仅提升了基层社会治理实效，而且促进了社会和谐稳定。与此同时，以宪法为核心的中国特色社会主义法律体系为全过程人民民主提供了坚实的法律制度保障。新中国成立后特别是改革开放以来，我国制定了一系列保障和发展广大人民群众经济、政治、文化、社会以及环境等各方面权利和权益的法律法规。2021 年 3 月，十三届全国人大四次会议对全国人大组织法和全国人大议事规则作出修改，将坚持全过程民主写入全国人大组织法，更是从制度的实际运行上保证了全过程人民民主的实行。

全过程人民民主，既坚持了中国共产党的领导，又发挥了各方面的积极作用；既坚持了科学的指导思想，又作出了严谨的制度安排；既坚持了人民民主的原则，又贯彻了团结和谐的要求，是对马克思主义人民民主政治理论的继承、丰富和发展，是对人类政治文明发展规律认识的重大理论创新，是民主制度“中国化”“本土化”的重要成果。

（四）全过程人民民主展现了中国社会主义民主政治的独特优势

习近平总书记指出：“评价一个国家政治制度是不是民主的、有效的，主要看国家领导层能否依法有序更替，全体人民能否依法管理国家事务和社会事务、管理经济和文化事业，人民群众能否畅通表达利益要求，社会各方面能否有效参与国家政治生活，国家决策能否实现科学化、民主化，各方面人才能否通过公平竞争进入国家领导和管理体系，执政党能否依照宪法法律规定实现对国家事务的领导，权力运用能否得到有效制约和监督。”[①] 从建党特别是新中国成立到改革开放，再到党的十八大以来，我们党始终坚持人民当家作主，发展全过程人民民主，团结带领全国人民推动国家经济社会长期稳定发展，充分彰显了中国式民主的不可比拟的优越性和强大生命力。

第一，发展全过程人民民主有利于充分发挥人民群众主体作用。全过程人民民主适应了随着经济社会发展，广大人民群众主体意识日益高涨、迫切希望更广泛更深入地参与国家和社会事务治理的需要。人民群众通过选举人民代表来参与国家生活和社会生活的管理。每年的“人代会”，来自全国的人大代表对有关党和国家政治社会生活中的重大事项、经济社会改革发展的重要决策、法律法规条例的制定和修改等，发表意见、进行讨论、行使投票表决的权利。当然还有每年“政协会”上政协代表的建言献策。实际上，这些年来，全国从上到下，各层级各方面都在积极探索全过程人民民主的实现形式，从中央政治局到各级党组织，每年都按时召开党内民主生活会，还有党代会、人大和政协会议旁听制度以及领导接待日等，构成了丰富的民主实践形式，取得了显著成效。就基层而言，人民群众更是在实践中创生出许多新的民主形式和渠道，比如民情恳谈会、村民议事会和社区听证会，包括企业、劳资之间的协商对话以及网络论坛等基层社会领域的民主方式，对于凡是涉及人民群众切身利益，比如土地征用、房屋拆迁、物价调整以及教育医疗和收入分配等问题，都积极参加听证、对话和协商，充分表达自己的意见和要求，推动问题逐步得到合理妥善解决，极大地增强了民主的真实性有效性。这里，我们可以真切地感受到，全过程人民民主，不仅实现了民主过程全链条覆盖、各层级总动员，而且对其议题或范围也实现了全方位覆盖，也就是说，人民民主所关注与应对的问题已不仅仅局限于单一的政治领域，还广泛深入到了经济、文化、社会以及生态环境保护等各个领域，经济发展、社会治理、老百姓急难愁盼问题等都已纳入民主议事日程。人民

---

① 《十八大以来重要文献选编》(中)，中央文献出版社2016年版，第60—61页。

当家作主已经具体地、现实地体现到中国共产党执政和国家治理及其各个方面、各个层级的工作上来，具体地、现实地体现到人民对自身利益的实现和发展上来。全过程人民民主有效地体现了人民意志，充分发挥了人民群众的主体作用、聪明才智和不竭创造力，对动员和凝聚全体人民以国家主人翁的地位投身社会主义现代化建设产生积极的推动作用。

第二，发展全过程人民民主有利于提高党的执政能力。中国共产党根基在人民、血脉在人民、力量在人民。一切为了群众，一切依靠群众，决定了中国共产党及其领导的国家的一切理论和路线方针政策，一切工作部署和工作安排，都应该来自人民，为人民利益而制定和实施。人民民主是一种全过程的民主，所有的重大立法决策都是依照程序、经过民主酝酿，通过科学决策、民主决策产生的。通过全过程人民民主，可以吸纳广大人民群众特别是利益相关方参与决策，包括吸收专家、学者以及智库等进行决策咨询，广开言路、广纳群言、广求良策、广谋善举，有利于提高决策的针对性和科学化专业化水平，使治国理政本领的提高深深扎根于人民群众的创造性实践之中，比如，“十四五”规划编制工作首次通过互联网开展“网上问计”期间，就收到各地群众的建言 101.8 万多条；此前，习近平总书记多次深入地方考察调研，主持召开 7 场座谈会，广泛听取各领域各阶层人士意见建议；规划纲要草案提请全国人大审议，根据全国人大代表、全国政协委员的意见，作出了 55 处修改，把党的主张和人民的意愿统一起来，保证了决策的科学性、人民性。[①] 通过全过程人民民主，可以在决策过程中进行广泛的交流讨论，增强决策的公开性和透明度，避免所谓的“黑箱操作”，有利于保证群众的知情权，实现对权力的有效制约和监督，使党和政府自觉抵制和克服官僚主义等各种消极腐败现象；可以畅通各种利益要求和诉求进入决策程序的渠道，广泛形成发现、改正失误和错误的机制，有利于进一步改善党和政府与

① 中华人民共和国国务院新闻办公室:《中国的民主》,《人民日报》2021 年 12 月 5 日。

人民群众的关系，加深彼此感情，增进人民群众对党的方针政策的了解和认同，从而凝聚起全社会推进改革发展的智慧和力量。因此，发展全过程人民民主，可以把全体人民的智慧和力量凝聚到党和国家事业中来，厚植党的领导的民意基础，使党的决策更加科学，党的理论和路线方针政策贯彻得更加彻底、执行得更加有力。发展全过程人民民主是坚持党的领导的内在要求。

第三，发展全过程人民民主有利于实现社会和谐稳定。“民主不是装饰品，不是用来做摆设的，而是要用来解决人民要解决的问题的。”[①]好的民主应是实现良政善治的，推动国家发展的；好的民主，一定是凝聚社会共识而不是造成社会撕裂和冲突，维护社会公平正义而不是导致社会阶层和利益固化，保持社会稳定有序而不是带来混乱和动荡，让社会充满向美向善向上的正能量而不是充斥假恶丑的负能量。然而在西方社会，由于多党制或两党制使不同党派为了各自政治利益而相互排斥倾轧，竞争性的票决机制，极易造成民众分离、对立甚至冲突，时时撕裂着社会。在我国，全过程人民民主使广大人民群众享有充分的权利和自由，广泛地参与国家治理和社会治理。人民通过选举，投票行使民主权利；人民内部各方面在重大决策之前进行充分协商，在宪法和法律范围内，人们进行平等交流和坦诚对话，相互尊重、平等协商而不强加于人，既畅所欲言、各抒己见，又理性有度、合法依章，尽可能就共同性问题取得一致意见。毫无疑问，这样可以有效地减少对立、增进发展共识。这里需要特别指出的是，改革开放以来，在党的领导下，基层群众自治深入开展，形成了一系列行之有效的制度安排，保障人民群众在城乡社区治理、基层公共事务和公益事业中实行自我管理、自我服务、自我教育、自我监督，对社会热点问题及关系群众切身利益问题、社会矛盾的解决发挥了重要而积极的作用，从而有效地激发了人民群众参与基层社会治理的内生动力，推动基层社会治理水平明显提升，让广大人民群众的获得感、幸

① 《十八大以来重要文献选编》（中），中央文献出版社 2016 年版，第 76 页。

福感、安全感更加充实、更有保障、更可持续，促进基层以至整个社会的和谐稳定。而且，全过程人民民主使广大人民群众积极有序地参与到同自身利益相关的政治社会生活中去，并在参与中学会理性地表达自己的要求，有利于参政议政政治素养和能力的培育。这是民主层次的提升，民主发展进步的表现。现今的中国，民主已从一种价值观念成为制度形态和人民的生活方式，人民的民主生活丰富多彩，我国的政党关系、民族关系、宗教关系、阶层关系、海内外同胞关系充满活力，民族凝聚力不断增强，形成了安定团结和谐稳定的良好社会氛围。

发展全过程人民民主，有利于扩大和完善人民有序政治参与，有利于形成团结统一的力量与和谐稳定的社会氛围，从根本上巩固了中国共产党执政的社会基础，增强了中国人民坚持中国特色社会主义道路自信、理论自信、制度自信、文化自信。全过程人民民主丰富了民主的形式、拓展了民主的渠道、加深了民主的内涵，是中国人民对人类政治文明建设作出的重大贡献，给世界上那些既希望加快发展又希望保持自身独立性的国家和民族提供了全新选择，为解决人类问题贡献了中国智慧和中国方案。

四、全过程人民民主具有无限的生命力

全过程人民民主深深植根于广袤的中国大地之上，充分反映了中国人民意愿，适应了中国和时代发展进步要求，展现出强大生命活力。

第一，发展全过程人民民主，必须坚定不移走中国特色社会主义政治发展道路。民主是全人类的共同价值，但不同国家的社会政治条件、历史文化传统和经济发展水平不同，实现民主的具体道路也不相同。中国特色社会主义政治制度之所以行得通、有生命力、有效率，就是因为它是从中国的社会土壤中生长起来的，是党带领人民通过长期实践找到的正确道路，是符合中国国情、保证人民当家作主的正确

道路。我们坚定对中国特色社会主义制度的自信，很重要的一条，就是要坚定对中国式民主的自信，增强走中国特色社会主义政治发展道路的信心和决心。坚持中国特色社会主义政治发展道路，关键是要坚定不移坚持党的领导、人民当家作主、依法治国有机统一。党的领导是人民当家作主和依法治国的根本保证，人民当家作主是社会主义民主政治的本质和核心，依法治国是党领导人民治理国家的基本方略。中国共产党的领导、人民当家作主、依法治国基本方略，决定了我国社会主义国家政权的性质，什么时候都不能动摇。“橘生淮南则为橘，生于淮北则为枳”。我们发展社会主义民主政治，需要借鉴人类政治文明有益成果，但绝不照抄照搬西方政治制度模式，不搞多党制、两院制、“三权鼎立”、司法独立，绝不放弃我国社会主义政治制度的根本。要从发展中国特色社会主义全局出发，始终坚持党的领导、人民当家作主、依法治国有机统一，积极推进社会主义政治制度的自我完善和发展，进一步增强党和国家的活力，充分调动人民群众的积极性创造性，维护国家统一、民族团结和社会稳定，促进经济发展和社会全面进步。

第二，发展全过程人民民主，必须坚持和完善人民当家作主的制度体系。人民民主不仅是体现人民主权的一种政治价值、政治原则，而且也是保证人民当家作主的制度化过程，需要通过一系列制度、机构、程序和功能完整地体现出来。发展社会主义民主政治，必须要用制度体系保证人民当家作主，健全民主制度，丰富民主形式，拓宽民主渠道，从各个层次各个领域扩大公民有序政治参与。要紧紧围绕推进国家治理体系和治理能力现代化，长期坚持、发展和完善人民代表大会制度，要坚持国家一切权力属于人民，既保证人民依法实行民主选举的权利，也保证人民在日常政治生活中有持续参与的权利，依法实行民主决策、民主管理、民主监督；要坚持、发展和完善中国共产党领导的多党合作和政治协商制度，加强社会各种力量的合作协调；要坚持、发展和完善民族区域自治制度，巩固平等团结互助和谐的社会主义民族关系，增强中华民族的凝聚力、向心力，促进各民族和睦相处、和衷共济、和谐发展；要坚持、发展和完善基层群众自治制度，发展基层民主，保障人民依法直接行使民主权利，保证基层治理和谐有序、充满活力；要坚持和完善民主集中制的制度和原则，促使各类国家机关提高能力和效率、增进协调和配合，形成治国理政的强大合力，要不断推进社会主义民主政治制度化、规范化、程序化，更好发挥中国特色社会主义政治制度的优越性，为党和国家兴旺发达、长治久安提供更加完善的制度保障。

第三，发展全过程人民民主，必须切实加强和完善中国共产党的领导。中国共产党始终代表最广大人民根本利益，与人民休戚与共、生死相依，没有任何自己特殊的利益，从来不代表任何利益集团、任何权势团体、任何特权阶层的利益，这决定了中国共产党的领导是发展全过程人民民主的根本保证。中国共产党执政，就是领导、支持、保证人民当家作主，维护和实现最广大人民的根本利益。要从提高党的执政能力、巩固党的执政地位、履行党的执政使命的高度，切实加强和完善中国共产党的领导。要坚持党的全面领导特别是党中央集中统一领导，确保党总揽全局、协调各方，始终成为中国特色社会主义事业的坚强领导核心。要加强党对国家和社会的全面领导，把党的主张转化为国家意志、落实到国家治理各方面，保证党的路线方针政策和决策部署得到全面贯彻、有效执行，保证党和国家各项事业始终沿着正确方向前进。要坚持立党为公、执政为民，保持党同人民群众的血肉联系，尊重民意、汇聚民智、凝聚民力、改善民生，巩固厚植党执政的阶级基础和群众基础，防止脱离群众的危险。要改进党的领导方式和执政方式，提高党科学执政、民主执政、依法执政水平，善于运用思想政治工作和体制制度优势，推动经济社会发展、管理社会事务、服务人民群众，不断提高党把方向、谋大局、定政策、促改革的能力，保证党领导人民有效治理国家。

在党的坚强领导下，中国人民完全有信心、有能力把我国社会主义民主政治的特质和优势充分发挥出来，在全面建设社会主义现代化国家新征程中不断推进全过程人民民主发展。

披荆斩棘四十年

——党的纪律检查机关恢复重建的若干回顾

武茂昌

2018年是改革开放40周年，也是党的纪律检查机关恢复重建40周年。40年前的1978年，党的十一届三中全会决定恢复重建党的纪律检查机关，这既是我们党在政治上拨乱反正的内在要求，也是在改革开放新的历史条件下恢复党的优良传统、坚持党要管党、从严治党、维护党纪的重大举措。实践证明，党的纪律检查机关的恢复重建对40年来中国特色社会主义事业取得的巨大成就发挥了重大作用，对我们当下“不忘初心，继续前进”，取得反腐败斗争的胜利具有重要意义。

一、党的纪律检查机关恢复重建的背景

我们党历来高度重视党的纪律建设，因此，党的纪律检查机构在保证党的政治纲领和政治路线的实现、维护党的纪律等方面发挥了重要作用。

1927年4月，党的五大选举产生了中央监察委员会。这是党的历史上第一个中央纪律检查机构。几个月后，中共中央在汉口秘密召开了八七会议。这次会议彻底清算了陈独秀的“右倾机会主义错误”，还特别强调严守党的政治纪律，并决定建立党内审查委员会。1928年6月，党的六大在莫斯科举行，成立了中央审查委员会，刘少奇任书记。根据六大党章规定，中央审查委员会履行原中央监察委员会的部

分职责，主要是负责监督检查党内财务。1933 年 9 月，中共中央决定，在党的监察委员会未正式成立以前，特设立中央党务委员会。1945 年 4 月 23 日至 6 月 11 日，党的七大在延安召开，七大党章重新恢复了“党的监察机关”一章，明确规定了党的监察机关的产生方式、职能和领导体制。

新中国成立后，1949 年 11 月 9 日，中央作出了《关于成立中央及各级党的纪律检查委员会的决定》。随之，成立了由 11 位委员组成的中央纪律检查委员会，朱德任书记。

1955 年 3 月，党的全国代表会议通过了《中国共产党全国代表会议关于成立党的中央和地方监察委员会的决议》，产生了由 21 人组成的中央监察委员会，董必武任书记。

党的纪检监察机构，虽然不同时期名称不同，职责范围有所变化，但在保证和执行党的纪律方面都发挥过重要作用。

“文化大革命”期间，党内民主集中制遭到极大破坏，党纪国法形同虚设。维护宪法和法律尊严的主要机构公安、检察、司法等部门被无情砸烂。党的各级纪律检查机构也被完全摧毁。1969 年 4 月，党的九大通过的《中国共产党章程》取消了党的监察机关的条款。这一时期，上至国家领导人，下至普通百姓，基本权益无法得到保障。1976 年 10 月，粉碎“四人帮”以后，党内外纷纷要求恢复党内正常生活，清算“文化大革命”的错误，由此，恢复重建党的纪律检查机关成为全党的共识。

二、党的纪律检查机关恢复重建过程

1977 年 8 月，党的十一大在党章中恢复了设立党的纪律检查委员会的条款，为纪律检查机关的全面恢复重建创造了有利条件。

事实上，中央纪委从十一大提出设立到十一届三中全会正式成立，经历了较长时间的酝酿过程。负责考察中央纪委组成人选的是中央组织部。根据中央政治局的指示，中组部做了大量深入细致的工作，在全国范围内考察、提出候选人，人选名单经过了三次征求意见和调整。

1978 年 10 月 25 日，中组部就中央纪委组成人员候选人名单第一次向中央提出报告。11 月 30 日，邓小平、叶剑英、李先念等中央领导对中央纪委的组成问题作了指示。中央组织部根据他们的指示，对名单进行了调整。

12 月 2 日，中央组织部就中央纪委组成问题第二次向中央报告。中组部上报的这份中央纪委候选人名单草案共 88 人，报告提出中央纪委候选人的条件应具备三条：一是在第十次、十一次路线斗争中表现较好；二是政治历史上没有什么大的问题；三是思想作风较好、党内信得过的同志。中央组织部上报的这份名单，考虑较为周全。在年龄结构上，大多数是党龄较长、年龄较大而仍能工作的同志，也有 20 多名年富力强的中年同志，包括同林彪、“四人帮”作过坚决斗争的各条战线和有关部门的同志。在民族构成上，除了汉族外，还有 7 位少数民族的同志。在性别上，女委员占了 10 人。考虑到中央纪委过去很多兼职委员由于本部门事情太多，无暇顾及考虑纪委工作，有的甚至连参加中央纪委的会议都很困难，中组部在提供的这份名单中多配了一些专职委员，占委员总数的一半以上。

根据中央指示，这份报告先提请中央政治局常委、政治局委员过目。12 月 10 日，中央政治局常委将这份候选人名单提交中央工作会议，请到会同志分别征求候选人所在单位党组织和干部群众的意见。在广泛征求意见的基础上，12 月 16 日，中央组织部第三次向中央提出报告。经过增补和调整后的候选人名单此时已增加到 99 人，其中，书记、副书记 15 人，常委 23 人，委员 61 人。女同志增加到 12 人。中央政治局对候选人名单又作了调整，才提交十一届三中全会审议和选举。此时，候选人又增加了 1 人，一共 100 人。其中，书记、副书记 15 人，常委 24 人，委员 61 人。十一届三中全会将全部候选人的名单、简历作为会议文件，印发到每位与会者手中。22 日晚，100 名候选人全部当选，陈云任书记。

三、党的纪律检查机关恢复重建后的工作展开

陈云担任中纪委书记后提出“党的中央纪律检查委员会的基本任务，就是要维护党规党法，整顿党风”，“执政党的党风问题是有关党的生死存亡的问题”。①

刚刚重建的党的纪律检查机关按照党中央统一部署，集中精力开展拨乱反正和端正党风的工作。为了纠正被“文化大革命”颠倒了的党内是非，中央纪委与各级纪委投入很大力量，参加了对林彪、江青两个反革命集团案件以及与两案有牵连的人员的清查工作；审查了康生、谢富治两人的严重罪行，经中央批准，作出了将他们开除出党的决定。同时，对刘少奇、潘汉年、瞿秋白等同志的案件进行复查，经中央批准，作出了平反和澄清是非的结论。为了消除“文化大革命”在党的组织、思想和作风建设上造成的混乱，中央纪委和中央组织部共同起草了《关于党内政治生活的若干准则》，并根据《准则》精神，严肃处理了一批严重败坏党风、违犯党纪的案件。1982 年春，中央就打击经济领域中的严重犯罪活动发出紧急通知后，中央纪委和各级纪委即全力投入这场斗争，为改革开放扫除障碍。

四、党的纪律检查机关恢复重建四十年来取得的重大成就及意义

回顾党的纪律检查机关恢复重建 40 年来的光辉历程，我们就能充分认识到 40 年来党风廉政建设和反腐败斗争取得的重大成就及其意义。

党的十一届三中全会以后，我们党恢复重建了中央和地方各级纪律检查机关，重新设立了国家行政监察机关，制定了《关于党内政治

① 《陈云文选》第三卷，人民出版社 1995 年版，第 240、273 页。

生活的若干准则》等重要文件，为推进党风廉政建设和反腐败斗争提供了组织保证和制度保证；党的十三届四中全会以后，面对风云变幻的国际局势和国内严重政治风波的影响，面对消极腐败现象在一些地方和领域滋生蔓延的形势，党中央对党风廉政建设和反腐败斗争问题进行了深入思考，提出了一系列关于社会主义市场经济条件下开展反腐倡廉工作的重要思想。这一时期，党的纪律检查机关与行政监察机关实行合署办公，派驻纪检机构陆续恢复建立，党政监督整体合力进一步形成；作出军队、武警部队和政法机关一律不再从事经商活动的重大决策等一系列既具有鲜明时代特色又影响深远的反腐倡廉重大举措。党的十六大以来，我国进入改革发展的关键阶段。党中央制定或修订了党内监督条例、纪律处分条例和党员权利保障条例；颁布了建立健全惩治和预防腐败体系实施纲要及2008—2012年工作规划，成立了国家预防腐败局；进一步加大从源头上防治腐败工作力度。

党的十八大以来，以习近平同志为核心的党中央以强烈的历史责任感和顽强的意志品质，大力推进党风廉政建设和反腐败斗争，在这场“输不起的斗争”中向党和人民交出了一份优异的答卷。

这一时期，党中央共出台或修订了《关于新形势下党内政治生活的若干准则》《中国共产党党内监督条例》等党内法规80余部，党规党纪的“笼子”越扎越紧。从查处腐败大案要案毫不手软，到推动正风反腐向基层延伸，再到狠抓国际追逃追赃，人民群众对反腐败工作成效表示很满意或比较满意的比例由2012年的75%增长至2016年的92.9%。2017年中央纪委七次全会上，习近平总书记作出了“反腐败斗争压倒性态势已经形成”的重大判断。从处于“胶着状态”，到“压倒性态势正在形成”，再到“压倒性态势已经形成”，党的十八大以来，党风廉政建设和反腐败斗争走出了一条卓有成效的路子。

2017年10月，党的十九大胜利召开，选举产生了新一届中央委员会和中央纪律检查委员会。我们相信各级纪律检查机关在以习近平同志为核心的党中央的统一领导下必将书写出一个百年大党“自我革命”的新篇章。

改革开放新时期
党发扬历史主动精神的经验启示

邢广益

历史主动精神，是党在百年奋斗历程中自觉总结历史经验、把握历史大势的精神品格，是牢记初心使命、勇担历史重任的强大精神动力，是引领未来发展、赓续历史伟业的宝贵精神财富。在改革开放和社会主义现代化建设新时期，党充分发扬历史主动精神，作出改革开放的历史性决策、推进改革开放和社会主义现代化建设，成功开创、捍卫、坚持和发展了中国特色社会主义，取得举世瞩目的伟大成就，为我们在新时代新征程继续发扬历史主动精神提供了重要启示。

一、坚持马克思主义科学理论指导

坚持把马克思主义作为立党立国、兴党兴国的根本指导思想，是我们党坚定信仰信念、把握历史主动的根本所在。马克思主义自诞生以来，就以其真理力量改变了世界和中国。改革开放新时期，党坚持把马克思主义作为认识世界、把握规律、追求真理、改造世界的强大思想武器，不断推进马克思主义中国化时代化，科学回答了“什么是社会主义、怎样建设社会主义”“建设什么样的党、怎样建设党”“实现什么样的发展、怎样发展”等重大问题，创立了邓小平理论，形成了“三个代表”重要思想和科学发展观，形成了中国特色社会主义理论体系，实现了马克思主义中国化新的飞跃。党的理论的创新发展，为我们党在改革开放和社会主义现代化建设新时期赢得历史主动、团结带领人民开创历史伟业提供了科学理论指导。

新时期的历史昭示我们，只有坚持以马克思主义及其中国化时代化的最新理论成果为指导，勇于进行理论探索和创新，才能正确回答时代和实践提出的重大问题，永葆历史主动。新时代新征程发扬历史主动精神，要坚定对马克思主义的信仰，坚持把马克思主义基本原理同中国具体实际相结合、同中华优秀传统文化相结合，把握好习近平新时代中国特色社会主义思想的世界观和方法论，坚持好、运用好贯穿其中的立场观点方法，从新的实践和时代特征出发坚持和发展马克思主义，不断开辟马克思主义中国化时代化新境界，让当代中国马克思主义、21 世纪马克思主义展现出更加强大、更有说服力的真理力量。

二、科学把握历史发展规律

研究规律、把握规律、遵循规律，并用其不断指导和校正行动，是发扬历史主动精神的基础。在新时期，党坚持加强和改善党的领导，不断完善领导体制，改进领导方式和执政方式，提升领导水平和执政水平，提高拒腐防变和抵御风险能力，极大深化了对共产党执政规律的认识；党深刻认识把握社会主义本质，牢牢立足社会主义初级阶段的基本国情，深刻把握我国社会主要矛盾，科学回答了建设中国特色社会主义的发展道路、发展阶段、根本任务、发展战略、发展动力、外部条件、政治保证、领导力量和依靠力量等重大问题，极大深化了对社会主义建设规律的认识；党深刻认识人类社会历史发展的必然趋势，高举中国特色社会主义伟大旗帜不动摇，坚持对外开放的基本国策不动摇，坚持走和平发展道路，既通过维护世界和平发展自己，又通过自身发展维护世界和平，积极倡导人类文明在交流互鉴中共同发展，极大深化了对人类社会发展规律的认识。对三大规律的深刻认识和把握，为我们党在改革开放新时期赢得历史主动，确保党和人民事业沿着正确方向前进奠定了坚实基础。

改革开放新时期的历史昭示我们，历史发展有其规律，科学把握历史规律，按历史规律办事，就能无往而不胜。新时代新征程发扬历史主动精神，要胸怀中华民族伟大复兴战略全局和世界百年未有之大变局，坚持用唯物史观和大历史观审视人类社会历史发展进程，在纷繁复杂的历史现象中洞悉事物本质，在总结中外历史经验教训中把握兴衰规律，在历史前进的逻辑中前进、在时代发展的潮流中发展，坚定不移以中国式现代化全面推进中华民族伟大复兴，朝着全面建成社会主义现代化强国的目标不断前进。

三、要抓住和用好历史机遇

科学判断和主动顺应时代潮流，抓住并用好历史机遇，是发扬历史主动精神的前提。作出改革开放的决策，蹄疾步稳推进改革开放的历史进程，都是党科学把握和平与发展这一时代主题，自觉顺应世界大势、抓住历史变革机遇的结果。改革开放之初，邓小平总结我国历史上错过时机、发展停滞不前的深刻教训，反复强调要“抓住时机，发展自己”。[①] 党的十四大作出“抓住机遇，加快发展，集中精力把经济建设搞上去”的重大决策。党的十六大作出 21 世纪头 20 年“是一个必须紧紧抓住并且可以大有作为的重要战略机遇期”的重大判断。在强烈机遇意识的引领下，我们党顺应经济全球化的发展趋势，紧紧抓住世界科技迅猛发展的战略机遇，加快推进改革开放和现代化建设，使中国大踏步赶上了时代，推进了中华民族从站起来到富起来的伟大飞跃。可以说，抓住和用好历史机遇，既是我们党发扬历史主动精神的前提，更是我们党发扬历史主动精神的集中体现。

新时期的历史昭示我们，抓住发展机遇，用好有利条件，就能赢得主动、乘势而上，迎来事业的大发展。当前，世界百年未有之大变局加速演进，世界之变、时代之变、历史之变的特征更加明显。党的二十大科学研判国内形势和国际环境，作出“我国发展进入战略机遇和风险挑战并存、不确定难预料因素增多的时期”的重要判断。新时

① 《邓小平文选》第三卷，人民出版社 1993 年版，第 375 页。

代新征程发扬历史主动精神，既要求我们正视困难又坚定信心，在机遇面前主动出击，准确识变、科学应变、主动求变；也要求我们善于从眼前的危机、眼前的困难中捕捉和创造机遇，做到临危不乱、危中寻机、趋利避害、开辟新局。

四、集中力量办好自己的事

集中力量办好自己的事，脚踏实地推动事业发展，是发扬历史主动精神的关键所在。早在1980年，邓小平就深刻指出，现代化建设是解决国际问题、国内问题的最主要条件，“一切决定于我们自己的事情干得好不好。”[①] 面对国际风云变幻，他再次强调，要“埋头实干，做好一件事，我们自己的事”。[②] 改革开放后，我们党坚持把发展的立足点放在国内，坚定走中国特色社会主义道路，锚定社会主义现代化的奋斗目标，制定“三步走”、新“三步走”发展战略，实施9个国民经济和社会发展五年规划（计划），聚精会神搞建设、一心一意谋发展，不断发展壮大自己，实现了从高度集中的计划经济体制到充满活力的社会主义市场经济体制、从封闭半封闭到全方位开放的历史性转变，实现了从生产力相对落后的状况到经济总量跃居世界第二的历史性突破，实现了人民生活从温饱不足到总体小康、奔向全面小康的历史性跨越。新时期的历史性成就充分证明，集中力量办好自己的事，是党在改革开放和社会主义现代化建设新时期战胜风险挑战、赢得历史主动的最紧要之事和关键所在。

新时期的历史昭示我们，只有走好自己的路，办好自己的事，才能始终掌握党和国家事业发展的主动权。新时代新征程发扬历史主动精神，要围绕新时代新征程党的中心任务，坚定不移走中国式现代化道路，把中国发展进步的命运牢牢掌握在自己手中。要按照全面建成

① 《邓小平文选》第二卷，人民出版社1994年版，第240页。
② 《邓小平文选》第三卷，人民出版社1993年版，第321页。

社会主义现代化强国的战略安排，统筹推进“五位一体”总体布局，协调推进“四个全面”战略布局，把发展作为党执政兴国的第一要务，立足新发展阶段，贯彻新发展理念，构建新发展格局，推动高质量发展，特别是重点落实好未来 5 年的目标任务，为全面建设社会主义现代化国家开好局、起好步。

五、坚持人民至上，紧紧依靠人民

坚持一切为了人民、一切依靠人民，不断造福人民是发扬历史主动精神的出发点和落脚点。激发人民群众的创造活力，不断提高人民生活水平，是我们党进行改革开放的原动力。面对贫穷落后的国家面貌，邓小平在 1978 年指出，“我们现在必须发展生产力，改善人民生活条件”。改革开放后，党充分尊重人民群众的首创精神，从小岗村大包干到乡镇企业的异军突起，从自发组织村民委员会到坚持发展“枫桥经验”，党将人民的创造性实践融入顶层设计，转化为改革的制度创新和方针政策，冲破了一重重旧体制桎梏，破解了一道道发展难题。党坚持立党为公、执政为民，坚持权为民所用、情为民所系、利为民所谋，不断满足广大人民群众的物质文化需要，加快推进以改善民生为重点的社会建设，不断增进人民福祉。正是始终坚持人民至上，始终保持党同人民的血肉联系，我们党才焕发出了前所未有的历史主动精神、历史创造精神，凝聚起全党全国各族人民一心一意谋发展的磅礴力量。

新时期的历史昭示我们，党的根基在人民、血脉在人民、力量在人民，得到人民群众的拥护和支持，才能始终牢牢掌握历史主动。新时代新征程发扬历史主动精神，要牢记人民对美好生活的向往就是我们的奋斗目标，弘扬伟大建党精神，坚持以人民为中心的发展思想，保持同人民群众的血肉联系，站稳人民立场、把握人民愿望、尊重人民创造、集中人民智慧，不断实现发展为了人民、发展依靠人民、发展成果由人民共享，以更加紧密的团结、更加顽强的奋斗，在新的赶考之路上向历史和人民交出新的优异答卷。

六、总结并运用好历史经验，坚定历史自信

科学总结和正确运用历史经验，从历史经验中汲取智慧、坚定不断前行的信念和信心，是发扬历史主动精神的重要法宝。在改革开放之初，党通过《关于建国以来党的若干历史问题的决议》，极大统一了全党思想，激发了全党的历史主动精神，推动全党团结一致向前进。党的十四大总结了十一届三中全会以来 14 年的实践经验；改革开放 20 周年之际，党总结了 11 个方面的历史经验；党的十七大对改革开放的宝贵经验作了“十个结合”的精辟概括。通过对历史经验的科学总结，党和全体人民充分认识到，改革开放是决定当代中国命运的关键一招，中国特色社会主义道路是指引中国发展繁荣的正确道路，进一步坚定了将改革开放进行到底的信念。可以说，历史进程愈加发展，党对历史经验的总结就愈加深化，我们就能从中汲取更为主动的精神力量。

改革开放和社会主义现代化建设新时期的历史昭示我们，坚持唯物史观和正确党史观，通过科学总结和运用历史经验，坚定历史自信，是我们党不断走向胜利的成功之道。党的十九届六中全会通过的第三个历史决议，全面总结了党百年奋斗的 10 条历史经验，党的二十大深入总结新时代 10 年伟大变革和新的宝贵经验，深刻揭示了党掌握历史主动的根本原因，为我们把握历史规律、掌握历史主动提供了基本遵循。新时代新征程发扬历史主动精神，就要运用好、传承好、发展好党的宝贵经验，将其作为正确判断形势、科学预见未来、把握历史主动的重要思想武器，作为想问题、作决策、办事情的重要遵循，作为判断重大政治是非的重要依据，作为加强党性修养的重要指引，从而坚定历史自信、增强历史主动，踔厉奋发、勇毅前行，奋力谱写全面建设社会主义现代化国家崭新篇章。

百年党史中税收制度改革与共同富裕思想的重要互动

周　锟

党的十九届五中全会提出到2035年我国基本实现社会主义现代化远景目标，其中包括“全体人民共同富裕取得更为明显的实质性进展”。[①]全会通过的《中共中央关于制定国民经济和社会发展第十四个五年规划和二〇三五年远景目标的建议》进一步提出，“完善再分配机制，加大税收、社保、转移支付等调节力度和精准性，合理调节过高收入”。[②]习近平总书记指出：“我们追求的发展是造福人民的发展，我们追求的富裕是全体人民共同富裕。”[③]将共同富裕上升到社会主义本质高度的邓小平同志也曾提出：“走社会主义道路，就是要逐步实现共同富裕”，“达到小康水平的时候，就要突出地提出和解决这个问题”。[④]在全面建成小康社会之际，贯彻落实党的十九届五中全会精神，我们应当更加注重共同富裕的推进。

在中国共产党的百年历程中，税收制度改革的实践与共同富裕思想的形成发展相互促进，进行历史性的重要互动，为推进共同富裕提供了制度支撑和思想保障，其经验值得我们深入总结。

① 《中国共产党第十九届中央委员会第五次全体会议文件汇编》，人民出版社2020年版，第7页。

② 《中共中央关于制定国民经济和社会发展第十四个五年规划和二〇三五年远景目标的建议》，人民出版社2020年版，第32页。

③ 《习近平关于社会主义社会建设论述摘编》，中央文献出版社2017年版，第35页。

④ 《邓小平文选》第三卷，人民出版社1993年版，第373—374页。

一、改革开放前的税收制度改革与共同富裕思想的萌芽

改革税收制度，包含在共产党人改造社会的最初方案之中。《共产党宣言》在提出“在最先进的国家”采取变革生产方式的措施时，第二项措施就是“征收高额累进税”。[①] 1922 年 7 月，在上海召开的中共二大发布宣言，提出：“废除丁漕等重税，规定全国—城市及乡村—土地税则”，“废除厘金及一切额外税则，规定累进率所得税”，并指出这“是对于工人、农民和小资产阶级都有利益的”。[②] 1928 年 6 月，中共六大在莫斯科召开，通过的《政治决议案》和《土地问题决议案》分别提出“取消一切政府军阀地方的税捐，实行统一的累进税”和“设立单一的农业经济累进税”。[③]

中国共产党人开始建立红色政权时，即着手建立不同于旧社会的新税收制度。1928 年 12 月的《井冈山土地法》规定：“土地税依照生产情形分为三种：一、百分之十五；二、百分之十；三、百分之五。以上三种办法，以第一种为主体。遇特别情形，经高级苏维埃政府批准，得分别适用二、三两种”[④]，这在很大程度上保护了农民利益。1929 年底，百色起义发动，同年 12 月 11 日颁布的《中国工农红七军目前实施政纲》提出“取消一切政府的捐税”，“实行累进税，并由苏维埃政府制定标准”。[⑤] 起义后建立的右江根据地，落实了累进税制。如农业税，以家庭为计算单位，按各人年生产量缴纳 5%，有余粮的按累进原则征收，标准为有余谷 50—100 斤者，征收 40%；100—300 斤，50%；300—500 斤，60%；500—1000 斤，70%；1000 斤以上，特别

① 《马克思恩格斯选集》第 1 卷，人民出版社 1995 年版，第 293 页。

② 《中共党史教学参考资料》第一卷，人民出版社 1957 年版，第 16 页。

③ 中共中央书记处编：《六大以来——党内秘密文件》（上），人民出版社 1981 年版，第 3—38 页。

④ 许毅主编：《中央革命根据地财政经济史长编》（下），人民出版社 1982 年版，第 469 页。

⑤ 《邓小平年谱（1904—1974）》（上），中央文献出版社 2009 年版，第 57 页。

征收。[①]工商税方面，除累进征收营业税，还对过境的鸦片课以累进重税。这是较早时期中国共产党人制定新税制的实践。

1931年11月，中华工农兵苏维埃第一次全国代表大会在江西瑞金召开，大会制定宪法宣布，“取消一切反革命统治时代的苛捐杂税，征收统一累进所得税”。[②]同时形成的《关于颁布暂行税则的决议》和《中华苏维埃共和国暂行税则》对税收制度作出了具体规定。统一累进税以法律形式在苏区全面建立和实行起来，这是中国税制的一次重大变革。

苏区税制随着革命发展而不断调整，基本过程是由分散走向统一。在中央苏区，设定了起征点和累进税率，如农业税以一家人均收获干谷4担以上开始征收，税率分别为4担1%、5担2%、6担3%、7担4%、8担5%、9担6.5%、10担8%、11担9.5%、12担11%、13担12.5%、14担14.5%、15担16.5%。[③]毛泽东同志曾说：“苏维埃采取统一的累进税法，乃是世界上最优良的税法。”[④]

历经长征、全面抗日战争、第二次国共合作等，中国共产党人在中国北方重新建立革命根据地，其税收制度与中央苏区有所不同。毛泽东同志在1938年提出“在有钱出钱原则下，改订各种旧税为统一的累进税，取消苛杂和摊派制度，以舒民力而利税收”，同时指出：“抗战的主要依靠是乡村与农民。农民是有伟大力量支持战争的，但须实行必要的政治方面与经济方面的改革。”[⑤]在实践中，晋察冀边区于1940年率先实行有起征点和累进最高率的统一累进税，经过一系列修正后，1942年5月正式颁布《晋察冀边区统一累进税税则》。

另一主要边区——晋冀鲁豫根据地的变化，更能体现改革税收制

① 《左右江革命根据地资料选辑》，人民出版社1984年版，第239页。

② 中共中央书记处编:《六大以来——党内秘密文件》(上)，人民出版社1981年版，第171页。

③ 许毅主编:《中央革命根据地财政经济史长编》(下)，人民出版社1982年版，第473页。

④ 许毅主编:《中央革命根据地财政经济史长编》(下)，人民出版社1982年版，第473页。

⑤ 《建党以来重要文献选编(1921—1949)》第15卷，中央文献出版社2011年版，第618页。

度与改善人民生活的内在关系。1938 年 1 月，邓小平同志调任八路军 129 师政委，2 月即部署晋冀鲁豫根据地创建工作，后担任中共晋冀鲁豫中央局书记，他在激烈的军事斗争中冷静地提出："现在我们要扩大军队，保证军队供给，这与根据地人民的负担是有矛盾的"，"一些超过可能的规定和制度应取消，因为这会消耗民力"，"如果我们知道这是人民的财富，就可以想得通了，否则就会增加人民的负担，忽视长期打算"。[①] 邓小平同志认为："历史上最大的病政之一，是村款的浩大。" 在他的领导下，晋冀鲁豫根据地 "实行了以县为单位统筹统支的办法，规定村无派款权，改革了这个病政"。[②] 他还提出："我们的税收贸易政策，是采取 '对外管理对内自由' 的原则"，"我们把税收和贸易两个部门，置于工商管理局的单一领导之下，用严格的税制来保护根据地的经济，并使对敌斗争容易得到胜利"。[③]

在晋冀鲁豫的主要区域，1938 年至 1942 年实行的税收制度是合理负担，1943 年至 1948 年改为统一累进税。合理负担，由抗战第二战区司令长官阎锡山提出，基本方法是按财产把村分为 11 等，户分为 19 等，分级摊派款项。实行几年后，其主要缺陷显现出来，即按财产征税不如按收入征税合理，负担户口过少，中、富农负担较重。1941 年 7 月，统一边区的 "三三制" 民主政权——晋冀鲁豫区临时参议会第一次全体会议召开，议定在边区推行统一累进税。邓小平同志表示："边区临时参议会通过的统一累进税办法，将于今年在太行区实行，这更确实照顾了各阶层的利益，负担面有了扩大，完全符合中共中央规定负担人数达到总人数百分之八十的政策。统一累进税实行以后，不仅可以进一步奠定财政的基础，而且必然提高各阶层的生产热忱。" [④]

此后，晋冀鲁豫派出代表前往率先实行统一累进税的晋察冀边区

① 《邓小平军事文集》第二卷，军事科学出版社、中央文献出版社 2004 年版，第 7 页。
② 《邓小平文选》第一卷，人民出版社 1994 年版，第 83 页。
③ 《邓小平文选》第一卷，人民出版社 1994 年版，第 83 页。
④ 《邓小平文选》第一卷，人民出版社 1994 年版，第 83 页。

考察，并选择几个村庄进行试点，再经过反复讨论，形成了新的税则草案，送中共中央太行分局审查。据时任晋冀鲁豫边区政府副主席、分管财政工作的戎子和同志回忆：太行分局书记“邓小平同志亲自逐条审阅并作了一些修改，边区政府即于一九四三年四月正式颁布”。[①]对于最难确定的累进税率问题，《晋冀鲁豫边区统一累进税暂行税则》最后规定，取消原来的直线上升，而采取抛物线形上升的办法。这个税则有计算方法过于复杂等缺点，但以“钱多多出，钱少少出”[②]为基本原则，使人民负担更趋公平合理，有效调动了群众生产和纳税积极性。据统计，1942 年边区群众人均负担 2.9 斗小米，占人均总收入的 16.96%；改行统一累进税的 1943 年，人均负担 1.63 斗小米，占总收入 10.5%。[③] 1942 年和 1943 年太行区遭遇多种自然灾害，税款中的相当部分又以救灾款的形式返还群众。

统一累进税制在晋冀鲁豫边区全面实行数年，进行过一些修改和补充，总体效果良好。到 1948 年 9 月，华北人民政府根据晋察冀和晋冀鲁豫两区的经验，起草华北区农业税暂行税则草案，中央十分认可，批转各解放区参照执行。党中央还于 1947 年发电指出：“过去各解放区对于发展经济、保障供给的方针还缺少深刻认识，重财政轻经济的现象尚相当普遍存在，晋冀鲁豫的情况要好些。”[④]

在进行税制改革实践的同时，邓小平同志形成了“贫的变富，富的更富”的经济思想。1944 年 11 月 21 日至 12 月 7 日，太行区在山西黎城县南委泉村召开了一次别开生面的杀敌英雄和劳动英雄大会，表彰军事和经济战线的先进人物，规模相当大，实际是对根据地建设的一次检阅。12 月 6 日，主持八路军前方总部和北方局工作的邓小平同志在会上发表讲话，他说：“中共中央土地政策的具体表现”，“环节有三个，首先是扶助贫农、中农上升；第二是奖励富农经济；第三是

① 戎子和：《晋冀鲁豫边区财政工作的片段回忆》，《财政》1984 年第 3 期。
② 《邓小平文选》第一卷，人民出版社 1994 年版，第 82 页。
③ 齐武：《晋冀鲁豫边区史》，当代中国出版社 1995 年版，第 256 页。
④ 戎子和：《晋冀鲁豫边区财政简史》，中国财政经济出版社 1987 年版，第 9 页。

削弱封建。忽视任何一面都不正确”。他还指出:“实行贫的变富，富的更富的方向。这个方向，我们各位劳动英雄了解得更好，真正懂得这个方向的正确。”①

“贫的变富，富的更富”，这一独特的经济思想跳出了“劫富济贫”的窠臼，摆脱了当时比较普遍的平均主义倾向。邓小平同志专门在群众集会上提出这个思想，是有的放矢，针对的是根据地经济建设中出现的“左”的错误。具体来说，就是没有落实保护和鼓励富农经济的政策，打击富农，阻碍其继续投入和发展生产，导致贫、中农不敢劳动致富，最终影响整个根据地的经济建设和人民整体生活水平的提高。这一思想根植于实践，符合根据地实际，很受群众欢迎。

“贫的变富，富的更富”与共同富裕思想存在内在的承续关系，此后邓小平同志将这一政策取向继续完善，设置合理的税收制度成为重要结合点，其核心是兼顾各阶层合理合法的正当利益，“使负担办法适合于奖励发展生产的需要”。②他在主政西南时进一步提出，“我们与资产阶级的关系，主要在税收、劳资和公私等三方面”，“必须认真地实行‘两利’‘兼顾’的政策，税不应多收但也不能少收的政策”。③还指出，“对少数民族地区的税可以轻些”。④

1948 年，晋冀鲁豫边区与晋察冀边区的税务总局合并，成立华北税务总局。中华人民共和国建立后，以华北税务总局为基础，组建了中央人民政府财政部税务总局。全国税收管理和制度由此统一。此后，毛泽东同志于 1955 年 10 月在资本主义工商业社会主义改造问题座谈会上提出，“现在我们实行这么一种制度，这么一种计划，是可以一年一年走向更富更强的，一年一年可以看到更富更强些。而这个富，是共同的富，这个强，是共同的强，大家都有份”⑤，其中包含了

① 《邓小平军事文集》第一卷，军事科学出版社，中央文献出版社 2004 年版，第 412 页。
② 《邓小平文选》第一卷，人民出版社 1994 年版，第 82 页。
③ 《邓小平文选》第一卷，人民出版社 1994 年版，第 180 页。
④ 《邓小平文集（1949—1974 年）》(中)，人民出版社 2014 年版，第 266 页。
⑤ 《毛泽东文集》第六卷，人民出版社 1999 年版，第 495 页。

明显的共同富裕思想要素。

我们需要认识到，革命根据地税收制度是新中国构建税制框架的五大渊源之一，但并不是其中最主要的部分，应该说，它并没有民国税制和苏联税制的影响大。而毛泽东同志在社会主义改造过程中提出的“共同的富”思想，以及邓小平同志在抗日战争时期形成的“贫的变富，富的更富”思想，也都不能简单地认定其为“共同富裕”思想的原始形态。真正意义上的共同富裕思想，是在实行改革开放之后，立足于更加深刻丰富的改革实践而逐步提炼形成的。但毫无疑问的是，在新民主主义和社会主义革命时期，红色政权对税收制度的改革实践，为共同富裕思想萌芽的产生提供了非常宝贵的营养。

二、改革开放后的税收制度改革与共同富裕思想的形成

邓小平同志说，“共同致富，我们从改革一开始就讲”。[①]他于1978年底发表的《解放思想，实事求是，团结一致向前看》，鲜明地阐述了以“允许先富”为手段，达到“使全国各族人民都能比较快地富裕起来”[②]的目标，既是第一份“改革开放的宣言书”，也标志着共同富裕思想的正式提出。[③]从那时起，邓小平同志关于共同富裕的思考逐步完成，同时，他领导我国进行了多轮税收制度改革，二者相辅相成，有机地联系在一起。

（一）1978年至1983年：用利税支持贫困地区发展

共同富裕思想在形成之初，主要着眼于大力发展生产，从整体上提高人民的生活水平。邓小平同志在南方谈话中回顾道：“共同富裕的构想是这样提出的：一部分地区有条件先发展起来，一部分地区发展

① 《邓小平文选》第三卷，人民出版社1993年版，第364页。

② 《邓小平文选》第二卷，人民出版社1994年版，第152页。

③ 关于邓小平共同富裕思想提出的标志，参见周锟：《邓小平共同富裕思想的发展轨迹和现实意义》，《党的文献》2017年第5期。

慢点，先发展起来的地区带动后发展的地区，最终达到共同富裕。”[①]

“共同富裕”首要的对立面是“共同贫穷”。邓小平同志反复强调，“我们坚持走社会主义道路，根本目标是实现共同富裕，然而平均发展是不可能的。过去搞平均主义，吃‘大锅饭’，实际上是共同落后，共同贫穷”。[②]历史教训告诉我们，要使中国人民尽快从整体上摆脱贫穷，唯一的道路是打破平均主义的桎梏，大力发展生产力。税收制度改革也是朝着这个方向展开的。

首先，配合对外开放、引进外资，建立涉外税收制度。邓小平同志援引新加坡引进外资的成功经验，指出：“一个是外资企业利润的百分之三十五要用来交税，这一部分国家得了；一个是劳务收入，工人得了；还有一个是带动了它的服务行业，这都是收入。我们要下这么个决心，权衡利弊、算清账，略微吃点亏也干，总归是在中国形成了生产能力，还会带动我们一些企业。”[③]我国长期没有对涉外税收正式立法，1979 年，财政部开始参照国际惯例拟订涉外税法。1980 年和 1981 年，经五届全国人大三次、四次会议审议通过，先后颁布《中华人民共和国中外合资经营企业所得税法》《中华人民共和国个人所得税法》《中华人民共和国外国企业所得税法》。1984 年，国务院发布 4 个经济特区和沿海 14 个港口城市涉外税收的有关优惠规定。1980 年我国恢复征收关税，1985 年颁布修订后的《进出口关税条例》。我国涉外税收机构陆续建立，并于 1983 年 9 月 6 日首先与日本签订避免双重征税协定，如今与我国签订避免双重征税协定的国家和地区已达 100 多个。涉外税收从立法到执行迅速走上正轨，维护了国家和人民的利益，促进了经济发展和改革进展。

开启税收制度改革。当时，工商税在国家财政收入中所占比重举足轻重。经过 3 年多的研究和试点，国务院于 1981 年 9 月批转财政部《关于改革工商税制的设想》，改革正式启动。这次税制改革的中

① 《邓小平文选》第三卷，人民出版社 1993 年版，第 373—374 页。
② 《邓小平文选》第三卷，人民出版社 1993 年版，第 155 页。
③ 《邓小平文选》第二卷，人民出版社 1994 年版，第 199 页。

心环节是将国营企业上缴利润改为征收所得税，赋予企业支配税后利润的权力，调动生产主动性和积极性，并扩大税收在经济领域的活动范围。1983年全面“利改税”进行第一步改革，大中型国营企业交纳所得税后的利润，企业先进行合理留利，再采取调节税等多种形式上交国家；小型国营企业交纳所得税后一般自负盈亏，少数税后利润较多的再上交一部分承包费。改革的效果很明显，1983年国营工业企业利润比上年增加42亿元，其中国家所得占61.8%，企业所得占38.2%；实行利改税的工业、交通、商业企业共留利121亿元，比上年增加27亿元，增长28.2%。①

这符合邓小平同志的设计初衷：在社会主义阶段，“必须实行按劳分配，必须把国家、集体和个人利益结合起来，才能调动积极性，才能发展社会主义的生产”②，“少劳少得，多劳多得”③，“总的是为了一个目的，就是鼓励大家上进”④。

税收制度初步改革的成效很快显现，税收调节经济的作用有所加强，工商税收连年大幅增长，1981年至1983年年均增加59亿元。⑤如何使用新增的财政收入呢？邓小平同志认为：“避免两极分化”，“解决的办法之一，就是先富起来的地区多交点利税，支持贫困地区的发展”，“发达地区要继续发展，并通过多交利税和技术转让等方式大力支持不发达地区”。他还规定了一个前提条件：“不能削弱发达地区的活力，也不能鼓励吃‘大锅饭’。”⑥

通过大力发展经济，获得更多的利税用于支持贫困地区的发展，这既是共同富裕思想的最初设想，也始终是其基础性内容，日后进行的西部大开发、精准扶贫等实践都充分体现了这一思想的价值。经过

---

① 王丙乾:《关于国营企业实行利改税和改革工商税制的说明》(1984年9月11日)，中国人大网。

② 《邓小平文选》第二卷，人民出版社1994年版，第351页。

③ 《邓小平年谱（1975—1997）》(上)，中央文献出版社2004年版，第171页。

④ 《邓小平文选》第二卷，人民出版社1994年版，第102页。

⑤ 《当代中国财政》(上)，中国社会科学出版社1988年版，第435页。

⑥ 《邓小平文选》第三卷，人民出版社1993年版，第374页。

长期艰苦努力，习近平总书记于2020年12月3日指出，我国“现行标准下农村贫困人口全部脱贫，贫困县全部摘帽，消除了绝对贫困和区域性整体贫困”，“为实现第一个百年奋斗目标打下坚实基础”。①

（二）1984年至1990年：用税收调节分配

1984年，“共同富裕”的概念正式诞生。同年11月9日，邓小平同志在会见意大利客人时首次使用该词：“我们党已经决定国家和先进地区共同帮助落后地区。在社会主义制度下，可以让一部分地区先富裕起来，然后带动其他地区共同富裕。”②

这一年，我国开启了以城市经济体制改革为中心的全面改革，这是在初步改革打下的良好基础上进行的。立足新鲜的实践，邓小平同志对通过改革实现共同富裕很有信心，因为改革“是不是正确？归根到底是看生产力能不能得到发展，人民的生活能不能得到提高”，而事实表明“我们在农村进行了改革，百分之九十的农民生活有了很大的提高”。③他始终坚持：“让一部分人、一部分地区先富起来”，“这是加速发展、达到共同富裕的捷径”。④

与此同时，邓小平同志也敏锐地觉察到，改革过程中需要“注意避免两极分化”。⑤最初，他是从阶级关系的角度进行考虑，将“两极分化”定义为“出现新资产阶级”⑥“产生剥削阶级”⑦，到20世纪80年代中后期则修正为“富的越富，贫的越贫”。⑧

邓小平在1984年11月9日提出：“经济发展起来后，当一部分

① 《中共中央政治局常务委员会召开会议听取脱贫攻坚总结评估汇报》，《人民日报》2020年12月4日。

② 《邓小平年谱（1975—1997）》（下），中央文献出版社2004年版，第1014页。

③ 《邓小平年谱（1975—1997）》（下），中央文献出版社2004年版，第1014页。

④ 《邓小平文选》第三卷，人民出版社1993年版，第166页。

⑤ 《邓小平思想年编（1975—1997）》，中央文献出版社2011年版，第397页。

⑥ 《邓小平年谱（1975—1997）》（下），中央文献出版社2004年版，第1014页。

⑦ 《邓小平思想年编（1975—1997）》，中央文献出版社2011年版，第397页。

⑧ 《邓小平文选》第三卷，人民出版社1993年版，第172页。

人很富的时候，国家有能力采取调节分配的措施。”[①]第二年3月7日，他进一步指出：“对一部分先富裕起来的个人，也要有一些限制，例如，征收所得税。”[②]到1990年，他更加清晰地表示：“经济发展到一定程度，必须搞共同富裕。”“中国情况是非常特殊的，即使百分之五十一的人先富裕起来了，还有百分之四十九，也就是六亿多人仍处于贫困之中，也不会有稳定。”[③]“到一定程度，国内也好，地区也好，集体也好，就要调节分配，调节税要管这个。”[④]

用税收调节分配的思路在实践中得以贯彻。也是在1984年，我国在第二步“利改税”改革的同时，全面改革了工商税制，新设置11个税种，建立起以流转税和所得税为主体，各税种相互配合的复合税制。其中一个重点是大中型国企除了征收所得税，其他各种利润上缴形式统一改为征收调节税，由此国企利润完全以税收形式上缴，国家、企业和职工之间的分配关系得以部分理顺。1985年，配合工资改革，我国实行国营企业工资调节税、国营企业奖金税、集体企业奖金税和事业单位奖金税，采用超额累进税率。1986年发布《中华人民共和国城乡个体工商业户所得税暂行条例》，1987年新增个人收入调节税，1988年又发布了《中华人民共和国私营企业所得税暂行条例》。

税收制度的全面改革，一方面激发经济活力，为国家准备了大量建设资金，1984年的工商税收比上年增加120亿元，1985年又增加388亿元，在财政收入中的占比由50%左右上升到65.2%[⑤]；另一方面，通过建立健全个人所得税、工资税、奖金税等调节个人收入的新税种，抑制居民收入差距的扩大，税收作为调节分配的杠杆作用得以体现，全国城乡居民的生活水平得到普遍提升。根据抽样调查，1984年农民人均纯收入355.3元，城镇居民可用于生活费的人均收入608

---

① 《邓小平思想年编（1975—1997）》，中央文献出版社2011年版，第523页。

② 《邓小平文选》第三卷，人民出版社1993年版，第111页。

③ 《邓小平年谱（1975—1997）》（下），中央文献出版社2004年版，第1312页。

④ 《邓小平年谱（1975—1997）》（下），中央文献出版社2004年版，第1317页。

⑤ 《当代中国财政》（上），中国社会科学出版社1988年版，第435页。

元[①]，1990 年则分别达到 630 元和 1387 元。[②] 更重要的是，20 世纪 80 年代的改革与思考，都为之后的关键突破打下了基础。

（三）1991 年至 1994 年：用适应市场经济的税收制度推进共同富裕

立足于十几年改革的深刻实践，进入 20 世纪 90 年代，关于改革和共同富裕的思想产生了质的发展与飞跃。

在改革方面，关于经济体制改革目标的思考逐步成熟。尽管在学术界，关于改革目标从 1990 年 7 月一直激烈争论到 1991 年底，仍难达成一致，无法得出结论。但邓小平同志 1991 年初视察上海时已经明确表示："不要以为，一说计划经济就是社会主义，一说市场经济就是资本主义，不是那么回事，两者都是手段，市场也可以为社会主义服务。"[③] 他亲自决策浦东的开发开放，推动中国经济再次起飞，1991 年经济增长率恢复到 9.2%。到 1992 年发表南方谈话时，他最终实现社会主义市场经济的理论突破，为党的十四大确立我国经济体制改革目标奠定了基础。

在共同富裕方面，邓小平同志更清晰地认识到两极分化的威胁，明确指出："十二亿人口怎样实现富裕，富裕起来以后财富怎样分配，这都是大问题。题目已经出来了，解决这个问题比解决发展起来的问题还困难。分配的问题大得很。我们讲要防止两极分化，实际上两极分化自然出现。"[④] 他愈发强调共同富裕的重要性，反复谈道："社会主义的一个含义就是共同富裕"[⑤]，"社会主义最大的优越性就是共同富裕，这是体现社会主义本质的一个东西"[⑥]。他还把共同富裕与深化改

① 国家统计局：《关于一九八四年国民经济和社会发展的统计公报》（1985 年 3 月 9 日），国家统计局网站。

② 国家统计局：《关于 1990 年国民经济和社会发展的统计公报》（1991 年 2 月 22 日），国家统计局网站。

③ 《邓小平文选》第三卷，人民出版社 1993 年版，第 367 页。

④ 《邓小平年谱（1975—1997）》（下），中央文献出版社 2004 年版，第 1364 页。

⑤ 《邓小平年谱（1975—1997）》（下），中央文献出版社 2004 年版，第 1312 页。

⑥ 《邓小平文选》第三卷，人民出版社 1993 年版，第 364 页。

革紧密地联系在一起，在南方谈话中将“消除两极分化，最终实现共同富裕”纳入社会主义本质的最终概括[①]，标志着共同富裕思想正式形成。

随着社会主义市场经济的确立，如何在市场经济条件下深化改革和推进共同富裕成为新的前沿课题，更大规模的税制改革已在酝酿之中。南方谈话发表后的1992年3月20日，时任国务院总理的李鹏同志在七届全国人大五次会议上提出：“加快分税制和税利分流改革试点的步伐，探索理顺中央和地方、国家和企业分配关系的途径。”[②]江泽民同志在十四大报告中也提出：“统筹兼顾国家、集体、个人三者利益，理顺国家与企业、中央与地方的分配关系，逐步实行利税分流和分税制。”[③]

经过数年准备，为建立适应社会主义市场经济的税收制度，也为解决多年来“放权让利”产生的中央财力严重不足的问题，我国于1994年在财税方面进行了国家与国有企业利润分配改革、工商税制改革和分税制财政体制改革。其中，改革国家与国企分配利润的“利税分流”方案，主要包括：强化所得税制，降低所得税率；取消国企调节税；取消税前还贷；承包税后上交利润。改革从根本上理顺国家与企业的关系，促进企业所有权和经营权分离，有利于营造公平竞争的市场环境。改革工商税制尤为复杂，主要包括：统一内资企业所得税；建立以增值税为主体的流转税体系；统一中外个人所得税。要特别说明的是，在个人所得税改革中，将个人所得税、个人收入调节税和城乡个体工商户所得税合并为统一的个人所得税；工资、薪金收入与承包、承租收入分别实行9级和5级超额累进税率，利息、股息等其他收入则主要采用20%比例税率。分税制改革则重新调整了中央和省级政府之间的财政分配关系。

这次重大的税制改革与完成形态的共同富裕思想有何联系？江泽

① 《邓小平文选》第三卷，人民出版社1993年版，第373页。

② 《十三大以来重要文献选编》（下），中央文献出版社2011年版，第481页。

③ 《江泽民文选》第一卷，人民出版社2006年版，第229页。

民同志在1993年4月29日的中央财经领导小组会议上指出，研究和推进税制改革应当注意把握几个原则，其中第二条就是“合理调节分配，促进共同富裕”。[①]负责该项工作的朱镕基同志也于当年9月在新疆专门做了说明：“这个分税制方案，是根据邓小平同志的思想，根据江泽民同志在党的十四大报告中确定的实行社会主义市场经济的原则设计出来的。”“富裕地区要对贫困地区作些贡献，如果中央不收一点钱的话，那样会富的更富、贫的更贫。邓小平同志有一个思想就是共同富裕。说实话，这是实行分税制的最主要的理由。”[②]“应该说，分税制方案有利于比较贫困的地区”。[③]

1994年的税制改革发挥了基础性、方向性的作用，搭建起我国适应社会主义市场经济的财税体制基本框架。2002年朱镕基同志回顾道：“1994年进行的财税体制改革”，“是建国以来力度最大、成效显著、影响深远的改革”。[④]

邓小平同志晚年曾说：实现共同富裕，防止两极分化，“要利用各种手段、各种方法、各种方案来解决这些问题”。[⑤]改革开放后我国税收制度改革的丰富实践，无疑为共同富裕思想的逐步形成提供了重要支撑，在共同富裕思想的落实推进中，其又是重要的抓手和落脚点，二者相互促进，形成了历史性的良性互动。

三、在中国特色社会主义新时代，继续通过税收制度改革有效推进共同富裕的实现

理论形态完成后，共同富裕思想跟随实践继续发展完善。江泽民同志在1995年提出：“实现共同富裕是社会主义的根本原则和本质

---

① 《江泽民思想年编（1989—2008）》，中央文献出版社2010年版，第111页。
② 《朱镕基讲话实录》第一卷，人民出版社2011年版，第372页。
③ 《朱镕基讲话实录》第一卷，人民出版社2011年版，第374页。
④ 刘克崮：《1994年前后的中国财税体制改革》，《中共党史资料》2009年第4期。
⑤ 《邓小平年谱（1975—1997）》（下），中央文献出版社2004年版，第1364页。

特征，绝不能动摇。”[①] 胡锦涛同志于2006年谈道：“合理调整国民收入分配格局，逐步缓解地区之间和部分社会成员收入分配差距扩大的趋势，使全体人民朝着共同富裕的方向稳步前进。”[②] 习近平总书记在2020年指出：“随着我国全面建成小康社会、开启全面建设社会主义现代化国家新征程，我们必须把促进全体人民共同富裕摆在更加重要的位置，脚踏实地，久久为功，向着这个目标更加积极有为地进行努力。”[③] 党的十八届五中全会提出新的五大发展理念，其中共享发展理念首次上升为发展战略，如习近平总书记指出的：“共享理念实质就是坚持以人民为中心的发展思想，体现的是逐步实现共同富裕的要求。”[④] 十九届五中全会将“全体人民共同富裕取得更为明显的实质性进展”纳入了2035年基本实现社会主义现代化远景目标，在改善人民生活品质方面特别突出“扎实推动共同富裕”，为推进共同富裕设计了具体路线图，这在党的全会中是第一次。

1994年后，我国税收制度改革的步伐也未停止，基本方向是建立现代财税制度。中国特色社会主义进入新时代后，全面深化税制改革向着建立有利于科学发展、社会公平、市场统一的税收制度体系稳步前进。2013年，《中共中央关于全面深化改革若干重大问题的决定》提出：“完善以税收、社会保障、转移支付为主要手段的再分配调节机制，加大税收调节力度”。[⑤] 2019年，《中共中央关于坚持和完善中国特色社会主义制度 推进国家治理体系和治理能力现代化若干重大问题的决定》进一步要求：“强化税收调节，完善直接税制度并逐步提高

① 《江泽民文选》第一卷，人民出版社2006年版，第466页。

② 胡锦涛：《论构建社会主义和谐社会》，中央文献出版社2013年版，第109页。

③ 《中国共产党第十九届中央委员会第五次全体会议文件汇编》，人民出版社2020年版，第84页。

④ 习近平：《在省部级主要领导干部学习贯彻党的十八届五中全会精神专题研讨班上的讲话》，人民出版社2016年版，第25页。

⑤ 《中共中央关于全面深化改革若干重大问题的决定》，人民出版社2013年版，第46页。

其比重。”[①] 2020 年，十九届五中全会进一步要求加大税收“调节力度和精准性”[②]，体现出非常鲜明的加强税收调节、促进共同富裕的政策指引。

在中国特色社会主义新时代，党中央把脱贫攻坚作为全面建成小康社会的底线任务，摆在治国理政的突出位置，领导全国上下取得了脱贫攻坚战的全面胜利。这标志着我国在实现共同富裕的道路上迈出坚实的一大步。这一进步与我国税收制度不断改革完善，稳定充足地为大规模扶贫行动提供坚强财政支持，并有效减少贫困地区和贫困群体的经济负担有紧密联系。党的十八大以来，中央、省、市县财政专项扶贫资金累计投入近 1.6 万亿元，其中中央财政累计投入 6601 亿元。[③] 正如习近平总书记指出的：“真金白银的投入，为打赢脱贫攻坚战提供了强大资金保障。”[④]

法国经济学家托马斯·皮凯蒂说：“税收不是一个技术问题。它很大程度上是一个政治和哲学问题，也许是最重要的政治问题。”[⑤] 习近平总书记强调：“制度总是需要不断完善，因而改革既不可能一蹴而就、也不可能一劳永逸”[⑥]，并明确指出“当前，我国发展不平衡不充分问题仍然突出，城乡区域发展和收入分配差距较大，促进全体人民共同富裕是一项长期任务”。[⑦] 客观地说，目前我国税收制度调节分配的作用还有待进一步完善，主要表现在税收收入在财政总收入中占比较低；相对劳动收入，对资本收入征税偏低；中等收入群体承担税负

---

① 《中共中央关于坚持和完善中国特色社会主义制度 推进国家治理体系和治理能力现代化若干重大问题的决定》，人民出版社 2019 年版，第 20 页。

② 《中共中央关于制定国民经济和社会发展第十四个五年规划和二〇三五年远景目标的建议》，人民出版社 2020 年版，第 32 页。

③ 习近平：《在全国脱贫攻坚总结表彰大会上的讲话》，《人民日报》2021 年 2 月 26 日。

④ 习近平：《在全国脱贫攻坚总结表彰大会上的讲话》，《人民日报》2021 年 2 月 26 日。

⑤ 〔法〕托马斯·皮凯蒂：《21 世纪资本论》，中信出版社 2014 年版，第 507—508 页。

⑥ 《习近平关于全面深化改革论述摘编》，中央文献出版社 2014 年版，第 8 页。

⑦ 《中国共产党第十九届中央委员会第五次全体会议文件汇编》，人民出版社 2020 年版，第 84 页。

较高；遗产税等调节分配的税种还有待完善等。因此，在全面建成小康社会、生产力问题得到初步解决的今天，我们更需要“强化税收调节”，深化税收制度改革，需要“健全以税收、社会保障、转移支付等为主要手段的再分配调节机制”，“调节过高收入”，“扩大中等收入群体”[①]，以“形成合理有序的收入分配格局”[②]，有效推进共同富裕。

习近平总书记要求我们“深化税收制度改革”[③]，“在促进全体人民共同富裕的道路上不断向前迈进”。[④]回顾历史，着眼未来，珍惜百年党史中税收制度改革与共同富裕思想重要互动所提供的宝贵历史经验，在全面建成小康社会的基础上，建立更优越的税收制度支撑更完善的社会保障体系，采用更有效的分配调节手段，这是全面建设社会主义现代化国家的重要领域，也是最终实现共同富裕的重要途径。

---

① 《中共中央关于坚持和完善中国特色社会主义制度 推进国家治理体系和治理能力现代化若干重大问题的决定》，人民出版社2019年版，第20页。

② 《中共中央关于全面深化改革若干重大问题的决定》，人民出版社2013年版，第45页。

③ 习近平：《决胜全面建成小康社会 夺取新时代中国特色社会主义伟大胜利——在中国共产党第十九次全国代表大会上的报告》，人民出版社2017年版，第34页。

④ 《中国共产党第十九届中央委员会第五次全体会议文件汇编》，人民出版社2020年版，第85页。

党的理论传播百年回顾及经验启示

王 艳

回顾100多年的党史，中国共产党之所以能够带领中国人民实现从站起来、富起来到强起来的伟大飞跃，根本原因在于始终坚持在实践中不断丰富和发展马克思主义，始终坚持用马克思主义中国化的最新理论成果指导实践。其中关键是让党的理论创新成果内化为广大党员和群众的自觉行动，这就需要理论传播。在当前形势下，党的理论传播的首要任务是传播习近平新时代中国特色社会主义思想。基于此，本文将首先提出理论传播的概念；而后，回顾理论传播的基本历程；最后，总结出党在理论传播实践中所形成的经验启示。

一、理论传播的提出

理论武装、马克思主义大众化、理论宣传、理论传播等概念之间既相互联系又相互区别。从传播学的角度来说，它们都属于传播的范畴，但所强调的重点各有不同。

1. 理论宣传和理论传播。传播是一种共享信息的过程，一般指信息双向传递，即信息不仅是自上而下流动，同时也自下而上流动；而宣传主要指“宣传者基于某种目的采用解释、说服、鼓动等形式去影响宣传对象的心理，使其思想感情甚至行为按宣传主体的愿望变化的一种活动”[①]，它主要强调信息自上而下流动。此外，有学者将宣传看作传播的一种表现形式。比如，学者刘海龙认为一般传播行为既包括

① 林之达:《新闻史不能代替宣传史——论党的宣传史特点》,《当代传播》2008年第1期。

有意图的行为，也包括无意图的行为；而宣传是说服性传播，且面向较大的群体。[①]

2. 马克思主义大众化和理论传播。“马克思主义大众化是指用通俗易懂、具体生动的方式对人民群众进行马克思主义的宣传教育，使其能够掌握和认同马克思主义的基本原理，运用马克思主义的立场观点方法认识和改造主客观世界的过程。”[②] 由此可见，马克思主义大众化主要强调传播的受众是广大人民群众，从而传播的方式要通俗易懂和具体生动，就这两个方面而言，理论传播关于传播方式和受众的外延要更为广泛，所以理论传播可以包括马克思主义大众化的内涵。

3. 理论武装和理论传播。理论武装更倾向于是一种状态，或者说是一种结果，而理论传播是一个动态反复的过程。比如，毛泽东在《论人民民主专政》中谈道：中国共产党是“一个有纪律的，有马克思列宁主义的理论武装的，采取自我批评方法的，联系人民群众的党”。[③] 毛泽东在此提到的理论武装是理论传播的结果。

通过比较几组概念的差异，本文认为理论传播的外延更为广泛，因此拟用理论传播一词来泛指党内的理论学习、理论武装、理论宣传等概念。20 世纪 20 年代，美国政治学家哈罗德·拉斯韦尔首次提出了传播的分析框架，即“谁，说什么，通过什么渠道，对谁说，取得了什么效果”。[④] 拉斯韦尔在此提出了传播过程的五个要素，即信息的发出者、信息、信息传输通道、信息的接受者和信息的反馈。该框架一经提出，便成为分析传播过程的经典框架。本文亦采用这一框架对理论传播进行分析，认为党的理论传播由以下几个要素构成：理论传播的主体是中国共产党；理论传播的内容主要是马克思主义基本理论

---

① 刘海龙:《宣传：观念、话语及其正当化》，中国大百科全书出版社 2013 年版，第 44—45 页。

② 何玲玲:《新中国成立初期马克思主义大众化的基本经验与当代启示》，《马克思主义研究》2016 年第 3 期。

③ 《毛泽东选集》第四卷，人民出版社 1991 年版，第 1480 页。

④ 〔美〕哈罗德·拉斯韦尔:《社会传播的结构与功能》，展江、何道宽译，中国传媒大学出版社 2013 年版，第 35—36 页。

及马克思主义中国化的最新理论成果；理论传播的渠道主要有各种媒体、党的各级组织机构、学校等；理论传播的受众是广大党员干部和人民群众；理论传播的效果主要是凝聚广大干部群众的力量，共同致力于党的主要奋斗目标。需要指出的是，本文主要讨论理论的对内传播，理论的对外传播则不属于本文的探讨范围。

二、党的理论传播历史简要回顾

中国共产党是一个高度重视理论指导和勇于进行理论创新的马克思主义政党，在领导中国革命、建设、改革的实践中，始终坚持把马克思主义基本原理与中国具体实际相结合，不断推进马克思主义中国化成果在中国大地的传播。

（一）在革命进程中扩大理论传播的影响力

从中国共产党成立到建立新中国，党带领人民进行了土地革命、抗日战争、解放战争等革命实践。在此期间，中国共产党关于革命的性质、前途、道路和领导权等理论问题逐步得到解决和发展。马克思主义及马克思主义中国化理论的影响力伴随着革命实践的日益成功逐渐从极少数先进的知识分子扩展到了全体国民。

在大革命时期，党在工人中大力传播马克思主义基本理论，启发工人阶级觉悟，鼓动工人起来为全体劳动群众的利益而斗争，推动工人运动蓬勃发展。在国内革命战争时期，党广泛宣传、动员广大工农群众投身到“打倒军阀、打倒帝国主义”的国民革命中。抗日战争期间，党推动了全民族抗日统一战线的建立和发展，动员全国各族人民、各民主党派和爱国民主人士共同投身于反对日本帝国主义侵略的伟大实践中。面对来势汹汹的日军，“亡国论”和“速胜论”等错误观点迅速传播，为此，毛泽东在1938年发表了《论持久战》这篇重要的军事理论著作，指明了抗战的胜利前景，增加了国民的信心。解放战争时期，党的理论传播工作紧紧围绕动员全党和全国人民为了“两个中国之命运”进行大决战而开展。在新中国成立前夕，毛泽东发表《论人民民主专政》一文，为新中国的建立奠定了理论和政策基础。

（二）新中国的成立与理论传播的曲折发展

中国共产党带领中国人民经过28年的浴血奋战建立了新中国，党成为在全国范围内的执政党，开启了全面建设社会主义的新征程。理论传播的形势得到了根本性改变，刘少奇在第一次全国宣传工作会议上就指出："中国革命胜利了，一切禁止马列主义宣传的法令彻底废除了。"[①] 在新形势下，进行理论传播就是要激发全党全国各族人民的积极性和创造性，加深他们对社会主义的理解，继续推动社会主义革命和建设事业向前发展。但是，党的理论传播在这一时期一度遭遇了挫折。

新中国成立伊始，党中央就高度重视理论传播工作的开展。1951年1月，中央作出了《关于在全党建立对人民群众的宣传网的决定》，要求各级宣传部选拔一批精干的宣传员，在全国城乡普遍建立宣传网。同年3月，中央下发了《关于加强理论教育的决定的通知》，其中规定："目前全党和全国人民正在致力于抗美援朝、巩固国防、土地革命、镇压反革命、整党等各项紧张工作，加强理论教育问题暂时不宜过分强调……但理论教育工作是必须进行的。"[②] 1953年6月，中央根据新的任务和形势，提出了过渡时期总路线，12月，中央批转了《关于党在过渡时期总路线的学习和宣传提纲》，在全国掀起了学习、宣传和贯彻总路线的热潮。党的八大上，对中国的社会主义经济、政治和文化应该怎样建设和发展这个问题进行了初步探索。从党的八大召开到"文化大革命"期间，党的理论传播主要围绕贯彻党的八大精神展开，具体来说就是团结一切可以团结的力量，为建设一个伟大的社会主义中国而奋斗。在"文化大革命"期间，中宣部被视作"阎

① 中央宣传部办公厅编：《党的宣传工作会议概况和文献（1951—1992年）》，中共中央党校出版社1994年版，第7页。

② 中共中央宣传部办公厅、中央档案馆编研部编：《中国共产党宣传工作文献选编（1949—1956年）》，学习出版社1996年版，第195页。

王殿”而遭到破坏，“四人帮”把持了理论传播的主动权，极力传播“无产阶级专政下继续革命”等错误理论，造成了人民群众思想的极大混乱。

（三）改革开放新时期与理论传播的重点推进

党的十一届三中全会以后，党带领全国人民进行了中国特色社会主义的伟大探索，对如何在中国这样一个经济文化比较落后的国家建设社会主义、如何巩固和发展社会主义进行了重大理论创新，创立了邓小平理论、形成了“三个代表”重要思想和科学发展观等马克思主义中国化的理论成果。围绕党的中心工作任务和突出矛盾，传播马克思主义中国化的理论成果便是这一时期理论传播的重点所在。

邓小平理论、“三个代表”重要思想、科学发展观相继被写入党章，成为党的指导思想，党中央采取了一系列措施推动全社会学习党的理论。第一，中央下发关于全党学习的通知。1998 年 6 月，中央发出《关于在全党深入学习邓小平理论的通知》；2003 年 6 月，中央发出《关于在全党兴起学习贯彻“三个代表”重要思想新高潮的通知》；2008 年 9 月，中央印发《关于在全党开展深入学习实践科学发展观活动的意见》。第二，要求党内领导干部带头学习。1993 年 10 月《邓小平文选》第三卷出版后，党中央及时作出决定，要求县处级以上领导干部带头学习；2003 年 2 月，中共中央举办新进中央委员会的委员、候补委员学习“三个代表”重要思想和贯彻党的十六大精神研讨班；2004 年 2 月，党中央在中央党校举办省部级主要领导干部树立和落实科学发展观专题研究班。第三，新闻媒体不断加大理论宣传的力度。第四，教育系统将党的最新理论“进教材、进课堂、进学生头脑”作为一项重要任务。第五，广泛动员基层群众的学习活动。

（四）中国特色社会主义新时代理论传播更加成熟

党的十八大以来，面对世情国情党情的深刻变化，以习近平同志为核心的党中央带领全党全国各族人民开启了中国特色社会主义新时代。中国共产党把马克思主义基本原理同新时代实际结合起来，深化了对共产党执政规律、社会主义建设规律和人类社会发展规律的认识，实现了马克思主义中国化又一次新的飞跃，创立了习近平新时代中国特色社会主义思想。为了增强广大党员干部的思想认同和政治认同，理论传播重点在于准确阐释习近平新时代中国特色社会主义思想的核心要义、精神实质、丰富内涵、实践要求、科学体系和贡献，深入宣传蕴含其中的马克思主义思想方法和工作方法。

为了推动习近平新时代中国特色社会主义思想进入千家万户，除延续之前好的做法外，党还加强了以下几个方面的工作：首先，通过完善党内法规，进一步加强对宣传工作的领导。党中央制定出台了《中国共产党宣传工作条例》《党委（党组）意识形态工作责任制实施办法》《中国共产党党委（党组）理论学习中心组学习规则》等党内法规，将意识形态工作责任制落实情况纳入中央巡视范围。第二，相继建设完善了新时代讲习所、新时代文明实践中心等传播场所和“学习强国”等传播平台，致力于面向广大党员干部和群众传播习近平新时代中国特色社会主义思想，培育和践行社会主义核心价值观。第三，进一步推动习近平新时代中国特色社会主义思想研究中心（院）、马克思主义理论研究和建设工程、中国特色社会主义理论体系研究中心、马克思主义学院等平台建设。

三、党的理论传播在实践中形成的经验启示

中国共产党之所以能够历经艰难困苦而不断发展壮大，很重要的一个原因就是我们党始终重视思想建党、理论强党，理论传播就是理论强党的重要途径。在党的理论传播百年历程中，我们可以得出以下几点启示。

（一）在同各种思潮的斗争中推动党的理论传播

马克思主义理论家在不同时期与各种反马克思主义思潮展开斗争，是马克思主义理论传播的重要经验，由无产阶级政党所处的历史条件决定，事关无产阶级政党的生死存亡，事关社会主义革命、建设和改革事业的成败得失。在马克思主义早期传播的年代，中国大地盛

行着多种“救国图存”的思潮，马克思主义只是一家之言。没有同各种非马克思主义思潮的论战，马克思主义的真理就无法脱颖而出，进入公众视线。在社会主义建设、改革时期，西方一些国家“和平演变”“图谋分化”的战略无时无刻不在影响着社会主义的发展。如果不能在加强社会主义、共产主义教育的同时，有针对性地对这些思潮展开批驳，就无法“凝聚共识，推进改革”。在新时代，一些错误思潮，如历史虚无主义、新自由主义等试图否定党的领导和我国政治制度、发展道路，竭力争夺意识形态领域的话语权。对此，我们必须保持足够的清醒，牢牢掌握理论传播的主动权，与各种反马克思主义思潮进行坚决斗争，在斗争中推动党的理论传播。

（二）传播马克思主义立场、观点和方法

党的理论传播重点是马克思主义基本原理还是马克思主义中国化的最新理论成果？对这一问题的认识，党也经历了逐步深入的过程。在 20 世纪 20 年代后期和 30 年代前期，党内盛行把马克思主义教条化、把共产国际决议神圣化的错误倾向，不注重将马克思主义基本原理同中国实践相结合，而是一味强调马克思主义的“本本”，这一风气曾一度使中国革命陷入绝境。这种做法本身也是对马克思主义的背离。恩格斯早就提出:“我们的理论是发展着的理论，而不是必须背得烂熟并机械地加以重复的教条。”[①] 1941 年，毛泽东领导全党对党内存在的教条主义进行了系统的批判，解除了人们的思想桎梏，使全党能够更加理性地对待马克思主义，确立了理论联系实际的指导原则。实际上，马克思主义诞生于世界工人运动风起云涌之时，自那以后，世界形势已经发生了很大变化。资本主义社会经历了从自由竞争资本主义到垄断资本主义，社会主义也经历了从理论到实践的发展变化。因此，我们传播马克思主义理论绝不应拘泥于马克思的个别词句，而是应重点传播马克思主义的立场、观点和方法，在此基础上研究中国实际，用马克思主义中国化的理论成果指导本国实践。

① 《马克思恩格斯文集》第 10 卷，人民出版社 2009 年版，第 562 页。

（三）党的理论传播面向人民大众以凝聚共识

一个政党要实现自己的政治纲领，就必须依靠广大人民群众。只有将自身的政治纲领广泛传播到人民群众中并获得最广大人民群众的认同和支持，把最广大人民群众团结起来，才能形成联合伟力并最终促进自身政治目标的实现。在中国共产党成立之初，党员主要由先进的马克思主义知识分子组成，是具有理论基础的马克思主义政党，但党在全中国取得执政地位，却得益于马克思主义中国化的理论成果在广大人民群众中的传播进程。

理论传播的生命力主要来自将理论和普通民众所关心的实际问题结合起来，使群众充分感受到马克思主义理论的先进性和感召力。理论具有一定的抽象性和概括性，很难直接指导某一具体的实践活动。在马克思主义理论面向大众传播过程中，推动理论同实际问题的结合便成为传播效果能否收到成效的关键所在。毛泽东曾提出要把思想工作结合经济工作一起做，将解决实际问题与解决思想问题结合起来。通过给人民以看得见的物质福利，使民众接受党的观念，完成宣传活动。[①] 比如，在土地革命战争时期，广大农民对共产主义是什么、苏维埃政府是什么这样抽象的概念不一定感兴趣，但是如果将苏维埃政府的宗旨、共产主义的远景与农民千百年来“耕者有其田”的梦想结合起来，就会产生“打土豪、分田地”这样高度凝练的宣传口号，以动员最广大农民进行土地革命。理论传播的大众化还有赖于丰富的传播形式和生动的话语表达方式。理论语言通俗化对于将博大精深的理论体系“讲透”“讲薄”至关重要。比如，在苏区，当有人提出“红旗到底能够打多久”的疑问时，毛泽东就用“星星之火，可以燎原”作了回答。

（四）加强和改善党对理论传播阵地的领导

习近平总书记指出：“宣传思想阵地，我们不去占领，人家就会去占领。在宣传思想的任何领域，都必须高扬党的旗帜，让党的主张占

① 《毛泽东文集》第二卷，人民出版社 1991 版，第 467—468 页。

据制高点，让党的声音成为时代最强音。”[①]这句话指出了争夺阵地的重要性。哲学社会科学领域、新闻舆论、互联网、普通高校是马克思主义与各种非马克思主义思潮交锋的重要场域，必须不断巩固马克思主义在这些领域的指导地位。

首先，新闻舆论工作处在意识形态领域前沿，事关旗帜和道路，事关贯彻落实党的理论和路线方针政策，事关顺利推进党和国家各项事业，事关全党全国各族人民凝聚力和向心力，事关党和国家前途命运，必须把新闻舆论阵地牢牢抓在手中。进入信息时代，互联网已成为传播的重要阵地。管好用好互联网，是新形势下掌控新闻舆论阵地的关键所在。第二，坚持和发展中国特色社会主义，需要不断在实践和理论上进行探索、用发展着的理论指导发展着的实践。在这个过程中，哲学社会科学具有不可替代的作用。只有坚持马克思主义在哲学社会科学领域的指导地位，才能保证哲学社会科学为中国特色社会主义服务的方向。第三，青年学生历来是各种思潮争夺的重点对象，他们的世界观尚不成熟，要坚持把党的创新理论全面融入高校思想政治工作，引导他们在确立信仰的关键时期，掌握马克思主义基本立场观点方法，为一生成长奠定科学的思想基础。党的十八大以来，党中央先后召开了新闻舆论工作座谈会、网络安全和信息化工作座谈会、哲学社会科学工作座谈会、全国高校思想政治工作会议等，不断加强和完善党在这些领域的领导地位。

（五）集中学习教育是进行党的理论传播的有效手段

党内集中学习教育是推动理论传播效果迅速彰显的有力抓手。为使全体党员在短时间内提高马克思主义理论水平以及理论联系实际的能力，集中解决党内思想、组织、作风方面存在的突出问题，党在革命、建设和改革时期进行过多次大规模的整风、整党和集中学习教育活动。尽管不同时期开展党内集中学习教育的背景、任务、做法有所

① 《习近平新时代中国特色社会主义思想专题摘编》，中央文献出版社、党建读物出版社2023年版，第309—310页。

不同，但深入、系统学习马克思主义基本理论和马克思主义中国化的理论成果都是历次活动的重点内容，在迅速传播党的最新理论成果方面发挥了重要作用。每当革命和建设的重大关头，党总是结合不断发展的实际，通过加强理论学习，迅速推动全党提高理论水平，这是一条宝贵的历史经验。

延安整风运动是第一次全党党内集中学习教育活动，主要内容是用理论与实践统一的方法，研究马克思列宁主义的思想方法和党的历史，反对主观主义、宗派主义、党八股。经过整风学习，全党在毛泽东思想的基础上达到空前的统一和团结，为夺取抗日战争和解放战争的胜利提供了有力的保证。新中国成立初期，在新任务的挑战面前，全党努力学习马克思主义、毛泽东思想，顺利完成了社会主义改造，推动了全国范围内的社会主义建设。党的十一届三中全会前后，邓小平号召全党重新学习，恢复和确立了实事求是的马克思主义思想路线，为全党工作重心的转移奠定了重要的思想基础。进入新世纪，党相继开展了以实践“三个代表”重要思想为主要学习内容的保持共产党员先进性教育活动，深入学习实践科学发展观活动，通过这些活动，广大党员特别是领导干部加深了对马克思主义中国化理论成果的理解，提高了在思想上政治上行动上同党中央保持一致的自觉性。

图书在版编目（CIP）数据

只有进行时：改革开放研究文集 / 中央党史和文献研究院第三研究部编. -- 北京：中央文献出版社, 2024. 11. -- ISBN 978-7-5073-5001-2

Ⅰ. D61-53

中国国家版本馆CIP数据核字第2024ZW7620号

只有进行时——改革开放研究文集

编　　者：中央党史和文献研究院第三研究部
责任编辑：张明娟
封面设计：嘉盛时代 & 尽心斋
责任印制：黄　冉

出版发行：中央文献出版社
地　　址：北京西四北大街前毛家湾1号
邮　　编：100017
网　　址：www.zywxpress.com
电子邮箱：zywx5073@126.com
销售热线：010-83072503 / 83072509 / 83089404 / 83089317 / 83072511
经　　销：新华书店
排　　版：北京中献唐人数字技术有限公司
印　　刷：北京华联印刷有限公司

710 毫米 × 1000 毫米　16 开　25.75 印张　358 千字
2024 年 11 月第 1 版　2024 年 11 月第 1 次印刷

ISBN 978 - 7 - 5073 - 5001 - 2　定价：88.00 元